职业院校
汽车类"十二五"规划教材

工业和信息化高职高专
"十二五"规划教材立项项目

U0649514

汽车
机械识图

Mechanical Graph
Recognition of Automobile

◎ 房芳 陈婷 李东兵 主编
◎ 陈位铭 主审

人民邮电出版社
北京

图书在版编目（CIP）数据

汽车机械识图 / 房芳，陈婷，李东兵主编. -- 北京
：人民邮电出版社，2012.9
职业院校汽车类"十二五"规划教材　工业和信息化
高职高专"十二五"规划教材立项项目
ISBN 978-7-115-28460-0

Ⅰ. ①汽… Ⅱ. ①房… ②陈… ③李… Ⅲ. ①汽车—
机械制图—高等职业教育—教材 Ⅳ. ①U463

中国版本图书馆CIP数据核字(2012)第195167号

内 容 提 要

本书按照任务驱动模式编写，学习知识前，先让学生了解相关学习目的，以增强学习的针对性。

本书包括9个模块，主要内容有制图的基本知识与基本技能、正投影的基本原理、立体的投影、轴测图、组合体、机械图样的基本表示法、标准件与常用件、零件图、装配图等。

本书可作为高职高专院校汽车类专业的教材，也可供相关从业人员参考使用。

工业和信息化高职高专"十二五"规划教材立项项目
职业院校汽车类"十二五"规划教材
汽车机械识图

◆ 主　　编　房　芳　陈　婷　李东兵
　　主　　审　陈位铭
　　责任编辑　赵慧君

◆ 人民邮电出版社出版发行　　北京市崇文区夕照寺街14号
　　邮编　100061　电子邮件　315@ptpress.com.cn
　　网址　http://www.ptpress.com.cn
　　三河市海波印务有限公司印刷

◆ 开本：787×1092　1/16
　　印张：20　　　　　　　　2012年9月第1版
　　字数：473千字　　　　　　2012年9月河北第1次印刷

ISBN 978-7-115-28460-0

定价：39.80元

读者服务热线：(010)67170985　印装质量热线：(010)67129223
反盗版热线：(010)67171154

Forward

前言

为了更好地满足现代汽车产业发展的需求，适应高等职业教育汽车类专业的特色，突出任务驱动教学模式的优越性，长春汽车工业高等专科学校组织编写了本教材。同时还编写了与教材配套使用的《汽车机械识图习题集》。

本书共包括9个模块，主要内容有制图的基本知识与基本技能、正投影的基本原理、立体的投影、轴测图、组合体、机械图样的基本表示法、标准件与常用件、零件图、装配图等。建议采用120学时。

本教材的特点如下。

1. 面向高等职业汽车类专业，针对性强。合理更新教材内容，尽可能多地运用汽车产品中有代表性的零部件作为示例，以完善专业体系的教育。

2. 以提高教学质量为目的，采用任务驱动模式编写。教材以"模块"为主线，通过"任务"进行展开，精心合理地设计出【学习目标】、【任务引出】、【任务描述】、【相关知识】等运行环节。以学生完成规定的"任务"为教学目标，强调学生"做"而不是教师"讲"，最大限度地激发学员的学习兴趣和求知欲望，使学员带着问题、有针对性地投入学习，并保持较高的学习兴趣，进而得以从被动学习转变为主动求学，改善了学习状态，改变了传统教材中理论与工作实际脱节，学生不知道所学何用的缺陷，从而能有效提高他们的学习效率和效果。

3. 教材编写命题明确。"汽车机械识图"课程旨在培养学生的识图能力，而提高识图能力的关键在于培养空间想象能力和思维能力，这需要通过由浅入深、循序渐进、反复训练、丰富形象储备、用画图促进读图等教学手段运行的一定过程来实现，这些都充分体现在本教材及配套习题集中。

4. 教材内容及体系完整，学科知识点覆盖全面，教学模块明确，层次清晰。

5. 教材内容精炼，难易程度适中，文字叙述主题突出，通俗易懂，图文并茂，直观性强，充分体现以图为主的学科特点。

6. 适应科学技术发展的规律，在教材中充实新知识、新技术、新材料等方面的内容，使教材具有鲜明的时代特征。

本教材由有房芳、陈婷、李东兵主编，陈位铭主审。其中房芳编写了模块一、模块六和模块七，陈婷编写了模块二、模块八和模块九，李东兵编写了模块三、模块四和模块五。参加本书编写工作的还有吴艳、杨正瑛、张芃、李春彦、刘艳莉、毕方英、孙雪梅、张永钊、王立超、李起振、李亚杰、王哲等。

在本教材编写过程中，我们得到同行的热情支持，并参阅了许多专家在国内外公开出版或发表的文献，在此向他们一并表示感谢。并敬请广大读者对本教材的不足之处批评指正。

编　者

2012 年 6 月

目录

Content

绪　论

1．本课程的研究对象

汽车机械识图课程的研究对象是机械图样。在机械制造中，将表达机器（包括汽车、设备、仪器等）及其零件的图样称为机械图样。机器产品的设计、制造和使用的全过程，都要以机械图样为重要的技术文件：表达设计思想，加工制造零件，将零件装配成部件和机器，指导正确的操作使用和维修等。同时，机械图样也是进行技术交流不可缺少的工具，是工程界的技术语言。

本课程是工科院校汽车工程技术专业学生必修的、重要的一门技术基础课。主要研究阅读和绘制机械图样的基本原理和基本方法，课程内容包括制图基础知识、投影理论、机件的表达方法、零件图和装配图等。

2．主要任务

（1）学习正投影法的基本原理及其应用；

（2）培养空间想象能力和空间分析能力；

（3）培养徒手绘制草图、尺规绘图的能力；

（4）培养阅读和绘制机械图样的能力；

（5）培养认真负责的工作态度和严谨细致的工作作风；

（6）学习并贯彻《技术制图》与《机械制图》国家标准有关规定，具有查阅有关标准及手册的能力。

3．学习方法

（1）强调实践性。要在理解基本理论和基本概念的基础上，着重于实践。空间想象能力与空间分析能力、画图能力与读图能力，需要在实践中培养和建立。因此，学生应认真、及时、独立地完成习题练习、作业的训练。由于读图源于画图，所以要读画结合，以画促读，通过画图训练促进读图能力的提高。

（2）重视空间想象能力的培养。本课程的核心内容是研究三维空间形体与二维平面图形之间的关系，学习过程中要运用正投影的原理，将空间物体形状与平面投影图形紧密结合，不断地"由物画图"和"由图想物"，逐步提高空间想象与空间分析的能力。

（3）掌握正确分析问题的方法。学习过程中要注意基本概念、基本理论、基本画图步骤及分析问题的方法，将复杂问题简单化，将理论知识升华为运用能力，从而不断提高学习质量和学习效率。

（4）树立严谨的科学作风。图样是生产的依据，图样中每一条线、每一个字的差错，都会给生产造成严重后果。因此，在学习过程中，要培养学生认真负责的工作态度和严谨细致的工作作风。

（5）本教材采用任务驱动模式编写：按"模块"、"任务"的层次安排编写，每项"任务"包括【学习目标】、【任务引出】、【任务描述】、【相关知识】，以强调职业能力为核心，以实际工作任务为引导，学生在完成具体任务的过程中去掌握、吸收知识和技能。因此，学生独立完成的分量逐渐增加，在多项任务的反复操作过程中，经过多次循环，确立和巩固学生的基本操作能力。

模块一

| 制图的基本知识与基本技能 |

在绘制和识读机械图样过程中，首先应对制图的基本知识有所了解。基本知识内容包括技术制图的基本规定、绘图工具的正确使用、几何图形的作图方法。其次，还要学习画图的基本技能。

【学习目标】

1. 掌握国家标准有关图幅、比例、字体、图线和尺寸注法等基本规定；
2. 能够正确使用绘图工具；
3. 掌握几何图形的作图方法、平面图形的分析与画法。

任务一 机械制图国家标准的一般规定

| 任务引出 |

图 1-1 所示为汽车驱动桥差速器中锥齿轮轴的零件图，图样中所涉及，如选用的图纸幅面的规格、画图的比例、书写的字体、绘制的图线、标注的尺寸等国家标准是如何规定的。

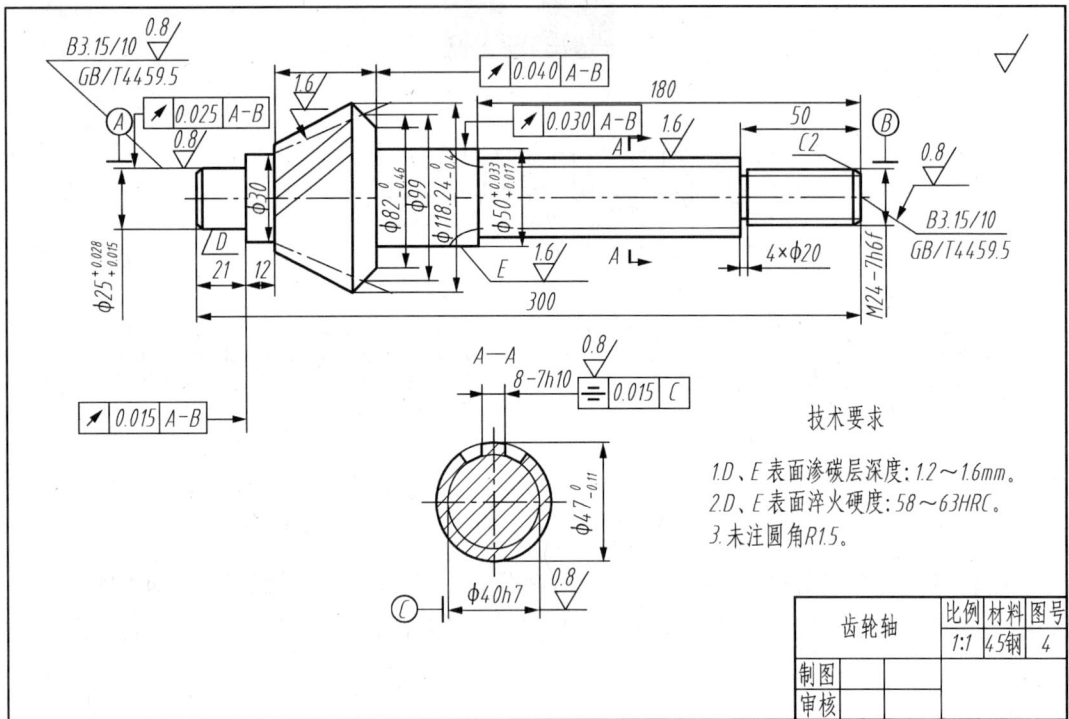

图1-1 锥齿轮轴的零件图

任务描述

作为指导生产的技术文件,机械图样必须有统一的标准,这对科学地进行生产和图样的管理具有重要的作用。我国制定发布了一系列国家标准,简称"国标",包括强制性国家标准(代号"GB")、推荐性国家标准(代号"GB/T")和国家标准化指导性技术文件(代号"GB/Z")。《机械制图》和《技术制图》国家标准是工程界重要的技术标准,是绘制和阅读机械图样的准则和依据。《机械制图》标准主要适用于机械图样,《技术制图》标准则普遍适用于工程界的各种专业技术图样。本任务摘要介绍国家标准对图纸幅面和格式、比例、字体、图线和尺寸注法的有关规定,并介绍常见绘图工具的使用以及平面图形的画法。

相关知识

一、图纸幅面和格式(GB/T14689—2008)

为了便于图样的绘制、管理和使用,图样均应画在规定幅面和格式的图纸上。

1. 图纸幅面

绘制图样时,应优先采用表1-1所规定的基本幅面,如图1-2中粗实线所示。

表 1-1　　　　　　　　　图纸基本幅面尺寸（第一选择）　　　　　　（mm）

幅面代号	A0	A1	A2	A3	A4
$B \times L$	841 × 1189	594 × 841	420 × 594	297 × 420	210 × 297
a	25				
c	10			5	
e	20		10		

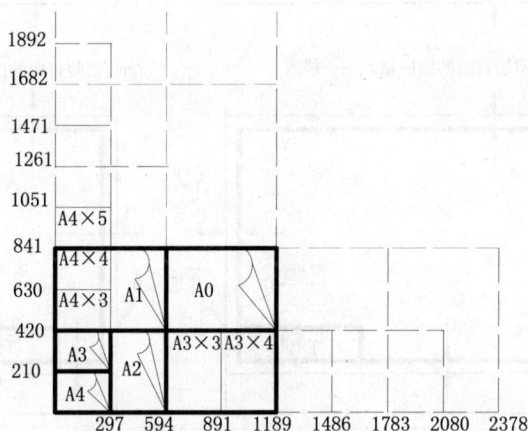

图1-2　图纸幅面

必要时，也允许选用表 1-2 所规定的加长幅面，如图 1-2 中细实线所示。还允许选择表 1-3 所规定的加长幅面，如图 1-2 中虚线所示。加长幅面尺寸是由基本幅面的短边成整数倍增加得出的。

表 1-2　　　　　　　　　图纸加长幅面尺寸（第二选择）　　　　　　（mm）

幅面代号	A3 × 3	A3 × 4	A4 × 3	A4 × 4	A4 × 5
$B \times L$	420 × 891	420 × 1189	297 × 630	297 × 841	297 × 1051

表 1-3　　　　　　　　　图纸加长幅面尺寸（第三选择）　　　　　　（mm）

幅面代号	A0 × 2	A0 × 3	A1 × 3	A1 × 4	A2 × 3	A2 × 4	A2 × 5
$B \times L$	1189 × 1682	1189 × 2523	841 × 1783	841 × 2378	594 × 1261	594 × 1682	594 × 2102
幅面代号	A3 × 5	A3 × 6	A3 × 7	A4 × 6	A4 × 7	A4 × 8	A4 × 9
$B \times L$	420 × 1486	420 × 1783	420 × 2080	297 × 1261	297 × 1471	297 × 1682	297 × 1892

2. 图框格式

选定了幅面大小的图纸可以横放或竖放。在图纸上用粗实线画出图框，图框格式分为留装订边和不留装订边两种，其格式如图 1-3 所示。两种图框格式的周边尺寸 a、c、e 如表 1-1 所示。同一产品的图样只能采用一种格式。

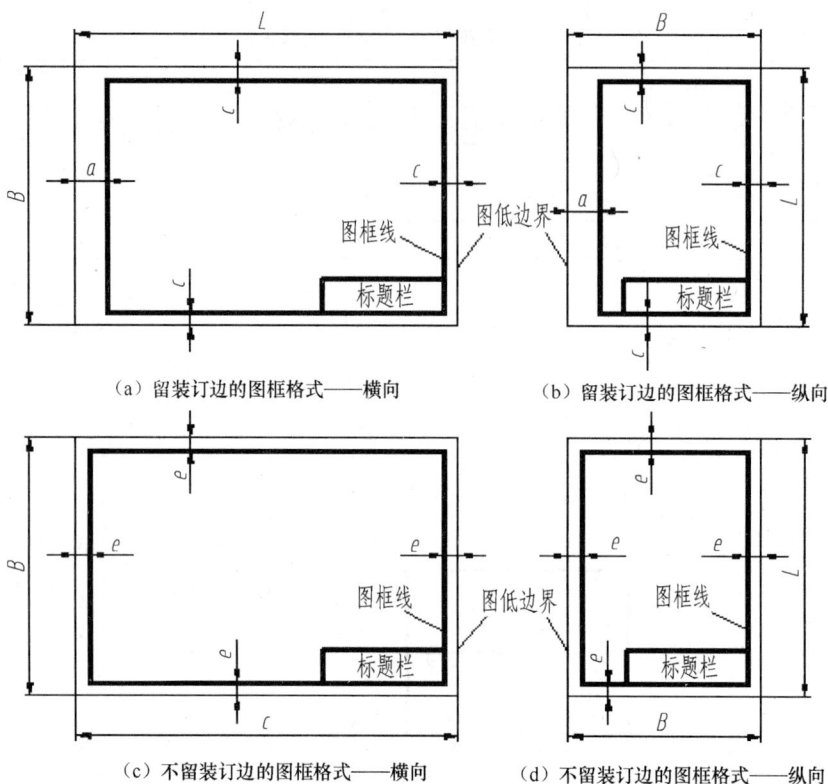

（a）留装订边的图框格式——横向　　　　（b）留装订边的图框格式——纵向

（c）不留装订边的图框格式——横向　　　　（d）不留装订边的图框格式——纵向

图1-3　图框格式

3. 标题栏格式（GB/T10609.1—2008）

一般情况下，标题栏位于图框内的右下角，如图1-3所示。标题栏一般由更改区、签字区、名称及代号区、其他区4个区组成，应用时可以按实际需要增加或减少。技术制图国家标准对标题栏的格式、尺寸及填写要求均做了规定，当采用国际标准中标题栏的格式时，标题栏的画法如图1-4所示。

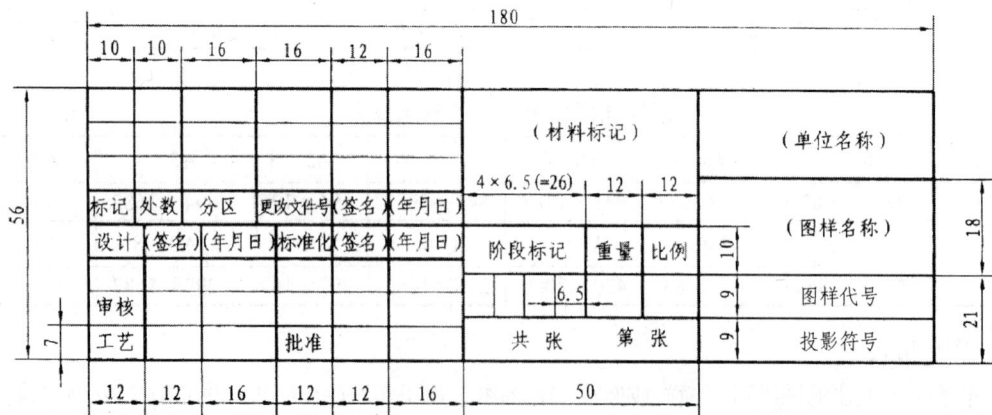

图1-4　标题栏的格式及尺寸（参考画法）

当标题栏的长边为水平方向，且与图纸长边平行时，为X型图纸，如图1-3（a）（c）所示。若标题栏长边与图纸长边垂直，则为Y型图纸，如图1-3（b）（d）所示。上述两种情况下，看图的方向与看标题栏的方向一致。

　　为了利用预先印制好的图纸，允许将 X 型图纸的短边和 Y 型图纸的长边放成水平位置使用，此时须用方向符号明确其看图方向，如图 1-5（a）、（b）所示，方向符号画在图纸下边的对中符号处，其尖角对着读者时为看图方向。方向符号是用细实线绘制的等边三角形，如图 1-5（c）所示。

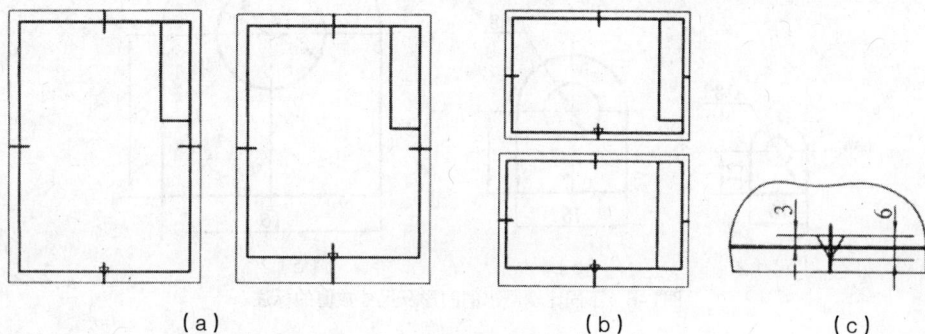

（a）　　　　　　　　　　　　　　　　　（b）　　　　　　　　　（c）

图1-5　看图的方向符号

4. 对中符号

　　为了使复制和微缩摄影时定位方便，在表 1-1 和表 1-2 所列的各号图纸上，均应在各边长的中点处画出对中符号。

　　对中符号用粗实线绘制，线宽不小于 0.5mm，长度从纸边界开始至伸入图框内 5mm，如图 1-5（a）、（b）所示。当对中符号处在标题栏范围内时，伸入标题栏部分省略不画。

二、比例（GB/T14690—1993）

　　图样中的图形与其实物相应要素的线性尺寸之比，称为比例。绘制图样时，应尽可能按机件的实际大小采用原值比例 1∶1 的比例画出，使图样与机件的真实大小一致。根据机件的大小及结构复杂程度不同，也可以采用放大比例或缩小比例绘制图形。比例绘制图样时，一般应在表 1-4 规定的系列中选取适当的比例。必要时，也可选用表 1-5 所示的比例。

表 1-4　　　　　　　　　　　　　　比例系列（一）

种　类	比　例		
原值比例	1∶1		
放大比例	5∶1 $5 \times 10^n : 1$	2∶1 $2 \times 10^n : 1$	$1 \times 10^n : 1$
缩小比例	1∶2 $1 : 2 \times 10^n$	1∶5 $1 : 5 \times 10^n$	1∶10 $1 : 1 \times 10^n$

注：n 为正整数。

表 1-5　　　　　　　　　　　　　　比例系列（二）

种　类	比　例				
放大比例	4∶1 $4 \times 10^n : 1$	2.5∶1 $2.5 \times 10^n : 1$			
缩小比例	1∶1.5 $1 : 1.5 \times 10^n$	1∶2.5 $1 : 2.5 \times 10^n$	1∶3 $1 : 3. \times 10^n$	1∶4 $1 : 4 \times 10^n$	1∶6 $1 : 6 \times 10^n$

图1-6所示为用不同比例画出的同一机件的图形。

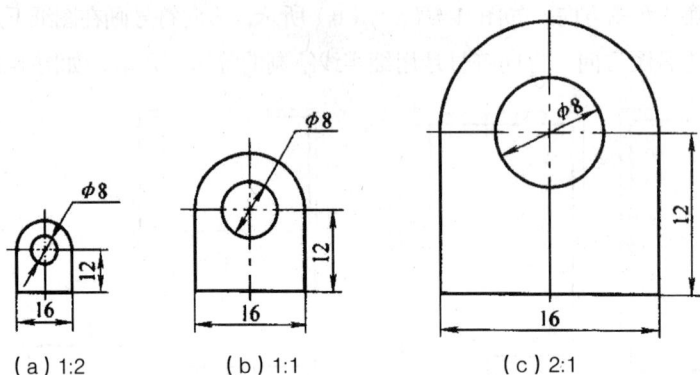

(a) 1:2　　　　(b) 1:1　　　　(c) 2:1

图1-6　不同比例画出的图形及尺寸数值的标注

注意

(1) 无论采用放大还是缩小比例，图样上的尺寸数字均按机件的实际尺寸标注。

(2) 绘制同一机件的各个视图应采用相同的比例，一般填写在标题栏的比例栏内，比例符号用"："表示。当某个视图采用不同于标题栏内的比例时，可在视图名称的下方或右侧注出比例，如

$$\frac{A}{2:1} \qquad \frac{I}{5:1} \qquad 平面图形1:100$$

三、字体（GB/T14691—1993）

国家标准规定了图样及有关技术文件中书写的汉字、字母、数字的结构形式及基本尺寸。

字体高度（用 h 表示）的公称尺寸系列为：1.8，2.5，3.5，5，7，10，14，20mm 等8种。字体高度称为字体的号数。

汉字只能写成直体，字母及数字可写成斜体或直体。

书写字体必须做到：字体端正、笔画清晰、间隔均匀、排列整齐。

1. 汉字

汉字应写成长仿宋体，并采用国家正式公布推行的简化字。汉字的高度（h）不应小于3.5mm，字宽一般为 $h/\sqrt{2}$（即约等于字高的2/3）。长仿宋体汉字示例，如图1-7所示。

5号字　　字体工整　笔画清晰　间隔均匀　排列整齐

7号字　　　横平竖直注意起落结构均匀填满方格

10号字　　技术制图装配图零件图

图1-7　长仿宋体汉字示例

2. 数字

常用的数字有阿拉伯数字（见图1-8）和罗马数字（见图1-9），并经常用斜体书写。

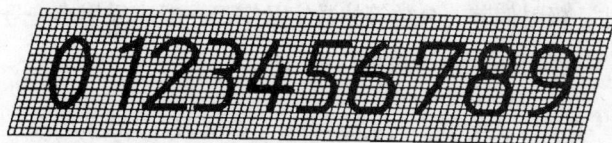

（a）斜体

（b）直体

图1-8 阿拉伯数字字例

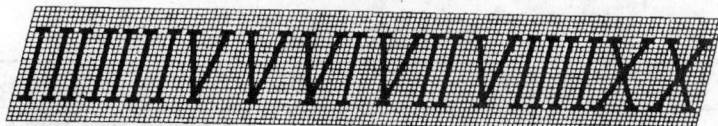

（a）斜体

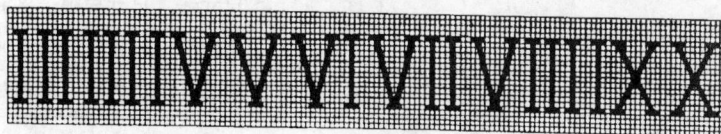

（b）直体

图1-9 罗马数字字例

3. 拉丁字母

拉丁字母有大写和小写之分，如图 1-10 所示。汉语拼音字母来源于拉丁字母，两者字形完全相同。

图1-10 拉丁字母示例（斜体）

4. 用作指数、脚注、极限偏差、分数等的数字及字母一般应采用小一号的字体

数字及字母组合书写的综合应用示例如图 1-11 所示。

$$R3 \quad 2×45° \quad M24{-}6H \quad \Phi60H7 \quad \Phi30g6$$
$$\Phi20^{+0.021}_{0} \quad \Phi25^{-0.007}_{-0.020} \quad Q235 \quad HT200$$

图1-11　字体书写综合应用示例

四、图线（GB/T4457.4—2002）

1. 线型

国家标准规定了图样中图线的线型、尺寸和画法。机械制图中常用的图线名称、线型、宽度及其应用见表 1-6 和图 1-13。

表 1-6　　　　　　　　　　图线及其应用

名称	图线型式	宽度	一般应用
粗实线	———————	d	可见轮廓线、视图上的铸件分型线
细实线	———————	约 $d/2$	尺寸线、尺寸界限、剖面线、指引线、重合断面的轮廓线、过渡线、投射线
波浪线	∿∿∿		断裂处的边界线、剖视与视图的分界线
双折线	——〜——		断裂处的边界线
细虚线	- - - - - -		不可见轮廓线
粗虚线	━ ━ ━ ━	d	允许表面处理的表示线
细点画线	— · — · —	约 $d/2$	轴线、对称中心线、剖切线、分度圆（线）
粗点画线	━ · ━ · ━	d	限定范围的表示线
细双点画线	— ·· — ·· —	约 $d/2$	相邻辅助零件的轮廓线、极限位置的轮廓线、假想投影的轮廓线、轨迹线、中断线

绘制虚线和点（双点）画线时，其线素的长度（点、画、长画和短间隔）的长度如图 1-12 所示，图中 d 为粗实线宽度。

2. 线宽

机械图样中的图线分粗线和细线两种，粗线的宽度为 d，细线的宽度约为 $d/2$。图线宽度（d）系列为：0.13，0.18，0.25，0.35，0.5，0.7，1，1.4，2，单位为 mm。粗线的宽度 d 应按图样的大小和复杂程度来决定，一般常用宽度为 0.7mm 和 1mm，应尽量避免采用宽度小于 0.18mm 的图线。

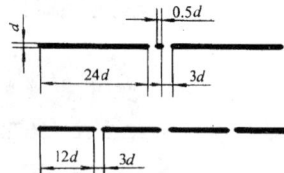

图1-12　虚线、点画线线素长度

3. 图线的画法

（1）同一张图样中，同类图线应基本一致。即各类图线的线宽基本一致，虚线、点画线、双点画线的线素（点、画、长画和短间隔）基本一致。

（2）绘制圆的对称中心线时，圆心应为长画相交，首末两端应是长画而不是短画或间隔，且超

出图线外 2～5mm，如图 1-14（a）所示。

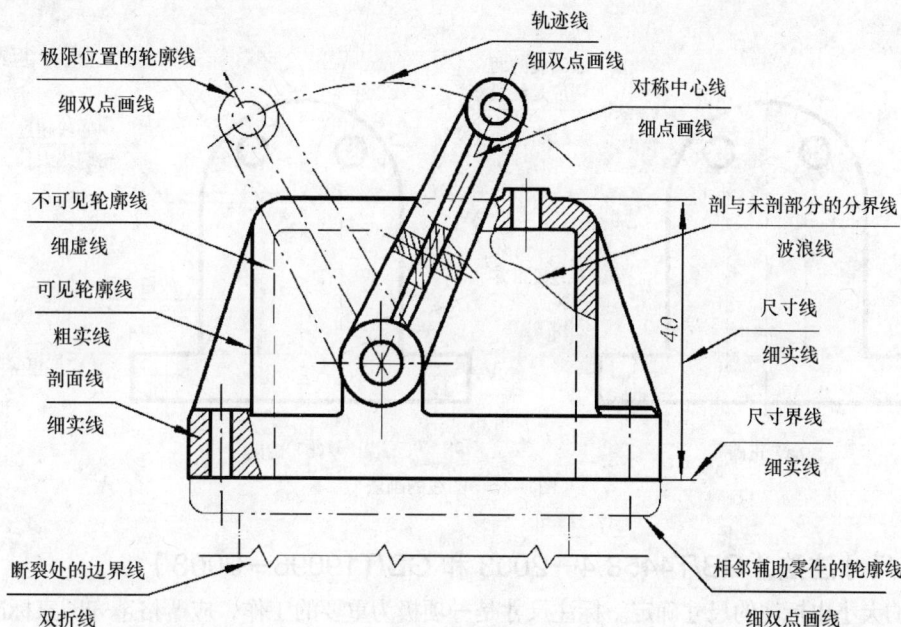

图1-13 图线的应用示例

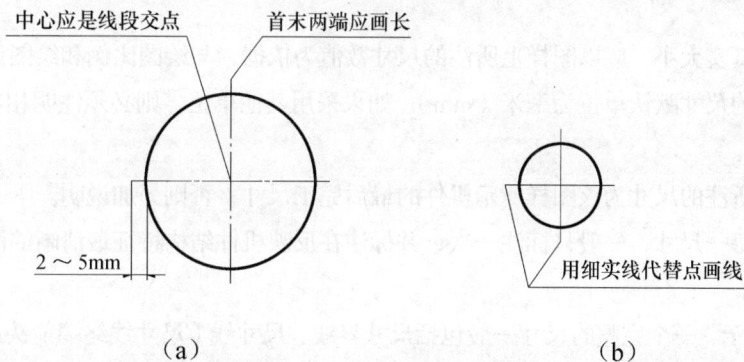

（a）　　　　　　　　　　　　（b）

图1-14 圆的中心线画法

（3）在较小的图形中，绘制细点画线或双点画线有困难时，可用细实线代替，如图 1-14（b）所示。

（4）细虚线、细点画线、双点画线、粗实线彼此相交时，应交于画线处，而不是短画或间隔，如图 1-15 所示。

（5）细虚线处于粗实线的延长线上时，粗实线应画到分界点，而细虚线应留有空隙，如图 1-15 所示。

（6）细虚线圆弧和细虚线直线相切时，细虚线圆弧的画线应画到切点，而细虚线直线需留有空隙，如图 1-15 所示。

（7）两种图线重合时，只需画出其中一种，优先顺序为：可见轮廓线，不可见轮廓线，对称中心线，尺寸界线。

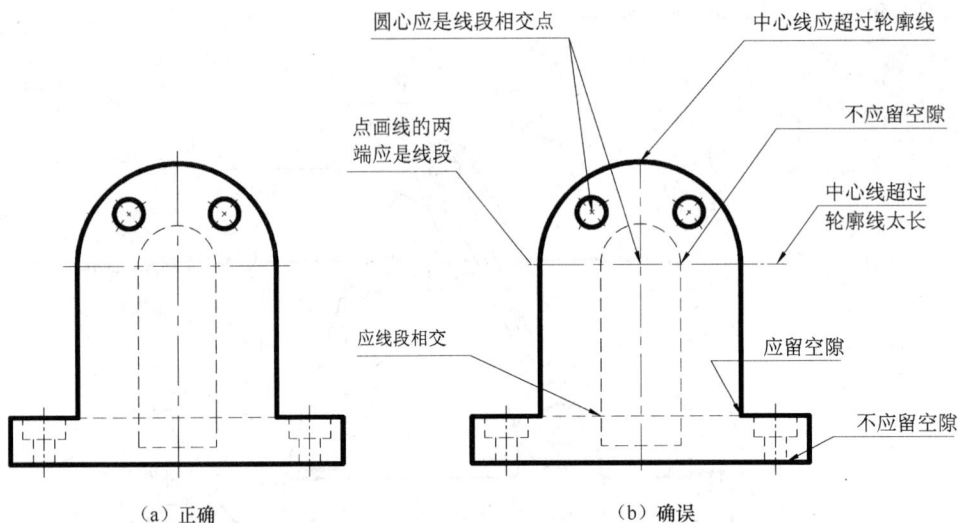

图1-15 图线的画法

五、尺寸注法（GB/T4458.4—2003 和 GB/T19096—2003）

机件的大小由标注的尺寸确定。标注尺寸是一项极为重要的工作，应严格遵守国家标准，做到正确、完整、清晰，合理。

1. 基本规则

（1）机件的真实大小，应以图样上所注的尺寸数值为依据，与绘图比例和绘图误差无关。

（2）图样中的尺寸默认单位为毫米（mm），如果采用其他单位，则必须注明相应的单位符号，如 30°、20μm 等。

（3）图样中所注的尺寸为该图样所示机件的最后完工尺寸，否则另加说明。

（4）机件的每一尺寸，一般只标注一次，并标注在反映机件结构特征最清晰的图形上。

2. 尺寸组成

如图 1-16 所示，一个完整的尺寸一般包括尺寸界线、尺寸线（尺寸线终端箭头或斜线）及尺寸数字。

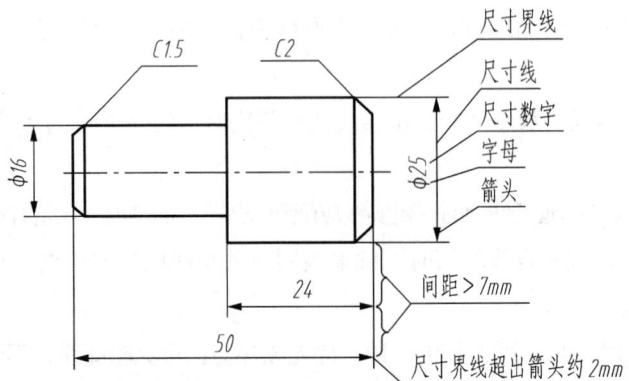

图1-16 尺寸组成示例

（1）尺寸界线。尺寸界线用细实线绘制，并应从图形的轮廓线、轴线或对称中心线引出。也可直接用轮廓线、轴线或对称中心线作尺寸界线。尺寸界线一般与尺寸线垂直，必要时允许倾斜。尺寸界线应超出尺寸线的终端2mm左右。

（2）尺寸线。尺寸线用细实线绘制，必须单独画出，不能与其他图线重合或画在其延长线上。标注线性尺寸时，尺寸线必须与所标注的线段平行，当有几条互相平行的尺寸线时，各尺寸线的间距要均匀（间隔5～10mm），大尺寸在外，小尺寸在里，尽量避免尺寸线之间及尺寸线与尺寸界线之间相交。

尺寸线终端有箭头和斜线两种形式，如图1-17所示。箭头画法如图1-17（a）所示，图中的d为粗实线的宽度。斜线终端用细实线绘制，如图1-17（b）所示，图中h为字体高度。当采用该尺寸线终端形式时，尺寸线与尺寸界线必须相互垂直。同一张图样中只能采用一种尺寸终端形式。

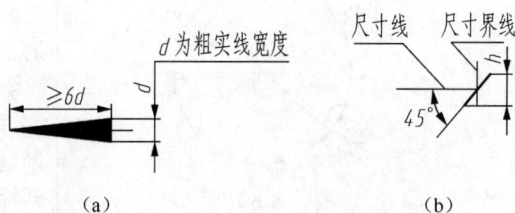

图1-17 尺寸终端的画法

（3）尺寸数字。线性尺寸数字一般标注在尺寸线的上方或中断处，在同一张图样中尽可能采用一种数字注写形式，其字号大小应一致。尺寸数字不得被任何图线穿过，当无法避免时，应将图线断开。尺寸数字的方向，应以看图方向为准。水平方向尺寸数字的字头朝上，竖直方向尺寸数字的字头朝左，倾斜方向数字的字头应保持朝上的趋势。

国家标准《技术制图 简化表示法》（GB/T16675.2—1996）要求标注尺寸时，应尽可能使用符号和缩写词，常见的符号及缩写词见表1-7。

表 1-7   常见的符号及缩写词

名称	符号或缩写词	名称	符号或缩写词
直径	ϕ	正方形	□
半径	R	45° 倒角	C
球直径	$S\phi$	孔深	▼
球半径	SR	沉孔或锪平	⊔
厚度	t	埋头孔	∨
三角形	△	均布	EQS

3. 尺寸标注示例

尺寸注法示例，见表1-8。

表 1-8　　　　　　　　　　　　　　尺寸注法示例

标注内容	图　　例	说　　明
线性尺寸	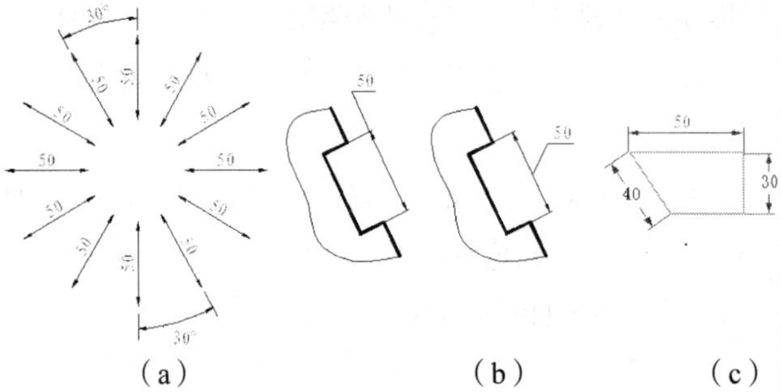 （a）　　　　（b）　　　　（c）	1. 线性尺寸的数字应按图（a）的方向书写，并尽量避免在图示30°范围内注写尺寸，无法避免时，可按图（b）的形式书写 2. 允许将非水平方向的尺寸数字水平地注写在尺寸线的中断处，如图（c）所示
角度尺寸	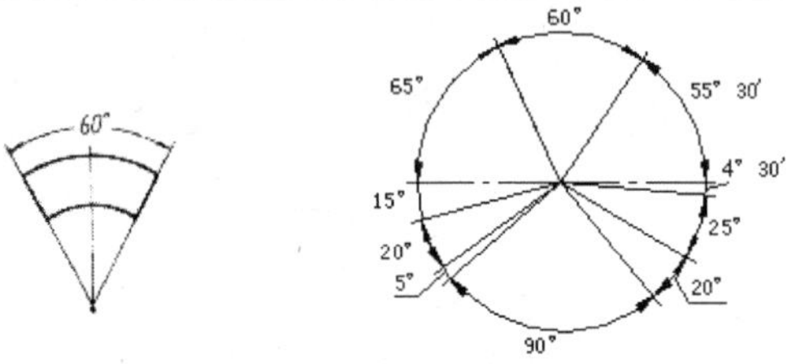 （a）　　　　　（b）	1. 角度尺寸界线沿径向引出 2. 角度尺寸线画成圆弧，圆心是该角顶点 3. 角度尺寸数字一律写成水平方向，一般注写在尺寸线的中断处，必要时可按图（b）的形式标注
圆的直径	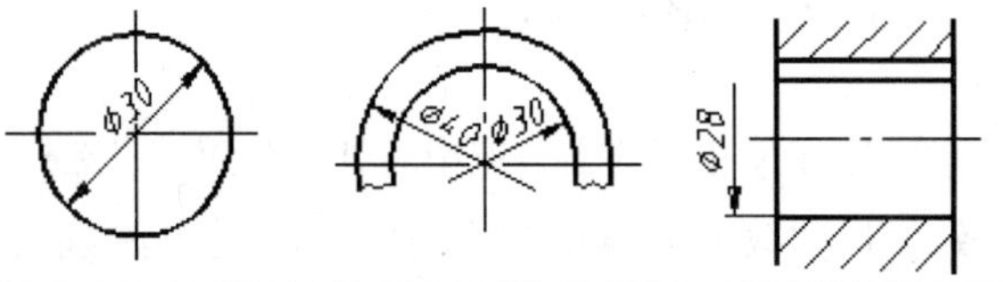	1. 直径尺寸应在尺寸数字前加注符号"ϕ" 2. 尺寸线应通过圆心，尺寸线终端画成箭头
圆弧半径	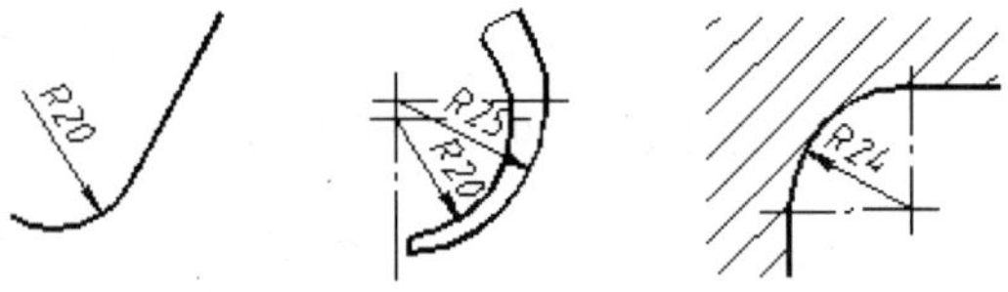	1. 半圆或小于半圆的圆弧标注半径尺寸 2. 半径尺寸数字前加注符号"R" 3. 半径尺寸必须标注在投影为圆弧的图形上，且尺寸线应通过圆心
大圆弧	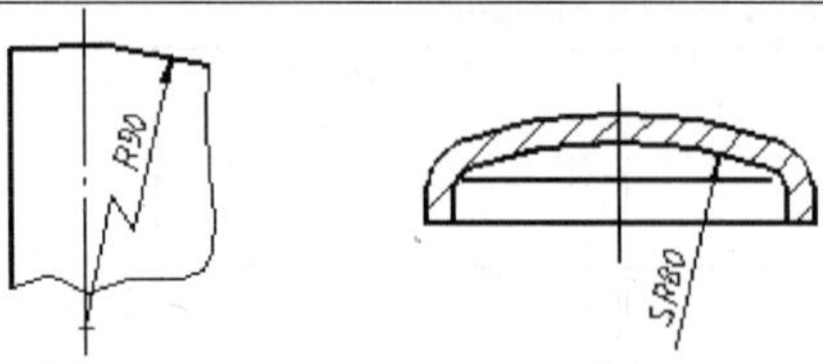 （a）　　　　（b）	1. 当圆弧的半径过大，或在图纸范围内无法标出圆心位置时，按图（a）的形式标注 2. 若不需要标出圆心位置，按图（b）的形式标注
弧长和弦长	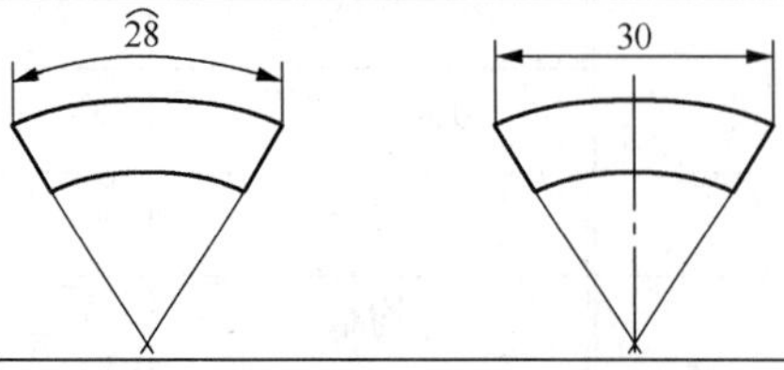	1. 标注弧长时，应在尺寸数字左方加符号"⌒" 2. 弦长及弧长的尺寸界线应平行该弦（或该弧）的垂直平分线

续表

标注内容	图　例	说　明
不完整要素		对于未完整表示的要素，可仅在尺寸线的一端画出箭头，但尺寸线应超过该要素的中心线或断裂处
光滑过渡处		在光滑过渡处，需要用细实线将轮廓线延长，从其交点引出尺寸界线
球面尺寸		标注球面的直径或半径时，应在符号"ϕ"或"R"前再加注符号"S"。在不致于引起误解的情况下，可按图（c）省略符号"S"
小尺寸		在没有足够位置画箭头或注写数字时，可按图示形式标注

4. 尺寸标注的正误对比

尺寸标注的正误对比如图 1-18 所示。

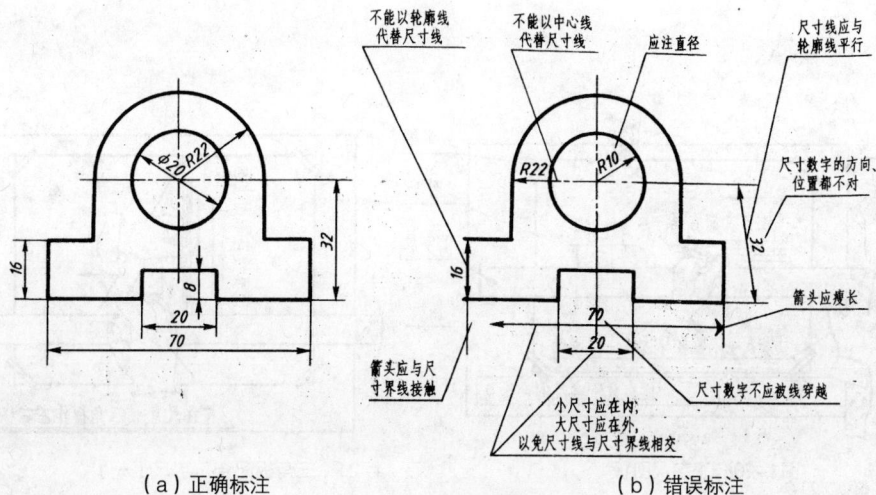

（a）正确标注　　　　　（b）错误标注

图1-18　尺寸标注的正误对比

任务二 绘图工具及其使用

任务引出

绘制图样时，如何培养良好的习惯，从而正确使用和维护绘图工具。

任务描述

正确使用绘图工具，对保证图样质量、提高绘图速度起着重要的作用。这里介绍几种常用绘图工具及其使用方法。

一、图板、丁字尺和三角板

图板是绘图时的垫板，要求表面必须平坦、光滑，左右两导边必须平直。图纸用胶带纸固定在图板上，如图1-19所示。

丁字尺有尺头和尺身两部分组成，丁字尺常用

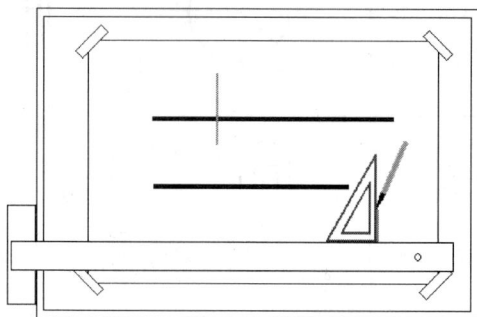

图1-19 图板

来绘制水平线。绘图时，应使尺头紧靠图板左侧导边，自左向右画水平线，如图1-20所示。

三角板两块为一副，三角板与丁字尺配合使用，可画垂直线和与水平线成15°、30°、45°、60°、75°等的斜线，如图1-21、1-22所示；两块三角板配合可画相互平行的直线及相互垂直的直线，如图1-23所示。

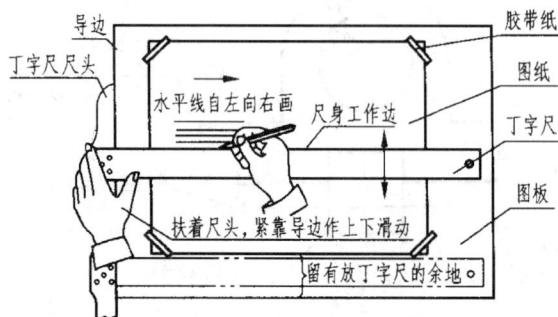

图1-20 丁字尺图板

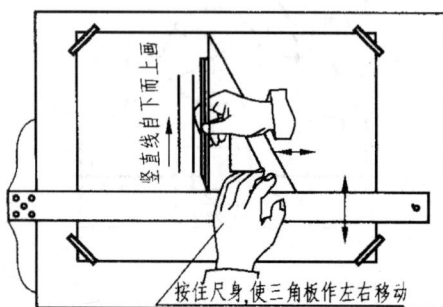

1-21 三角板配合丁字尺（一）

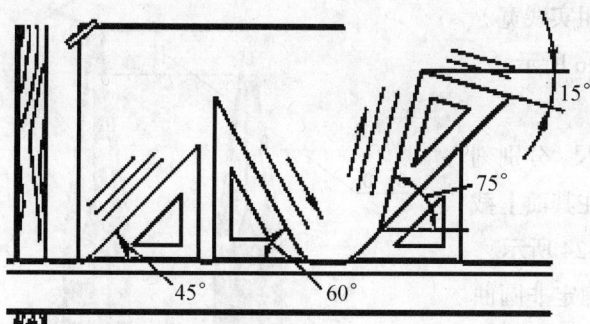

图1-22　三角板配合丁字尺（二）　　　　　　图1-23　两块三角板配合画相互平行的直线及相互垂直的直线

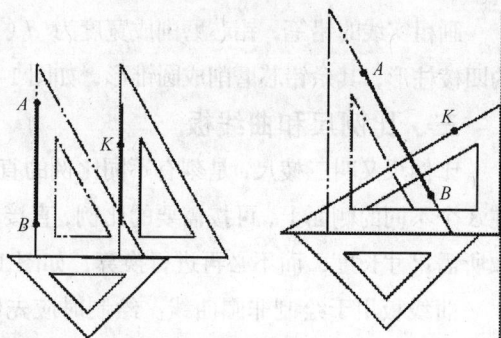

二、分规、圆规和铅笔

分规是用来移置尺寸或等分线段的，分规等分线段时常用试分法，如图 1-24 所示。

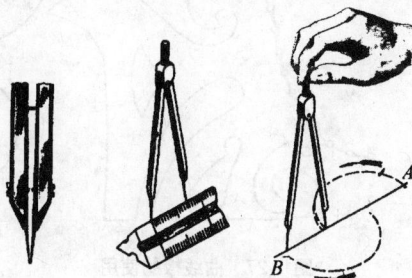

图1-24　分规的使用

圆规是用来画圆和圆弧的，它的固定腿上装有钢针，钢针两端形状不同，绘制圆弧时，将有台阶的一端扎入图板，台阶面与纸面接触。绘制较大直径的圆时，应调节圆规的针尖及铅芯尖各约垂直于纸面，如图 1-25 所示。

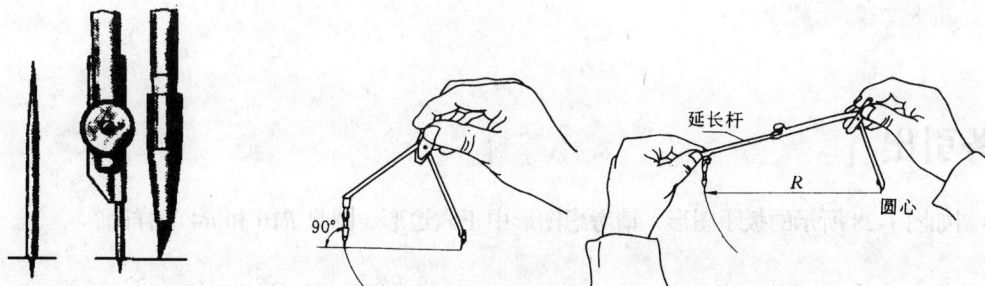

图1-25　圆规的使用

铅笔要求使用绘图铅笔。铅笔铅芯的软硬度分别用"B"和"H"表示，B 前的数值越大表示铅芯越软（黑），H 前的数值越大表示铅芯越硬。根据使用要求不同，准备以下几种硬度不同的铅笔：

H 或 2H 用于画底稿；

HB 或 H 用于画虚线、细实线、细点画线及写字；

HB 或 B 用于加深粗实线。

画粗实线的铅笔，铅芯磨削成宽度为 d（粗实线宽）的四棱柱形，其余铅芯磨削成圆锥形，如图 1-26 所示。

三、比例尺和曲线板

比例尺又叫三棱尺，是刻有不同比例的直尺，分别刻在 3 个不同的侧面上，可按需要的比例，直接在其面上截取所需尺寸长度，而不必再进行换算，如图 1-24 所示。

曲线板用于绘制非圆曲线。绘制时应先确定非圆曲线上的一系列点，然后用曲线板光滑连接而成，如图 1-27 所示。

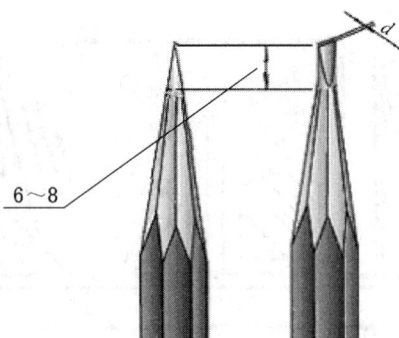

6～8

（a）圆锥形　（b）四棱柱形

图1-26　铅笔的磨削

图1-27　曲线板的使用

任务三　几何作图

任务引出

绘制如图 1-28 所示的扳手图形，请考虑图形中正六边形、圆弧 R16 和 R4 怎样画？

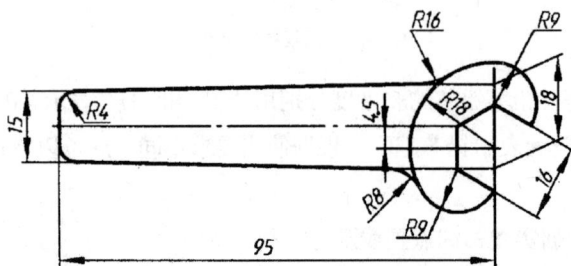

图1-28　扳手

任务描述

机件的轮廓形状虽然是多种多样的，但它们基本上都是由直线、圆弧或其他一些曲线所组成的几何图形。因此，熟练掌握基本几何图形的画法，是绘制机械图样的基础。常用的几何作图方法有等分直线段、正多边形、斜度与锥度、圆弧连接等作图。

一、等分直线段

1. 四等分直线段 AB

过已知直线段 AB 的一个端点 A（或 B）任作一射线如 AC，由此端点起在射线上以任意长度截取四等分。将射线上的等分终点与已知直线段的另一端点 B 连线，并过射线上各等分点作此连线的平行线与已知直线段相交，交点即为所求，如图 1-29 所示。

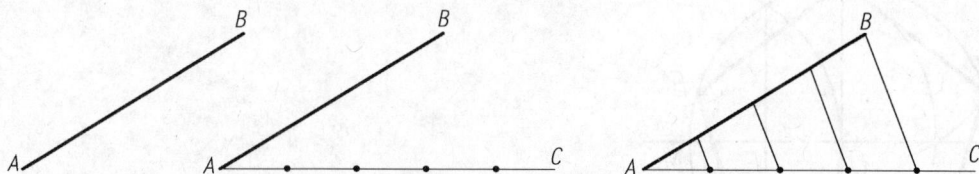

图1-29　四等分直线段

2. 作直线段 AB 的垂直平分线

以线段的端点 A、B 为圆心，取 R（$R > AB/2$）为半径，分别作两圆弧相交于 M 和 N；连接 MN，即得所求的垂直平分线 MN，如图 1-30 所示。

二、正多边形

1. 作正三角形

（1）由边长作正三角形。

作直线 AB 等于边长 L；分别以 A、B 为圆心，R=L 为半径，作两圆弧相交于 C；△ABC 即为所求，如图 1-31（a）所示。

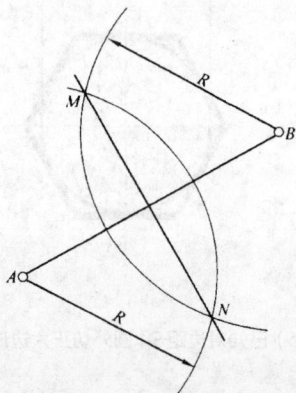

图1-30　作直线 AB 的垂直平分线

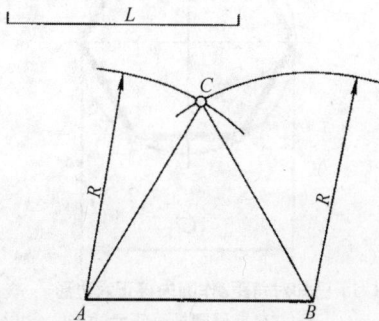

（a）由边长作正三角形　（b）作圆的内接正三角形

图1-31　作正三角形

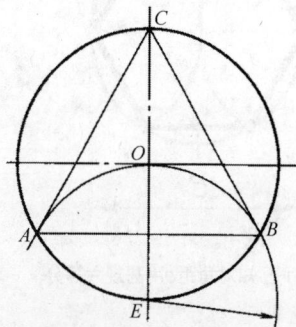

（2）作已知圆的内接正三角形。

以圆的直径 CE 的一个端点 E 为圆心，已知圆的半径 R 为半径作弧，与圆相交于 A、B；连接 A、B、C 三点即为求作的正三角形，如图 1-31（b）所示。

2. 作已知圆的内接正五边形

在已知圆中取半径 OM 的中点 F；以 F 为圆心，FA 为半径作弧于 ON 交于点 G；以 A 为圆心，AG 为半径作弧与圆相交于点 B，AB 为正五边形的近似边长；以 AB 为边长自 A 点起依次截取，得 B、E、C、D，连接 ABCDE 即为圆的正五边形，如图 1-32 所示。

3. 作已知圆的内接正六边形

（1）用丁字尺和三角板画正六边形，如图 1-33 所示。

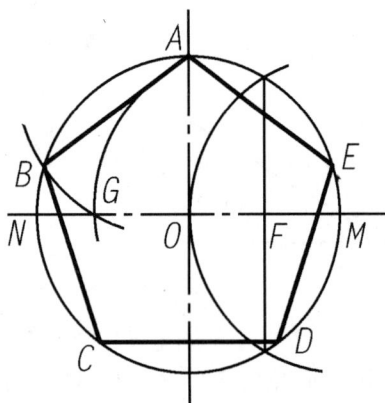

图 1-32　作圆的内接正五边形

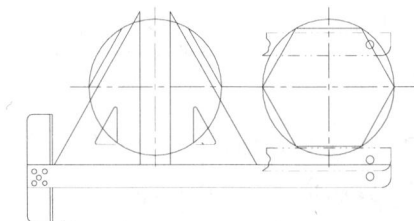

图 1-33　用丁字尺和三角板画正六边形

（2）用圆规画正六边形，如图 1-34 所示。

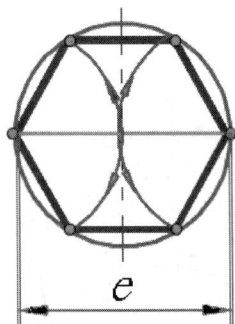

（a）已知对角距 e 用圆规六等分　　（b）已知对角距 e 作圆内接正六边形　　（c）已知对边距 S 作圆外切正六边形

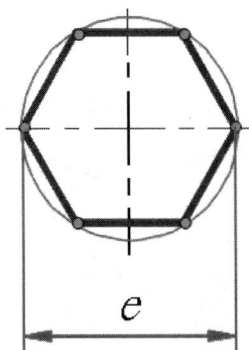

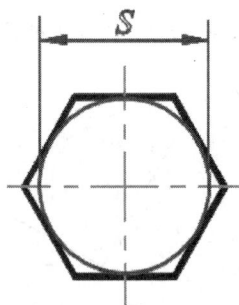

图 1-34　用圆规画正六边形

4. 作已知圆的内接正 n 边形

将垂直直径 AN 进行 n 等分（图中 n=7），以 N 为圆心，以 NA 为半径作圆弧交水平中心线于点

P、Q，由 P 和 Q 作直线与 NA 上每相隔一分点如奇数点（1，3，5）相连，并延长与外接圆交于 C、D、E、B、G、F 各点，然后顺序连接各顶点，即得正七边形 $BCDENFG$，如图 1-35 所示。

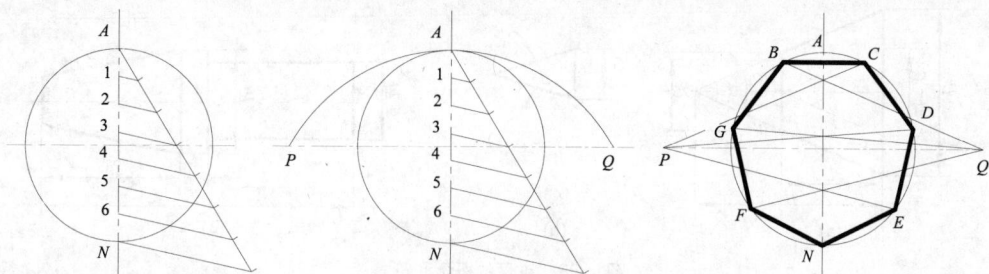

图1-35 作圆的内接正 n 边形

三、斜度和锥度

1. 斜度

斜度是指一直线对另一直线或一平面对另一平面的倾斜程度。其大小用夹角的正切值来表示，并把比值转为 1：n 的形式。即斜度=$\tan\alpha=H/L$=1：n，如图 1-36（a）所示。

斜度的表示符号如图 1-36（b）所示，斜度符号要与斜度方向一致，标注的符号和指引线均用细实线绘制，如图 1-36（c）所示。

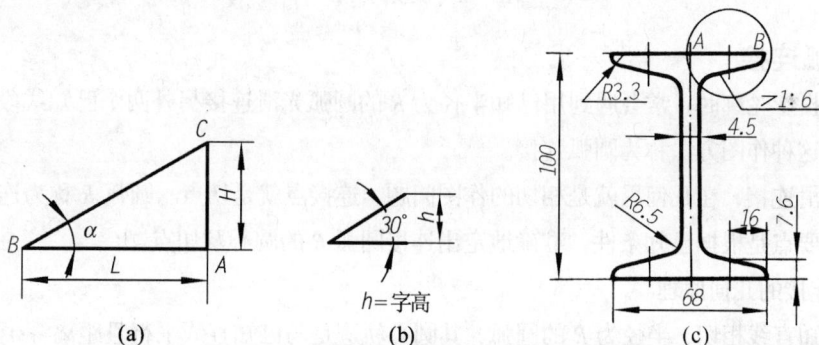

图1-36 斜度的概念和符号

图 1-37 所示为斜度的作图方法。

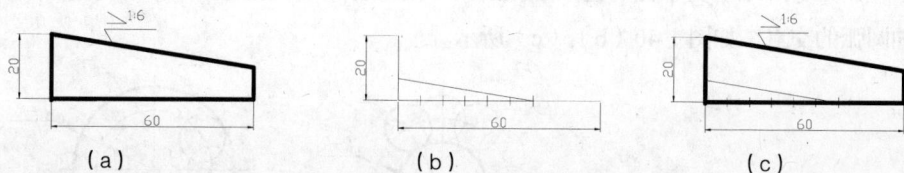

图1-37 斜度的画法

2. 锥度

锥度是指正圆锥体的底圆直径与其高度之比。如果是圆锥台，则是两底圆直径之差与台高之比。其比值常转化为 1：n 的形式。即锥度= $2\tan\alpha=D/H=（D-d）/l$=1：n，如图 1-38（a）所示。

锥度的表示符号如图 1-38（b）所示，锥度符号的方向应与圆锥方向一致，标注的符号和指引线均用细实线绘制，如图 1-38（c）所示。

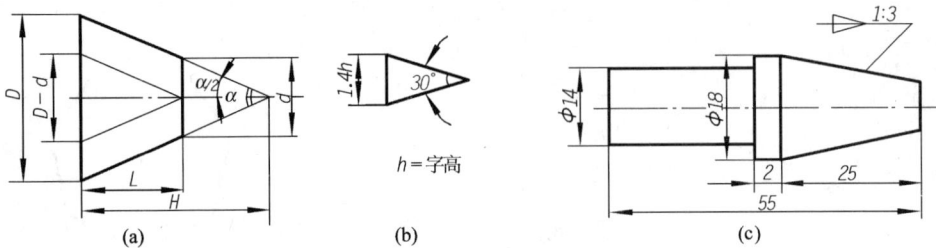

图1-38　锥度的概念和符号

图 1-39 所示为锥度的作图方法。

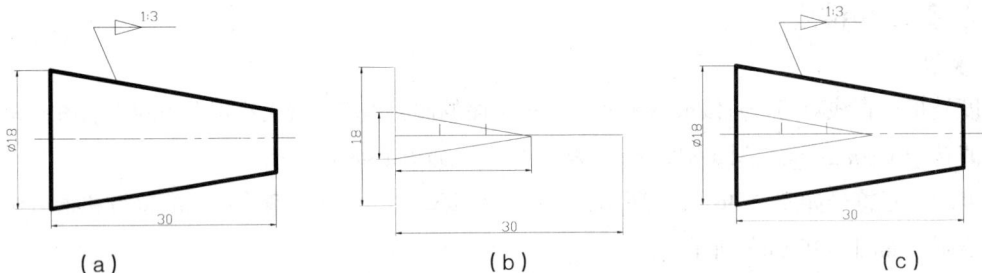

图1-39　锥度的画法

四、圆弧连接

画机件的投影轮廓时，常会遇到用已知半径为 R 的圆弧光滑连接另外两个已知线段（直线或圆弧）的作图，这种作图方法称为圆弧连接。

这里的光滑连接，在几何里就是相切的作图问题，连接点就是切点。圆弧 R 称为连接圆弧。圆弧连接作图的要点是根据已知条件，准确地定出连接圆弧 R 的圆心及切点。

1. 圆弧连接的几何原理

（1）与已知直线相切，半径为 R 的圆弧，其圆心轨迹是与已知直线平行且距离等于 R 的两条直线。切点 K 是圆心向已知直线所作垂线的垂足，如图 1-40（a）所示。

（2）与已知圆弧（圆心 O_1，半径 R_1）外（或内）切，半径为 R 的圆弧，其圆心轨迹是以 O_1 为圆心，以 R_1+R（或 R_1-R）为半径的已知圆弧的同心圆。切点 K 是圆心 O 与 O_1 的连心线（或延长线）与已知圆弧的交点，如图 1-40（b）、（c）所示。

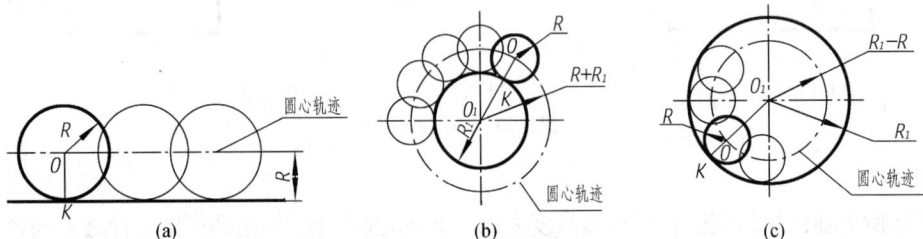

图1-40　圆弧连接的几何原理

2. 圆弧连接的基本形式

圆弧连接的基本形式如表 1-9 所示。

表 1-9　　圆弧连接的基本形式

<table>
<tr><th>已知条件和作图要求</th><th>作图方法和步骤</th></tr>
<tr><td>用半径为 R 的圆弧连接两已知直线 AB、BC
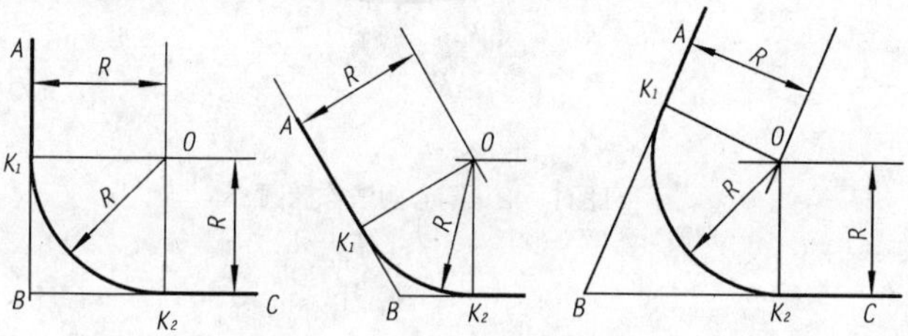

（a）　（b）　（c）</td><td>1. 作两条已知直线 AB、BC 相距为 R 的平行线，其交点 O 即为连接圆弧的圆心
2. 自 O 点向 AB、BC 作垂线，垂足 K_1、K_2 即为切点
3. 以 O 为圆心，R 为半径，自 K_1 至 K_2 画圆弧，即完成作图</td></tr>
<tr><td>用半径为 R 的圆弧连接已知直线和圆弧
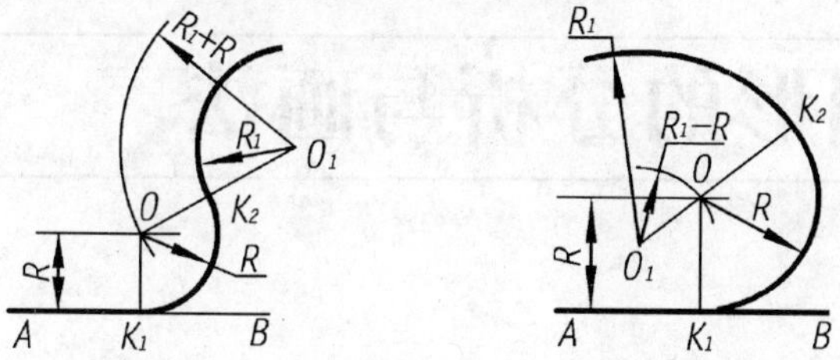

（a）与直线相切、圆弧外切　（b）与直线相切、圆弧内切
（a）与直线相切、圆弧外切　（b）与直线相切、圆弧内切</td><td>1. 作已知直线 AB 相距为 R 的平行线；再以 O_1 为圆心，R_1+R（外切）或 R_1-R（内切）为半径作弧，此弧与平行线的交点 O 即为连接圆弧的圆心
2. 自 O 点向 AB 作垂线，垂足 K_1 即为切点；作圆心连线 OO_1 与已知圆弧 R_1 的交点 K_2 即为切点
3. 以 O 为圆心，R 为半径，自 K_1 至 K_2 画圆弧，即完成作图</td></tr>
<tr><td>用半径为 R 的圆弧连接两已知圆弧
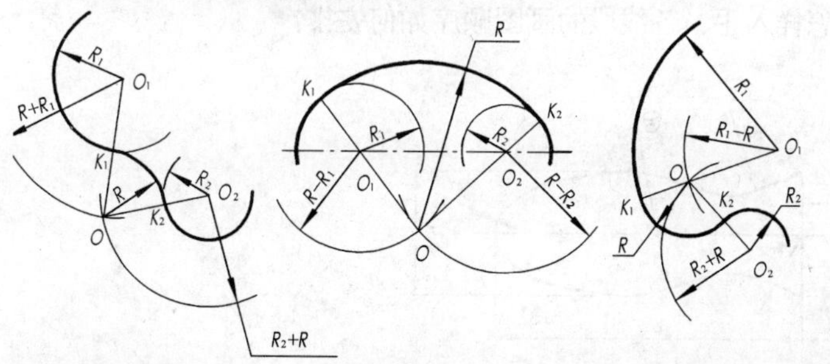

（a）同时外切　（b）同时内切　（c）一内切一外切</td><td>1. 分别以 O_1、O_2 为圆心，R_1+R 和 R_2+R（同时外切时）、或 $R-R_1$ 和 $R-R_2$（同时内切时）、或 R_1-R 和 R_2+R（内、外切时）为半径画弧，得交点 O 即为连接圆弧的圆心
2. 作圆心连线 OO_1、OO_2 与两已知圆弧 R_1、R_2 的交点 K_1、K_2 即为切点
3. 以 O 为圆心，R 为半径，自 K_1 至 K_2 画圆弧，即完成作图</td></tr>
</table>

五、椭圆

1. 椭圆的近似画法（四心圆法）

已知长轴 AB 和短轴 CD，连 AC，取 $CF=OA-OC$。作 AF 的中垂线，交长轴于 O_1，交短轴于 O_2，并找出 O_1 和 O_2 的对称点 O_3 和 O_4；以 O_1、O_2、O_3、O_4 为圆心，分别以 O_1A、O_2C、O_3B、O_4D 为半径画圆弧，拼成近似椭圆，如图 1-41 所示。

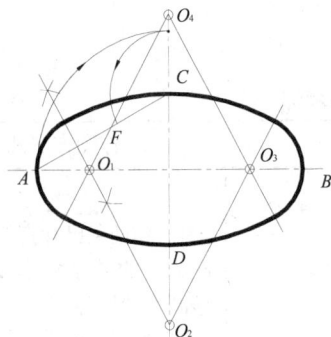

图1-41　四心圆法作椭圆　　　　　图1-42　同心圆法作椭圆

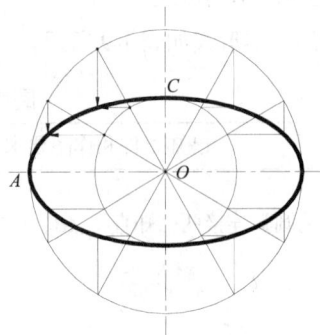

2. 椭圆的精确画法（同心圆法）

以长半轴 OA 和短半轴 OC 为半径作两个同心圆，并将它们若干等分。分别从大小圆等分点引垂直和水平线，其交点即为椭圆上的点，用曲线板光滑连接即可，如图 1-42 所示。

任务四　平面图形的分析与画法

任务引出

绘制如图 1-43 所示手柄图形时，怎样入手，各线段的画图顺序如何安排？

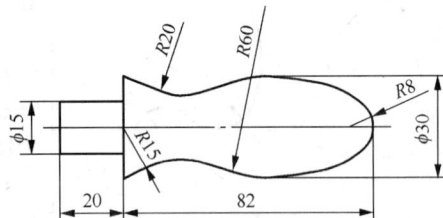

图1-43　手柄

任务描述

平面图形是由若干线段（直线或曲线）连接而成，要正确绘制一个平面图形，首先应对平面图形进行尺寸分析和线段分析，从而确定入手位置，制定正确的画图顺序，依次绘出各线段。同一个图形的尺寸注法不同，图线的绘制顺序也随之改变。

一、平面图形的尺寸分析

平面图形的尺寸分析，就是分析平面图形中每个尺寸的作用以及图形与尺寸间的关系。按尺寸在平面图形中的作用不同，可以分为定形尺寸和定位尺寸两类。为了确定平面图形中线段的相对位置，引入了基准的概念。

1. 基准

基准是标注尺寸的起始位置。对于二维平面图形，需要两个方向的基准，即水平方向和铅垂方向。一般平面图形中可作为基准线的是：

（1）对称图形的对称线；

（2）较大圆的对称中心线；

（3）较长的直线。

图 1-43 的手柄是以水平的对称线和通过 $R15$ 圆心的竖直线做基准线的。

2. 定形尺寸

定形尺寸是确定平面图形中线段形状大小的尺寸，如图 1-43 中 $\phi15$、20、$R20$、$R15$、$R60$、$R8$ 等均是定形尺寸。

3. 定位尺寸

定位尺寸是确定平面图形中的线段或线框相对位置的尺寸，如图 1-43 中 82、$\phi30$ 为定位尺寸。

二、平面图形的线段分析

根据图形线段的定形尺寸和定位尺寸是否齐全，可以将线段分为以下 3 类。

（1）已知线段：定形尺寸和定位尺寸标注齐全的，作图时能根据给定尺寸直接画出的线段为已知线段，如图 1-43 中 $\phi15$、20 的矩形及 $R15$、$R8$ 的圆弧。

（2）中间线段：已知定形尺寸和一个定位尺寸，而另一方向的定位尺寸必须靠作图才能求出的线段称为中间线段，如图 1-43 中的 $R60$ 圆弧。

（3）连接线段：只有定形尺寸而无定位尺寸的线段称为连接线段，作图时需要先画出与其两端相连的线段，借助连接条件才能确定其位置，如图 1-43 中的 $R20$ 圆弧。

图 1-44 所示为图 1-43 所示手柄的作图步骤。

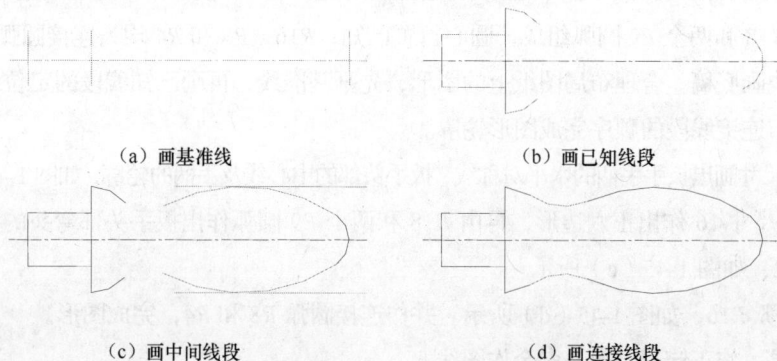

（a）画基准线   （b）画已知线段

（c）画中间线段   （d）画连接线段

图1-44 手柄的作图步骤

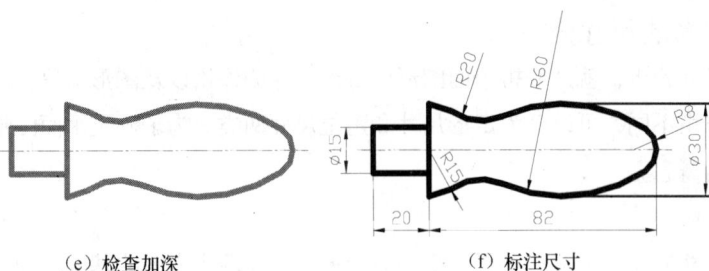

(e) 检查加深　　　　　　　　　　(f) 标注尺寸

图1-44　手柄的作图步骤（续）

三、平面图形的画图步骤

下面以图 1-45 所示扳手为例说明画图步骤。

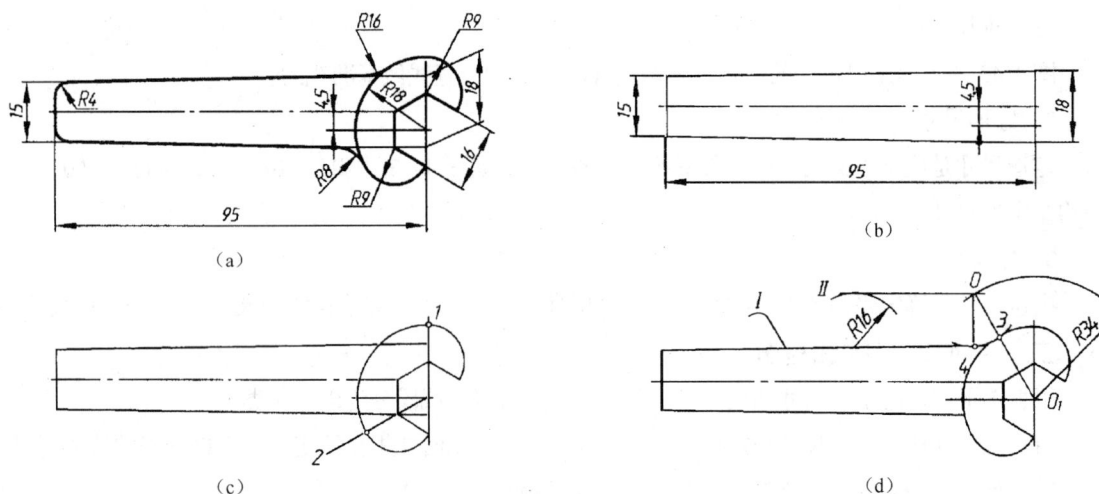

（a）　　　　　　　　　　　　　　　（b）

（c）　　　　　　　　　　　　　　　（d）

图1-45　扳手的画图步骤

1. 准备绘图

准备必需的绘图工具和仪器，确定图形采用的比例和图纸幅面大小，将图纸固定在图板上，用细实线画图框和标题栏。

2. 画图步骤

（1）图形分析。分析图形的尺寸及线段，确定画线的先后顺序。扳手钳口是正六边形的 4 条边。扳手弯头形状由 $R18$ 和两个 $R9$ 圆弧组成，圆心位置已知，$R16$、$R8$ 和 $R4$ 均为连接圆弧。

（2）用细实线画底稿。合理布局图纸上的图形，先画基准线，再画已知线段的定位线并按已知线段、中间线段、连接线段的顺序完成图形轮廓。

① 根据已知尺寸画出扳手手柄的水平对称线、扳手头部的中心线及手柄的轮廓，如图 1-45（b）所示。

② 根据已知尺寸 16 作出正六边形，再由 $R18$ 和两个 $R9$ 圆弧作出扳手头部弯头的图形，圆弧的连接点是 1 和 2，如图 1-45（c）所示。

③ 作连接圆弧 $R16$，如图 1-45（d）所示。并作连接圆弧 $R8$ 和 $R4$，完成图形。

（3）校对底稿，修正错误并擦去多余作图线。

（4）加深图线，要认真仔细、用力均匀，保证线型正确、粗细分明、连接光滑。加深图线的顺序是：粗实线、细实线、细虚线、细点画线。要先曲后直、由图形的左上角到右下角，先描深水平线后描深竖直线，尽量减少尺子在图样上的摩擦次数，以保证图面整洁。

（5）画箭头、标注尺寸、填写标题栏，完成全图，如图 1-45（a）所示。

四、平面图形的尺寸标注

标注平面图形的尺寸时，应对组成图形的各线段进行必要的分析，选定尺寸基准，再根据各图线不同的尺寸要求，注出平面图形必要的定位尺寸和全部的定形尺寸。表 1-10 为几种平面图形的尺寸标注示例，供分析参考。

表 1-10　　　　　　　　平面图形的尺寸标注示例

对称图形无特殊要求时按对称形式标注定位尺寸	标注直径尺寸便于度量
尺寸加括号作参考用	
	通常标注扳手尺寸 S 而以（D）作参考尺寸

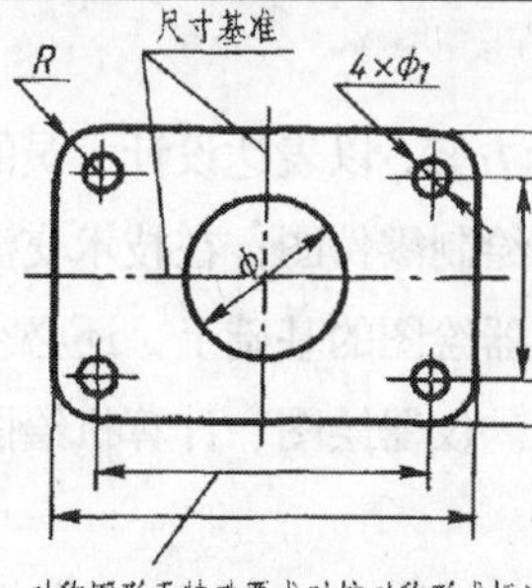

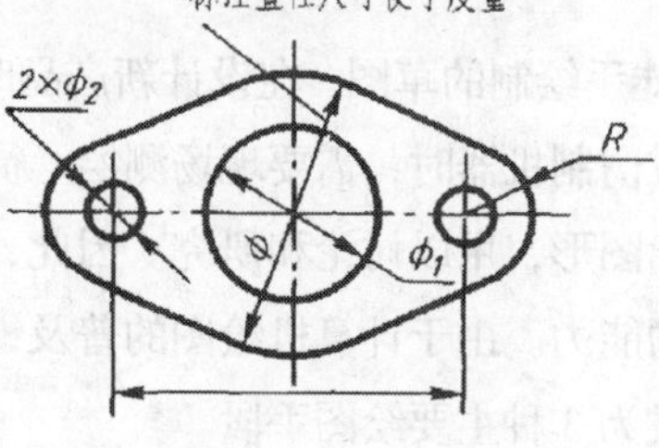

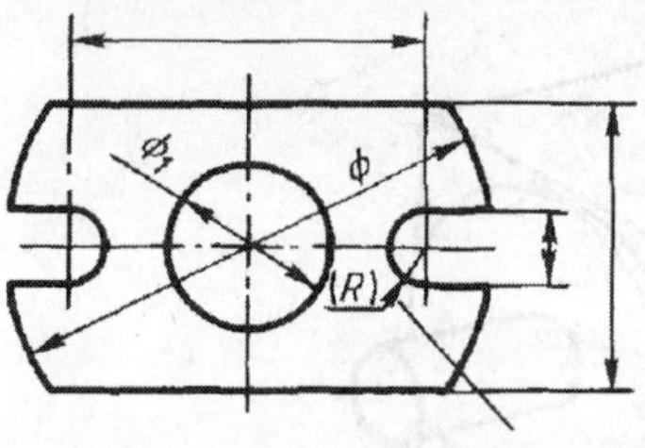

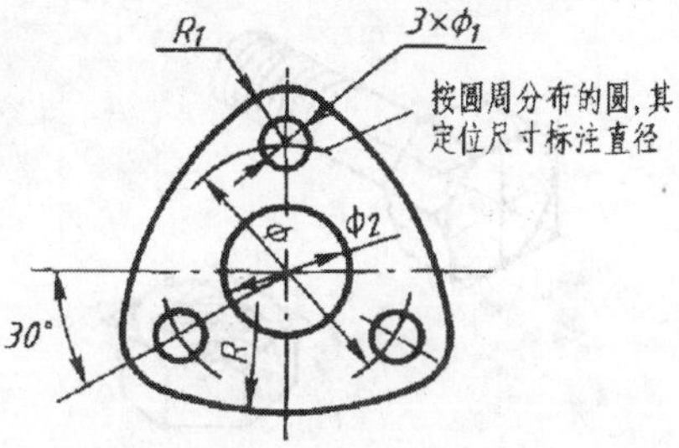

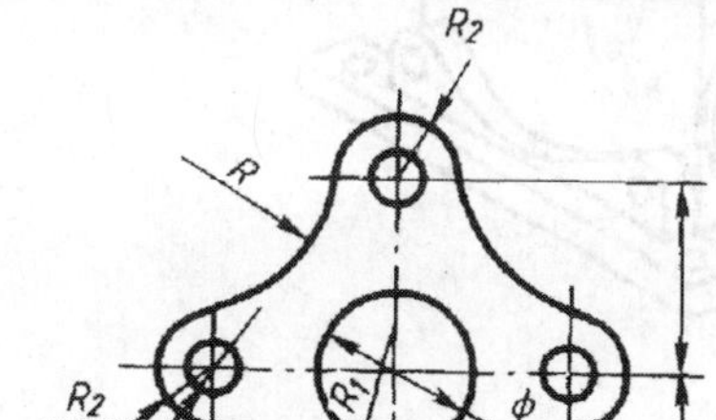

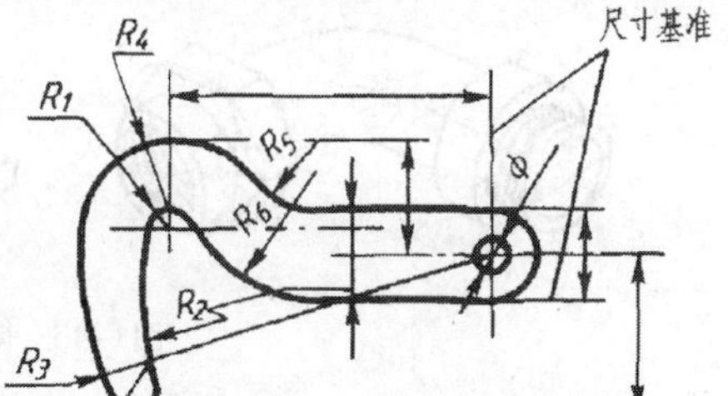

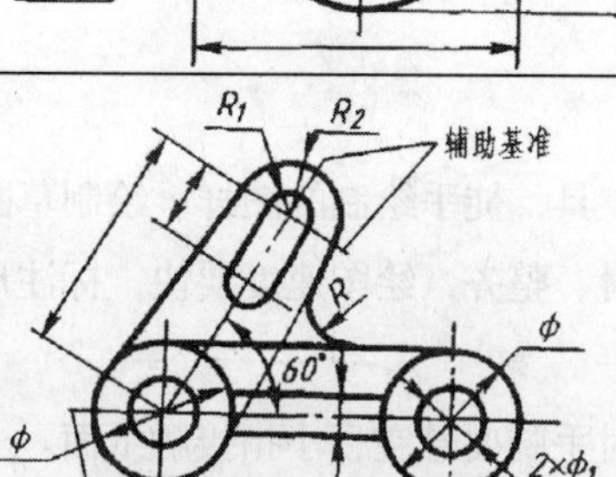

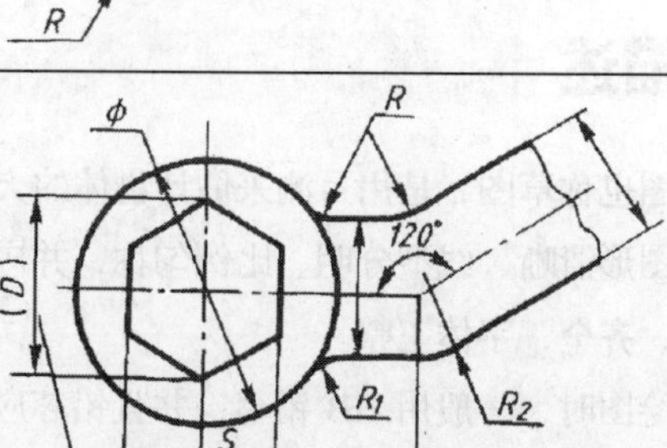

任务五　徒手绘图的方法

任务引出

图 1-46 为徒手绘制的草图。在设计新产品时需要徒手绘图，画出设计方案，以表达设计人员的构思；在修配或仿制机器时，需要现场测绘，徒手画出草图，再根据草图绘制零件图；在技术交流时需要徒手绘出图形，用以讨论和研究。因此，工程技术人员在掌握用仪器绘图的基础上，还必须具备徒手绘图的能力。由于计算机绘图的普及，草图的应用也越来越广泛。仪器绘图、计算机绘图和徒手绘图已成为 3 种主要绘图手段。

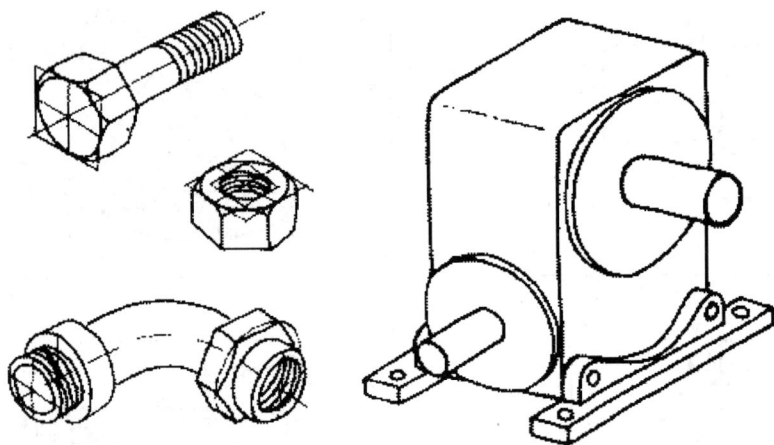

图1-46　徒手绘制的草图

任务描述

徒手图也称草图，是用目测来估计物体的大小，不借助绘图工具，徒手绘制的图样。绘制草图时应做到图形清晰、线型分明、比例匀称，并应尽可能使图线光滑、整齐，绘图速度要快，标注尺寸要准确、齐全，字体工整。

徒手绘图时，一般用 HB 铅笔，并且铅芯应磨成锥形，绘图时手腕要悬空，小指接触纸面。一般图纸不固定，并且为了便于画图，还可以随时将图纸旋转适当的角度。

下面介绍徒手绘图的基本技法。

1. 直线的画法

画直线时视线略超前一些，不宜盯着笔尖，而用眼睛的余光瞄向运笔的前方和笔尖运行的终点。画水平线时宜自左向右运笔，画垂直线时宜自上向下运笔。画斜线的运笔方向以顺手为原则，若与水平线相近，则自左向右；若与垂直线相近，则自上向下。若所画线段比较长，不便于一笔画成，可分几段画出，但切忌一小段一小段画出，如图1-47所示。

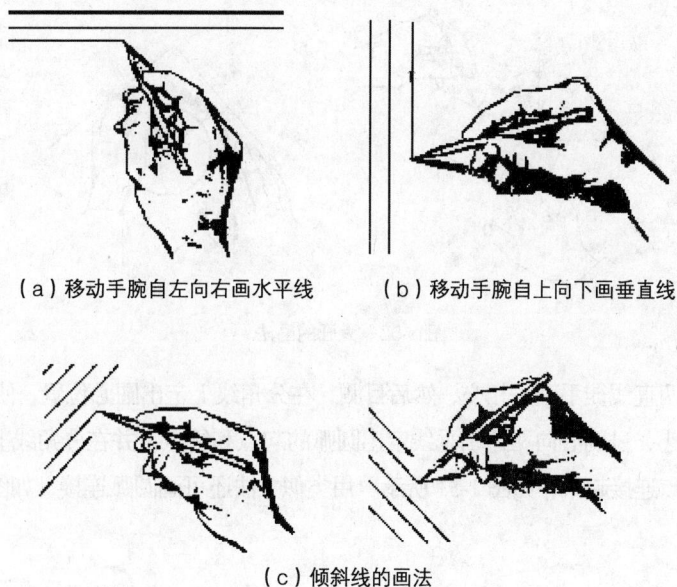

（a）移动手腕自左向右画水平线　　（b）移动手腕自上向下画垂直线

（c）倾斜线的画法

图1-47　直线的画法

2. 常用角度的画法

30°、45°和60°为常见的几种角度，可根据两直角边的近似比例关系，定出两端点，然后连接两点即为所画的角度线。10°和15°的角度线可先画出30°的角度后再等分求得，如图1-48所示。

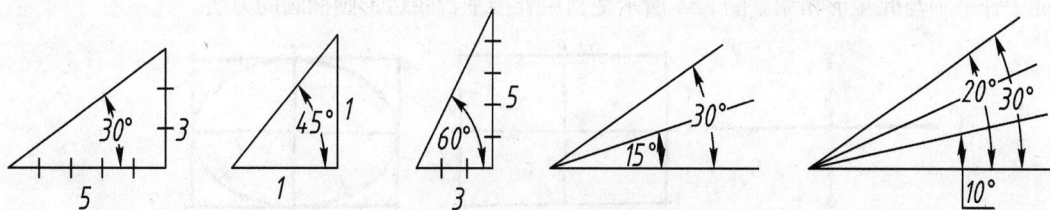

图1-48　常用角度的画法

3. 圆、圆角和圆弧的画法

画小圆时，先定圆心，画中心线，再按半径大小在中心线上定出4个点，然后过4点分两半画出。画中等圆时，增加两条45°的斜线，在斜线上再定出4个点，然后分段画出，如图1-49所示。圆的半径很大时，可用转动纸板或转动图纸的方法画出，如图1-50所示。

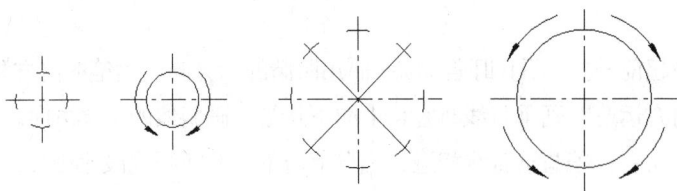

图1-49　圆的画法

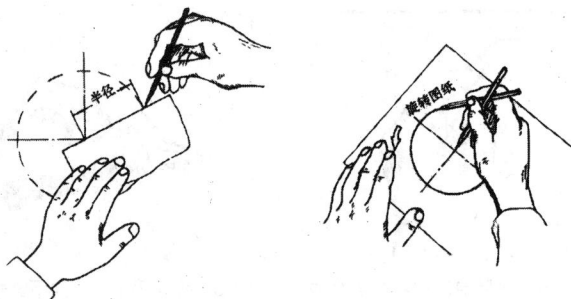

图1-50　大圆的画法

画圆角时，先将两直线徒手画成相交，然后目测，在分角线上定出圆心位置，使它与角的两边的距离等于圆角的半径大小，过圆心向两边引垂线定出圆弧的起点和终点，并在分角线上也定出一圆周点，然后徒手画圆弧把 3 点连接起来，如图 1-51 所示。用类似方法还可画圆弧连接，如图 1-52 所示。

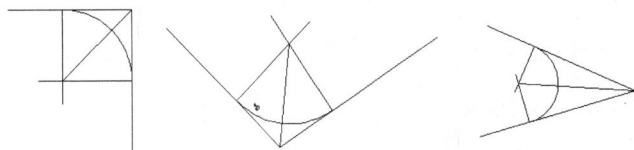

图1-51　圆角的画法

图1-52圆弧连接的画法

4. 椭圆的画法

椭圆的画法如图 1-53 所示。先画椭圆长、短轴，定出长、短轴顶点；然后过 4 个顶点画出矩形；最后徒手作椭圆与此矩形相切。图 1-54 所示是利用外接平行四边形画椭圆的方法。

图1-53　椭圆的画法一

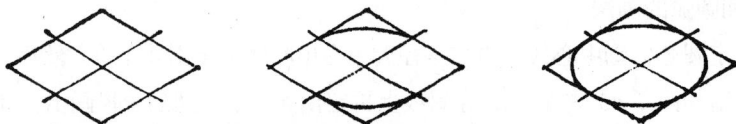

图1-54　椭圆的画法二

模块二

| 正投影的基础知识 |

在各种工程中，为了在平面上表达空间物体的结构形状，广泛采用投影的方法绘制技术图样，机械图样就是用正投影法绘制的。本模块主要介绍投影法的基础知识和组成物体的基本几何元素——点、直线和平面的投影特性及投影规律。

【学习目标】

1. 理解正投影法的形成、分类；
2. 掌握正投影法的投影规律；
3. 绘制点、直线、平面投影图。

任务一　投影法的形成与分类

任务引出

什么是投影法？正投影法又是什么？

任务描述

这里介绍投影法的形成、分类，以及工程上常用的投影法。

相关知识

一、投影法的概念

当物体被阳光照射时，人们便会在地面或墙壁上看到物体的影子。根据这种自然现象，人们通过研究，总结其中规律，提出了投影的方法。

在图 2-1 中，把光源抽象成一点 S，S 被称为投影中心。平面 P 称为投影面。在投影面 P 上获得的影像△abc，即△ABC 的投影。点 a、b、c 亦即空间点 A、B、C 在 P 面上的投影。直线 SAa、SBb、SCc 称为投影线或投射线。

这种对物体进行投影，在选定的投影面上产生图像的方法称为投影法。

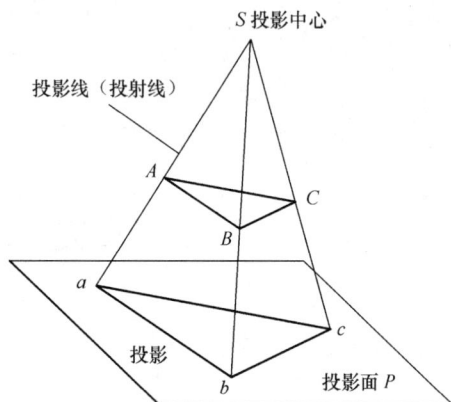

图2-1   中心投影法

二、投影法的分类

投影法分为中心投影法和平行投影法两种。

1. 中心投影法

在图 2-1 中，投影中心在有限距离之内，全部投影线在投影中心相交，这种投影方法称作中心投影法。

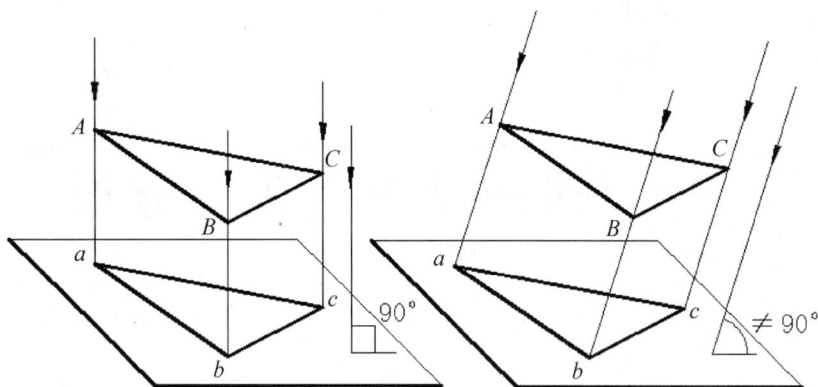

（a）直角投影法   （b）斜角投影法

图2-2   平行投影法

采用中心投影法获得的物体的投影，不能反映物体的真实形状和大小。因为投影中心或物体相对投影面的位置变化都会影响物体在投影面上的投影。

2. 平行投影法

用相互平行的投影线对物体进行投影的方法称为平行投影法，如图 2-2 所示。

根据投影线与投影面所成的角度不同，平行投影法又分为两种。

（1）直角投影法。投影线垂直于投影面，如图 2-2（a）所示。

（2）斜角投影法。投影线倾斜于投影面，如图 2-2（b）所示。

直角投影法又称为正投影法。正投影法的投影特性如下。

（1）实形性。当直线段或平面多边形与投影面平行时，则直线段的投影反映线段实长；平面多边形的投影反映多边形的实形，如图 2-3 所示。

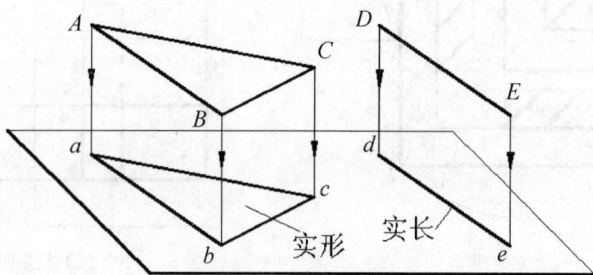

图2-3　正投影法的实形性

（2）积聚性。当直线或平面与投影面垂直时，则直线的投影积聚为一点；平面的投影积聚成一条直线，如图 2-4 所示。

（3）类似性。当直线段或平面与投影面倾斜时，则直线段的投影小于直线段的实长；平面的投影则为小于平面实形的类似形，如图 2-5 所示。

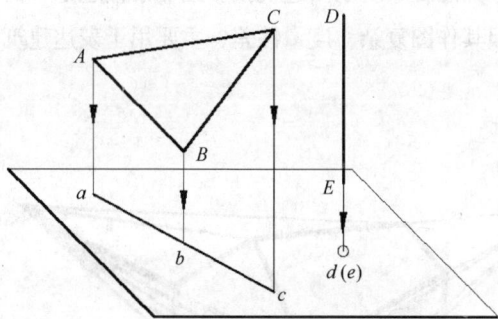

图2-4　正投影法的积聚性

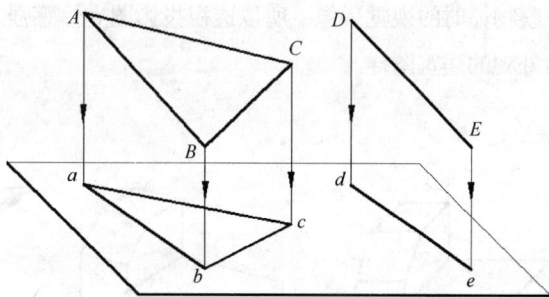

图2-5　正投影法的类似性

三、工程上常用的几种投影图简介

工程上常用以下 4 种投影图：正投影图、轴测投影图、透视投影图和标高投影图。

1. 正投影图

采用正投影法把物体分别向两个或两个以上相互垂直的投影面上投影，获得一组图形，然后将所有投影面展平在同一平面内，称为多面正投影图，如图 2-6 所示。

在采用正投影法作图时，常将几何形体的主要平面放成与相应的投影面相平行，这样得到的投影图能够反映出这些平面的实形。因而正投影图度量性好，且作图简便，所以工程图样广泛采用正投影法绘制。但它也存在缺点——立体感不强。

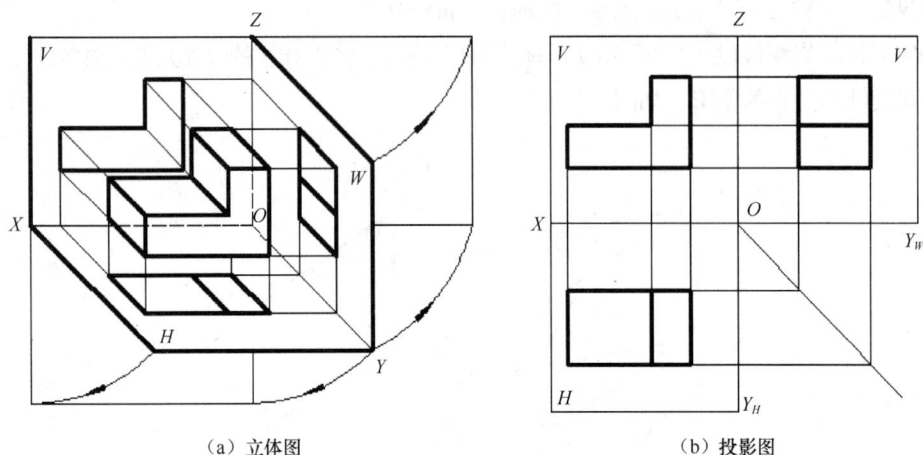

（a）立体图　　　　　　　　　　　　　（b）投影图

图2-6　多面正投影图

2. 轴测投影图

轴测投影图是采用平行投影法所作的单面投影图，如图 2-7 所示。它能在一个投影面上同时反映空间物体的长、宽、高 3 个方向的形状。因此具有较强的立体感。但因其作图复杂，且度量性较差，因而轴测投影图仅用作辅助图样。

3. 透视投影图

透视投影图是采用中心投影法作出的单面投影图，如图 2-8 所示。透视投影图非常接近于人们观察物体时的视觉影像，所以透视投影图立体感强。但其作图复杂，度量性差，主要用于表达建筑物外貌的建筑图样。

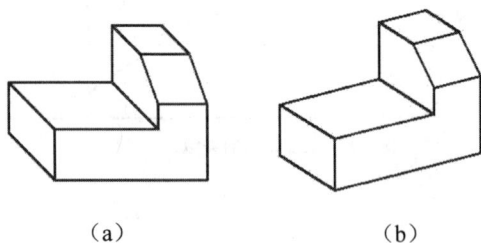

（a）　　　　　　　　　　（b）

图2-7　轴测投影图

图2-8　透视投影图

4. 标高投影图

标高投影图是采用正投影法作出的单面投影图，如图 2-9（b）所示。即用正投影法获得空间几何元素的投影之后，再用数字标出空间几何元素对投影面的距离，如图 2-9（a）所示。图中一系列标有数字的曲线称为等高线。

标高投影图的画法简单，但立体感差，主要用于表示地形、土木建筑设计及军事地图等。

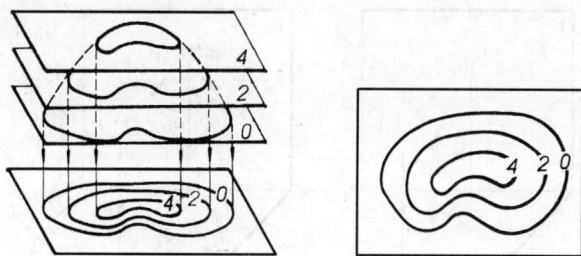

（a）　曲面标高投影的形成　　　（b）　曲面的标高投影图

图2-9　标高投影图

任务二　点的投影

任务引出

在机械图样上主要采用正投影法表达机器零件和部件，正投影法的投影体系是什么样的？点在正投影体系中的投影又是什么样的？

任务描述

任何形体都是由点、线、面等几何元素构成，而点又是构成其他几何元素的最基本的几何元素，所以我们从几何元素点来说明正投影法的建立及其基本原理。

相关知识

一、点在二投影面体系中的投影

1. 二投影面体系的建立

采用两个互相垂直的投影面 V、H 建立一个投影体系，让其中 H 面水平放置，称作水平投影面；V 面称作正立投影面；两投影面交线 OX 称作投影轴，如图 2-10（a）所示。

2. 点的两面投影

在投影系中有空间点 A，将点 A 采用正投影法向 VH 面投影后，得到点 A 的正面投影 a'、水平投影 a。在这里规定空间点以大写字母（如 A）表示，正面投影和水平投影分别以相应的小写字母加撇和不加撇表示（如 a' 和 a），如图 2-10（a）所示。

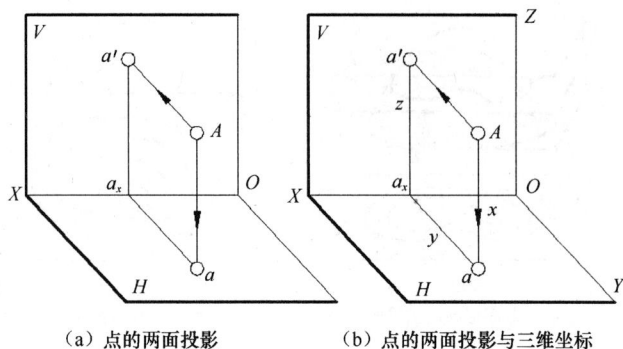

（a）点的两面投影　　　　　（b）点的两面投影与三维坐标

图2-10　点的两面投影

3. 点的投影与三维坐标

由于两个投影面是互相垂直的，便可在其上建立笛卡尔坐标系，如图 2-10（b）所示。空间点的两面投影就能够反映点的三维坐标（x，y，z）。当然根据点的三维坐标也可做出点的二面投影。反之，根据点的两面投影也可以确定点的空间位置，并获得点的三维坐标。

4. 点的二面投影图

为了使 V、H 两投影面的投影画在一张图纸上，规定 V 面不动，将 H 面绕 OX 轴向下翻转 $90°$，使之与 V 面重合，如图 2-11（a）所示，这样便得到了图 2-11（b）所示的点 A 的两面投影图。投影面可以认为是任意大的，故通常在投影图上不画出其边界范围，点的两面投影图如图 2-11（c）所示，图中细实线 $a'a$ 称为投影连线。

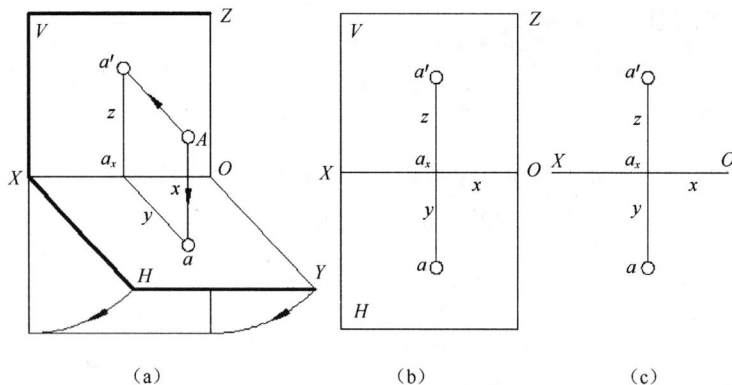

（a）　　　　　　　　　（b）　　　　　　　　　（c）

图2-11　点的两面投影图

5. 点的二面投影特性

（1）点的正面投影和水平投影的连线垂直于 OX 轴，即 $a'a \perp OX$ 轴。

由图 2-10 中可以看出：因为投影线 $Aa \perp H$ 面，$Aa' \perp V$ 面，所以平面 Aaa_xa' 既垂直于 H 面，又垂直于 V 面，必然垂直于它们的交线 OX 轴。因此，平面 Aaa_xa' 上的直线 aa_x 与 $a'a_x$ 也垂直于 OX 轴。当投影 a 随着 H 面向下翻转 $90°$ 与 V 面重合时，$aa_x \perp OX$ 轴的关系不变，投影图上 a'、a_x、a 三点共线，且 $a'a \perp OX$ 轴。

（2）点的正面投影到 OX 轴的距离，反映空间点到 H 面的距离；点的水平投影到 OX 轴的距离，

反映空间点到 V 面的距离，即 $a'a_x=Aa=z$，$aa_x=Aa'=y$，$a_xO=x$。

【例 2-1】 已知点 A 的坐标（20，25，15），作出点 A 的两面投影。

解：作图步骤如图 2-12 所示。

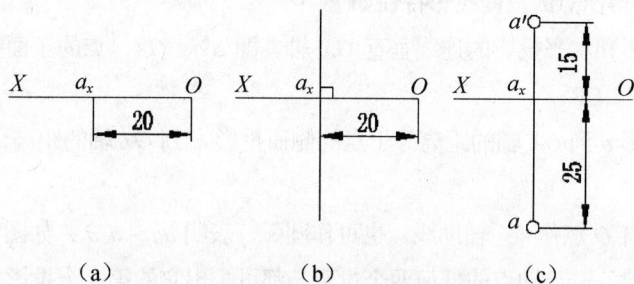

（a）　　　　　　（b）　　　　　　（c）

图2-12　根据点的三维坐标做出点的两面投影

（1）自原点 O 向 X 正向量取 20，在 OX 轴上获得 a_x；

（2）过 a_x 作轴的垂线；

（3）自 a_x 在垂线上向 Y 轴正向量取 25，得到水平投影 a；

（4）自 a_x 在垂线上向 Z 轴正向量取 15，得到正面投影 a'。

二、点在三投影面体系中的投影

虽然点的两面投影已能确定该点的空间位置，但为了更清楚地表达某些几何体形状，经常需要采用三面投影图。

1. 点的三面投影

在上述两投影面体系的基础上，再加一个同时垂直于 H 和 V 面的侧立投影面 W（简称侧面），便形成了三投影面体系。空间点 A 在侧立投影面上的投影称侧面投影，以 a'' 表示，如图 2-13（a）所示。

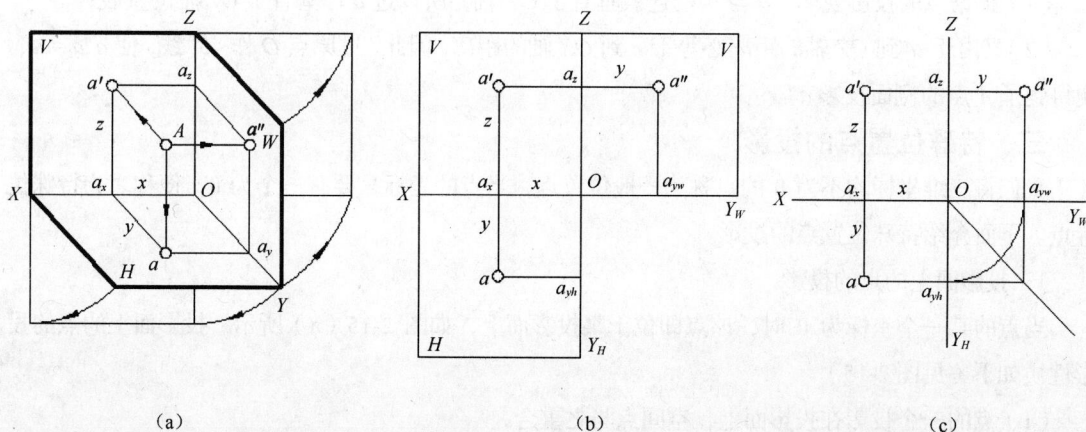

（a）　　　　　　　　　（b）　　　　　　　　　（c）

图2-13　点的三面投影

规定 W 面绕 OZ 轴按图 2-13（a）箭头所示方向转 90°与 V 面重合，H 面也如图 2-13（a）所示旋转与 V 面重合，得到三面投影图，如图 2-13（b）所示。在这里应注意的是：OY 轴是两投影面的共有线，在 H、W 面旋转后被分为两处，OY 轴随着 H 面旋转的部分以 O_{YH} 表示，随着 W 面旋转的部分以 O_{YW} 表示。不画投影面边界，投影图如图 2-13（c）所示。

2. 点的三面投影特性

根据图 2-13（c）得出点的三面投影特性如下：

（1）点的正面投影和水平投影的连线垂直 OX 轴，即 $a'a \perp OX$，点的正面投影和侧面投影的连线垂直 OZ 轴，即 $a'a'' \perp OZ$；

（2）点的水平投影 a 到 OX 轴的距离等于点的侧面投影 a'' 到 OZ 轴的距离，即 $aa_x = a''a_z = y$；另外，$a'a_x = z$，$a_xO = x$。

为作图方便，可自 O 点作 $45°$ 辅助线，也可作圆弧，表明 $aa_x = a''a_z$，如图 2-13（c）所示。

根据上述投影规律，若已知点的任何两个投影，都可求出它的第 3 个投影。

【例 2-2】如图 2-14（a）所示，已知点 A 的正面投影 a'，水平投影 a，试求其侧面投影 a''。

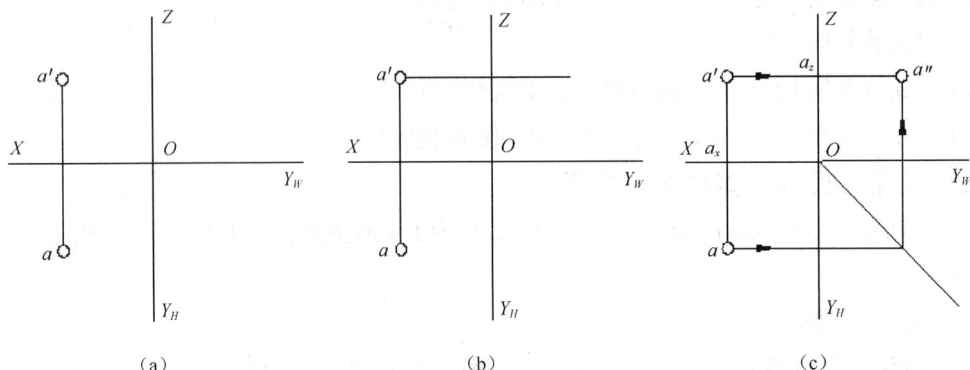

图2-14　根据点的两面投影求第三面投影

解：作图步骤如图 2-14（b）所示。

（1）根据点的投影规律，a' 与 a'' 的连线垂直于 OZ 轴，所以过 a' 作垂直于 OZ 轴的直线；

（2）又由于 a'' 到 OZ 轴的距离必等于 a 到 OX 轴的距离，因此，过原点 O 作 $45°$ 线，使 $a''a_z = aa_x$，便得到了 A 点的侧面投影 a''。

三、特殊位置点的投影

我们将三维坐标均不为 0 的点称为一般位置点，当点的坐标只要有一个为 0，便称之为特殊位置点。下面介绍特殊位置点的投影。

1. 投影面上的点的投影

当点的某一个坐标为 0 时，该点即位于某投影面上，如图 2-15（a）所示。投影面上的点的投影性质如下（见图 2-15）。

（1）点的一个投影在投影面上，空间点与之重合；

（2）点的另两个投影均在投影轴上。

对于 H 面上的点，如图 2-15 所示 B 点，要特别注意其侧面投影 b'' 应在 Y_w 轴上；对于 W 面上的点，如图 2-15 所示 C 点，其水平投影 c 应在 Y_H 轴上。

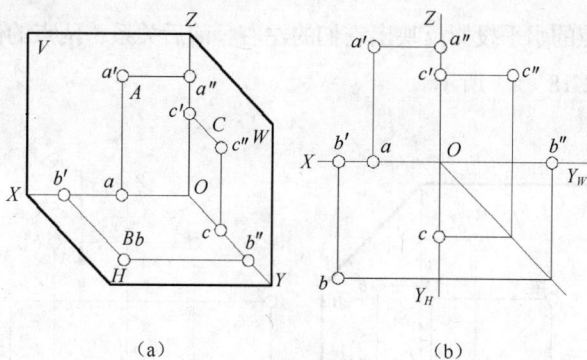

（a）　　　　　　　　　　　（b）

图2-15　投影面上的点

2. 投影轴上的点的投影

如图 2-16（a）所示，当点位于投影轴上时，显然，空间点与其两个投影均重合，另一投影则在原点，投影如图2-16（b）所示。

要注意 Y 轴上的点 C，因投影面展开将 Y 轴分为两处，所以在投影图上 c 与 c'' 并不重合。

【例2-3】已知点 A（20，0，15）、B（25，25，0）、C（0，0，30）坐标，试作出点的投影。

解：作图步骤如图 2-17 所示。

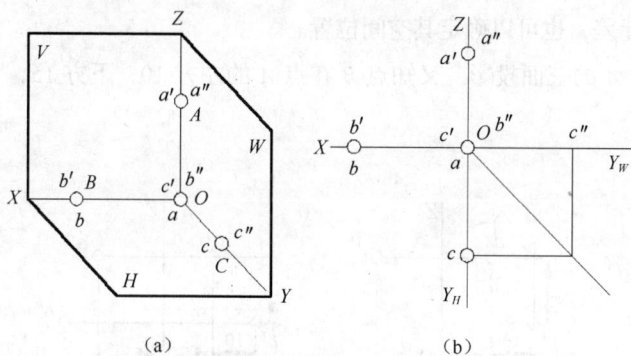

（a）　　　　　　　　　　　（b）

图2-16　投影轴上的点

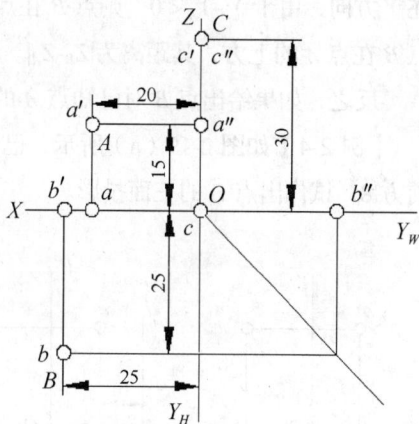

图2-17　根据点的坐标作出特殊位置点的投影

（1）根据 A 点坐标可知点在 V 面上，其正面投影 a' 与空间点 A 重合，a 在 OX 轴上，a'' 在 OZ 轴上；

（2）根据 B 点坐标可知点在 H 面上，其水平投影 b 与空间点 B 重合，b' 在 OX 轴上，b'' 在 OY_w 轴上；

（3）根据 C 点坐标可知点在 OZ 轴上，其正面投影 c' 和侧面投影 c'' 与空间点 C 重合，c 在坐标原点处。

四、点的相对位置

下面介绍两点在三投影面体系中的相对位置。

1. 两点的相对位置

空间两点的相对位置，在投影图中，是用它们的坐标差来确定的。两点的正面投影反映出它们

的上下、左右关系，两点的水平投影反映出它们的左右、前后关系，两点的侧面投影反映出它们的
上下、前后关系，如图 2-18（a）所示。

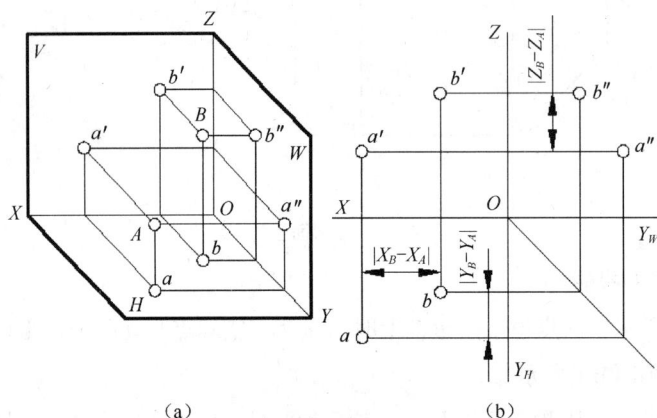

（a）　　　　　　　　　（b）

图2-18　空间两点的相对位置

图 2-18（b）所示的投影图中，在 X 方向，由于 $X_B-X_A<0$，则点 B 在点 A 的右方，其距离为 $|X_B-X_A|$；在 Y 方向，由于 $Y_B-Y_A<0$，则点 B 在点 A 的后方，其距离为 $|Y_B-Y_A|$；在 Z 方向，由于 $Z_B-Z_A<0$，则点 B 在点 A 的上方，其距离为 $|Z_B-Z_A|$。

反之，如果给出点 B 对已知点 A 的坐标差，也可以确定其空间位置。

【例 2-4】如图 2-19（a）所示，已知点 A 的三面投影，又知点 B 在点 A 的左方 10，下方 15，前方 8，试作出点 B 的三面投影。

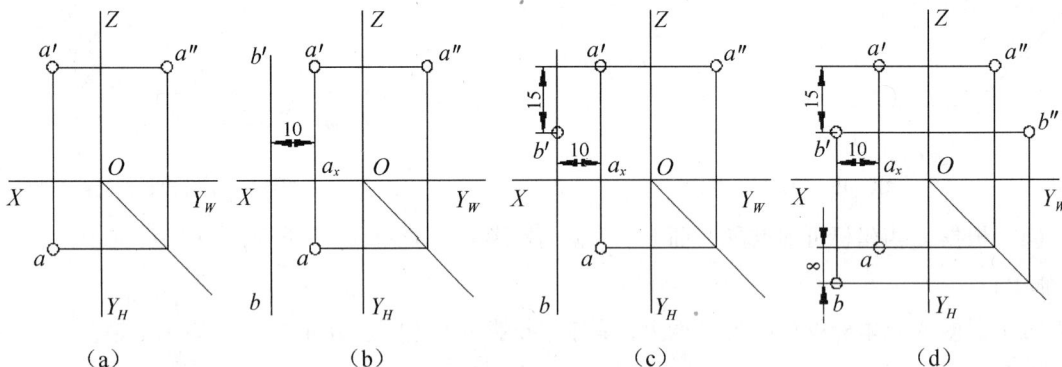

（a）　　　　　　（b）　　　　　　（c）　　　　　　（d）

图2-19　按点的相对位置作出点的投影

解：作图步骤如图 2-19 所示。

（1）根据点 B 在点 A 的左方 10，在 a_x 的左方沿 OX 轴量取 10，作 OX 轴垂线，即 $b'b$ 的投影连线位置，如图 2-19（b）所示；

（2）根据点 B 在点 A 的下方 15，可过 a' 作 OX 轴平行线与前面所作 $b'b$ 的投影连线相交，然后在 $b'b$ 上由交点处向下量取 15，即得点 B 的正面投影 b'，如图 2-19（c）所示；

（3）根据点 B 在点 A 的前方 8，可过 a 作 OX 轴平行线与 $b'b$ 线相交，然后再由交点处向前沿 OY_H 轴方向量取 8，即得到点 B 的水平投影 b，如图 2-19（d）所示。

（4）再根据 b'、b 作出侧面投影 b''，如图 2-19（d）所示。

2. 重影点

当空间两点处于同一投影线上时，它们在该投影线垂直的投影面上的投影重合，此两点称为对该投影面的重影点。这表明两点的某两个坐标相同。如图 2-20（a）所示，点 A、B 的 X 和 Y 坐标相同，其水平投影重影；点 C、D 的 X 和 Z 坐标相同，其正面投影重影。

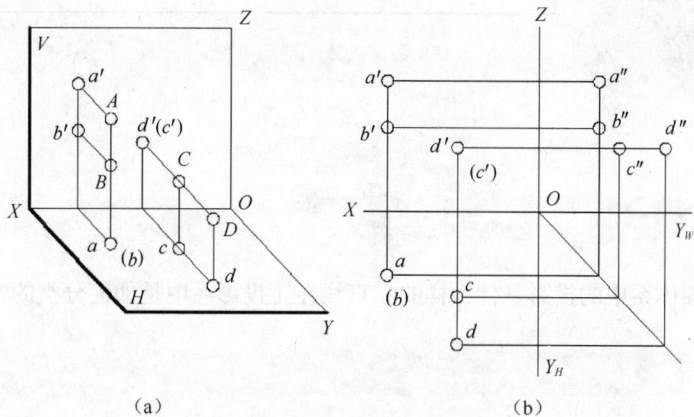

(a)   (b)

图2-20 重影点的投影

两点重影，必然产生可见性问题，就需要判别两个点中哪个为可见，哪个为不可见。显然，两点中距离投影面远的一点是可见的。如图 2-20 所示，对于 H 面，点 A 比点 B 高，距离 H 面比 B 点远，故点 B 被点 A 遮挡，因此 b 不可见，将不可见的投影加括号表示，以示区别。同理，点 C 及点 D 对 V 面重影，因点 C 被点 D 遮挡，所以点 C 的正面投影 c' 不可见。

【例 2-5】如图 2-21（a）所示，已知点 A 的三面投影，又知点 B 在点 A 的正右方 W 面上，点 C 在点 A 的正下方 10，试作出点 B 和 C 的投影，并判别可见性。

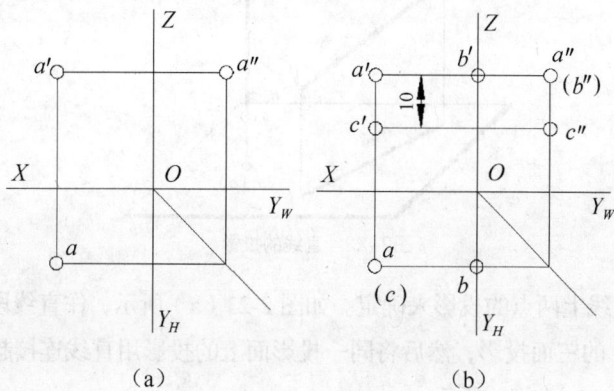

（a）   （b）

图2-21 作重影点的投影

解：作图步骤如图 2-21（b）所示。

（1）根据点 B 在点 A 的正右方 W 面上，b'' 必与 a'' 重合，且不可见，过 b'' 作 OZ 轴的垂直线，与 OZ 轴的交点即 b'，过 b'' 作 OZ 轴的平行线，通过 45° 线，与 OY_H 轴的交点即 b；

（2）因点 C 在点 A 正下方，所以 c 与 a 重合，也不可见，过 a' 在 $a'a$ 连线上向下量取 10，得到 c'，过 a'' 向下量取 10，得到 c''。

任务三　直线的投影

任务引出

直线在三投影面体系中的投影是什么样的？直线在正投影系中是如何分类的？

任务描述

在本任务中介绍直线在投影系中的分类、各类直线的投影特性，以及两直线间的相对位置关系和投影特性。

相关知识

一、直线的投影

直线的投影一般仍是直线，特殊情况积聚为一点，如图 2-22 所示。

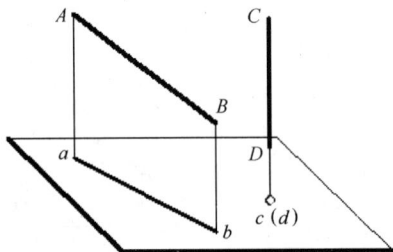

图2-22　直线的投影

直线的投影可由直线上两点的投影来确定。如图 2-23（a）所示，作直线段 AB 的三面投影，可分别作出两端点 A、B 的三面投影，然后将同一投影面上的投影用直线连接起来，即得直线段 AB 的三面投影，如图 2-23（b）、（c）所示。

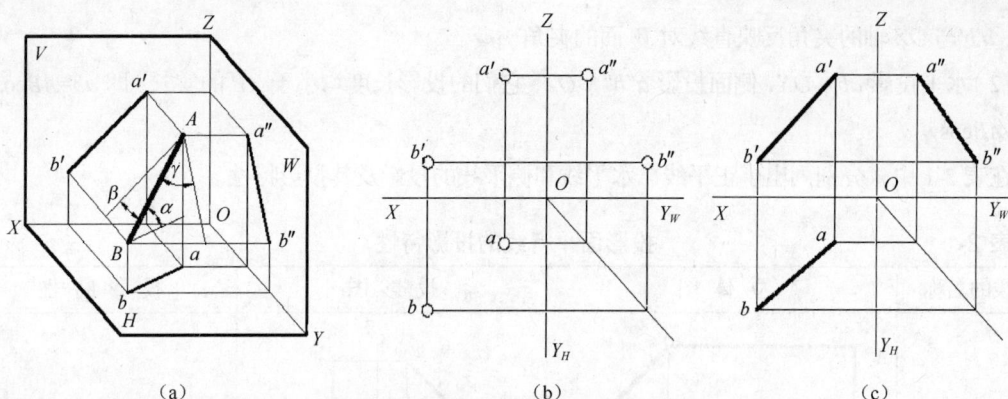

图2-23 直线上的两点确定直线的投影

二、直线相对投影面的位置

在三投影面体系中，直线按其与投影面的相对位置，可以分为 3 种：投影面平行线，投影面垂直线和一般位置直线。其中投影面平行线和投影面垂直线称为特殊位置直线。

$$直线\begin{cases}投影面平行线\\投影面垂直线\\一般位置直线\end{cases}\begin{matrix}\\特殊位置直线\\\end{matrix}$$

直线与投影面的倾角即直线与其在该投影面投影的夹角。规定直线对 H 面、V 面、W 面的倾角分别用 α、β、γ 表示，如图 2-23（a）所示。

三、直线的投影特性

1. 投影面平行线

平行于一个投影面，而与另外两个投影面倾斜的直线，称为投影面平行线。投影面平行线有 3 种：

正平线——平行于 V 面的直线；

水平线——平行于 H 面的直线；

侧平线——平行于 W 面的直线。

图 2-24 是正平线的投影，根据正投影的基本性质，可知正平线的投影特性为

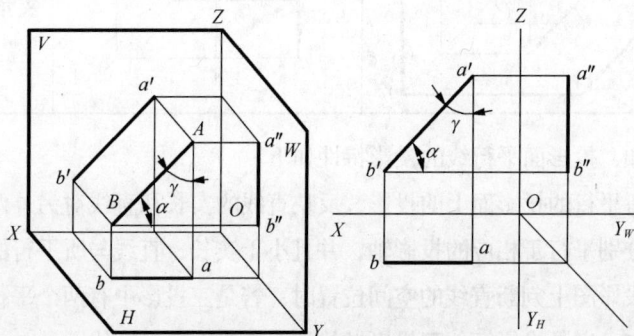

图2-24 正平线的投影

（1）正面投影 $a'b'$ 反映直线 AB 的实长，即 $a'b'=|AB|$；$a'b'$ 与 OX 轴的夹角反映直线对 H 面的倾

角 α，$a'b'$ 与 OZ 轴的夹角反映直线对 W 面的夹角 γ；

（2）水平投影 $ab/\!/OX$，侧面投影 $a''b''/\!/OZ$，它们的投影长度均小于 AB 的实长，即 $ab=AB\cos\alpha$，$a''b''=AB\cos\gamma$。

在表 2-1 中，分别列出了正平线、水平线和侧平线的投影及其投影特性。

表 2-1　　　　　　　　　　　投影面平行线的投影特性

直线的名称	立 体 图	投 影 图	投 影 特 性
正平线 （ //V 面 ）	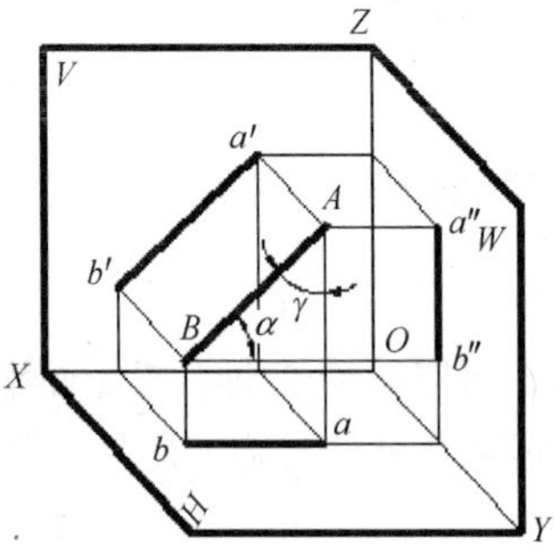	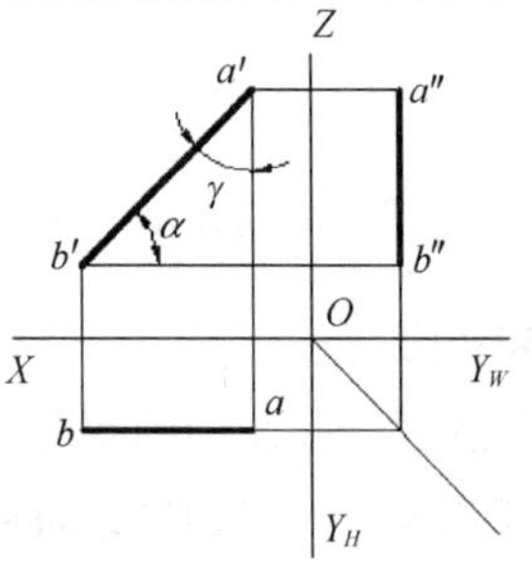	1. $ab/\!/OX$，$a''b''/\!/OZ$ 2. $a'b'=\lvert AB\rvert$ 3. 正面投影与投影轴的夹角反映 α、γ 角，$\beta=0°$
水平线 （ //H 面 ）	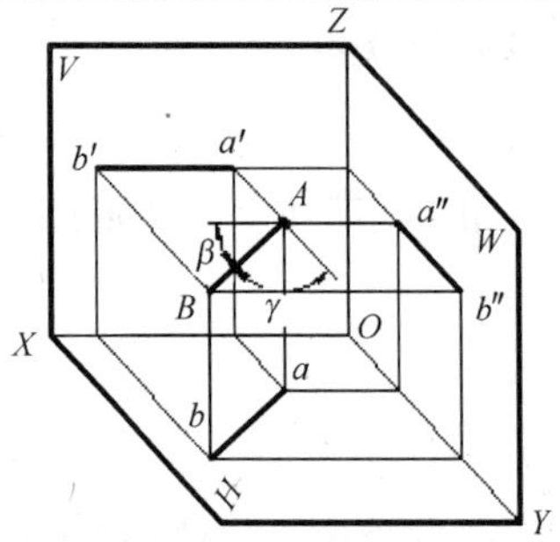	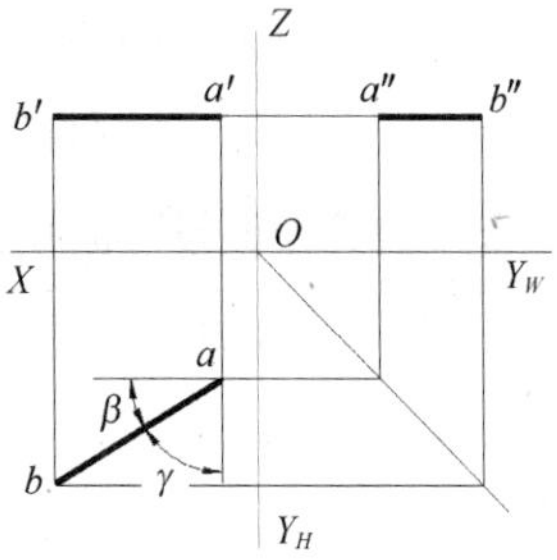	1. $a'b'/\!/OX$，$a''b''/\!/O_{YH}$ 2. $ab=\lvert AB\rvert$ 3. 水平投影与投影轴的夹角反映 β、γ 角，$\alpha=0°$
侧平线 （ //W 面 ）	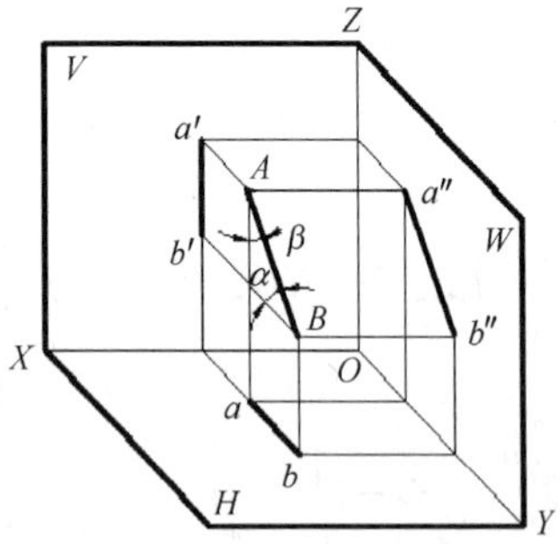	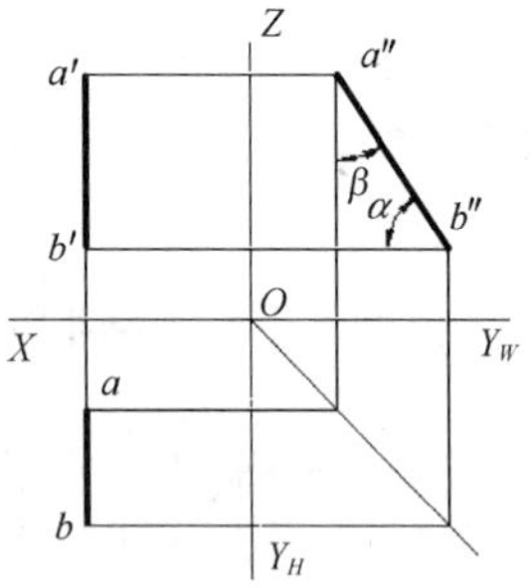	1. $ab/\!/O_{YH}$，$a'b'/\!/OZ$ 2. $a''b''=\lvert AB\rvert$ 3. 侧面投影与投影轴的夹角反映 α、β 角，$\gamma=0°$

根据上述分析可知，投影面平行线的投影特性如下。

空间直线在它们所平行的投影面上的投影，反映直线的实长和直线对另外两个投影面的夹角，直线的另外两个投影分别平行于相应的投影轴，并且小于实长，直线与所平行的投影面夹角为 0°。

因此，当我们从投影图上判断直线的空间位置时，若是三投影中有两个平行于投影轴，另一投影倾斜于投影轴，则它一定是投影倾斜于投影轴的那个投影面的平行线。

【例 2-6】过已知点 A（见图 2-25（a））作正平线段 AB，$\lvert AB\rvert=30$mm，$\alpha=30°$。

【解】作图步骤如图 2-25（b）所示。

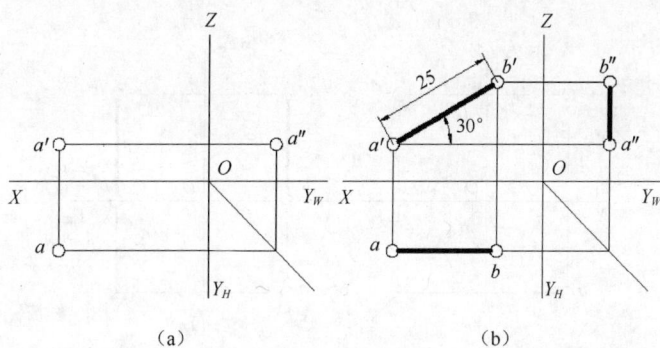

图2-25　作正平线

（1）AB 是正平线，则其正面投影反映实长，而且正面投影与 OX 轴夹角即为 α 角，如图 2-25（b）所示，过 a' 作 $a'b'$ 与 OX 轴成 30° 角，$a'b'=25$；

（2）ab 平行于 OX 轴，$a''b''$ 平行于 OZ 轴，根据 b' 作出 b 和 b''。

2. 投影面垂直线

图 2-26 是正垂线的投影，根据正投影的基本性质，可知正垂线的投影特性为

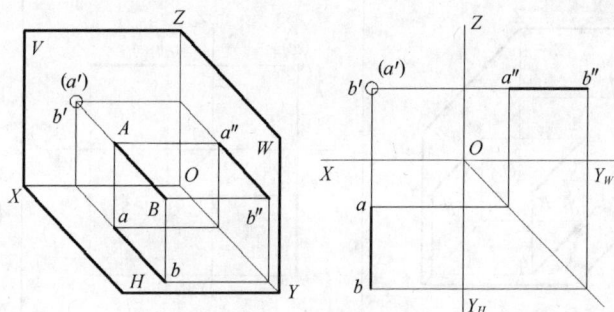

图2-26　正垂线的投影

（1）正面投影积聚成一点，即 a'、b' 积聚为一点；

（2）水平投影 $ab \perp OX$ 轴；侧面投影 $a''b'' \perp OZ$ 轴，且 ab 和 $a''b''$ 均反映实长。

在表 2-2 中，分别列出了正垂线、铅垂线和侧垂线的投影及其特性。

根据上述分析可知，投影面垂直线的投影特性如下。

空间直线在它们所垂直的投影面上的投影积聚成一点，另外两投影反映直线的实长，并且分别垂直于相应的投影轴。

因此，当我们从投影图上判断直线的空间位置时，若是三投影中有一投影积聚成一点，则它一定是该投影面的垂直线。

【例 2-7】过已知点 A（见图 2-27（a））作铅垂线段 AB，B 点在 H 面上。

【解】作图步骤如图 2-27（b）所示。

（1）因为铅垂线的水平投影积聚，所以 b 与 a 重合，而且 b 不可见，因为 B 点在 H 面上，在 A 点之下；

（2）$a'b'$ 垂直于 OX 轴，$a''b''$ 垂直于 OY_W 轴，过 a'、a'' 分别作 OX 和 OY_W 轴垂线；

（a）　　　　　　　　　　（b）

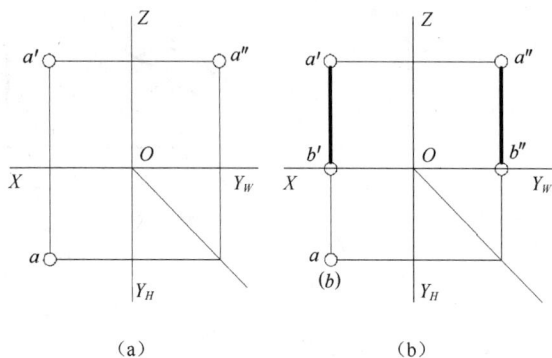

图2-27　作铅垂线

（3）因为B点在H面上，所以b'在OX轴上，b''在O_{YW}轴上。

表2-2　　　　　　　　　　　投影面垂直线的投影特性

直线的名称	立体图	投影图	投影特性
正垂线（⊥V面）			1. $a'b'$积聚为一点 2. $ab\perp OX$，$a''b''\perp OZ$ 3. $ab=a''b''=\|AB\|$ 4. $\alpha=\gamma=0°$，$\beta=90°$
铅垂线（⊥H面）			1. ab积聚为一点 2. $a'b'\perp OX$，$a''b''\perp O_{YW}$ 3. $a'b'=a''b''=\|AB\|$ 4. $\beta=\gamma=0°$，$\alpha=90°$
侧垂线（⊥W面）			1. $a''b''$积聚为一点 2. $ab\perp OY_H$，$a'b'\perp OZ$ 3. $ab=a'b'=\|AB\|$ 4. $\alpha=\beta=0°$，$\gamma=90°$

3. 一般位置直线

与 3 个投影面都倾斜的直线，称作一般位置直线，如图 2-28（a）所示。

一般位置直线的投影特性如下（见图 2-28（b））：

（1）三面投影 ab、$a'b'$、$a''b''$ 均与投影轴倾斜，且不反映实长；

（2）各投影面投影与投影轴的夹角都不反映该直线对各投影面的倾角。

（a）	（b）

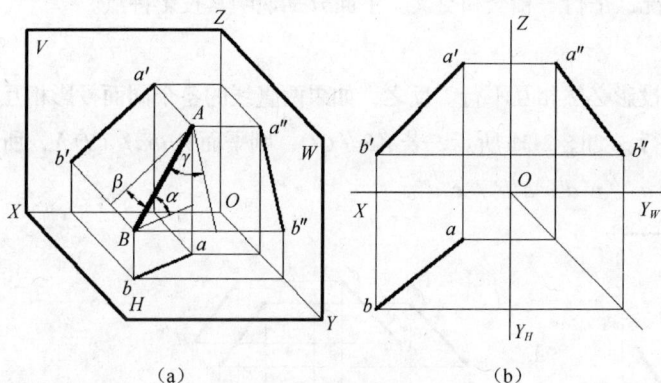

图2-28 一般位置直线的投影

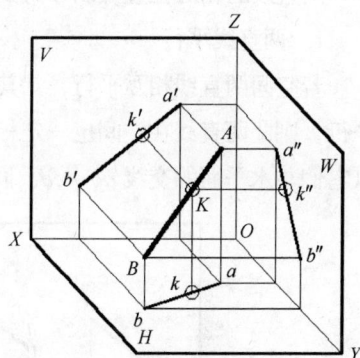

图2-29 直线上的点

四、直线上的点

直线上点的投影有以下特点。

（1）若点在直线上，则此点的各个投影必在该直线的同面投影上，如图 2-29 所示。反之，如果点的各个投影都在直线的同面投影上，且符合点的投影规律，则该点一定在直线上。

（2）若线段 AB 上有一个点 K，如图 2-29 所示，则线段及其投影之间有下列定比关系：

$AK:KB=ak:kb=a'k':k'b'=a''k'':k''b''$

【例 2-8】在图 2-30（a）所示线段 AB 上取一点 K，使 $AK:KB=1:2$，求作点 K 的投影。

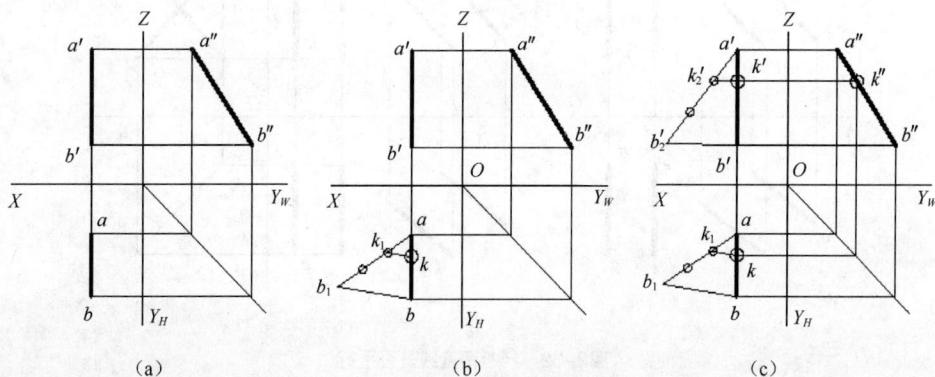

（a）	（b）	（c）

图2-30 求直线上点的投影

【解】作图步骤如图 2-30（b）、（c）所示。

（1）过水平投影 a 任作直线 ab_1；

（2）将 ab_1 等分成 3 份，取 $ak_1:k_1b_1=1:2$；

（3）连接 b_1b；

（4）过 K_1 作 b_1b 的平行线与 ab 相交，即得点 K 的水平投影 k，如图 2-30（b）所示。

（5）可用同样的方法求出正面投影 k'，也可以作出侧面投影 k''，再求出 k'，如图 2-30（c）所示。

五、两直线间的相对位置

两直线的相对位置可以分为 3 种情况：平行、相交和交叉。下面分别说明其投影特点。

1. 两直线平行

若空间两直线相互平行，则其同面投影必然相互平行。反之，如果两直线的各个同面投影相互平行，则此两直线在空间也一定相互平行。如图 2-31 所示，若 $AB \parallel CD$，则平面 $ABba \parallel CDdc$，所以它们与水平面的交线 $ab \parallel cd$，同理 $a'b' \parallel c'd'$、$a''b'' \parallel c''d''$。

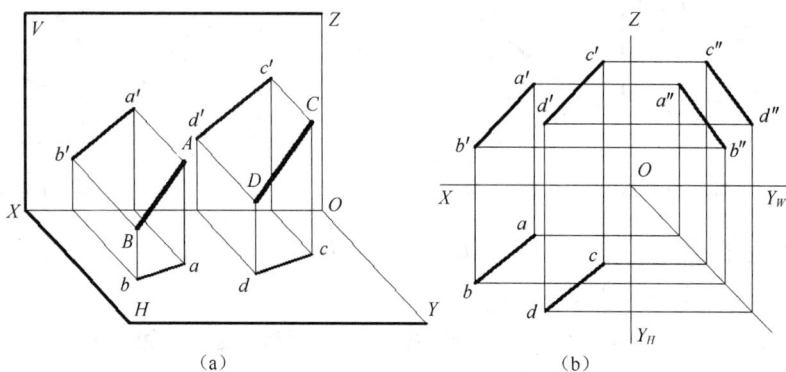

图2-31　平行两直线

【例 2-9】判断图 2-32（a）所示直线 AB 与 CD、EF 与 GH 是否平行。

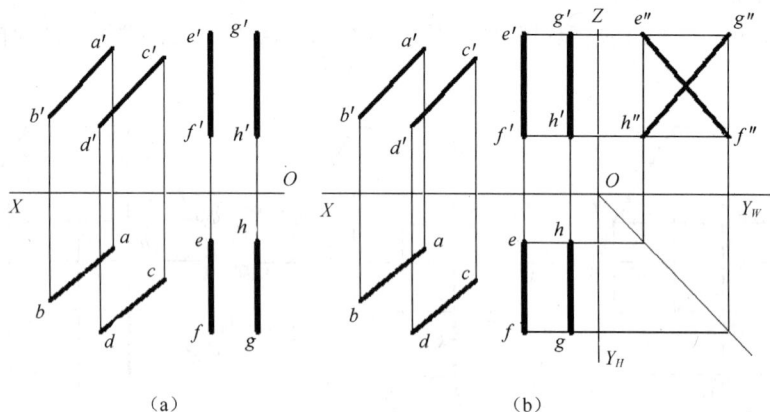

图2-32　判断两直线是否平行

【解】（1）根据投影图判断一般位置两直线是否平行，只要根据两面投影就能确定了，如图 2-32（a）所示，因为 $ab \parallel cd$、$a'b' \parallel c'd'$，所以 $AB \parallel CD$。

（2）EF 与 GH 两直线为侧平线，不能仅根据正面和水平投影平行就判断两直线平行，还应看它们所平行的投影面的投影是否平行才能判断，图 2-32（b）中，两直线 EF 和 GH 的侧面投影 $e''f''$ 不

平行 $g''h''$，所以 EF 不平行 GH。

2. 两直线相交

当两直线相交时，它们在各投影面上的投影也必然相交，且其交点符合点的投影规律。反之，若两直线的各个同面投影都相交，且交点符合点的投影规律，则此两直线在空间必相交。

如图 2-33 所示，AB、CD 两直线相交于点 K，K 点为两直线共有点，它们的投影 ab 与 cd、$a'b'$ 与 $c'd'$ 必然相交，并且它们的交点 k 与 k' 的连线一定垂直于 OX 轴，符合点的投影规律。当相交的两直线中有一条为投影面平行线时，如图 2-34（a）所示，通常需要画出该直线所平行投影面的投影才能判断两直线是否相交，图 2-34（b）所示的两直线 EF 和 GH 不相交。当然也可以采用判断投影的交点是否同时属于两直线的办法来判断两直线是否相交。

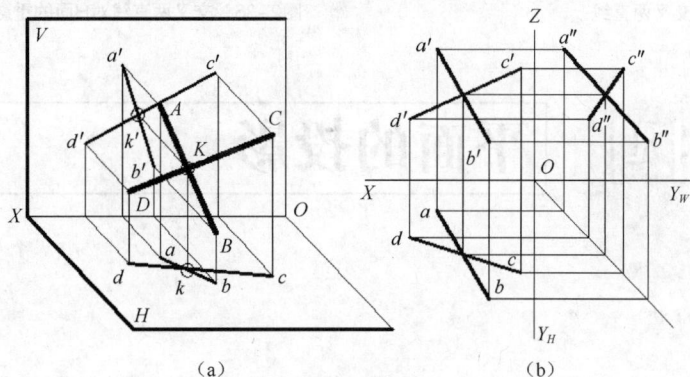

（a）　　　　　　　　　　　　（b）

图2-33　两直线相交

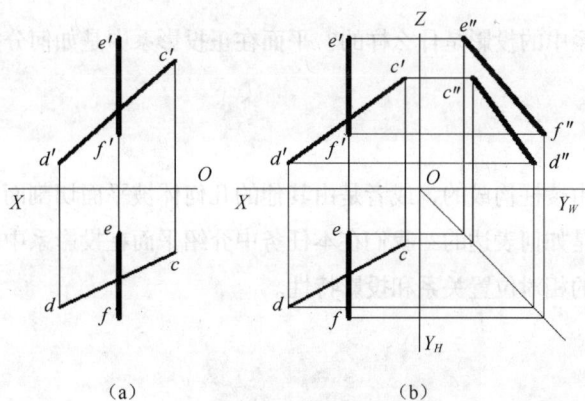

（a）　　　　　　　　　　　　（b）

图2-34　两直线不相交

3. 两直线交叉

当空间两直线既不平行又不相交时，称为两直线交叉，如图 2-35 所示。一般情况下，在两面投影中，它们的同面投影可能相交也可能不相交，如果同面投影相交，其交点也不符合点的投影规律，如图 2-35（a）所示，其同面投影交点的连线不垂直于 OX 轴。

在图 2-36 中可以看出，两直线 AB 和 CD 的水平投影的交点，实际是空间两点投影的重合，其中点 E 在 CD 上，点 F 在 AB 上，点 E 和点 F 称作重影点。图 2-34、图 2-35 所示两交叉直线不仅水平投影有重影点，正面投影也有重影点。

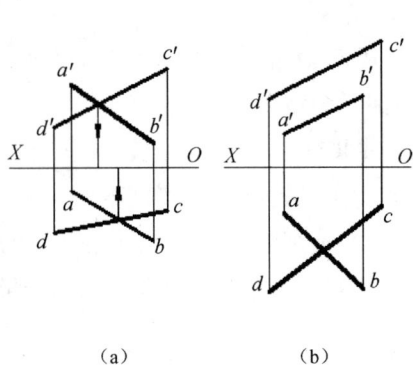

(a)　　　　(b)

图2-35　交叉两直线

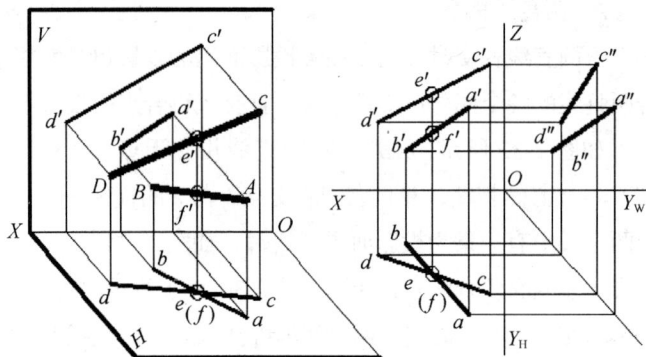

图2-36　交叉两直线对H面的重影点

任务四　平面的投影

任务引出

平面在三投影面体系中的投影是什么样的？平面在正投影系中是如何分类的？

任务描述

许多机器的零件是由棱柱构成的，或者是由其他的几何体被平面切割而成的，那么这些零件上的平面在机械图样中又是如何表达？我们在本任务中介绍平面在投影系中的分类、各类平面的投影特性，以及两平面间的相对位置关系和投影特性。

相关知识

一、平面的几何元素表示法

由初等几何可知：不属于同一直线的3点确定一个平面，根据几何原理也可以转换为其他形式，因此在投影图上可以用下列任一组几何元素的投影来表示一个平面：

（1）不在同一直线上的3点，如图2-37（a）所示；

（2）一直线和直线外一点，如图2-37（b）所示；

（3）相交两直线，如图2-37（c）所示；

（4）平行两直线，如图2-37（d）所示；

（5）任意平面图形（如三角形、四边形、圆等），如图 2-37（e）所示。

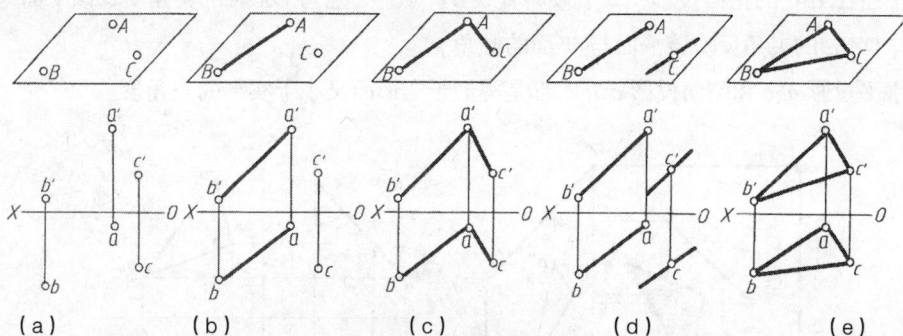

图2-37　平面的表示法

由图 2-37 可以看出，不在同一直线上的 3 点，是表示平面的最基本的几何元素，图 2-37（b）、（c）、（d）、（e）所示其他形式均可由此转换而来，但在实际作图中，常以平面图形表示平面。

二、平面相对投影面的位置

平面相对投影面的位置可以分为 3 种：投影面垂直面、投影面平行面和一般位置平面。其中投影面垂直面和投影面平行面称为特殊位置平面。

$$平面\begin{cases}投影面垂直面\\投影面平行面\\一般位置平面\end{cases}$$特殊位置平面

1. 投影面垂直面

投影面垂直面是指垂直于一个投影面，而与其余两个投影面都处于倾斜位置的平面。投影面垂直面有 3 种：

铅垂面——垂直于水平投影面 H 的平面；

正垂面——垂直于正立投影面 V 的平面；

侧垂面——垂直于侧立投影面 W 的平面。

2. 投影面平行面

投影面平行面是指平行于一个投影面，当然与另两个投影面都垂直的平面。投影面平行面也有 3 种：

水平面——平行于水平投影面 H 的平面；

正平面——平行于正立投影面 V 的平面；

侧平面——平行于侧立投影面 W 的平面。

3. 一般位置平面

相对于 3 个投影面都处于倾斜位置的平面，称为一般位置平面。对于平面与投影面 H、V、W 的倾角，规定分别用 α、β、γ 表示。

三、各种位置平面的投影特性

1. 投影面垂直面

图 2-38 所示为一正垂面 $\triangle ABC$ 的投影。它垂直于 V 面，对 H 面和 W 面同时处于倾斜位置。从

图中可以看出正垂面的投影特性如下：

（1）平面△ABC 的正面投影积聚成倾斜直线 a'b'（c'），它与 OX 轴的夹角反映该平面与 H 面的倾角 α；与 OZ 轴的夹角反映该平面与 W 面的倾角 γ。

（2）水平投影 abc 和侧面投影 a"b"c"都是类似于实形而又小于实形的三角形。

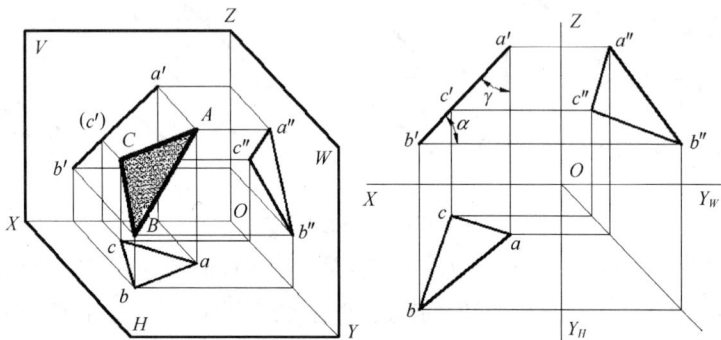

图2-38　正垂面的投影

对于重影点的可见性从现在开始不再特意标明，如图 2-38 投影图所示。

各种投影面垂直面的投影特性如表 2-3 所示。

因此，如果根据投影图判断平面的空间位置时，只要 3 个投影中，有一个投影是一倾斜直线，则它一定是该投影面的垂直面。

表 2-3　　　　　　　　　　　　　投影面垂直面的投影特性

平面的名称	立 体 图	投 影 图	投 影 特 性
正垂面 （⊥V面）			1. 正面投影积聚为一条直线段 2. 水平、侧面投影均为类似形 3. 正面投影与投影轴的夹角反映 α、γ 角 β=90°
铅垂面 （⊥H面）			1. 水平投影积聚为一条直线段 2. 正面、侧面投影均为类似形 3. 水平投影与投影轴的夹角反映 β、γ 角 α=90°

续表

平面的名称	立 体 图	投 影 图	投 影 特 性
侧垂面 （⊥W面）			1. 侧面投影积聚为一条直线段 2. 正面、水平投影均为类似形 3. 侧面投影与投影轴的夹角反映 α、β 角 $\gamma=90°$

【例 2-10】已知 $\triangle ABC$ 平面垂直于 H 面，并且与 V 面的倾角 $\beta=45°$，根据给出的 V 面投影 $a'b'c'$ 及 A 点的 H 面投影 a，如图 2-39（a）所示，求作该平面的 H 面和 W 面投影。

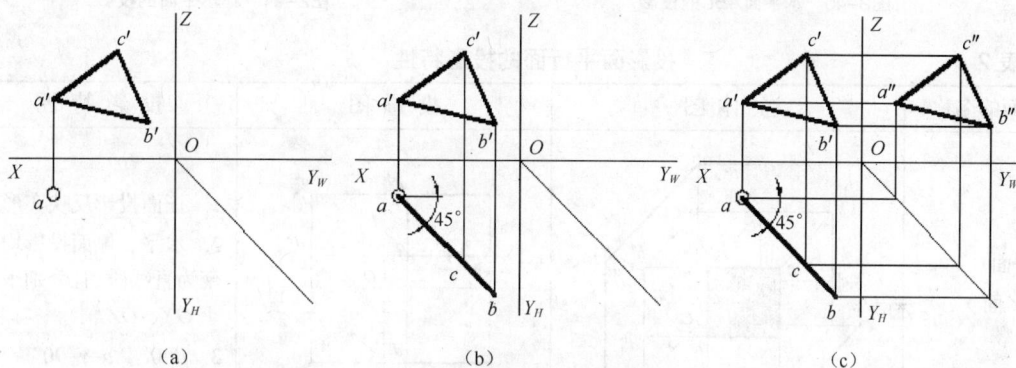

图2-39 作铅垂面 ABC 的投影

解：因 $\triangle ABC$ 是铅垂面，其 H 面投影必定积聚成一倾斜直线，过 A 点的水平投影 a，作此倾斜直线与 OX 轴的夹角 $\beta=45°$，再根据其 V 面投影求得水平投影 abc，而后根据 V、H 面投影可求得侧面投影。具体作图步骤如下。

（1）过 a 点作直线与 OX 轴成 45°夹角，使其与自 b'、c' 两点所作的投影连线交于 b、c，得到 $\triangle ABC$ 的水平投影，如图 2-39（b）所示。

（2）根据 $\triangle ABC$ 的正面和水平投影，作出侧面投影如图 2-39（c）所示。

2. 投影面平行面

图 2-40 所示为水平面 ABC 的投影，根据三面投影可以看出其投影特性如下。

（1）平面 ABC 的水平投影 abc，反映实形；

（2）正面投影和侧面投影均积聚成一直线，且它们分别平行于 OX 轴和 OY_W 轴。

各种投影面平行面的投影特性如表 2-4 所示。

由上述分析可知投影面平行面的投影特性如下：

投影面平行面在它所平行的投影面上的投影反映空间平面图形的实形，另外两个投影都积聚为直线段，并且均与相应的投影轴平行。

【例2-11】如图2-41（a）所示，已知平面△ABC的水平投影abc，以及点A正面投影a′，试作水平面△ABC的正面投影。

解：因△ABC是水平面，所以其正面投影平行于OX轴，如图2-41（b）所示，作图步骤如下：

（1）过a′作OX轴平行线；

（2）分别过b、c作OX轴的垂线，交OX平行线于b″c″，即完成水平面ABC的正面投影。

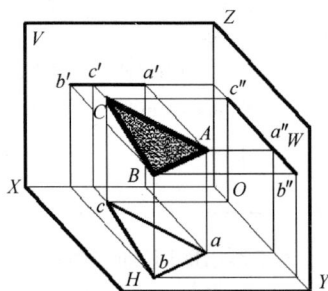
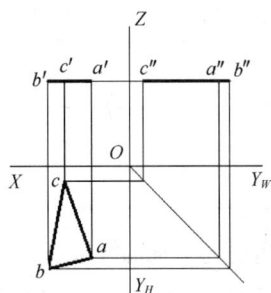

图2-40　水平面ABC的投影

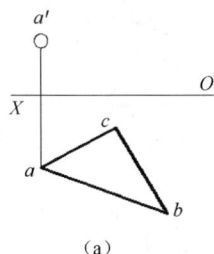
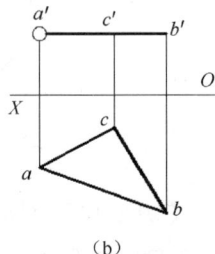

（a）　　　　　　　　　（b）

图2-41　作水平面的投影

表2-4　　　　　　　　　　投影面平行面的投影特性

平面的名称	立 体 图	投 影 图	投 影 特 性
正平面 （∥V面）			1. 正面投影反映实形 2. 水平、侧面投影均积聚为直线段，且分别平行于OX、OZ轴 3. $\beta=0°$，$\alpha=\gamma=90°$
水平面 （∥H面）			1. 水平投影反映实形 2. 正面、侧面投影均积聚为一条直线段，且分别平行于OX、OY_W轴 3. $\alpha=0°$，$\beta=\gamma=90°$
侧平面 （∥W面）			1. 侧面投影反映实形 2. 正面、水平投影均积聚为一条直线段，且分别平行于OZ、OY_H轴 3. $\gamma=0°$，$\alpha=\beta=90°$

3. 一般位置平面

倾斜于 3 个投影面的平面，称为一般位置平面。

图 2-42（a）所示，三角形平面 ABC 因倾斜于 3 个投影面，所以是一个一般位置平面。如图 2-42（b）所示，它在 3 个投影面上的投影都不反映实形，仅仅是 3 个与 △ABC 相类似的三角形，并且也不反映平面 △ABC 对投影面的倾角 α、β、γ。

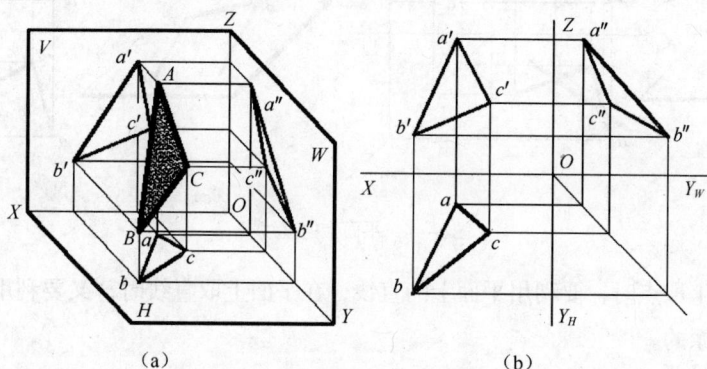

（a）　　　　　　　　　（b）

图2-42　一般位置平面的投影

四、平面上的点和直线

1. 平面上的点

由初等几何可知：若点位于平面内的任一直线上，则此点必定位于该平面内。因此，若在平面上取点，必须取自该平面的已知直线。

如图 2-43 所示，在由两相交直线 AB、BC 所确定的平面 P 上，在直线 AB、BC 上任取两点 D（d'、d、d''）、E（e'、e、e''），则 D、E 两点必在此平面上。

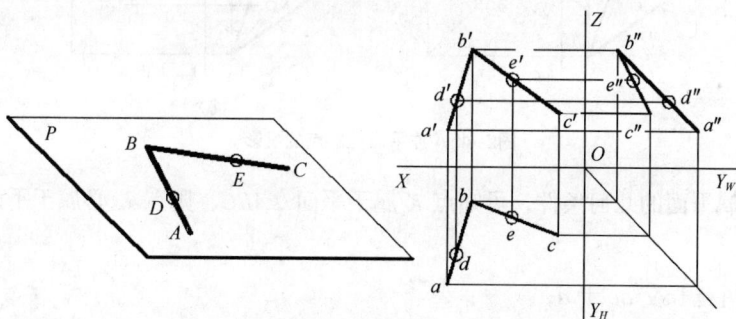

图2-43　平面上的点

2. 平面上的直线

直线在平面上的几何条件如下。

（1）一直线若通过平面上的两点，则此直线必在该平面上。

如图2-44（a）、（b）所示，在由两相交直线 AB 和 BC 决定的平面上任取两点 D 和 E，则过 D、E 两点的直线一定在平面上。

（2）一直线若通过平面上的一点，且平行该平面上的一直线，则此直线也必在该平面上。

如图 2-44（c）、（d）所示，由直线 AB 和 BC 决定的平面上，过点 C 作直线 CF 平行于 AB，则 CF 一定在该平面上。

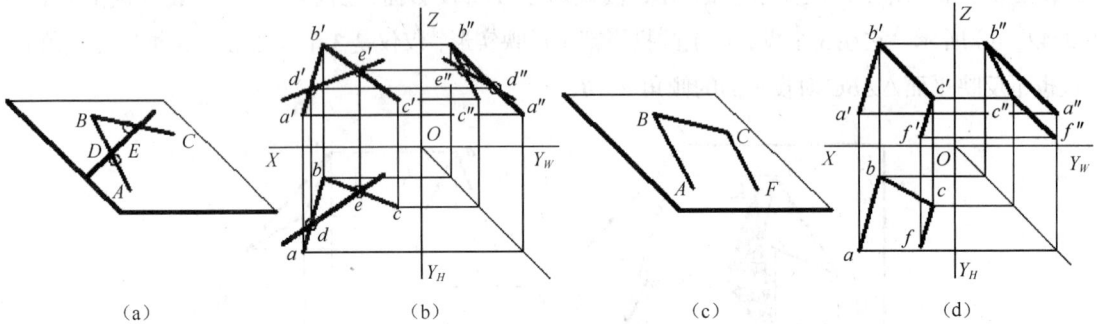

图2-44   平面上的直线

总之，在平面上取点时，要利用平面上的直线，在平面上取直线时，又要利用平面上的点，它们之间是有密切联系的。

【例 2-12】已知点 K 属于△ABC 平面，又知其水平投影 k，如图 2-45（a）所示，求其正面投影 k' 和侧面投影 k''。

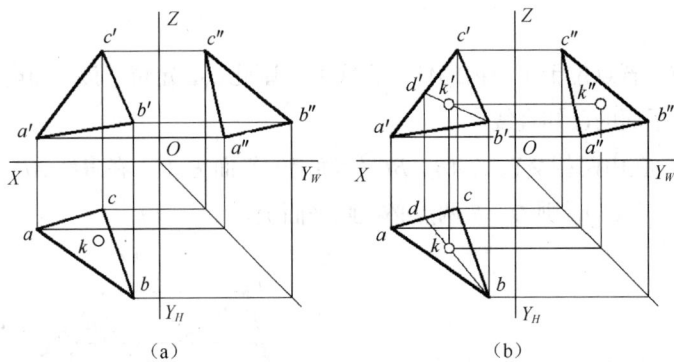

图2-45   作平面内的点的投影

【解】根据点属平面的几何条件，可知点 K 属于平面△ABC，则点 K 必属于平面内的直线，作图步骤如下：

（1）连接 bk 并延长交 ac 于 d；

（2）作出平面内直线 BD 的正面投影 $b'd'$；

（3）由 k 作直线垂直 OX 轴，交 $b'd'$ 于 k'，则 k' 即为属于平面的点 K 的正面投影。通过 k 和 k' 作出 k''。

【例 2-13】判断如图 2-46（a）所示点 M、N 是否属于△ABC 平面。

【解】根据点属平面的几何条件，判断点 M、N 是否属于平面，需看点 M、N 是否在平面内的直线上，如图 2-46（b）所示，作图步骤如下：

（1）连接 am，并延长与 bc 交于 d；

（2）作出 D 点的正面投影 d'，连接 a'd'；

（3）点 M 的正面投影 m'不在 a'd'上，因此，点 M 不属于平面△ABC；

（4）连接 an，与 bc 交于 e；

（5）作出 E 点的正面投影 e'，连接 a'e'；

（6）点 N 的正面投影 n'在 a'e'的延长线上，因此，点 N 属于平面△ABC。

如果判断一条直线是否属于平面，可以通过判断直线上是否有两个点属于平面来确定。

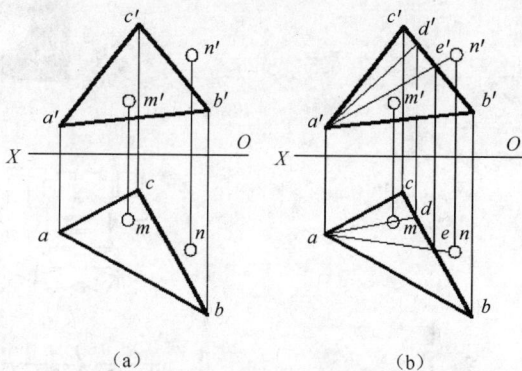

(a)　　　　　　　　　　(b)

图2-46　判断点是否属于平面

3. 平面上的投影面平行线

在平面上可以取任意直线，但在实际应用中为作图方便起见，常取平面上的投影面平行线。平面上的投影面平行线有 3 种，即平面上的水平线、正平线和侧平线，如图 2-47 所示。这些平行线既具有投影面平行线的投影特性，同时又从属于平面。

【例 2-14】 平面△ABC 的投影如图 2-48 所示，作属于△ABC 平面的水平线与正平线。

分析：平面内有无数条水平线与正平线，它们分别相互平行，同时它们也符合投影面平行线的特性，如图 2-48 所示，仅过 A 点作一条正平线 AM，过 B 点作水平线 BN。

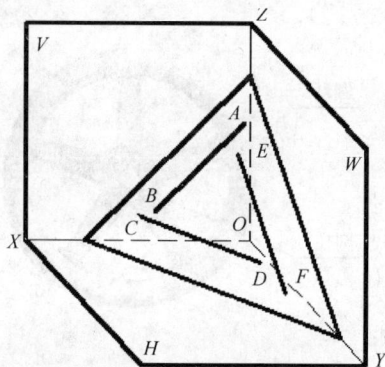

图2-47　平面内的投影面平行线

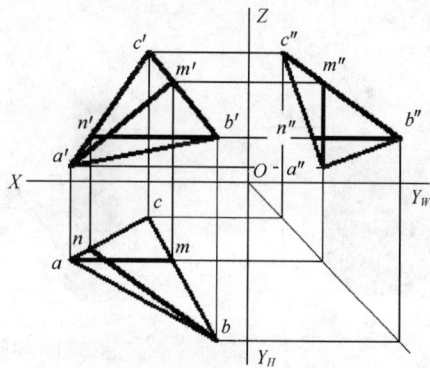

图2-48　作属于平面的水平线与正平线

作图步骤如下：

（1）过 A 点水平投影 a 作 OX 轴平行线与 bc 交于 m，am 即平面内正平线的水平投影；

（2）过 m 作 OX 轴的垂直线，交 b'c'于 m'，连接 a'm'；

（3）通过 m 和 m'作出侧面投影 m"，连接 a"m"必定平行 OZ 轴，AM 即是属于平面△ABC 的正平线；

（4）过 B 点正面投影 b'作 OX 轴平行线与 a'c'交于 n'，b'n'即平面内水平线的正面投影；

（5）过 n'作 OX 轴的垂直线，交 ac 于 n，连接 bn；

（6）通过 n 和 n'作出侧面投影 n"，连接 b"n"必定平行 OY_W 轴，BN 即是属于平面△ABC 的水平线。

模块三

立体的投影

机器零件一般都是由一些基本几何体、切割体（基本几何体与平面截交）和相贯体（两个立体相交）按一定方式组合而形成的，如图 3-1 所示。要想读懂复杂的零件图、装配图就必须先要读懂基本几何体、切割体和相贯体的投影，为阅读零件图和装配图打下基础。本模块的任务就是介绍基本几何体、切割体（基本几何体与平面截交）和相贯体的投影。

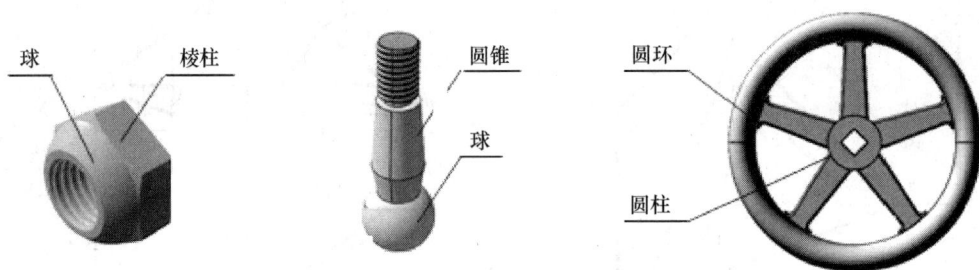

球　棱柱　　　圆锥　　圆环

　　　　　　球　　圆柱

图3-1　零件的构成示例

【学习目标】

1. 掌握基本几何体（包括棱柱、棱锥、圆柱、圆锥、圆球、圆环）的三视图的特点及识读方法；

2. 理解截交线、相贯线的概念和性质；

3. 掌握绘制与识读截交线（切割体）、相贯线的基本方法。

任务一 基本几何体

任务引出

生产实际中，种类繁多，形状各异的零件，都是由一些基本几何体经过切割、相交和组合而成的，而人们认识事物的规律总是由简单到复杂，因此要想绘制和阅读零件图应首先从构成零件的最基本元素——基本几何体开始。

任务描述

最基本的简单立体称之为基本几何体。基本几何体可分为平面立体和曲面立体两大类，表面都是平面的立体，称为平面立体；表面由曲面或曲面与平面所围成的立体，称为曲面立体。

平面立体中最常见的是棱柱和棱锥，曲面立体中最常见的是回转体，如圆柱、圆锥、圆球和圆环。

立体的投影，实质上是对立体的表面进行投影。立体的投影图，由其各表面的投影确定，看得见的轮廓线用粗实线画，看不见的轮廓线用虚线画。当实线与虚线重合时用实线画，虚线与点画线重合时用虚线画。实线的优先级最高，虚线次之，点画线最低。

在画立体的投影图时，为使图形清晰，不必再画投影轴以及点的投影连线（作图线），但为了保证投影图符合投影关系，为读图提供方便，一定要做到满足"三等"关系，即正面投影图和水平投影图长度相等且左右对正，正面投影图和侧面投影图高度相等且上下平齐，水平投影图和侧面投影图宽度相等。

在立体表面取点或线时，如需要表示作图顺序，可画出少量的投影连线和箭头。如果点属于投影面垂直面，在该面有积聚性的那个投影图上，一般不判别该点的可见性。在画立体的各投影图时，各投影图间的距离对立体形状的表达无影响。

相关知识

一、平面立体的投影

平面立体是各表面都是由平面图形构成的实体，面与面的交线称为棱线，棱线与棱线的交点称为顶点。绘制平面立体的投影，只需绘制它的各个表面的投影，也可以认为是绘制其各表面的交线及各顶点的投影。为便于画图和读图，减少作图工作量，平面立体在三投影面体系中的位置选择，应使各表面尽可能多地成为特殊位置平面。

（一）棱柱

棱柱由棱面和顶面、底面所围成。通常用底面多边形的边数来区分不同的棱柱，如底面为四边形，称之为四棱柱；侧棱垂直于底面的棱柱，称之为直棱柱；当直棱柱的底面为正多边形时，称之为正棱柱；而侧棱倾斜于底面的棱柱，则称之为斜棱柱。

1. 棱柱的投影

求棱柱的投影，首先要确定棱柱在投影系中的位置，原则是让尽可能多的表面与投影面处于特殊位置（垂直或平行）。以求正六棱柱的投影为例，其在投影系中的位置如图 3-2（a）所示，其顶面和底面为平行于水平投影面的正六边形，6 个棱面均垂直于底面。

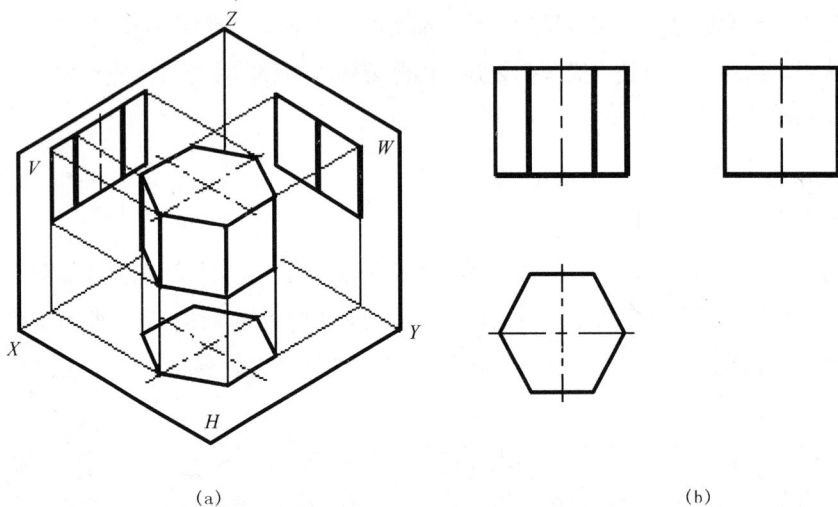

（a）　　　　　　　　　　　　（b）

图3-2　正六棱柱的投影

正六棱柱的三面投影特点分析如下。

（1）水平投影。反映顶面和底面的实形，顶面和底面的投影重合，6 个棱面的投影积聚成线段且与底面的对应边重合。

（2）正面投影。顶面和底面的正面投影积聚为直线；前后棱面平行于正投影面，其正面投影反映实形；其他 4 个侧棱面均与正投影面倾斜，其正面投影为类似形。

（3）侧面投影。顶面、底面和前后棱面均垂直于投影面，侧面投影具有积聚性，其他 4 个棱面的侧面投影为类似形，且两两重合。

根据以上分析，求出的正六棱柱的三面投影图如图 3-2（b）所示。

机件中各种形状的棱柱较多，图 3-3 所示都属于棱柱。

2. 棱柱表面上取点

在棱柱（平面立体）表面上取点，其原理和方法与前面介绍的在平面上取点相同。首先要根据点的投影位置和可见性，确定点所在的平面，对于特殊位置平面上点的投影，可以利用平面的积聚性作出，对于一般位置平面上的点，则必须用辅助线的方法作出。立体表面上点的投影的可见性，由点所在表面投影的可见性来判定。

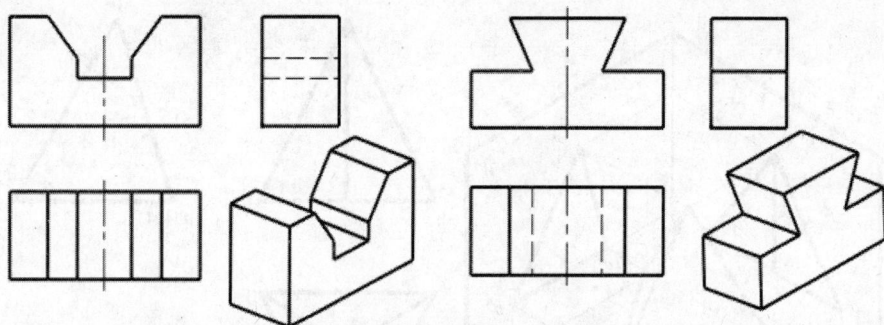

图3-3 机件中常见棱柱的投影图

【例3-1】如图 3-4（a）所示，已知正六棱柱表面上点 M 的正面投影和 N 点的水平投影，求其另两面投影，并判别可见性。

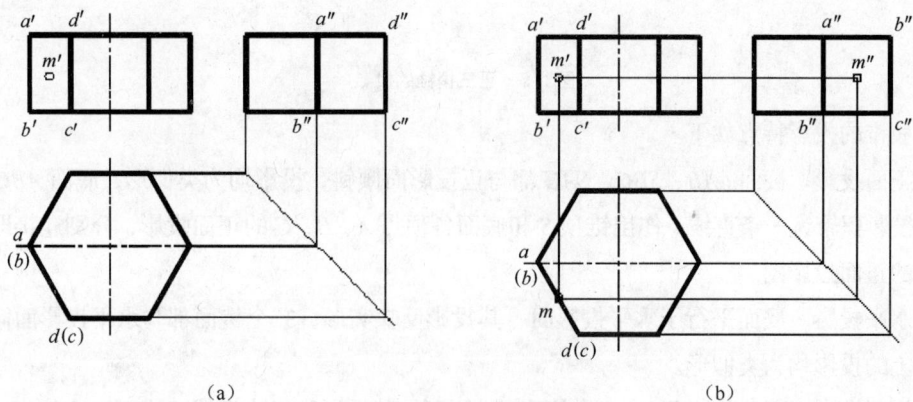

（a）   （b）

图3-4 正六棱柱表面取点

解： 由于正棱柱的各个表面都相对于投影面处于特殊位置，所以棱柱表面上点的投影均可利用平面投影的积聚性来作图。如图 3-4（b）所示，已知 M 点的正面投影，先作出其水平投影，再作侧面投影。

在判别棱柱表面上点的投影的可见性时，若棱柱表面在某一投影面上的投影可见，则该平面上点的同面投影可见，反之不可见。不必判别平面积聚性投影上点的可见性。

（二）棱锥

棱锥由棱面和底面所围成，所有的棱线都交于一点（顶点）。用底面多边形的边数来区别不同的棱锥，如底面为四边形，称之为四棱锥。锥顶和底面多边形的重心相连的直线，称为棱锥的轴线。轴线垂直于底面的称为直棱锥，轴线不垂直于底面的称为斜棱锥，当直棱锥的底面为正多边形时，称为正棱锥。

1. 棱锥的投影

求棱锥的投影，同样也要先确定棱锥在投影系中的位置。以正三棱锥为例，其在投影系中的位置如图 3-5（a）所示，正三棱锥的底面 ABC 是水平面，棱面 SAB、SBC 为一般位置平面，棱面 SAC

是侧垂面。

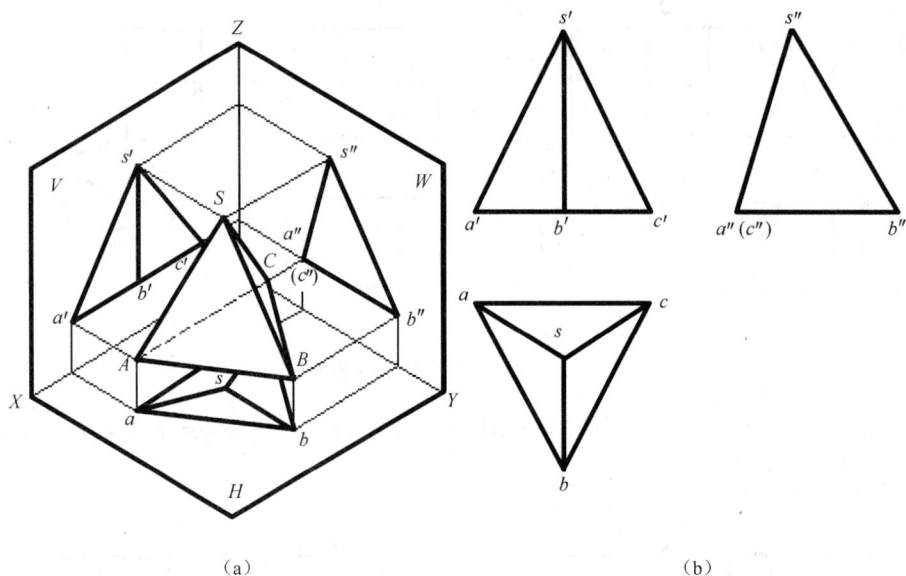

（a）   （b）

图3-5   正三棱锥的投影

正三棱锥的投影特点如下。

（1）正面投影。棱面 SAB、SBC、SAC 都与正投影面倾斜，投影均为类似形，底面 ABC 为水平面，正面投影积聚为一条直线。作出锥顶 S 和底面各顶点 A、B、C 的正面投影，分别连接即可得出正三棱锥的正面投影图。

（2）水平投影。底面平行于水平投影面，其投影反映实形，3 个棱面都与水平投影面倾斜，在该投影面上的投影均为类似形。

（3）侧面投影。底面和棱面 SAC 垂直于侧投影面，其投影积聚为直线，棱面 SAB、SBC 倾斜于侧投影面，其投影为类似形，且完全重合。

根据以上分析，画出的正三棱锥的三面投影图如图 3-5（b）所示。

2. 棱锥表面上取点

以正三棱锥为例介绍在棱锥表面上取点，作图方法与棱柱表面取点相同。在作棱面上的点时，要注意充分利用棱锥的形状及投影特点。

【例 3-2】如图 3-6（a）所示，已知三棱锥表面上 M、N 两点的正面投影，求其水平投影和侧面投影，并判别可见性。

解：首先确定给定点所在表面。由图 3-6（a）可知，由于 m' 不可见，所以可以确定点 M 在棱面 SBC 上，棱面 SBC 是侧垂面，其侧面投影积聚为直线 $s''c''（b''）$，因此可先求出点 M 的侧面投影 m''，再根据 m' 和 m'' 即可求出 m。点 N 处在一般位置的棱面 SAC 上，需要通过在平面上作辅助线的方法，求出 N 点的另两面投影。

具体作图如图 3-6（b）所示。由于棱面 SBC 的水平投影可见，侧面投影有积聚性，所以 m 和 m'' 均可见。而棱面 SAC 的三面投影都可见，因此点 N 的三面投影也均可见。

通过上述例 3-1 和例 3-2 的分析求解可以看出，作平面立体表面上点的投影，关键是要根据给定的点的投影位置和可见性，正确判断出该点所在立体的表面。

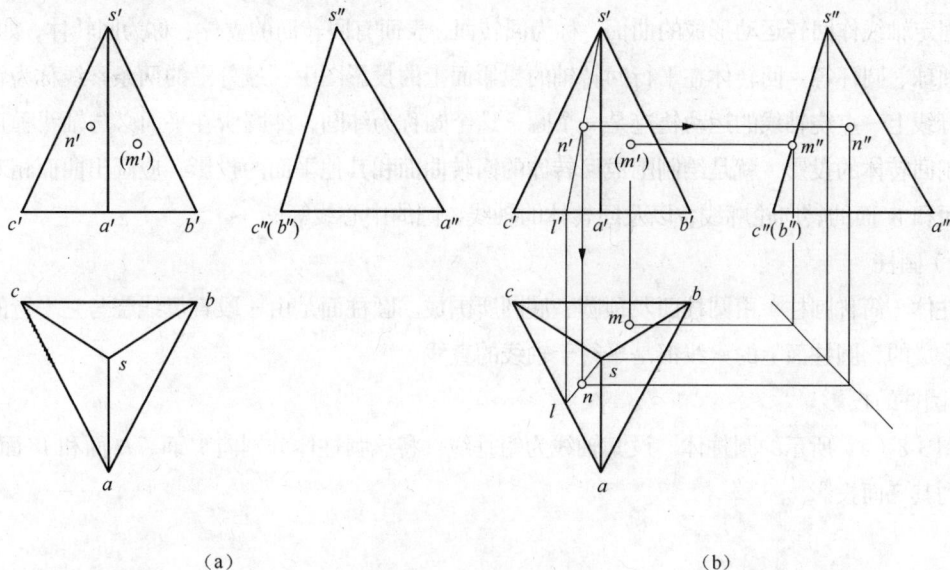

（a）   （b）

图3-6　三棱锥表面取点

3. 棱锥台的投影

棱锥台可看成由平行于棱锥面的平面截去锥顶一部分而形成的，由正棱锥截得的棱台叫正棱台。其顶面与底面为互相平行的相似多边形，侧平面为等腰梯形，图 3-7（a）所示为四棱锥台，图 3-7（b）为四棱锥台的投影图。

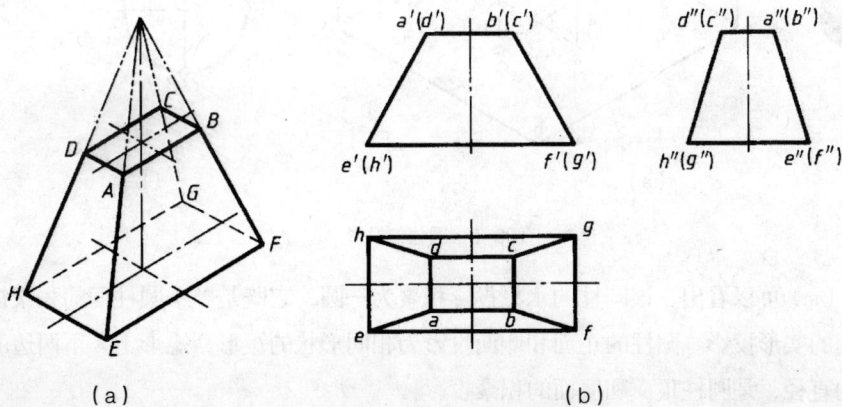

（a）   （b）

图3-7　正四棱台的投影

四棱台的顶面和底面为水平面，H 面投影为两矩形线框，反映实形。V 面和 W 面投影分别积聚为横向直线段。左右两侧面为正垂面，V 面投影积聚成两条斜线，H 面和 W 面的投影为等腰梯形，是类似形。前后侧面及 4 条侧棱的投影，分析方法相同。

二、曲面立体的投影

表面至少有一个曲面的立体，称为曲面立体。曲面可以看作是一动线（直线、圆弧或其他曲线）在空间连续运动所形成的轨迹，形成曲面的动线称为母线，母线在曲面上的任一位置，称为素线，母线绕固定轴线作回转运动形成的曲面，称为回转面，表面有回转面的立体，称为回转体，如圆柱、圆锥、圆球、圆环等。回转体在平行回转轴的投影面上的投影图中，最外沿的两条素线称为转向轮廓线。母线上一点绕轴线的运动轨迹是一个圆，这个圆称为纬圆，纬圆所在平面必与轴线垂直。

绘制回转体的投影，就是绘制围成回转体的回转曲面和其他平面的投影，应画出曲面相对于 V 面、H 面和 W 面的转向轮廓线，以及回转体的轴线，圆的中心线等。

（一）圆柱

圆柱体（简称圆柱）由圆柱面及顶圆、底圆所围成。圆柱面是由一段直母线绕与它平行的轴线回转而形成的，圆柱面上的素线都是平行于轴线的直线。

1. 圆柱的投影

如图 3-8（a）所示的圆柱体，设其轴线为铅垂线，将该圆柱体分别向 V 面、H 面和 W 面投射，即可得到其三面投影。

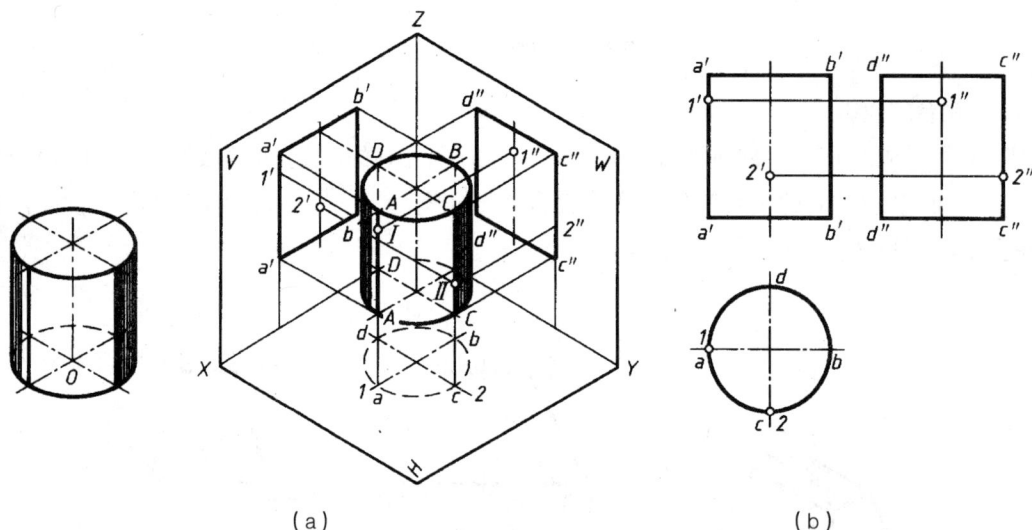

（a）　　　　　　　　　　　　　　　　（b）

图3-8　圆柱的投影

由图 3-8（a）可以看出，该圆柱的水平投影积聚为一圆，它既是整个圆柱面的积聚性投影，又是顶圆和底圆的实形投影。圆柱的正面和侧面投影为相同形状的矩形，矩形上、下两边的长度等于顶面和底面的直径，是圆柱顶面和底面的积聚投影。

圆柱的投影特点如下。

（1）正面投影。正面投影（矩形）的左右两边，是前半和后半圆柱面的左右分界线的投影，也即前后半圆柱面转向轮廓线的投影。以正面转向轮廓线为界，圆柱的前半部分可见，后半部分不可见。位于后半圆柱面上的点，在正面投影图都不可见。

（2）水平投影。圆柱面的投影积聚为一个圆，一般不判别可见性。

（3）侧面投影。侧面投影（矩形）的前后两边，是左半和右半圆柱面的前后分界线的投影，也即左右半圆柱面转向轮廓线的投影。以侧面转向轮廓线为界，圆柱的左半部分可见，右半部分不可见。位于圆柱面上右半部分的点，在侧面投影图上都不可见。

根据以上分析，画出的圆柱体的三面投影图如图3-8（b）所示。

2. 圆柱表面上取点

在圆柱表面上取点，基本方法是利用圆柱面的积聚性来作图。如果给定圆柱表面上点的一面投影，可先在有积聚性的那个投影图上求出它的另一面投影，再根据点的投影规律求出其他投影。

【例3-3】如图3-9（a）所示，已知圆柱表面上A、B、C、D点的一面投影，求出点的另两面投影，并判别可见性。

解：由图3-9（a）可知，A点位于圆柱面上，过给定的a'作垂直于X轴的投影连线，该投影连线与圆柱面的水平投影（圆）有两个交点，因a'不可见，知A点在圆柱的后半部分上，故可确定a是A点的水平投影。作45°辅助线，根据宽相等，高平齐的投影原理，可求出a"，由a'知A点在圆柱面左半部分上，所以a"可见。具体作图顺序如图3-9（b）所示。

根据给定的b'点的位置进行判断，B点位于圆柱面的右、前半部分上，故b位于水平投影圆的右、前半部分圆周上，B点位于右半圆柱面上，故b"不可见。具体作图如图3-9（b）所示。

根据给定的c"点的位置进行判断，C点位于圆柱面的侧面投影转向轮廓线，可直接根据点的投影规律求出c、c'，如图3-9（b）所示。

根据给定的d的位置进行判断，D点位于圆柱体的端面上，因d不可见，可判断D点位于圆柱体的底面上，据此可求出d'、d"，如图3-9（b）所示。

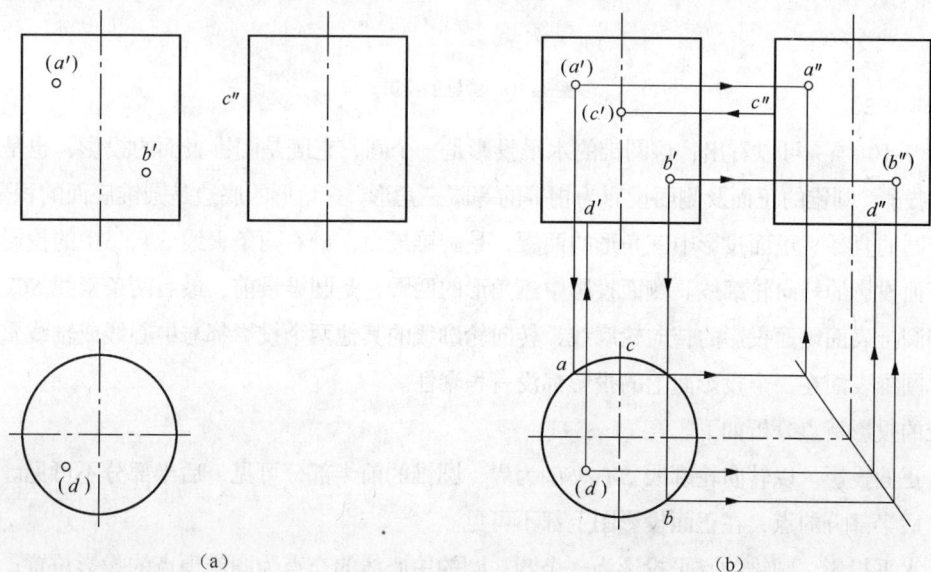

(a)　　　　　　　　　　　　　(b)

图3-9　圆柱表面取点

（二）圆锥

圆锥由圆锥表面和底面所围成。圆锥表面是由直母线绕与它相交的轴线回转而形成的，直母线与轴线的交点是圆锥表面的顶点。圆锥表面的素线都是通过锥顶的直线，母线上任一点的运动轨迹都是垂直于轴线的圆。

1. 圆锥的投影

如图 3-10（a）所示的圆锥体，其在投影象中的位置使其轴线为铅垂线，将该圆锥体分别向 V、H、W 面投射，即可得到其三面投影。

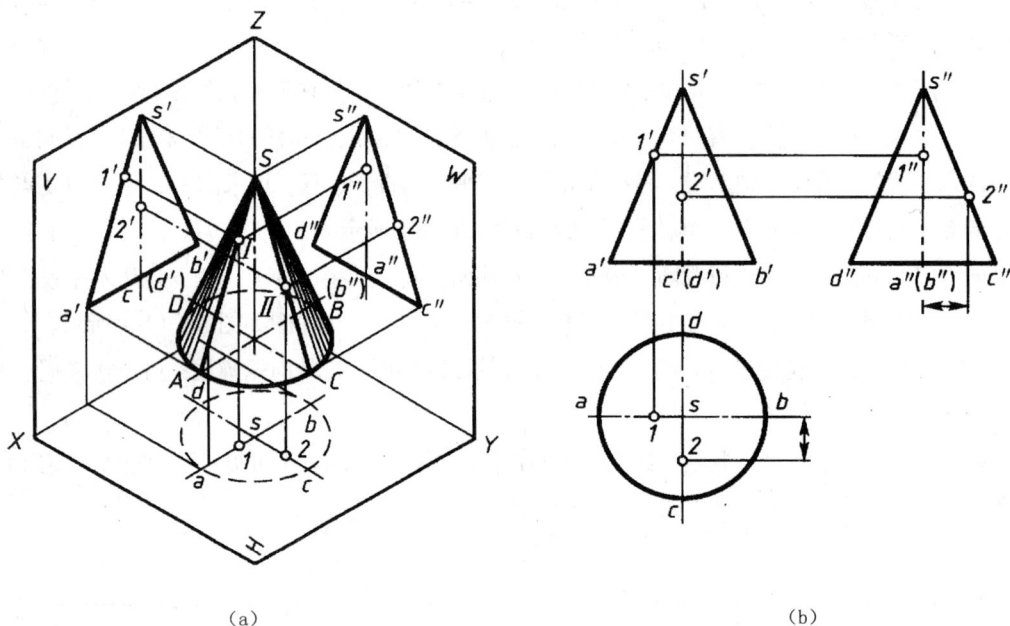

（a）　　　　　　　　　　　　（b）

图3-10　圆锥的投影

由图 3-10（a）可以看出，该圆锥的水平投影是一个圆，它既是圆锥表面的投影，也是圆锥底面的实形投影。圆锥的正面及侧面投影为相等的等腰三角形，三角形的底边是圆锥底面的积聚投影，长度等于圆的直径。正面投影中三角形的两腰，是圆锥最左，最右两条素线 SA、SB 的投影，即圆锥表面正面投影的转向轮廓线。侧面投影中三角形的两腰，是圆锥最前、最后两条素线 SC、SD 的投影，即圆锥表面侧面投影的转向轮廓线，转向轮廓线的其他两个投影都与中心线或轴线重合，不必画出。圆锥表面在 3 个投影面上的投影都没有积聚性。

圆锥的投影特点分析如下。

（1）正面投影。以转向轮廓线 SA、SB 为界，圆锥的前半部分可见，后半部分不可见。位于圆锥表面上后半部分的点，在正面投影图上都不可见。

（2）水平投影。圆锥的水平投影为一个圆，圆的中心线的交点为圆锥顶点的投影位置。圆锥表面上的所有素线交于顶点，而下端位于底面圆周上。

（3）侧面投影。以转向轮廓线 SC、SD 为界，圆锥体的左半部分可见，右半部分不可见。位于圆锥表面上右半部分的点，在侧面投影图上都不可见。

根据以上分析，画出的圆锥体的三面投影图如图 3-10（b）所示。

2. 圆锥表面上取点

圆锥表面上取点的作图原理与在平面上取点的作图原理基本相同。由于圆锥表面的各个投影都不具有积聚性，因此，取点时必须先在圆锥表面上过点的一个已知投影作辅助线，而点的其余投影必在辅助线的同名投影上。在圆锥表面上可以作两种简单易画的辅助线，一种是过锥顶的素线，另一种是垂直于轴线的纬圆。

【例 3-4】如图 3-11 所示，已知圆锥表面上 M 点的一面投影，求出点的另两面投影，并判别可见性。

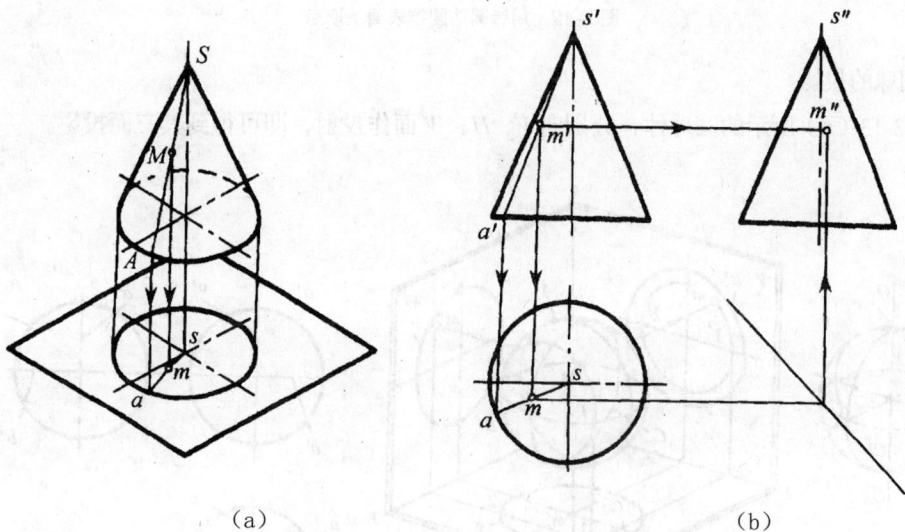

（a）　　　　　　　　　　　　　　　　（b）

图3-11　用素线法圆锥表面上取点

解：（1）用素线法作图。由图 3-11（a）可知，点 M 的正面投影 m' 给定，因为 m' 可见，所以 M 点应该在圆锥表面上的左前方。过 m' 在锥面上作素线 SM 的正面投影 s'a'，再由 s'a' 作出水平投影 sa 和侧面投影 s"a"，最后根据直线上点的投影规律，作出 m、m"。因为点 M 在圆锥表面的左前方，所以 m、m" 均可见。

（2）用纬圆法作图。由图 3-12（a）可知，点 M 的正面投影 m' 给定，因为 m' 可见，所以点 M 应该在圆锥表面上的右前方。作图方法是：过点 M 在圆锥表面上作垂直于轴线的截面，得水平的辅助纬圆，此圆的正面投影积聚成一条直线，水平投影为圆，利用这个辅助纬圆，由 m' 作出 m，再由 m'、m 作出（m"）。因为点 M 在圆锥表面的右前方，所以 m 可见，（m"）不可见。

（三）圆球

圆球由圆球面所围成。以圆为母线，圆心在轴线上，绕轴线回转所得到的回转面称为球面。

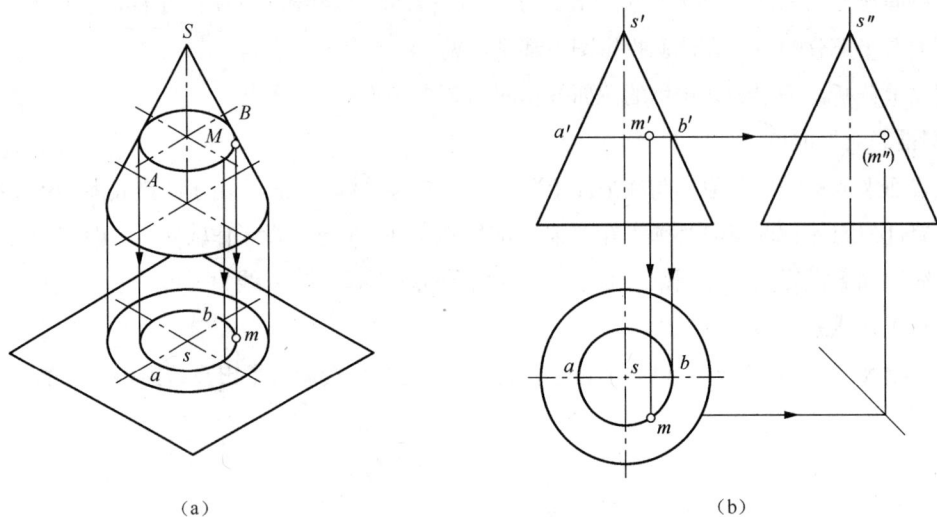

（a）　　　　　　　　　　　　　　　　（b）

图3-12　用纬圆法圆锥表面上取点

1. 圆球的投影

如图 3-13（a）所示的圆球体，分别向 V、H、W 面作投射，即可得到其三面投影。

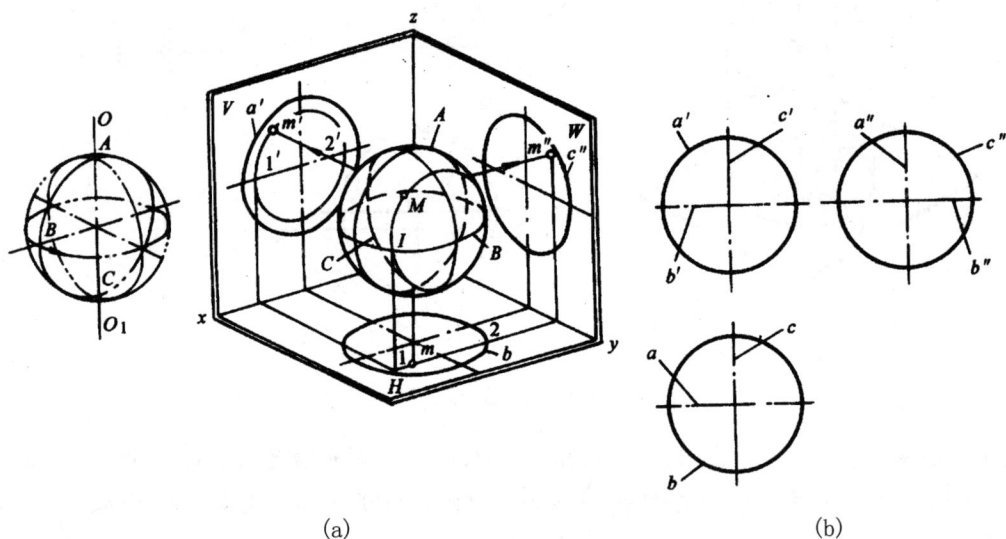

（a）　　　　　　　　　　　　　　　　（b）

图3-13　圆球的投影

　　由图 3-13（a）可以看出，圆球的三面投影都是与圆球直径相等的圆，它们分别是该球面 3 个投影的转向轮廓线。正面投影的转向轮廓线，是球面上平行于 V 面的大圆，它是前后半球面的分界线；水平投影的转向轮廓线，是球面上平行于 H 面的大圆，它是上下半球面的分界线；侧面投影的转向轮廓线，是球面上平行于 W 面的大圆，它是左右半球面的分界线。

　　圆球的投影特点如下。

（1）正面投影。以正面投影转向轮廓线为界，球的前半部分可见，后半部分不可见。位于球的后半部分的点，在正面投影图上都不可见。

（2）水平投影。以水平投影转向轮廓线为界，球的上半部分可见，下半部分不可见。位于球的下半部分的点，在水平投影图上都不可见。

（3）侧面投影。以侧面投影转向轮廓线为界，球的左半部分可见，右半部分不可见。位于球的右半部分的点，在侧面投影图上都不可见。

根据以上分析，画出圆球的三面投影图如图3-13（b）所示。

2. 圆球表面上取点

圆球面的三面投影都没有积聚性，圆球面上也不存在直线，因此，在圆球面上取点时，只能采用圆或圆弧作辅助线。其方法是：过点的已知投影作平行于任一投影面的辅助圆的各面投影，再利用线上取点的作图要求和点的投影规律，求作出该点的其他投影。

【例3-5】如图3-14所示，已知圆球表面上 K、M、N 3点的一面投影，求出点的另两面投影，并判别可见性。

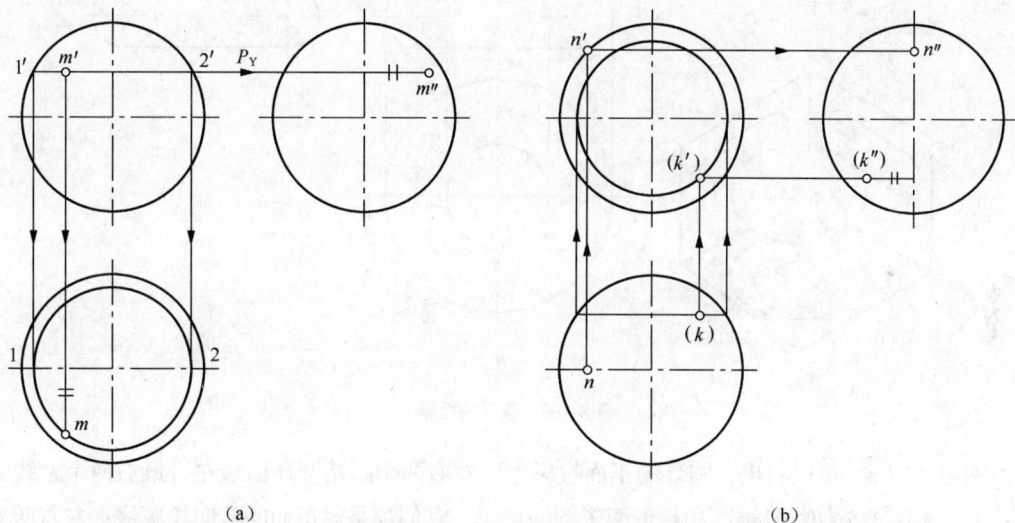

图3-14 圆球表面上取点

解：由题给条件可见，点 M 的正面投影 m' 已知。过 m' 作球面上水平圆的正面投影，与球的正面投影的转向轮廓线相交于 $1'$、$2'$ 两点，其长度等于水平圆的直径，作出这个水平圆的水平投影，其水平投影反映实形。然后根据点在这个水平圆上，由 m' 引铅垂的投影连线，求出 m，在侧面投影上度量宽 y_1 坐标，得出 m''。由于点 M 在左上前四分之一球面上，所以 m、m'' 都可见，如图3-14（a）所示。

由图3-14（b）中 N 点的水平投影 n 可知，点 N 在左上半球面上，且点 N 在球面的正面投影的转向轮廓线上，根据点的投影规律，由 n 可直接作出 n' 和 n''，而且 n' 和 n'' 均可见。

从图3-14（b）中 K 点的水平投影 (k) 可知，点 K 在右下后四分之一球面的一般位置上，过 (k) 作球面上正平圆的水平投影，与球水平投影的转向轮廓线相交于两点，其两点之间的长度等于正平圆的直径，作出这个正平圆的正面投影，其正面投影反映实形。由（k）引铅垂的投影连线，求出点 K 的正面投影（k'）。然后根据点的投影关系，在侧面投影上度量宽 y_1 坐标，求出 K 点的侧面投影（k''）。由于点 K 在右后下四分之一球面上，所以（k'）和（k''）均不可见。

（四）圆环

圆环由圆环面所围成。圆环面是由圆母线绕不过母线圆心，但与母线在同一平面上的轴线回转而形成的。远离轴线的半圆母线回转形成外环面，靠近轴线的半圆母线回转形成内环面。

1. 圆环的投影

如图 3-15（a）所示，一轴线垂直于水平面的圆环，分别向 V、H、W 面作投射，即可得到其三面投影。

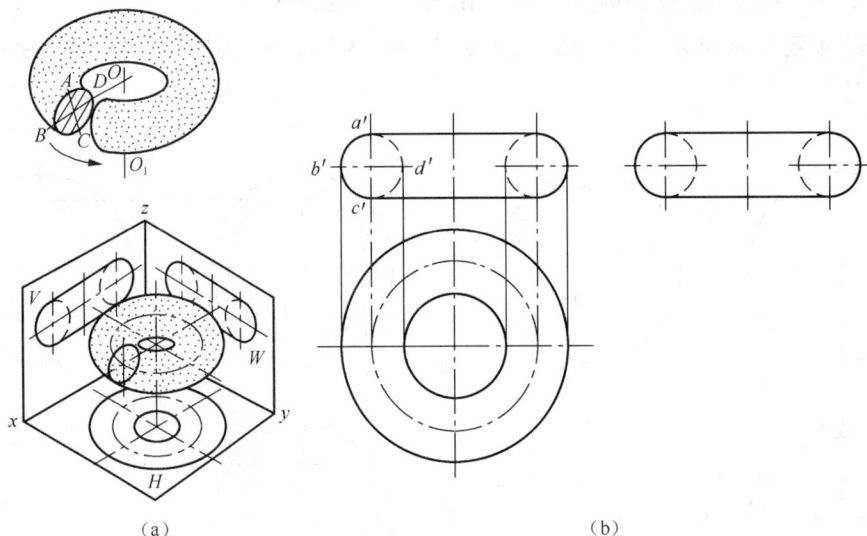

图3-15　圆环的投影

由图 3-15（a）可以看出，圆环的正面投影中，左右两个圆是圆环面最左、最右两个素线圆的投影；上、下两条公切线是最高和最低两个圆的投影，它们都是对正面的转向轮廓线；左右两实线半圆和上下公切线形成的线框，是外环面的投影；左右两虚线半圆和上下公切线形成的线框，是内环面的投影。圆环的侧面投影与正面投影的图形相同，图上各轮廓线的意义，读者不妨和正面投影对照分析。圆环的水平投影上，转向轮廓线是圆环面上垂直于轴线的最大圆和最小圆的投影，图中点画线圆是母线圆心回转轨迹的投影，也是内外环面水平投影的分界线。

根据以上分析，画出圆环的三面投影图如图 3-15（b）所示。

2. 圆环表面上取点

在圆环表面上取点，通常要利用辅助纬圆法。先作出指定点所在纬圆的三面投影，再根据线上取点的方法，求出指定点的三面投影。

【例 3-6】如图 3-16（a）所示，已知圆环表面上 A、B、C、D 点的一面投影。求出各点的另一面投影，并判别可见性。

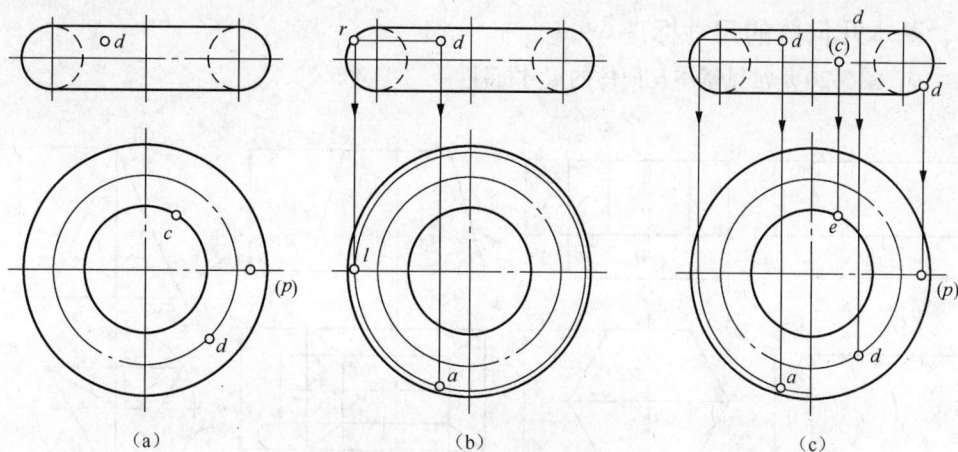

图3-16 圆环表面上取点

解：由图 3-16（a）可知，点 *A* 在上半个外环面上，过 *a'* 在圆环面上作一纬线，求出该纬线在水平投影面上的投影——纬圆，则点 *A* 的水平投影 *a* 在此纬圆上。因 *a'* 是可见的，故 *A* 点在前上半个外环面上，所以 *a* 可见。具体作图如图 3-16（b）所示。

其他各点均是特殊位置上的点，具体作图可参见图 3-16（c）。

（五）不完整立体的投影

图 3-17、图 3-18 所示是工程上常见的几种不完整曲面立体的投影。因为许多机件往往是由这些不完整曲面立体构成，所以我们应该认识和熟悉它们。

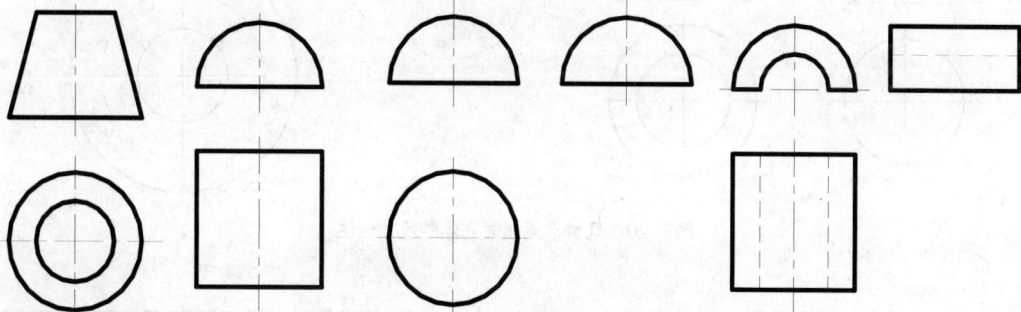

图3-17 不完整曲面立体的投影（Ⅰ）

图3-18 不完整曲面立体的投影（Ⅱ）

三、基本几何体的尺寸标注

图 3-19、图 3-20 是常见基本几何体的尺寸标注。

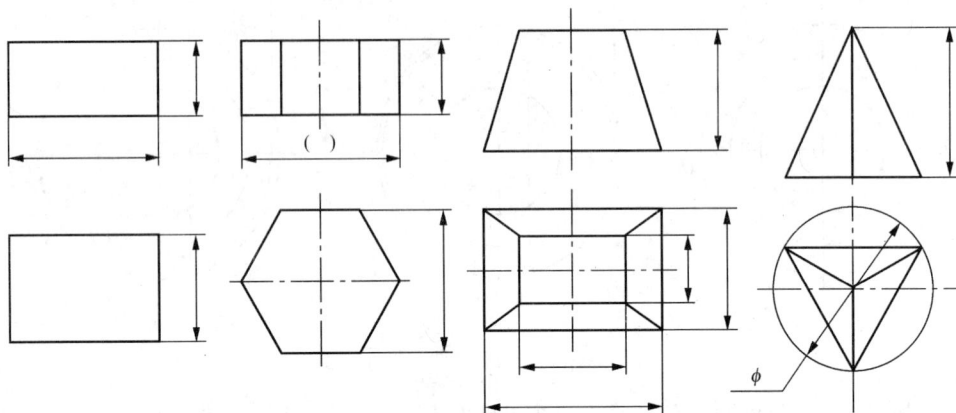

图3-19　几种常见平面立体的尺寸标注

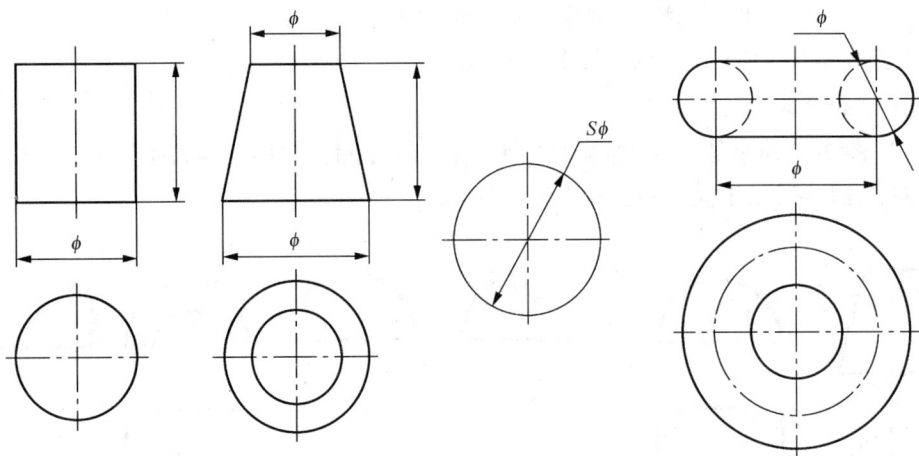

图3-20　几种常见曲面立体的尺寸标注

任务二　切割体

任务引出

　　实际的机器零件有些部分并不是完整的基本几何体，而是经过截切后的基本几何体，称为切割体，如图 3-21 中的顶尖和拨叉轴就是由基本几何体经平面切割而成的。要想解决这类零件的投影问题，就必须掌握切割体的投影方法。

任务描述

切割体是经过截切后的基本几何体，求其投影的关键问题是求截平面与基本几何体表面的交线——截交线。求截交线时，首先要定性地判断截交线大概形状，如投影具有集聚性，要充分利用，无集聚性时要正确利用辅助线法或辅助圆法。

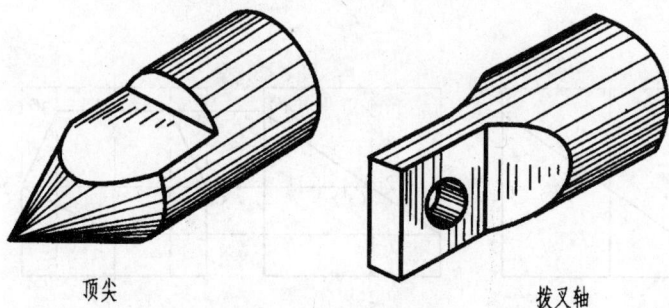

顶尖　　　　　　　　拨叉轴

图3-21　切割体组成的零件

相关知识

一、切割体及截交线的概念

基本几何体被平面截切后的部分称为切割体，截切基本几何体的平面称为截平面，基本几何体被截切后的断面称为截断面，截平面与基本几何体表面的交线称为截交线，如图 3-22 所示。

截交线的形状与基本几何体表面性质及截平面位置有关。任何截交线都具有以下两个基本性质：

（1）任何基本几何体的截交线都是一个封闭的平面图形。

（2）截交线是截平面与基本几何体表面的共有线。

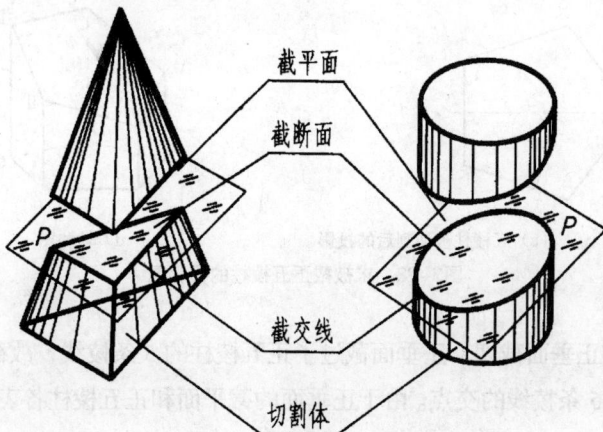

图3-22　切割体的基本概念

由截交线的性质可以看出，求截交线的实质是求出截平面与立体表面的一系列共有点，然后依次连接各点即得截交线的投影。

二、平面切割体的投影

由于平面立体的表面都是平面，所以平面立体的截交线应是平面多边形。多边形的顶点是截平面与立体棱线的交点，多边形的每一条边是截平面与立体表面的交线。因此，求截交线的实质是求出截平面与立体各个被截棱线的交点，然后顺次连接即得截交线的投影。

【例 3-7】正五棱柱被截切，如图 3-23（a）、（d）所示，求作正五棱柱被截切后的投影。

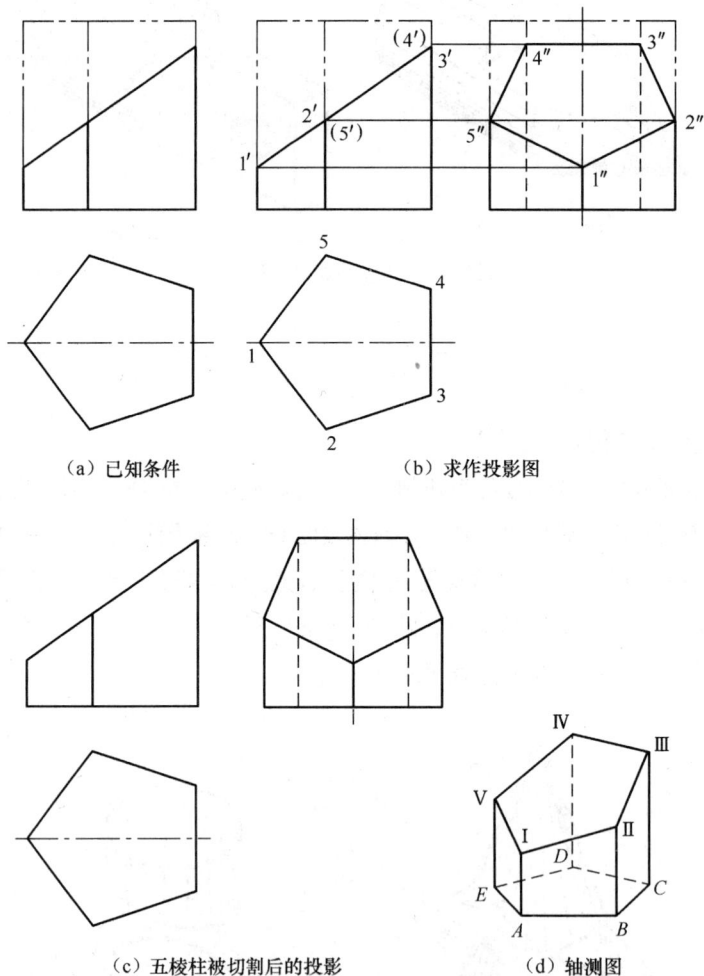

（a）已知条件　　　　（b）求作投影图

（c）五棱柱被切割后的投影　　　（d）轴测图

图3-23　求被截正五棱柱的投影图

解：正五棱柱是被正垂面截切，正垂面截过了正五棱柱的 5 条棱线，故截交线必为封闭的五边形，各顶点为截平面与 5 条棱线的交点。由于正垂面的截平面和正五棱柱各表面均为特殊位置平面，因此可利用积聚性直接作图。

作图方法如图 3-23（b）所示。

（1）因五棱柱的 5 条棱线水平投影积聚，可直接在水平投影上得到截交线的 5 个顶点 1、2、3、4、5，再在正面投影中找出 1′、2′、3′、4′、5′，然后根据投影规律求出各交点的侧面投影 1″、2″、3″、4″、5″。

（2）依次连接各点的同面投影即得截交线的投影。连接时注意判别投影的可见性，可见投影用粗实线连接，不可见投影用虚线连接。

（3）整理轮廓线，擦掉被截掉部分的轮廓线，即完成切割体投影，如图 3-23（c）所示。

【例 3-8】如图 3-24（a）所示，求斜三棱锥被截切后的投影。

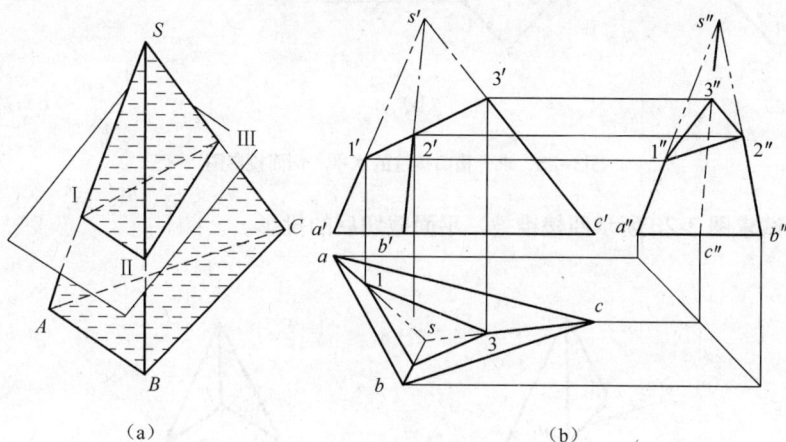

（a）　　　　　　　　　　　　（b）

图3-24 求斜切三棱锥的投影图

解：三棱锥被一正垂面截切，且截平面截过了三棱锥的 3 条棱线，故截交线必为封闭的三角形。由于截平面为正垂面，利用投影的积聚性可直接找到截交线的正面投影，之后运用点在直线上的投影特性求出截交线的其他投影。

作图方法如图 3-24（b）所示。

（1）利用投影的积聚性在正面投影中找出截平面与三棱锥 3 条棱线交点 Ⅰ、Ⅱ、Ⅲ 的正面投影 1′、2′、3′，然后根据点在直线上的投影特性作出这 3 个点的水平投影 1、2、3，侧面投影 1″、2″、3″。

（2）依次连接各点的同面投影即得截交线的投影。连接时注意判别投影的可见性，可见投影用粗实线连接，不可见投影用虚线连接。

（3）整理轮廓线，擦掉被截掉部分的轮廓线，完成被截三棱锥的投影。

【例 3-9】如图 3-25（a）所示，求正四棱柱开槽后的侧面投影。

解：正四棱柱开槽，可以看作是正四棱柱被 3 个截平面截切而成，如图 3-25（c）所示。可分别求出各截平面上截交线的投影。

作图方法如图 3-25（b）所示，这里需要注意的是，每个截平面与立体表面的交线都是封闭的多边形，而多边形的顶点除了截平面与各棱线的交点之外还包括平面与平面交线的端点。如图 3-25（c）中 Ⅰ、Ⅱ、Ⅲ、Ⅳ 点，它们也是多边形截交线的顶点。

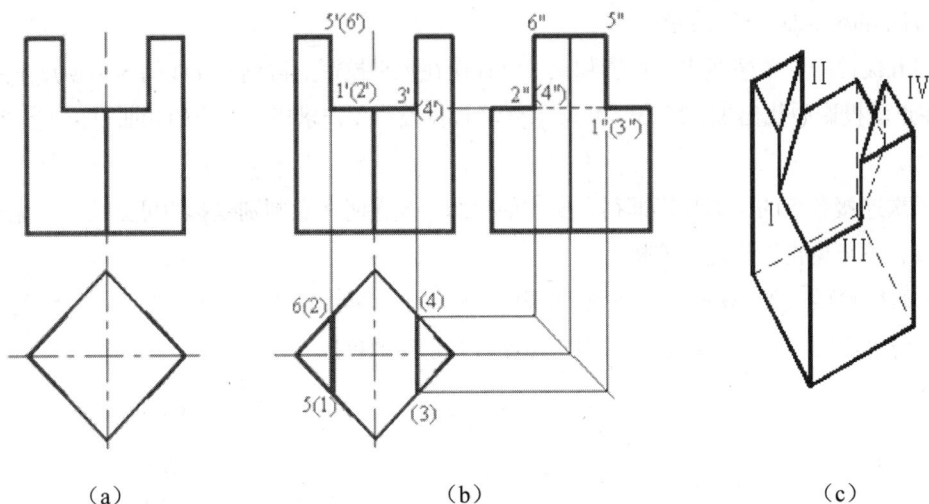

（a） （b） （c）

图3-25 求开槽四棱柱的水平、侧面投影图

【例 3-10】试求图 3-26 所示四棱锥被二平面截切后的投影。

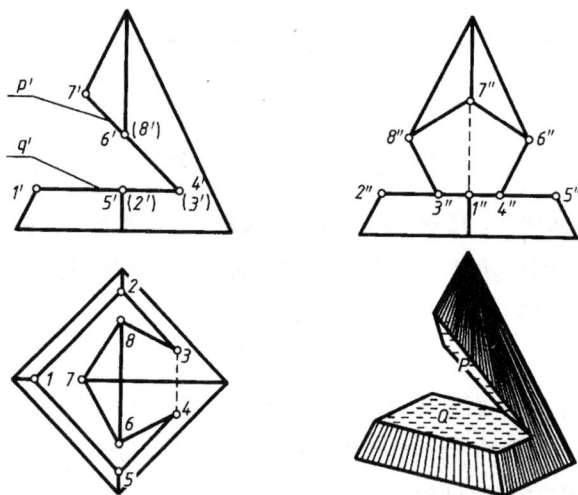

图3-26 四棱锥被二平面截切

解：（1）空间及投影分析。

四棱锥被二平面截切。截平面 P 为正垂面，与四棱锥的 4 个棱面的交线与例 3-9 相似。

截平面 Q 为水平面，与四棱锥底面平行，它与四棱锥的 4 个棱面的交线，同底面四边形的对应边相互平行，利用平行面的投影特性很容易求得。此外，还应注意两平面 P、Q 相交也会有交线，所以平面 P 和平面 Q 截出的截交线均为五边形。

平面 P 为正垂面，其截交线投影特性同例 3-9 的分析；平面 Q 为水平面，其截交线正面投影和侧面投影皆具有积聚性，水平投影则反映截交线的实形。

（2）作图。

画出完整四棱锥的 3 个投影。先求平面 Q 截四棱锥后的截交线。可由正投影 1′，在俯视图上求 1，由 1 作四边形与底面四边形对应边平行可得点 1、2、5，平面 Q 与平面 P 的交线Ⅲ、Ⅳ可由正投影 3′、4′在俯视图上求得 3、4。所求 1、2、3、4、5 即为截交线在水平投影面上的投影。其正面投影和侧面投影分别为 1′、2′、3′、4′、5′ 和 1″、2″、3″、4″、5″。再求平面 P 截四棱锥后的截交线，可按前例方法求出 6′、7′、8′ 和 6″、7″、8″及 6、7、8。将Ⅲ、Ⅳ、Ⅵ、Ⅶ、Ⅷ 同面投影连接起来，即得截交线在三投影面上的投影。

> 平面 Q 与平面 P 交线的水平投影 34 应为虚线。在侧面投影上的虚线也不要遗漏。

【例 3-11】求图 3-27 所示三棱锥台开槽后的投影。

解：图 3-27 所示为三棱锥台开槽后，其截交线的求画方法与作图过程。

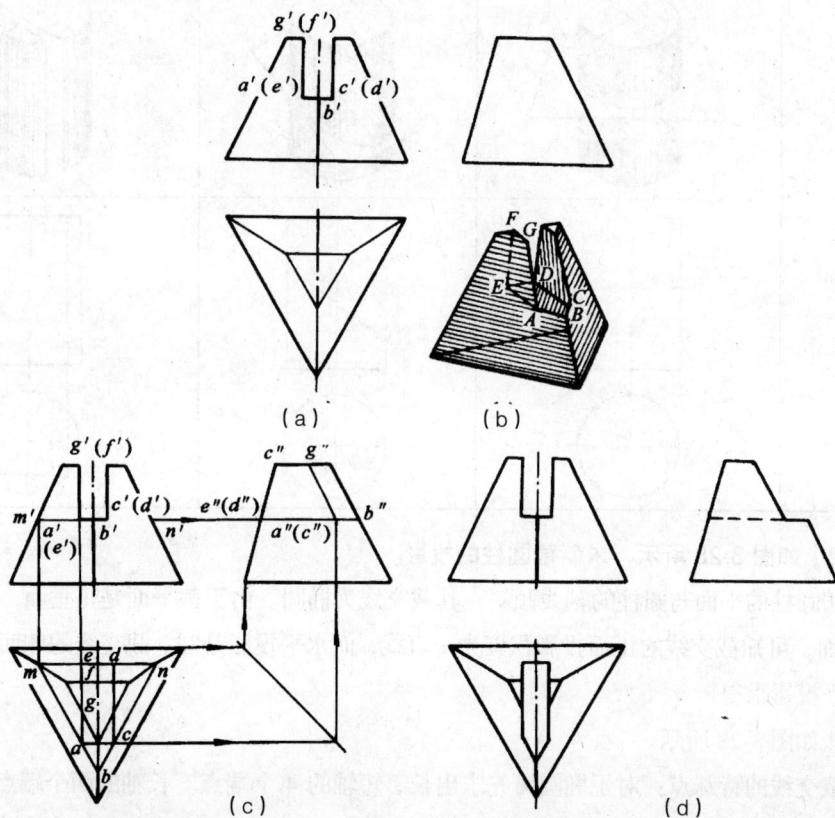

图3-27 三棱锥台开槽后的投影

三、曲面切割体的投影

曲面立体被截切后，截交线一般是封闭的平面曲线或平面曲线和直线围成的平面图形。作图时，首先要根据截平面与曲面立体的相对位置判断截交线的形状，之后求作截交线上的点，即截平面与曲面立体上被截各素线的交点，最后光滑连接各点即可。

求曲线截交线的作图步骤如下。

（1）求作特殊点：特殊点一般是指截交线上的最高、最低、最前、最后、最左、最右及转向轮廓线上的点。

（2）求作一般点：为保证准确作出截交线，在特殊点之间还需作出一定数量的一般点。

（3）顺次光滑连接各点并判别可见性：可见部分用粗实线连接，不可见部分用虚线连接。

1. 圆柱切割

根据截平面与圆柱轴线位置不同，圆柱切割后其截交线有3种不同的形状，如表3-1所示。

表 3-1　　　　　　　　　　　　　圆柱的切割及截交线

截平面的位置	与轴线垂直	与轴线倾斜	与轴线平行
截交线名称	圆	椭圆	矩形（其中二对边为圆柱面的素线）
直观圆	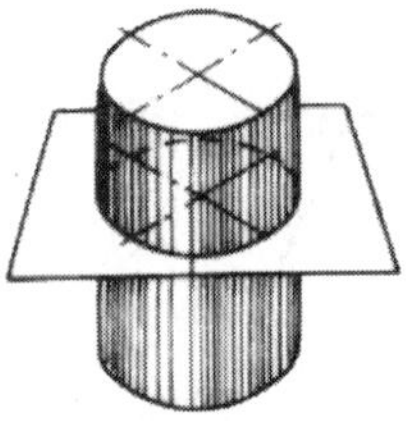	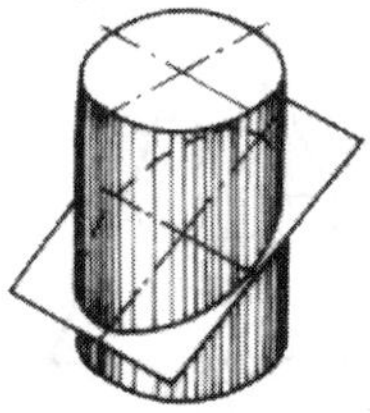	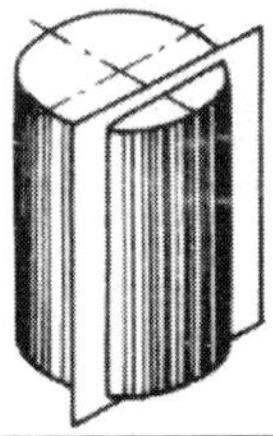
投影图	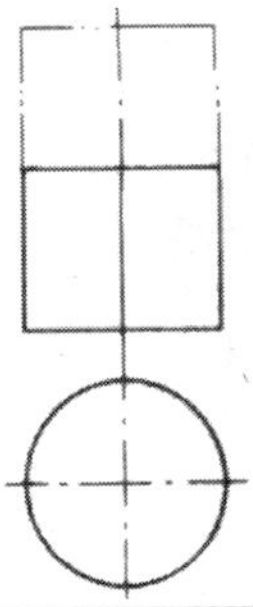	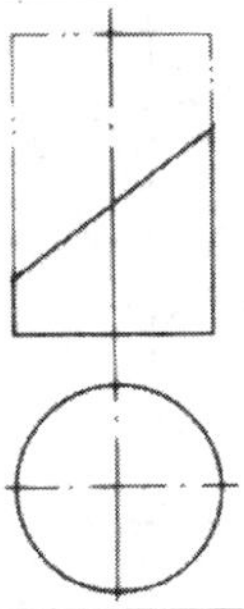	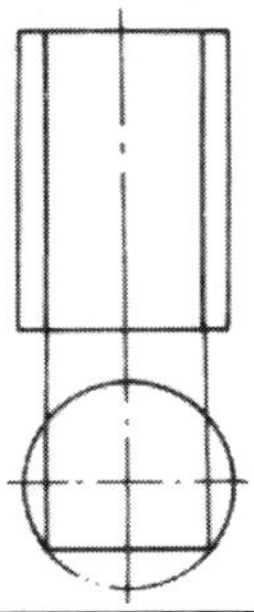

【例 3-12】如图 3-28 所示，求斜截圆柱的投影。

解：截切圆柱的平面与圆柱的轴线倾斜，其截交线为椭圆。由于截平面是正垂面，且圆柱的轴线垂直于 H 面，可知截交线的正面投影积聚为一直线，而水平投影是圆。截交线的侧面投影则可根据正面和水平投影求得。

作图方法如图 3-28 所示。

（1）求截交线的特殊点：对于椭圆可先求出长、短轴的 4 个端点。长轴的两个端点 A、B 是椭圆的最低点和最高点，位于圆柱的最左和最右两条素线上；短轴的两个端点 C、D 是椭圆的最前点和最后点，位于圆柱的最前和最后两素线上。这 4 个点在 H 面上的投影分别为 a、b、c、d，在 V 面上的投影分别为 a'、b'、c'、d'。根据投影规律可求出 W 面投影 a''、b''、c''、d''。求出了这些特殊点，就确定了椭圆的大致范围。

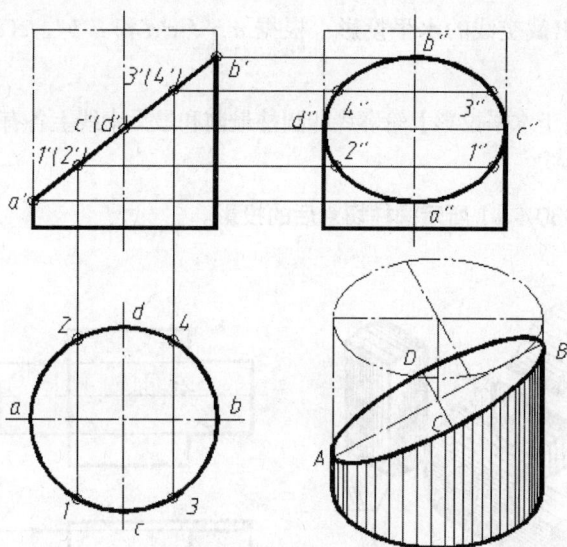

图3-28　斜截圆柱的投影

（2）求作一般点：如图在水平投影上，取对称于中心线的1、2和3、4四个点，按投影规律可找到其正面投影1′、2′、3′、4′，再求出侧面投影1″、2″、3″、4″。

（3）依次光滑连接各点，即可得截交线的侧面投影。

【例3-13】如图3-29（a）所示，求切口圆柱的水平投影。

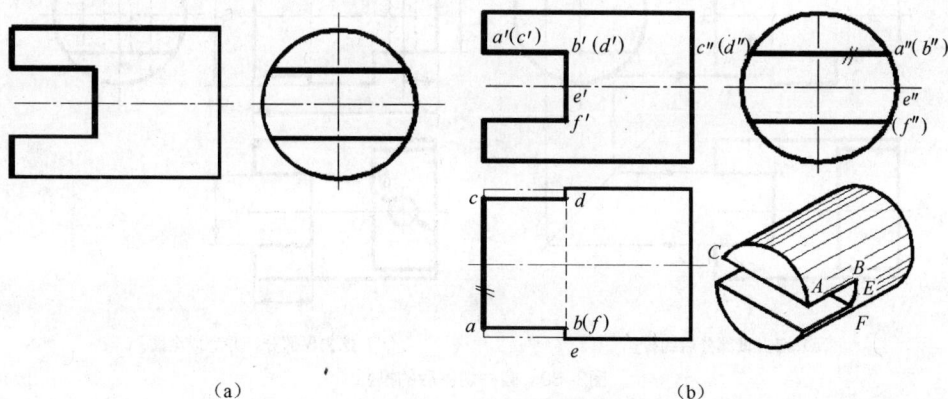

（a）　　　　　　　　　　　　　　　　（b）

图3-29　作切口圆柱的水平投影

解：从图3-29（a）中可以看出，切口是由两个与轴线平行的平面和一个与轴线垂直的平面截得的，前者与圆柱面的交线是直线，后者与圆柱面的交线是圆弧。由于两个与轴线平行的截平面为水平面，利用其正面投影和侧面投影的积聚性可直接找到交线的正面投影和侧面投影，如图3-29（b）所示的 a′b′、c′d′和 a″b″、c″d″。此外，由于另一个与轴线垂直的截平面为侧平面，利用其投影的积聚性，可找到圆弧交线的正面投影 b′e′f′，而其侧面投影 b″e″f″则应落在圆周上。

作图方法如图3-29（b）所示。

（1）画出整个圆柱的水平投影；

（2）按投影关系画出截交线的水平投影：根据 $a'b'$、$c'd'$ 和 $a''b''$、$c''d''$ 画出 ab 和 cd。根据 $b'e'f'$ 和 $b''e''\ f''$ 画出 bdf；

（3）整理轮廓线：由于水平投影上轮廓线即圆柱最前和最后素线上各有一段已被截掉，故应擦掉这段轮廓线。

【例 3-14】求作图 3-30（a）所示圆柱切割后的投影。

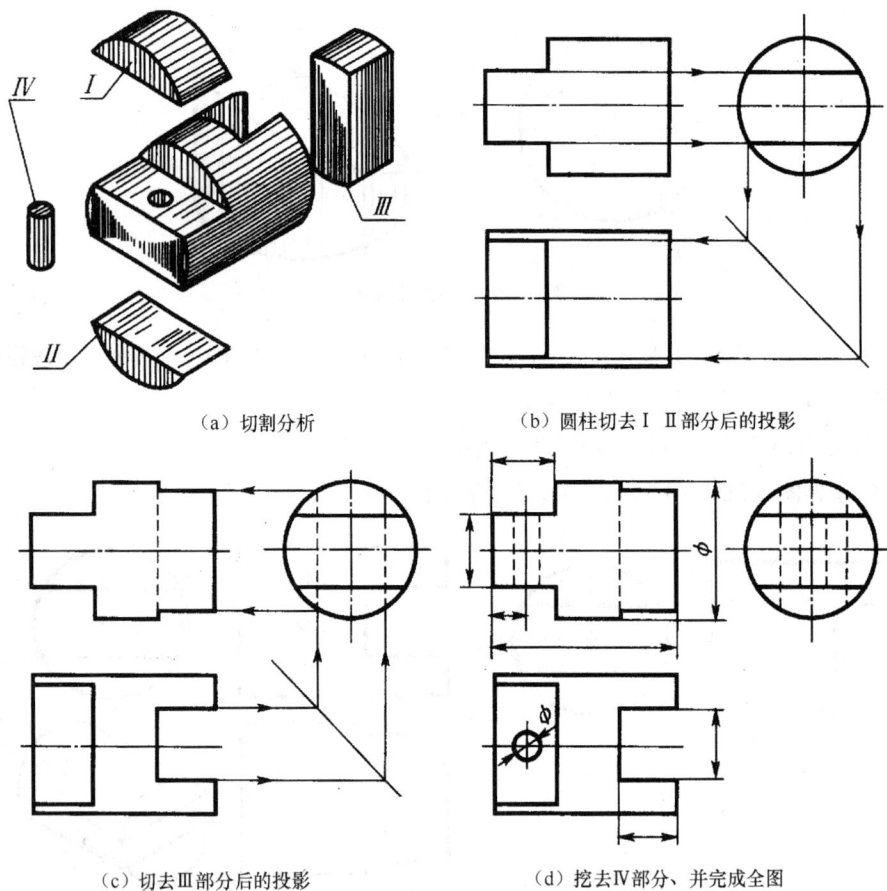

（a）切割分析

（b）圆柱切去 I、II 部分后的投影

（c）切去 III 部分后的投影

（d）挖去 IV 部分、并完成全图

图3-30　圆柱切割后的投影

解：如图 3-30（a）所示，该圆柱被切去了 I、II、III、IV 等 4 部分形体。I、II 部分为由两平行于圆柱轴线的平面和一垂直于圆柱轴线的平面切割圆柱而成，切口为矩形。

III 部分也为由两平行于轴线的平面和一垂直于轴线的平面切割圆柱而成，即在圆柱右端开一个槽，切口也为矩形。IV 部分是在切割 I、II 部分的基础上再挖去的一个小圆柱。

其作图过程如下。

（1）画出整个圆柱的 3 个投影，并切去 I、II 部分，如图 3-30（b）所示。

（2）画切去 III 部分后的投影，如图 3-30（c）所示。

（3）画挖去 IV 部分，并完成全图，如图 3-30（d）所示。

图 3-31 是用平行和垂直于轴线的截平面切割圆柱的示例。

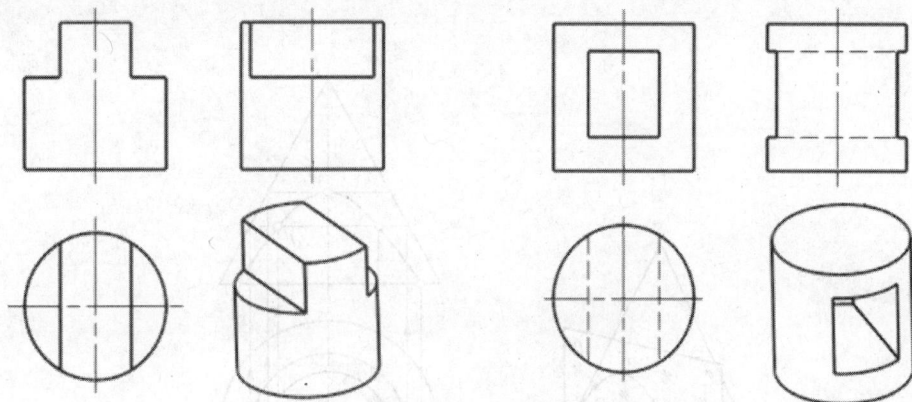

图3-31 圆柱被切割示例

2. 圆锥切割

截平面切割圆锥时，根据截平面与圆锥轴线位置的不同，与圆锥面的交线有 5 种情况，如表 3-2 所示。

表 3-2 　　　　　　　　　　　　　　　　圆锥的切割

截平面的位置	过锥顶	不过锥顶			
		$\theta=90°$	$\theta>\alpha$	$\theta=\alpha$	$\theta<\alpha$
截交线的形状	相交两直线	圆	椭圆	抛物线	双曲线
立体图					
投影图					

【例 3-15】如图 3-32 所示，圆锥被正平面截切，求作截交线的投影。

解：因为正平面与圆锥的轴线平行，所以截交线是双曲线。双曲线的水平投影积聚成一直线，而正面投影反映实形，利用纬线圆法做出 C、D、E 正面投影，注意 E 点是截交线的最高点，过 E 点的纬线圆与截平面相切，作图方法如图 3-32（b）所示。

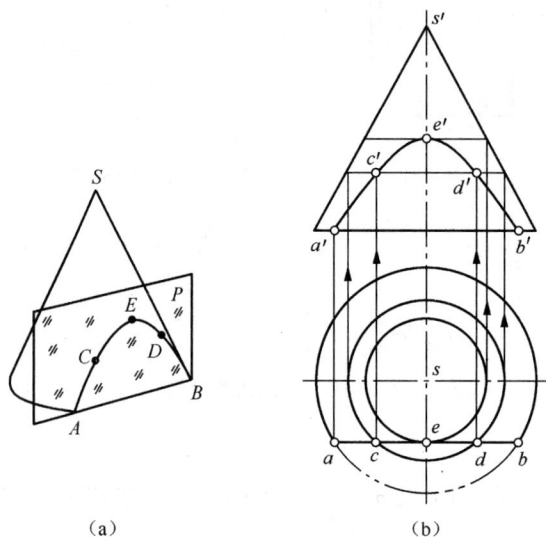

（a）　　　　　　　　　　　（b）

图3-32　求圆锥被正平面切割的投影

【例 3-16】如图 3-33 所示，求顶尖头的水平投影。

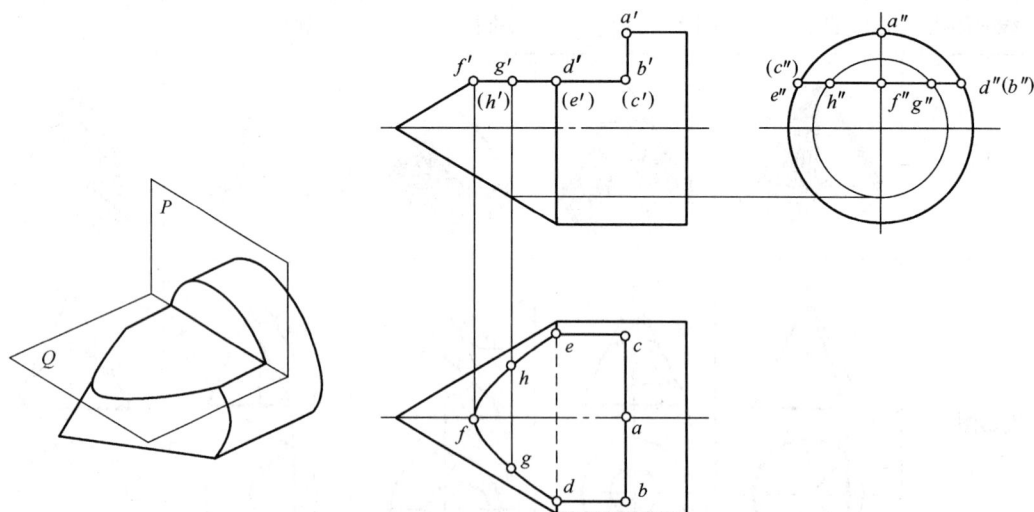

图3-33　顶尖水平投影求法

解：由于截平面 P 为侧平面，并与圆柱的轴线垂直，所以它与圆柱的截交线为圆弧。其正面投影和水平投影积聚成直线，侧面投影反映圆弧实形并与圆柱侧面投影重合；Q 为水平面，同时与圆锥和圆柱的轴线平行，所以该平面与圆柱的截交线为矩形，与圆锥的截交线为双曲线，其水平投影反映实形，正面投影和侧面投影都积聚成直线。其作图方法如图 3-33 所示。

（1）求特殊点：圆弧最高点 A 和前后两端点 B、C 的正面投影和侧面投影可直接求出，由这两面投影可求出水平投影 a、b、c，圆弧的水平投影为直线。B、C 两个点又是截平面 Q 与圆柱截交线矩形右侧的两个端点，而矩形左侧的两个端点 D、E 的投影也可直接求得。点 D、E 同时是双曲线右侧的两个端点，双曲线左端顶点 F 的正面投影为 f'，因点 F 在圆锥正视转向轮廓线上，可直接求出 f″和 f。

（2）求一般点：本题只需求双曲线上的一般位置点，在积聚性的正面投影上选择 g'、h'，用纬线圆法求出侧面投影 g″、h″，根据 G、H 的两面投影即可求出其水平投影 g、h；

（3）光滑连接各点，即得顶尖的水平投影。图中虚线为顶尖下部圆柱与圆锥的交线。

3．圆球切割

对于圆球来说，用任何方向的截平面切割，其截交线均为圆，圆的大小，由截平面与球心之间的距离而定，如表 3-3 所示。

表 3-3   圆球的切割

说明	截平面为正平面	截平面为水平面	截平面为正垂面
轴测图	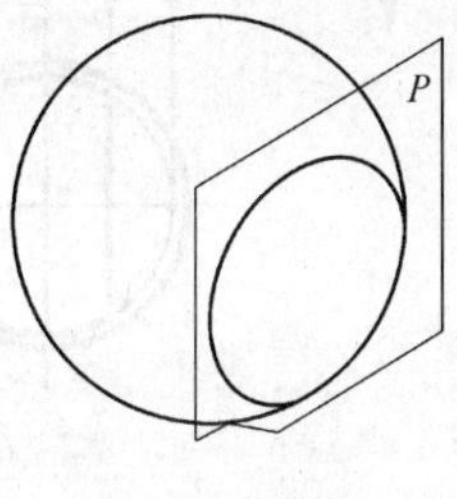	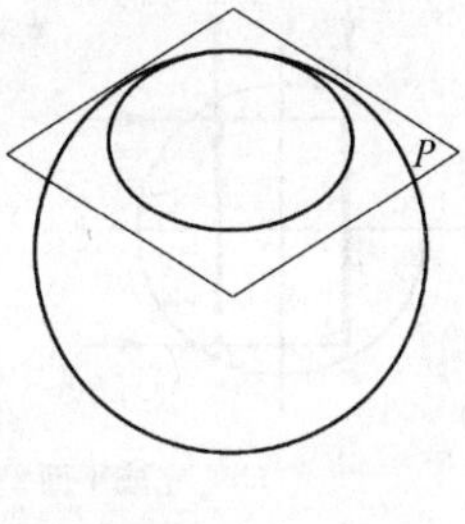	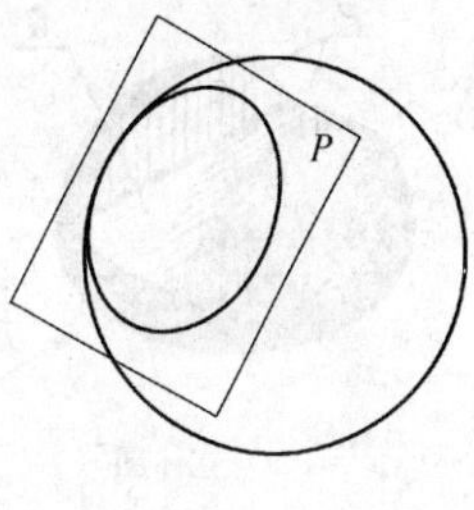
投影图	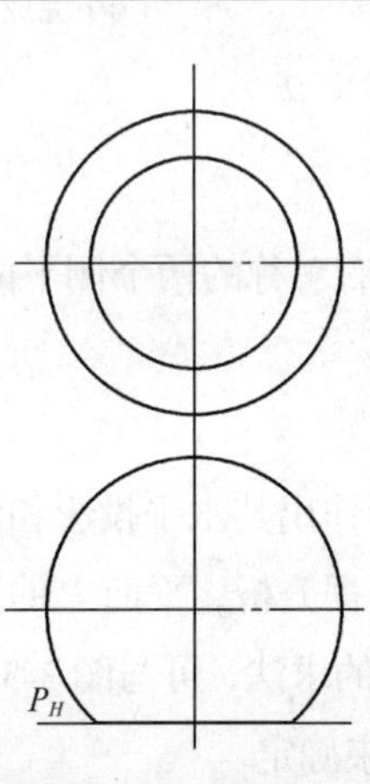	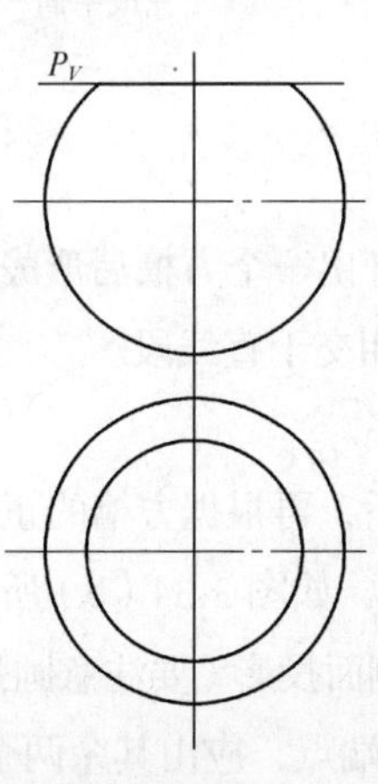	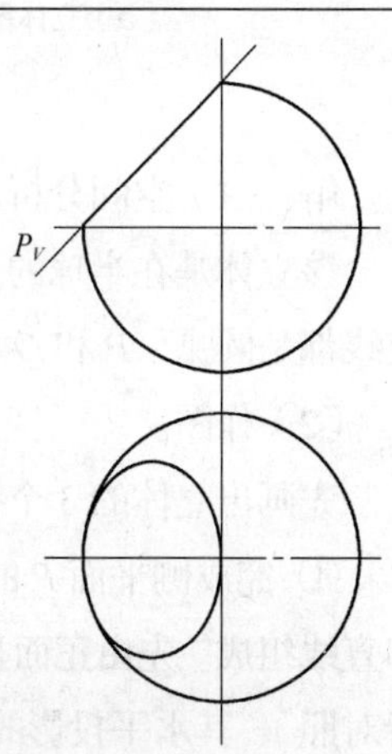

图 3-34 所示为圆球被水平面 Q 和侧平面 P 切割截交线的求法。

【例 3-17】如图 3-35 所示，根据半圆球开槽后的正面投影，求作水平投影和侧面投影。

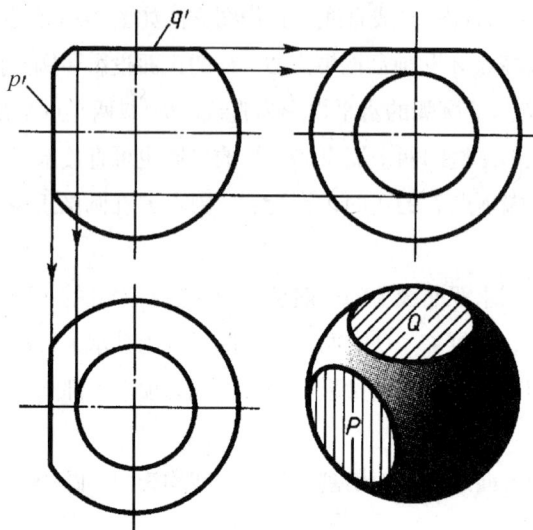

图3-34　平面与球面交线的基本作图

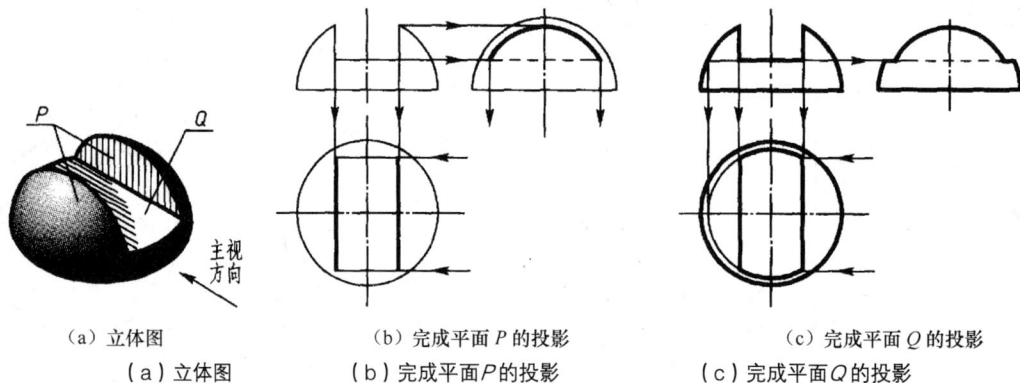

（a）立体图　　　　　　（b）完成平面P的投影　　　　　　（c）完成平面Q的投影

（a）立体图　　　　　　（b）完成平面P的投影　　　　　　（c）完成平面Q的投影

图3-35　球上开槽的画法

解：（1）空间分析。

该立体是在半球的上部开出一个方槽后形成的。左右对称的两个侧平面P和水平面Q与球面的交线都是圆弧，P和Q彼此相交于直线段。

（2）作图。

先画出立体的3个投影后，再根据方槽的正面投影作出其水平投影和侧面投影。

① 完成侧平面P的投影，如图3-34（b）所示。根据分析，平面P的边界由平行于侧面的圆弧和直线组成。先由正面投影侧面投影（要注意圆弧半径的求法，可与图3-33中的截平面P的求法进行对照），其水平投影的两个端点，应由其余两个投影来确定。

② 完成水平面Q的投影，如图3-34（c）所示。由分析可知，平面Q的边界是由相同的两段水平圆弧和两段直线组成的对称形。作水平投影时，也要注意圆弧半径的求法（可与图3-33中的截平面Q的求法进行对照）。

还应注意，球面对侧面的转向轮廓线，在开槽范围内已被切掉。

四、切割体尺寸标注

切割体除了要标注基本几何体的尺寸之外，还要标注切口（截切）位置尺寸。因为截平面与立体的相对位置确定后，截交线的形状和大小已确定，所以截交线上是不需要注尺寸的。常见切割体的尺寸注法如图 3-36 所示。

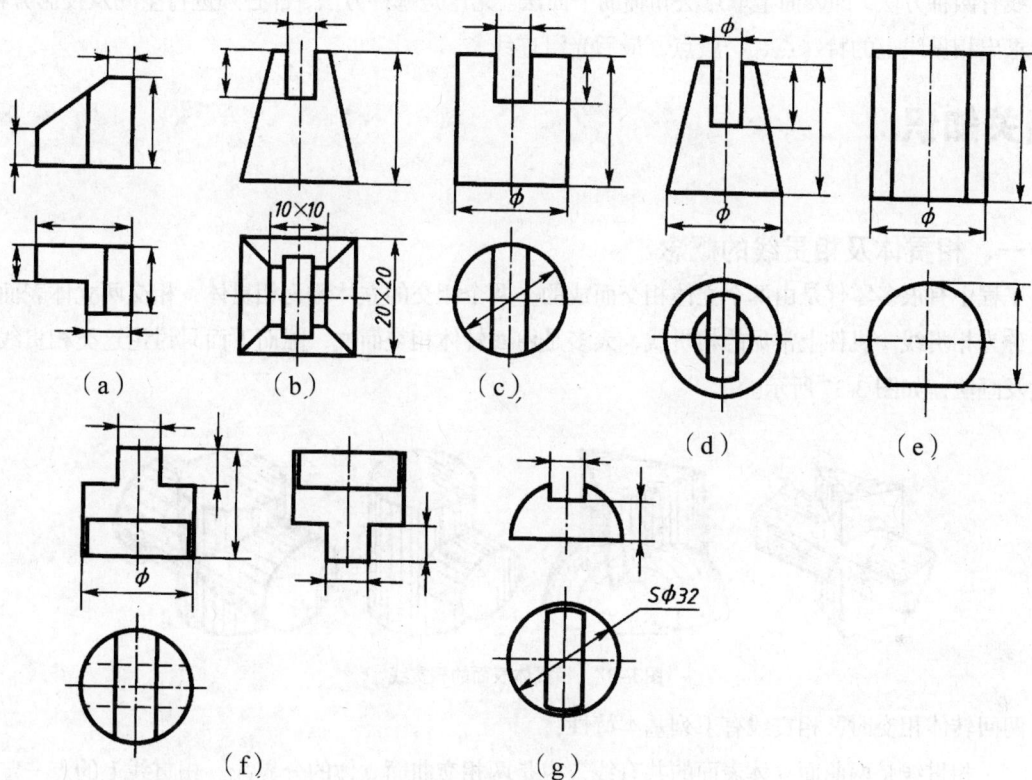

图3-36 常见切割体尺寸标注

任务三 相贯体

任务引出

机器零件的形状往往是由两个以上的基本立体，通过不同的方式组合而形成。组合时会产生两立体相交情况，两立体相交在制图中称为两立体相贯，它们表面形成的交线称作相贯线。相贯线形状复杂，特别是回转体相交形成的相贯线往往是空间曲线，这些曲线的求法如何？

任务描述

　　求解相贯线首先要了解相贯线的相关概念，掌握影响相贯线形状变化的主要因素和规律。求解相贯线有两种方法，即表面上取点法和辅助平面法。无论是哪种方法，都必须进行空间及投影分析，其次求出相贯线上的特殊点、一般点，最后光滑连线。

相关知识

一、相贯体及相贯线的概念

　　工程中有很多零件是由两个立体相交而成的，两个相交的立体称为相贯体，相交两立体表面的交线称为相贯线。机件上常见的相贯线，大多是由回转体相交而成，因而下面只讨论这类相贯线的性质及画法，如图 3-37 所示。

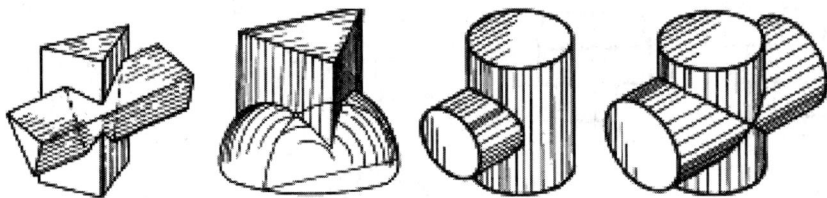

图3-37　相贯体表面的相贯线

　　两回转体相交时，相贯线有下列基本特性：

　　（1）相贯线是两曲面立体表面的共有线，也是两相交曲面立体的分界线。相贯线上的点一定是两立体表面的共有点。

　　（2）由于立体的表面是封闭的，因此相贯线一般为封闭的空间曲线，特殊情况下可能是平面曲线或直线。

　　相贯线是两曲面的共有线，因此求相贯线的实质是求两曲面的一系列共有点，然后依次光滑地连接。作图时，对于曲线的相贯线为更确切地作出相贯线的投影必须求出相贯线上的特殊点，如最高、最低点，最左、最右点，最前、最后点，转向点等。

二、利用积聚性求相贯线

　　当相交的两曲面立体中有一个是圆柱面，其轴线垂直于投影面时，则该圆柱面的投影积聚为一个圆，即相贯线上的点在该投影面上的投影也一定积聚在该圆上，其他投影可根据表面取点的方法求出。

　　【例 3-18】如图 3-38 所示，求两圆柱正交的相贯线。

　　解：两圆柱轴线垂直相交为正交，其相贯线的水平投影积聚在轴线铅垂圆柱的水平投影圆上，侧面投影积聚在轴线侧垂圆柱的侧面投影圆上，根据相贯线的两面投影即可求出其正面投影。作图方法如图 3-38 所示。

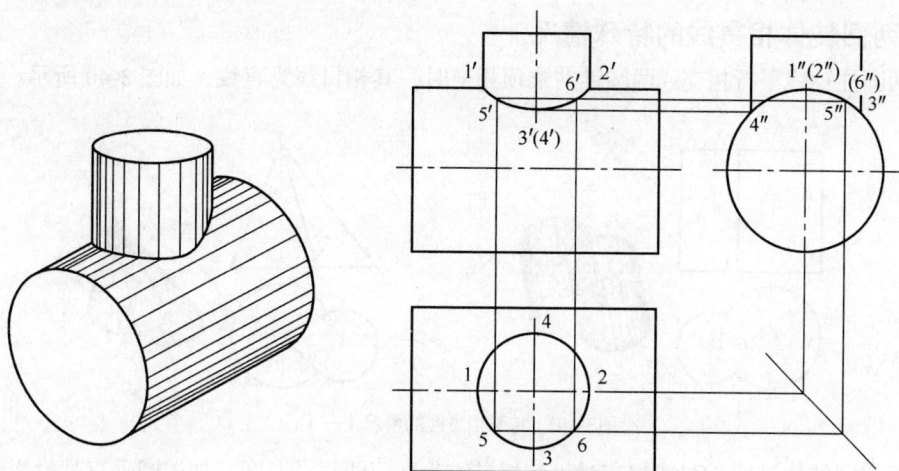

图3-38 两圆柱正交求相贯线

（1）求特殊点：点Ⅰ、点Ⅱ是铅垂圆柱的最左和最右素线与侧垂圆柱的最上素线的交点，是相贯线上的最左和最右点，同时也是最高点，可在投影图中直接找到Ⅰ、Ⅱ点的三面投影；Ⅲ点和Ⅳ点是铅垂圆柱最前和最后素线与侧垂圆柱面的交点，它们是最前点和最后点，也是最低点，3′和 4′可根据水平和侧面投影作出。

（2）求一般点：在铅垂圆柱的水平投影圆上取点5、6，它的侧面投影5″、6″在侧垂圆柱侧面的积聚性投影圆上，其正面投影5′、6′可根据两面已知投影求出。

（3）用粗实线顺次光滑地连接 1′、5′、3′、6′、2′点即为相贯线的正面投影，相贯线后部投影与之重合（如果不重合，应以细虚线画出），不必画出。

两圆柱正交是机械零件上常见的情况，如图 3-39 所示，其交线的形状和求画方法都是完全相同的。圆柱开孔相贯线的求法与两个实体圆柱相交相贯线的求法完全相同。

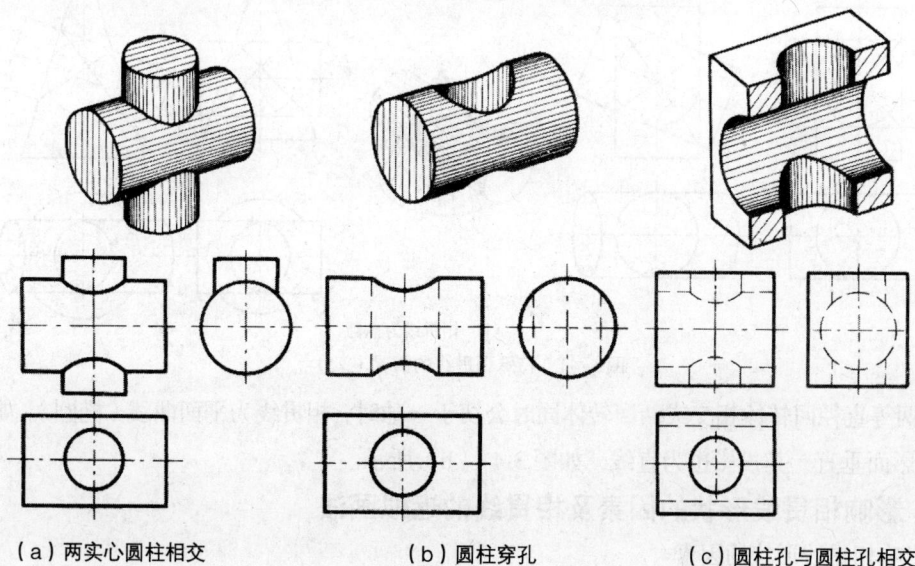

（a）两实心圆柱相交   （b）圆柱穿孔   （c）圆柱孔与圆柱孔相交

图3-39 圆柱与圆柱相交的3种情况

三、两回转体相贯线的特殊情况

（1）两圆柱轴线平行相交或两圆锥共锥顶相交时，其相贯线为直线，如图 3-40 所示。

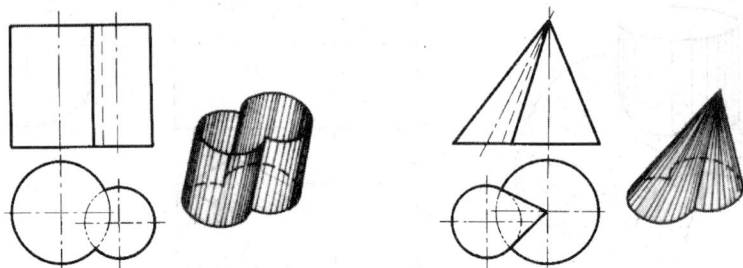

图3-40　特殊相贯线的情况（一）

（2）任何回转体过球心与球相交时，其相贯线为平面曲线——圆。如该圆垂直某投影面，则投影为直线，如图 3-41（a）所示。

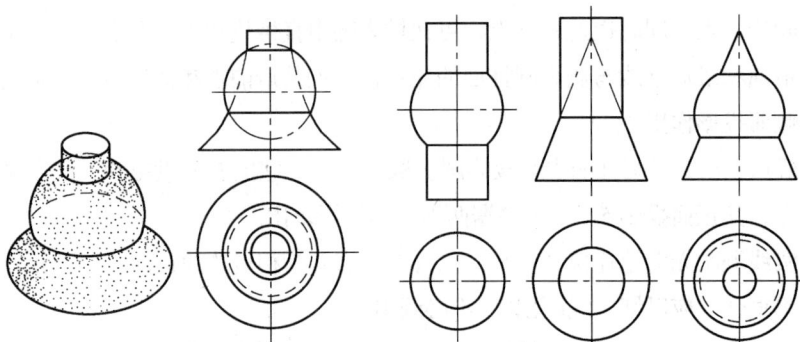

（a）相贯线为平面圆

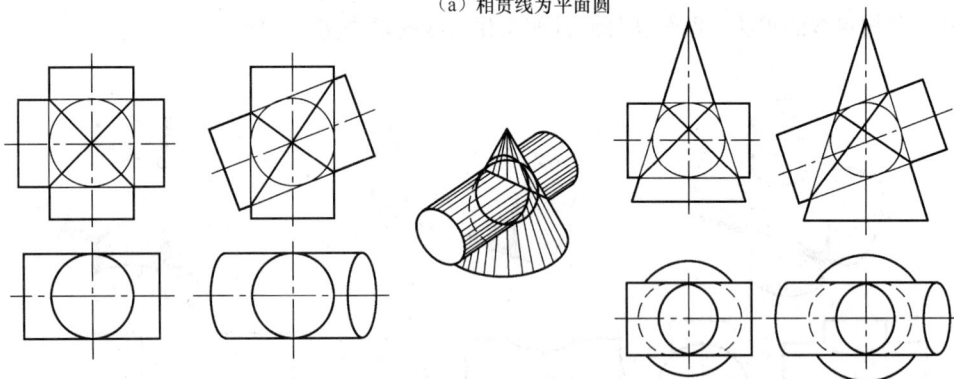

（b）相贯线为椭圆

图3-41　特殊相贯线的情况（二）

（3）两等直径回转体相交或两回转体同时公切于一球时，相贯线为平面曲线（椭圆）。如果平面曲线与投影面垂直，其投影也为直线，如图 3-41（b）所示。

四、影响相贯线形状的因素及相贯线的近似画法

1. 影响相贯线形状的因素

（1）两回转体的表面性质。

（2）两回转体的相对位置。

（3）两回转体的尺寸变化。

表 3-4 和表 3-5 显示了上述因素对相贯线的影响。

表 3-4　　　　　　　　　　　表面性质和尺寸变化对相贯线的影响

表面性质＼尺寸变化	直立圆柱的直径变化时		
柱–柱相贯	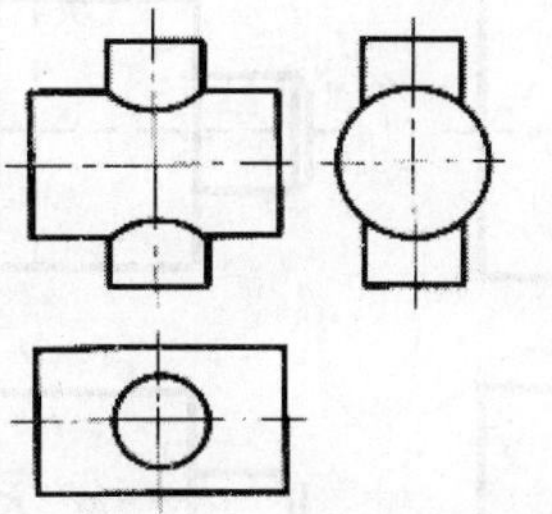	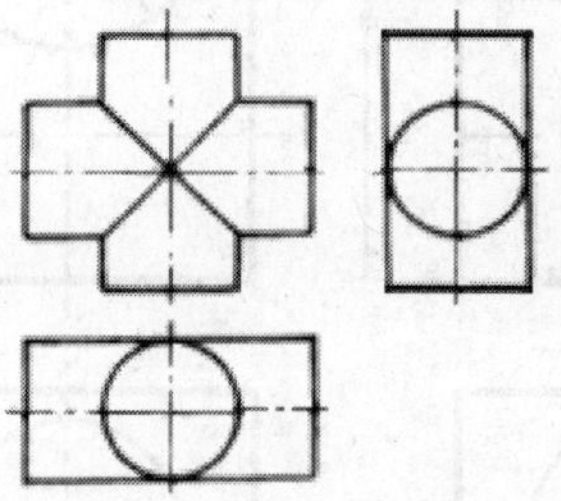	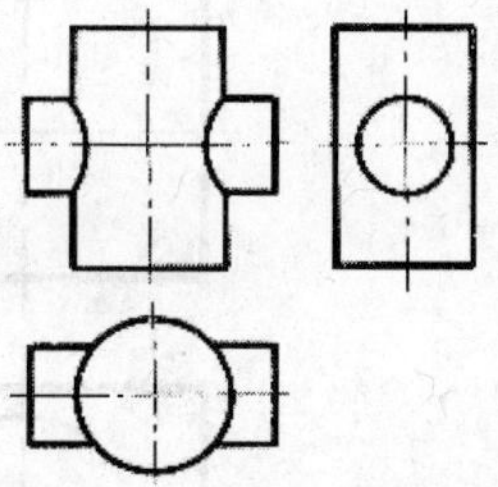
锥–柱相贯	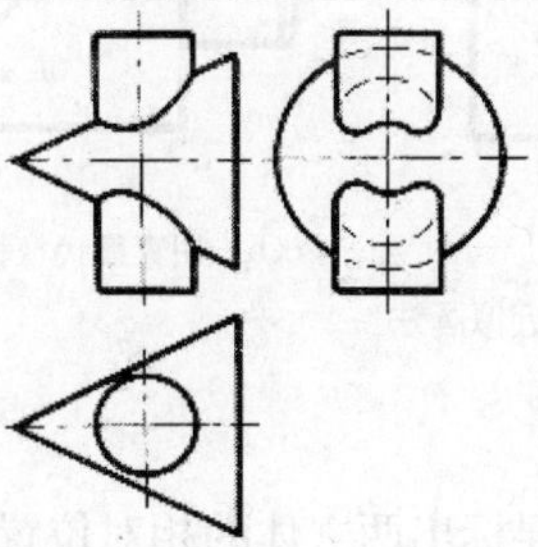	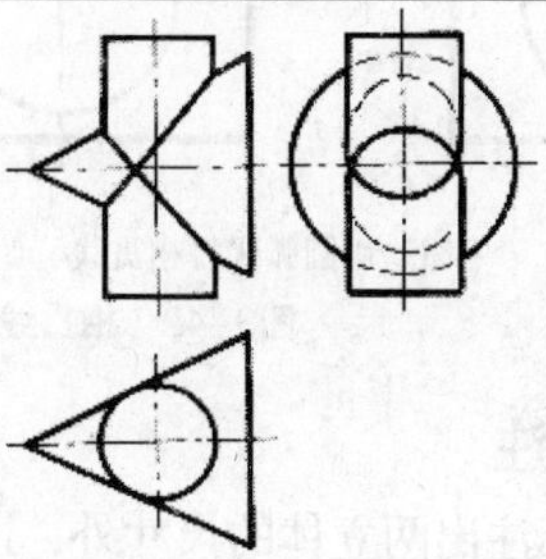	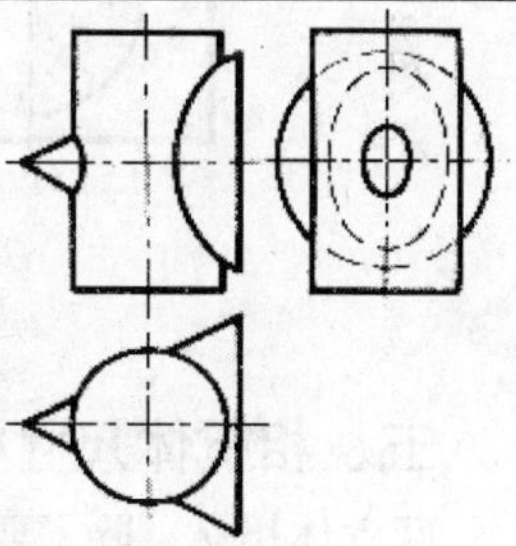

表 3-5　　　　　　　　　　　表面性质和相对位置对相贯线的影响

表面性质＼位置变化	轴线正交	轴线斜交	轴线交叉
柱–柱相贯	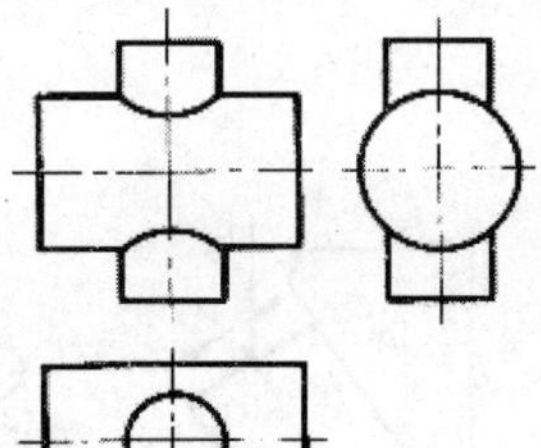	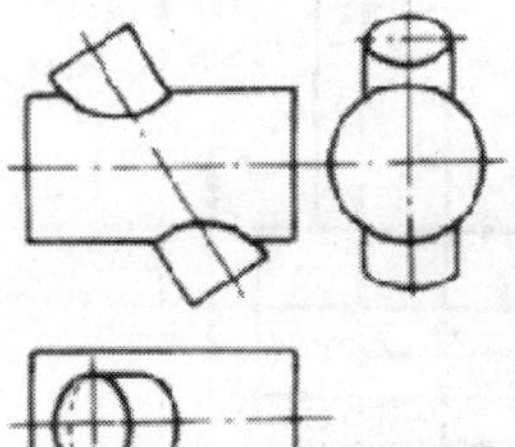	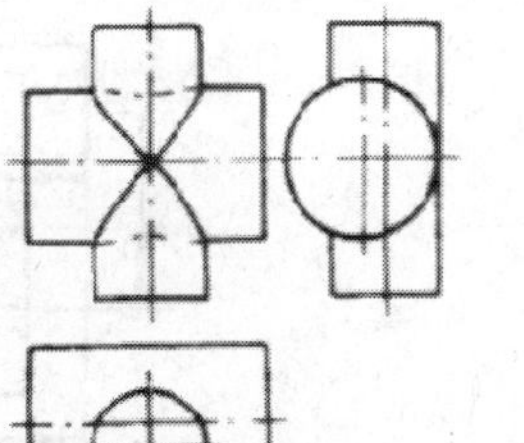
锥–柱相贯	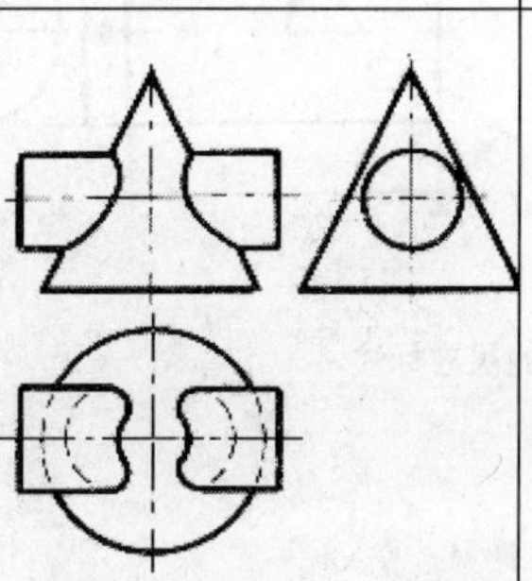	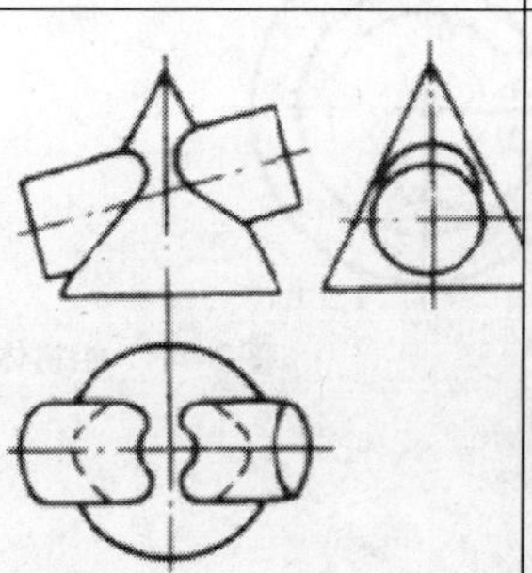	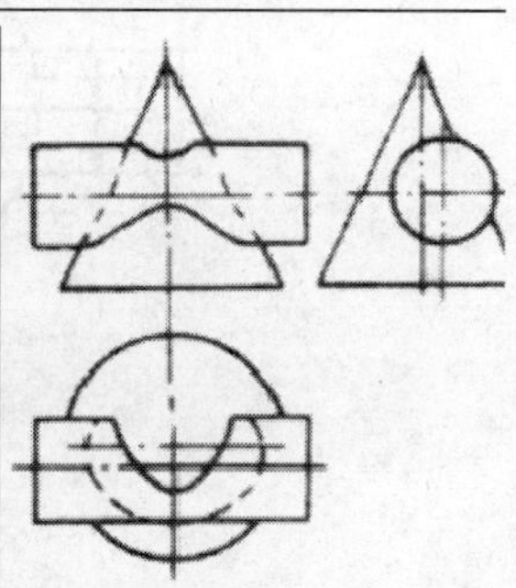

2. 相贯线的近似画法

国家标准规定在绘制机件图样过程中，当两圆柱正交且直径相差较大，但对交线形状准确度要求不高时，允许用圆弧或直线代替，如图 3-42 所示。代替相贯线的圆弧画法如图 3-44（a）所示，圆弧的半径等于两相贯体中大圆柱的半径。

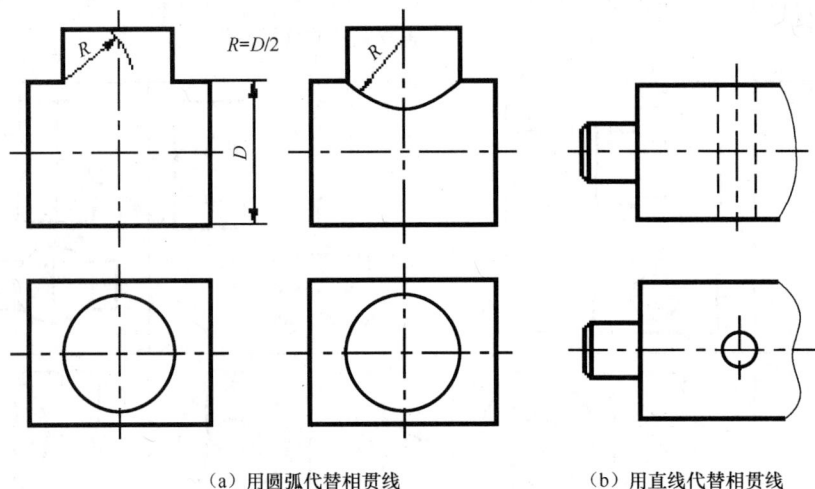

（a）用圆弧代替相贯线　　　　　　　　（b）用直线代替相贯线

图3-42　相贯线的近似画法

五、相贯体尺寸标注

两立体相交，除了要标注出两立体的尺寸外，还要标出两立体的相对位置尺寸，但不能标注相贯线形状大小的尺寸，如图 3-43 所示。

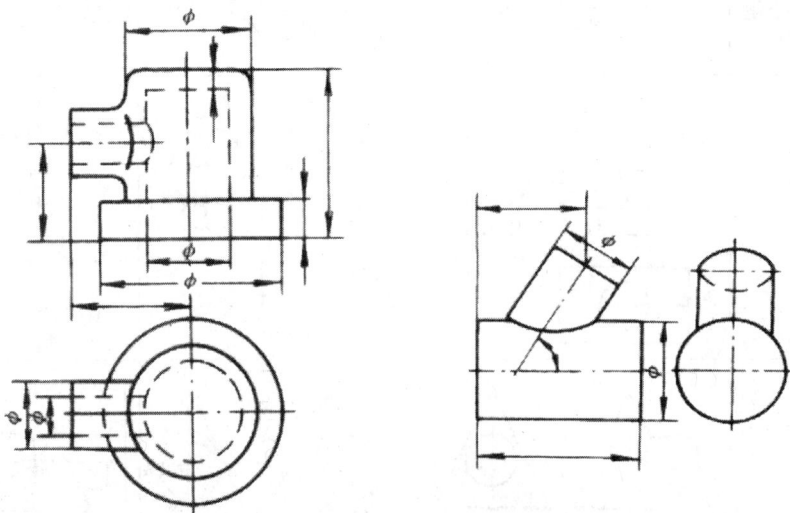

图3-43　相贯体的尺寸标注

模块四

| 轴测图 |

轴测图即所谓的立体图，它是一种单面投影图，在一个投影面上能同时反映出物体 3 个坐标面的形状，并接近于人们的视觉习惯，形象、逼真，富有立体感。但是轴测图一般不能反映出物体各表面的实形，因而度量性差，同时作图较复杂。因此，在工程上常把轴测图作为辅助图样，来说明机器的结构、安装、使用等情况，在设计中，用轴测图帮助构思、想象物体的形状，以弥补正投影图的不足。

【学习目标】

1. 掌握轴测图的基本知识；
2. 掌握绘制正等测轴测图的画法；
3. 掌握绘制斜二测轴测图的画法。

任务一 轴测图的基本知识

| 任务引出 |

轴测图即所谓的立体图。而读图的目的就是利用空间想象能力由物体平面投影图构想出立体形状。通过学习轴测图的绘制方法，可以帮助初学者提高空间想象的能力，为读懂工程图样提供形体分析及空间想象的思路及方法。

具有较强的立体感，更直观、更容易看懂的立体图即所谓的轴测图是如何形成的？有何特点？

有哪些种类?

任务描述

要想绘制轴测图,首先必须了解轴测图的基本知识。轴测图是将物体连同其直角坐标体系,沿不平行于任一坐标平面的方向,用平行投影法将其投射在单一投影面上所得到的图形,它具有平行投影的投影规律。轴测图分为两类,即正轴测图和斜轴测图,工程上常采用正等轴测图和斜二轴测图两种形式绘制。

相关知识

一、轴测图的形成及投影规律

用平行投影法将物体连同确定该物体的直角坐标系一起沿不平行于任一坐标平面的方向投射到一个投影面上,所得到的图形,称作轴测图。

工程上一般采用正投影法绘制物体的投影图,即多面正投影图。它能完整,准确地反映物体的形状和大小,且质量性好,作图简单,但立体感不强,只有具备一定读图能力的人才看得懂。有时工程上还需采用一种立体感较强的图来表达物体,即轴测图,正投影图与轴测图的比较如图 4-1 所示。轴测图是用轴测投影的方法画出来的富有立体感的图形,它接近人们的视觉习惯,但不能确切地反映物体真实的形状和大小,并且作图较正投影复杂,因而在生产中它作为辅助图样,用来帮助人们读懂正投影视图。

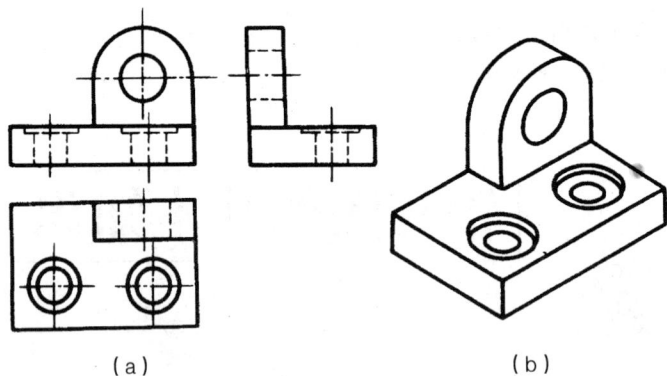

| （a） | （b） |

图4-1　正投影图与轴测投影图的比较

1. 轴测图的形成

在图 4-2 中,将长方体上彼此垂直的棱线分别与直角坐标系的 3 根坐标轴重合,该直角坐标系称为长方体的参考坐标系。在适当位置设置一个投影面 P,并选取不平行于任一坐标面的投射方向,在 P 面上作出长方体以及参考坐标系的平行投影,就得到一个能同时反映长方体长、宽、高 3 个方向尺度的投影图,该图称为轴测图。

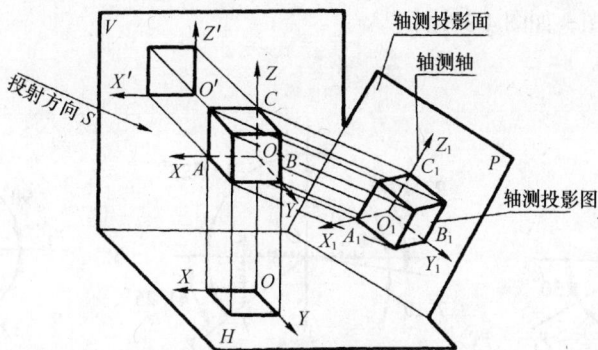

图4-2　轴测图的形成

由此可知：轴测图就是将物体连同其参考直角坐标系一起，沿不平行于任一坐标面的方向，用平行投影法将其平行投影在单一投影面上所得到的图形。

平面 P 称为轴测投影面，方向 S 称为轴测投射方向，坐标轴 O_1X_1、O_1Y_1、O_1Z_1 在轴测投影面 P 上的投影 OX、OY、OZ 称为轴测轴，轴测轴之间的夹角 $\angle XOY$、$\angle YOZ$、$\angle XOZ$ 称为轴间角。轴测轴 OX、OY、OZ 上的线段与空间坐标轴 O_1X_1、O_1Y_1、O_1Z_1 上对应线段的长度比，分别用 p_1、q_1、r_1 表示，称为沿 OX、OY、OZ 轴的轴向伸缩系数。

2. 轴测图的投影规律

由于轴测图是采用平行投影法形成的，因此它具有平行投影的投影规律，即

（1）物体上互相平行的线段，在轴测图上仍然互相平行。

（2）物体上两平行线段或同一直线上的两线段长度之比值，在轴测图上保持不变。

（3）物体上平行于轴测轴的线段，在轴测图上的长度等于沿该轴的轴向伸缩系数与该线段长度的乘积。

由此可见，物体表面上平行于各坐标轴的线段，在轴测图上也平行于相应的轴测轴，且只能沿轴测轴的方向、按相应的轴向伸缩系数来度量。这也正是"轴测"二字的含义。

二、轴测图的分类

根据轴测投射方向与轴测投影面是否垂直，可将轴测图分为两类：

（1）正轴测图。轴测投射方向垂直于轴测投影面（见图 4-3（a），投射方向 S 垂直于平面 P）。

（2）斜轴测图。轴测投射方向倾斜于轴测投影面（见图 4-3（b），投射方向 S 倾斜于平面 P）。

因物体相对于轴测投影面位置的不同，轴向伸缩系数也不同，故上述两类轴测图又分别有下列 3 种不同的形式：

$$
正轴测图
\begin{cases}
正等轴测图 & (p_1=q_1=r_1) \\
正二轴测图 & (p_1=r_1\neq q_1,\ p_1=q_1\neq r_1,\ p_1\neq q_1=r_1) \\
正三轴测图 & (p_1\neq q_1\neq r_1)
\end{cases}
$$

$$
斜轴测图
\begin{cases}
斜等轴测图 & (p_1=q_1=r_1) \\
斜二轴测图 & (p_1=r_1\neq q_1,\ p_1=q_1\neq r_1,\ p_1\neq q_1=r_1) \\
斜三轴测图 & (p_1\neq q_1\neq r_1)
\end{cases}
$$

工程上常见的轴测图，如图 4-3 所示。

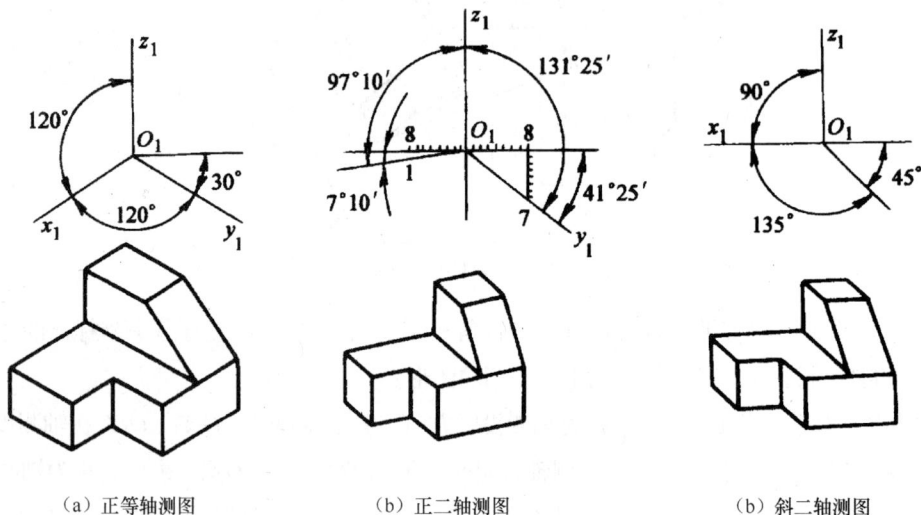

（a）正等轴测图   （b）正二轴测图   （b）斜二轴测图
图4-3 工程上常见的几种轴测图

根据立体感较强且易于作图的原则，工程形体的轴测图，常采用正等轴测图和斜二轴测图两种形式绘制，下面分别加以介绍。

任务二 正等轴测图的画法

任务引出

工程中经常采用的正等轴测图是如何形成的？画法如何？有何规律可循呢？

任务描述

绘制平面立体正等轴测图的方法主要有坐标法和切割法两种。

坐标法是根据立体表面上各顶点的坐标，分别画出它们的轴测投影，然后依次连接立体表面的轮廓线。该方法是绘制轴测图的基本方法，它不但适用于平面立体，也适用于曲面立体。

切割法适用于绘制完整的基本体被切割以后而形成的物体的轴测图。它是以坐标法为基础，先用坐标法画出完整的基本体，再按形体分析的方法逐块切去多余部分。

相关知识

一、正等轴测图的特点

正等轴测图，可简称为正等测，是当空间直角坐标轴 O_1X_1、O_1Y_1、O_1Z_1 与轴测投影面倾斜的角度相等时，用正投影法得到的单面投影，如图 4-4（a）所示。也可看作是图 4-4（a）表达的物体沿 O_1Z_1 轴旋转 $45°$，如图 4-4（b）所示，再沿 O_1X_1 轴旋转 $35°16'$ 后，所得到的正面投影，如图 4-4（c）所示。

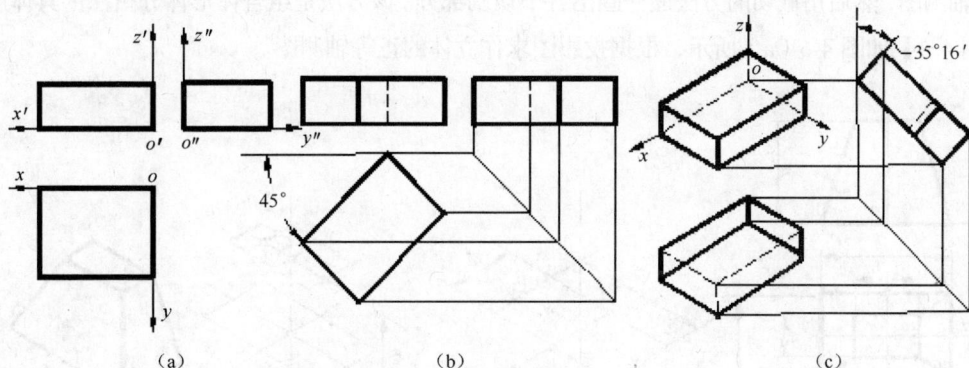

图4-4　正等轴测图的形成

轴间角　　　　　$\angle XOY = \angle YOZ = \angle XOZ = 120°$

轴向伸缩系数　$p_1 = q_1 = r_1 = \cos35°16' \approx 0.82$

为了方便作图，将轴向伸缩系数取为 1（称为简化系数），即 $p_1 = q_1 = r_1 = 1$，这样，所绘制的正等测，比采用 $p_1 = q_1 = r_1 \approx 0.82$ 轴向伸缩系数绘出的轴测图放大了 $1/0.82 \approx 1.22$ 倍。采用简化系数时，正等轴测图沿轴向的尺寸就可以从物体或正投影图相应轴的方向上直接量取了。

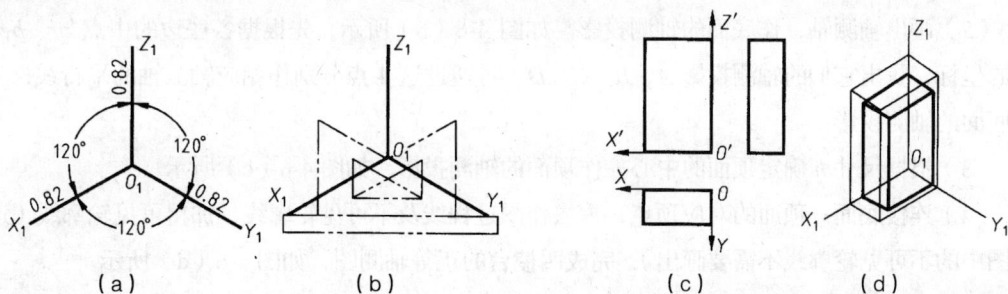

图4-5　正等轴测图的特点

由此可见，正等测具有度量方便、容易绘制的特点，图 4-5（a）、（b）所示为正等轴测轴的画法，图 4-5（c）所示为三视图、图 4-5（d）所示为采用简化系数的正等测图。因此，正等测是适用于各种工程形体且最常采用的轴测图。

二、平面立体正等轴测图的画法

绘制平面立体正等测的方法主要有坐标法和切割法两种。

1. 坐标法

根据立体表面上各顶点的坐标，分别画出它们的轴测投影，然后依次连接立体表面的轮廓线。

该方法是绘制轴测图的基本方法，它不但适用于平面立体，也适用于曲面立体；不但适用于正等测，还适用于其他轴测图的绘制。

2. 切割法

切割法适用于绘制完整的基本体被切割以后而形成的物体的轴测图。它是以坐标法为基础，先用坐标法画出完整的基本体，再按形体分析的方法逐块切去多余部分。

切割法适用以切割方式构成的平面立体，它以坐标法为基础，先用坐标法画出未被切割的平面立体的轴测图，然后用截切的方法逐一画出各个切割部分。该方法是组合体形体分析法的具体应用。

【例 4-1】如图 4-6（a）所示，根据投影图求作立体的正等轴测图。

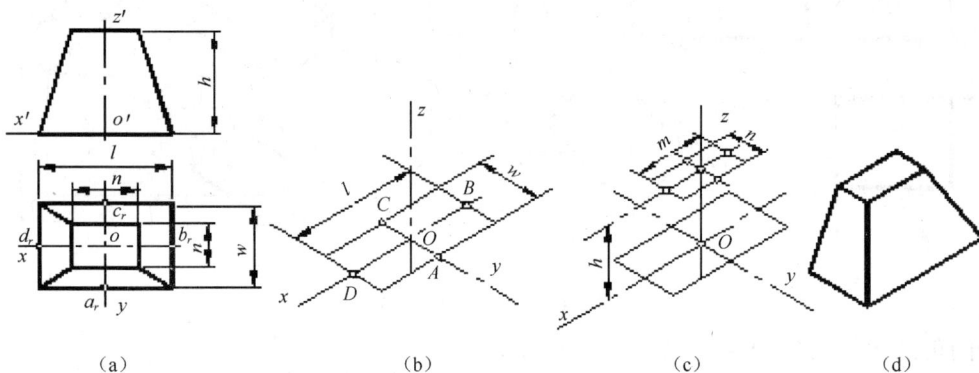

（a）　　　　　　（b）　　　　　　（c）　　　　　　（d）

图4-6　运用坐标法画正等轴测图

解：从投影图可知，该立体为前后、左右对称的正四棱台。采用坐标法作图，其方法及步骤如下：

（1）分析形体，选定坐标原点。因形体前后、左右对称，故选择底面的中心为坐标原点，如图 4-6（a）所示。

（2）画出轴测轴，作底面的轴测投影。如图 4-6（b）所示，先根据各底边的中点 a_1、b_1、c_1、d_1 的坐标，找出它们的轴测投影 A、B、C、D，再通过这 4 点分别作相应轴测轴的平行线，从而得到底面的轴测投影。

（3）根据尺寸 h 确定顶面的中心，作顶面的轴测投影，如图 4-6（c）所示。

（4）连接底面、顶面的对应顶点，擦去作图过程线及不可见轮廓线，加粗可见轮廓线（通常轴测图中的不可见轮廓线不需要画出），完成四棱台的正等轴测图，如图 4-6（d）所示。

【例 4-2】如图 4-7（a）所示，根据三视图画立体的正等轴测图。

解：从题图可知，该立体为切割方式形成的平面组合体。采用方箱法作图，其方法及步骤如下：

（1）分析形体，选定坐标原点 O，如图 4-7（a）所示。

（2）画轴测轴，按立体的长、宽、高尺寸画出其外形（长方体，即方箱）的轴测图，如图 4-7（b）所示。

（3）从三视图可知，立体的左、前、上方被切割出长方体形空腔，根据相应尺寸画出该空腔的轴测图，如图 4-7（c）所示。

（4）根据主视图中的斜线与俯视图对应，得知立体后立板被正垂面切角；再根据左视图中的斜线与主视图对应，得知立体右立板被侧垂面切角。画出两切角的轴测图，如图4-7（d）所示。

（5）整理全图，擦去作图过程线，加粗可见轮廓线，完成全图，如图4-7（e）所示。

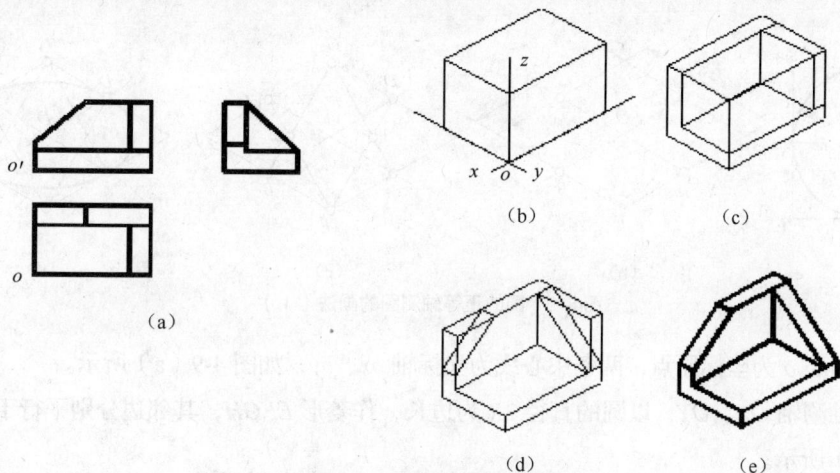

图4-7　运用切割法画正等轴测

【例4-3】 求作图4-8（a）所示切割体的正等测图。

解： 图4-8（a）所示切割体是由一长方体先后切去以梯形为底面的四棱柱和左前角的三棱锥形成的。因此，在画图时可先画出完整长方体的轴测图，然后逐一画出各切割部分，从而可得该立体的轴测图，其作图方法与步骤如图4-8（b）、（c）、（d）、（e）、（f）所示。

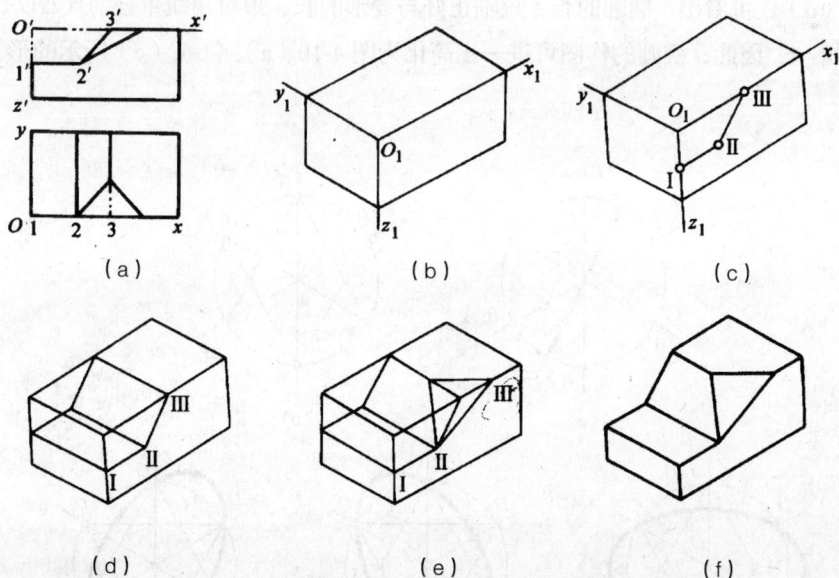

图4-8　切割体正等测轴测图

三、曲面立体正等轴测图的画法

1. 平行于坐标平面的圆的正等轴测图的画法

平行于坐标平面的圆，其正等轴测图为椭圆。为了简化作图，该椭圆常采用4段圆弧连接近似画出，称之为菱形四心法。图 4-9（a）所示为一水平位置的圆（位于平行于 H 面的平面内），其直径为 $2R$，该圆的正等测近似画法的作图步骤如下：

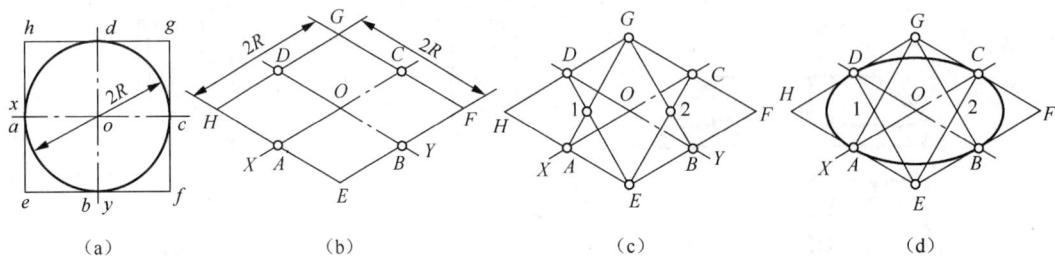

图4-9　圆的正等轴测图的画法（Ⅰ）

（1）以圆心 o 为坐标原点，两条中心线为坐标轴 ox、oy，如图 4-9（a）所示。

（2）画轴测轴 OX、OY，以圆的直径 $2R$ 为边长，作菱形 $EFGH$，其邻边分别平行于两轴测轴，如图 4-9（b）所示。

（3）分别作菱形两钝角的顶点 E、G 与其两对边中点的连线 ED、EC 和 GA、GB（也为菱形各边的中垂线），其连线相交于 1、2 两点；由此得到的 E、G、1、2 四点，即分别为 4 段圆弧的圆心，如图 4-9（c）所示。

（4）分别以 E、G 为圆心，以 ED 之长为半径，画大圆弧 CD 和 AB。分别以 1、2 为圆心，以 $1D$ 之长为半径，画小圆弧 DA 和 BC，即完成作图，如图 4-9（d）所示。

从图 4-9（d）还可看出，椭圆的长、短轴正好与菱形的长、短对角线重合，且 $\triangle OAE$ 为正三角形，即 $OE=OA=R$，因此，椭圆的作图可进一步简化为图 4-10（a）、（b）、（c）所示的形式。具体如图 4-10 所示。

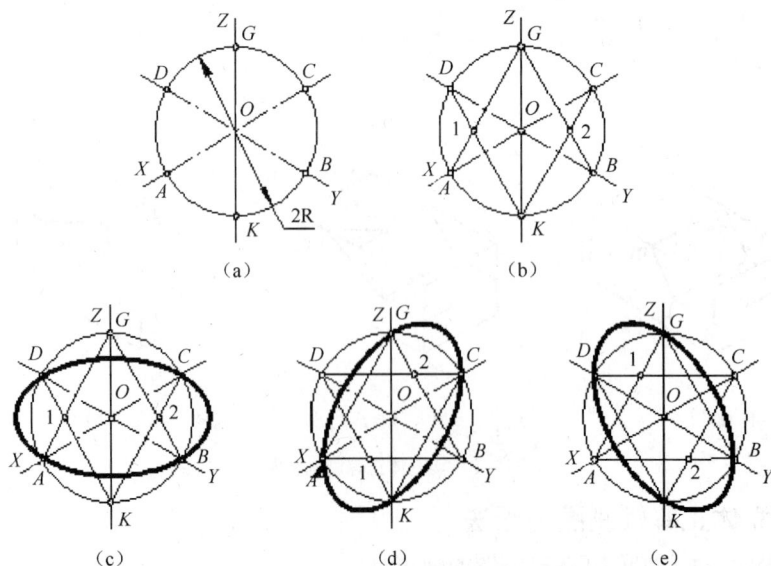

图4-10　圆的正等轴测图的画法（Ⅱ）

（1）作轴测轴 *OX*、*OY*、*OZ*，在各轴上取圆的真实半径，得 *A*、*B*、*C*、*D*、*E*、*G* 六点，如图 4-10（a）所示。

（2）若圆平行于 *H* 面，则 *OZ* 为椭圆短轴，即 *E*、*G* 为两大圆弧的圆心。将 *E*、*G* 分别与 *C*、*D* 和 *A*、*B* 相连，所得到的 1、2 点即为两小圆弧的圆心，如图 4-10（b）所示。

（3）分别以 *E*、*G*、1、2 为圆心，画对应段的圆弧，即完成作图，如图 4-10（c）所示。

同理，平行于 *V* 面的圆的正等轴测图如图 4-10（d）所示，平行于 *W* 面的圆的正等轴测图如图 4-10（e）所示。由此可见，平行于 3 个投影面的圆的正等轴测图（椭圆）的形状和大小是一样的，只是长、短轴的方向各不相同，即各椭圆的短轴方向与垂直于该椭圆所在平面的轴测轴方向重合。

掌握了圆的正等测的画法后，回转体的正等测也就很容易画出了。图 4-11（a）、（b）分别是圆柱和圆台的正等轴测图的画法。作图时，先分别作出其顶面和底面的椭圆，再作其公切线，整理、加粗后即成。

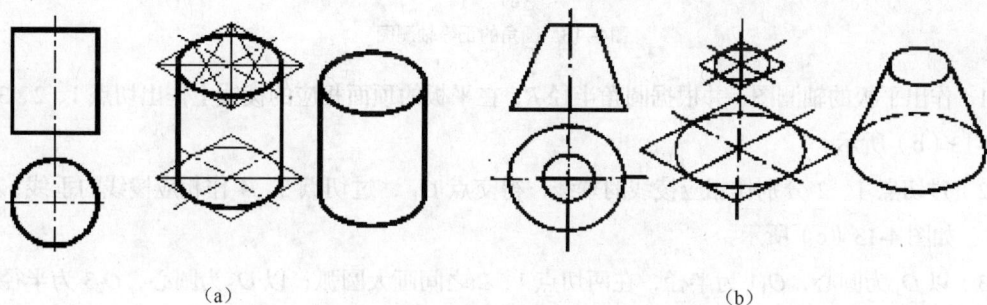

图4-11 圆柱和圆锥台正等测轴测图的画法

【例 4-4】求作图 4-12 所示切割圆柱的正等测图。

解：图 4-12（a）所示为一切割圆柱，可先画出圆柱的轴测图，然后用切割法画出切割圆柱的轴测图，其绘图方法与步骤如图 4-12（b）、（c）、（d）所示。

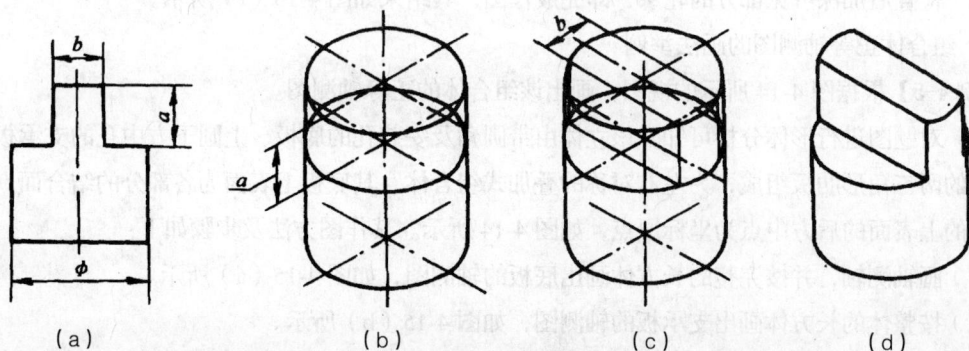

图4-12 切割圆柱正等测图的画法

2. 圆角的正等轴测图的画法

从图 4-9 所示椭圆的近似画法中可以看出：菱形的钝角与椭圆的大圆弧相对应，菱形的锐角与椭圆的小圆弧相对应，菱形相邻两边的中垂线的交点就是圆心，由此可以直接画出平板（见图 4-13（a））上圆角的正等轴测图，具体作图步骤如下：

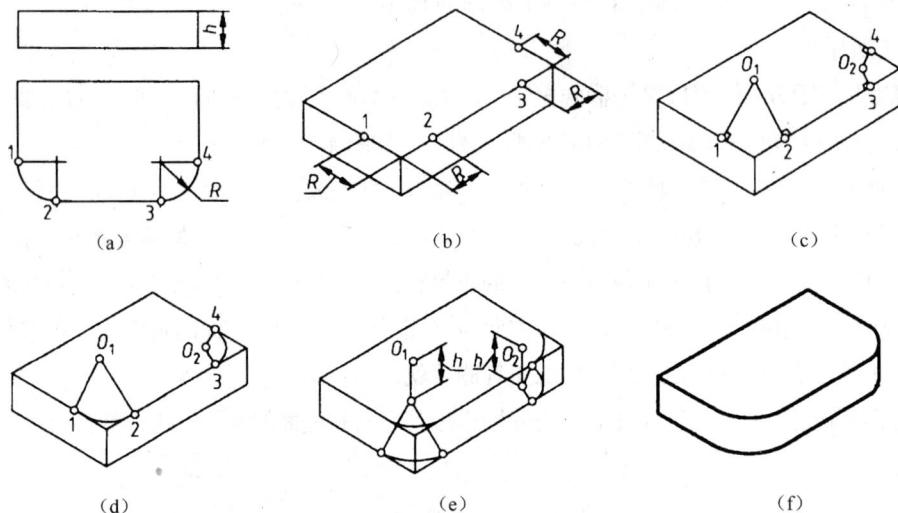

图4-13　圆角的正等轴测图

（1）作出平板的轴测图，并根据圆角半径 R，在平板的顶面相应的棱线上作出切点 1、2、3、4，如图 4-13（b）所示。

（2）过切点 1、2 分别作相应棱线的垂线，得交点 O_1，过切点 3、4 作相应棱线的垂线，得交点 O_2，如图 4-13（c）所示。

（3）以 O_1 为圆心，$O_1 1$ 为半径，在两切点 1、2 之间画大圆弧；以 O_2 为圆心，$O_2 3$ 为半径，在两切点 3、4 之间画小圆弧，即得平板顶面的正等轴测图，如图 4-13（d）所示。

（4）将圆弧的圆心向下平移平板的厚度 h，再用与上表面相同的圆弧半径分别作出两个圆弧，并在平板右端作上、下表面小圆角的公切线，便得到平板下表面两圆角的正等轴测图，如图 4-13（e）所示。

（5）检查后加深可见部分的轮廓，即完成作图，其结果如图 4-13（f）所示。

3. 组合体正等轴测图的画法举例

【例4-5】根据图 4-14 所示的视图，画出该组合体的正等轴测图。

解：对题图进行形体分析可知，该立体由带圆角及安装孔的底板、上圆下方中孔的支承板及左右对称的两三角形肋板组成，为左右对称的叠加式组合体。其底板上表面为各部分的结合面，故选定底板的上表面的后方中点为坐标原点，如图 4-14 所示。其作图方法及步骤如下：

（1）画轴测轴，并按完整的长方体画出底板的轴测图，如图 4-15（a）所示。

（2）按整体的长方体画出支承板的轴测图，如图 4-15（b）所示。

（3）画支承板上部分的半圆柱面，先按菱形四心法画出前表面的半个椭圆，再向 Y 轴方向平移圆心，画出后表面的半个椭圆，并做出两椭圆右侧的公切线，如图 4-15（c）所示。

（4）画三角形肋板及底板圆角的轴测图，如图 4-15（d）所示。

（5）画 3 个圆孔的轴测图，因椭圆短轴的长度大于厚度，故应画出底面（后面）椭圆的可见部分，如图 4-15（e）所示。

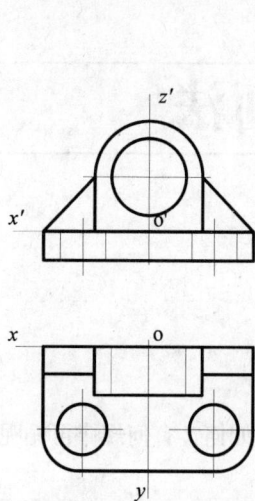

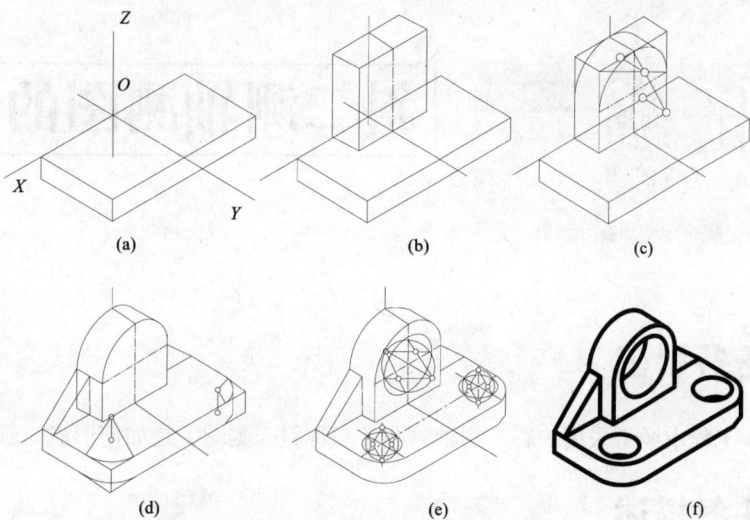

图4-14 组合体的视图　　　　　图4-15 组合体的正等轴测图的画法

【例4-6】根据图4-16所示的轴套视图，画出轴套的正等轴测图。

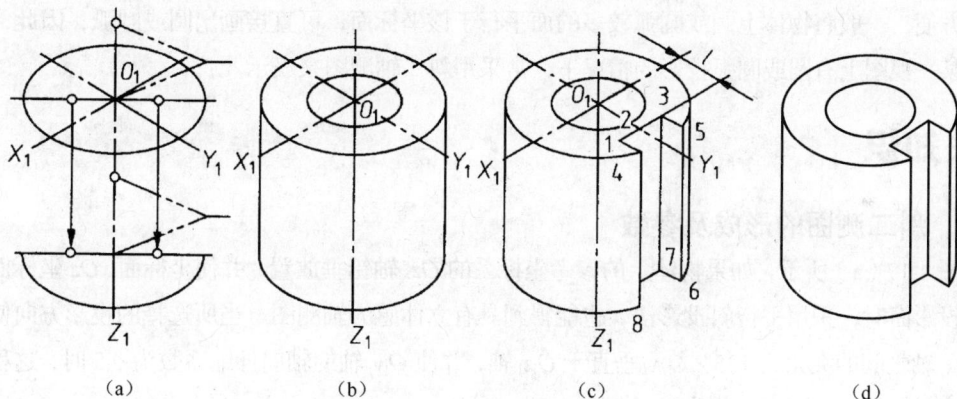

图4-16 轴套的正等轴测图

解：对题图进行分析可知，如图4-16所示，轴套的轴线垂直于水平面，顶面和底面均为水平面同心圆，在轴测图中均为椭圆。坐标原点选在顶面的圆心处。作图时，先作出圆柱的正等轴测图，再画出键槽。其作图步骤如下。

（1）画出轴测轴，并画出顶面的椭圆，再将圆心下移高度 h，作出底面的椭圆（不可见部分不必画出），如图4-16（a）所示。

（2）作出与上、下椭圆相切的公切线及轴孔，如图4-16（b）所示。

（3）根据尺寸1定出2点，由2点作 O_1X_1 的平行线，在平行线上定出1、3点；过1、3点作 O_1y_1 的平行线，与椭圆相交得出4、5点；再过顶面上的各点作 O_1Z_1 轴的平行线，并在平行线上定出可见的6、7、8点，画出键槽，如图4-16（c）所示。

（4）检查后加深可见轮廓线，完成轴套的正等轴测图，如图4-16（d）所示。

任务三　斜二测轴测图的画法

| 任务引出 |

工程中经常采用的斜二测轴测图（简称斜二测图）是如何形成？画法如何？有何规律可循呢？

| 任务描述 |

斜二测图在作图方法上与正等测图基本相同，也可采用坐标法、切割法、叠加法等作图方法。由于斜二测中 xOy 坐标面平行于轴测投影面，所以物体上平行于该坐标面的图形均反映实形。为了作图时方便，一般将物体上圆或圆弧较多的面平行于该坐标面，可直接画出圆或圆弧，因此，当物体仅在某一视图上有圆或圆弧投影的情况下，常采用斜二轴测图来表示。

| 相关知识 |

一、斜二测图的形成及参数

如图 4-17（a）所示，如果物体上的参考坐标系的 Oz 轴铅垂放置，并使坐标面 xOz 坐标面平行于轴测投影面时，采用平行斜投影法，也能得到具有立体感的轴测图。当所选择的投影方向使 O_1y_1 轴与 O_1x_1 轴之间的夹角为 $135°$，O_1x_1 垂直于 O_1z_1 轴，并使 O_1y_1 轴的轴向伸缩系数为 0.5 时，这种轴测图就称为斜二等测轴测图，简称斜二测图。

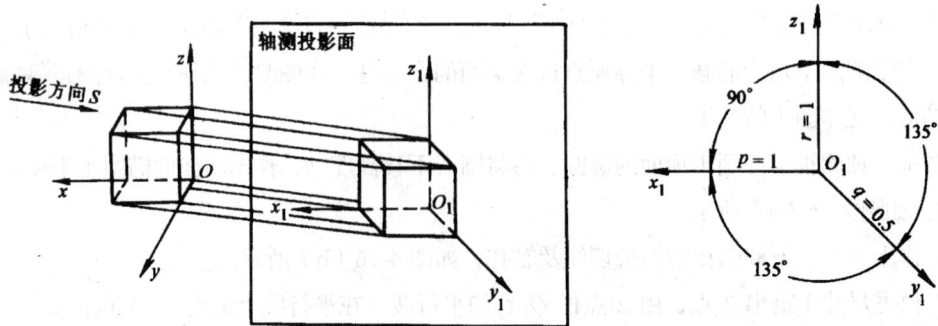

（a）斜二测图的形成　　　　　　　（b）斜二测图轴测轴间角及伸缩系数

图4-17　斜二轴测图的形成及参数

斜二测图的轴测轴、轴间角及轴向伸缩系数如图 4-17（b）所示。

斜二测图在作图方法上与正等测图基本相同，也可采用坐标法、切割法、叠加法等作图方法。所不同的是轴间角不同以及斜二测图沿 Oy_1 轴只取实长的一半。由于斜二测图在平行于 $x_1O_1z_1$ 坐标面上反映实形，因此，画斜二测图时，应尽量把形状复杂的平面或圆等摆放在与 $x_1O_1z_1$ 坐标面平行的位置上，以使作图简便、快捷。

二、斜二测图的画法举例

【例 4-7】求作图 4-18（a）所示空心圆锥台的斜二测图。

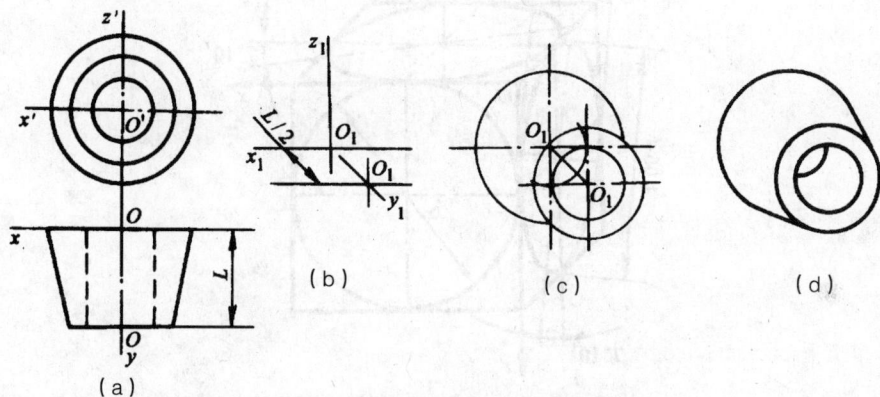

图4-18 空心圆锥台斜二测轴测图

解：图 4-18（a）所示的空心圆锥台，单方向圆较多，故将其轴线垂直于 $x_1O_1z_1$ 坐标面，使前、后两底圆均平行 $x_1O_1z_1$ 坐标面，其轴测图反映实形（圆）。作图方法与步骤如图 4-18（b）、（c）、（d）所示。

【例 4-8】绘制图 4-19 所示法兰盘的斜二测图。

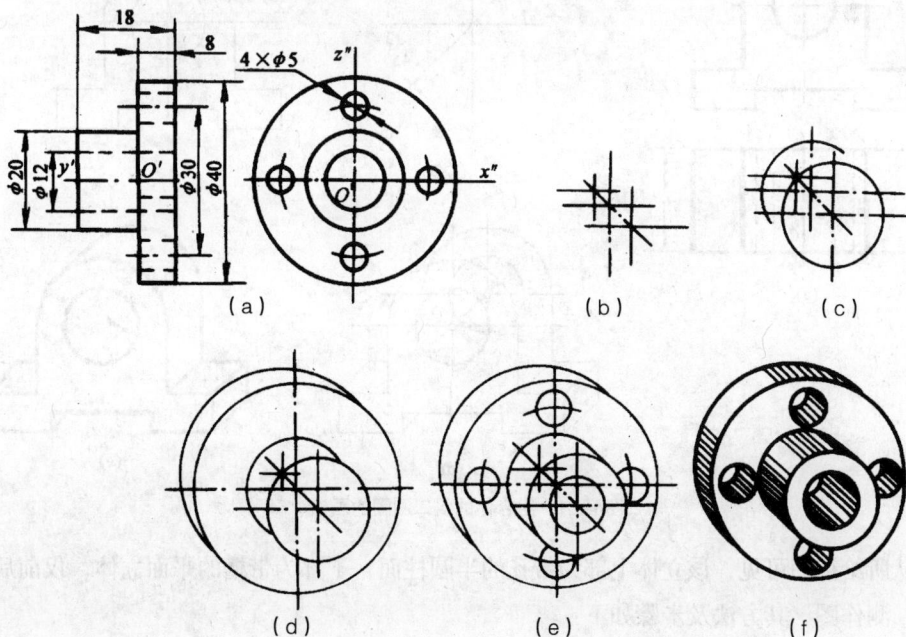

图4-19 法兰盘斜二测图的画法

解：图 4-19（a）所示的法兰盘，由于单方向圆较多，为便于作图，可将这些圆放置与 $x_1O_1z_1$ 平行，使它们的轴测图反映实形（圆），其作图方法与步骤如图 4-19（b）、（c）、（d）、（e）、（f）所示。

当圆平行于 xOy 或 yOz 坐标面时，其斜二测投影为椭圆。图 4-20 所示为平行于各坐标面圆的斜二测图的画法。

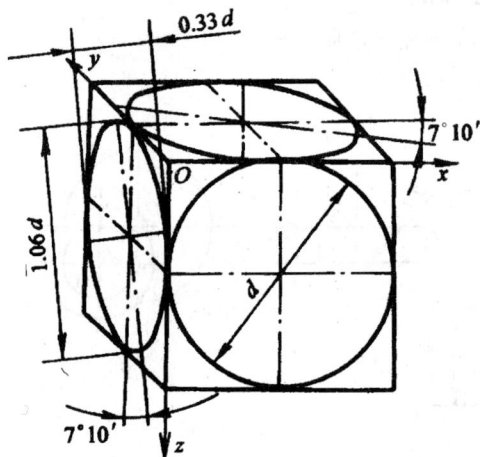

图4-20　平行于各坐标面圆的斜二测图的画法

【例 4-9】求作图 4-21（a）所示立体的轴测图。

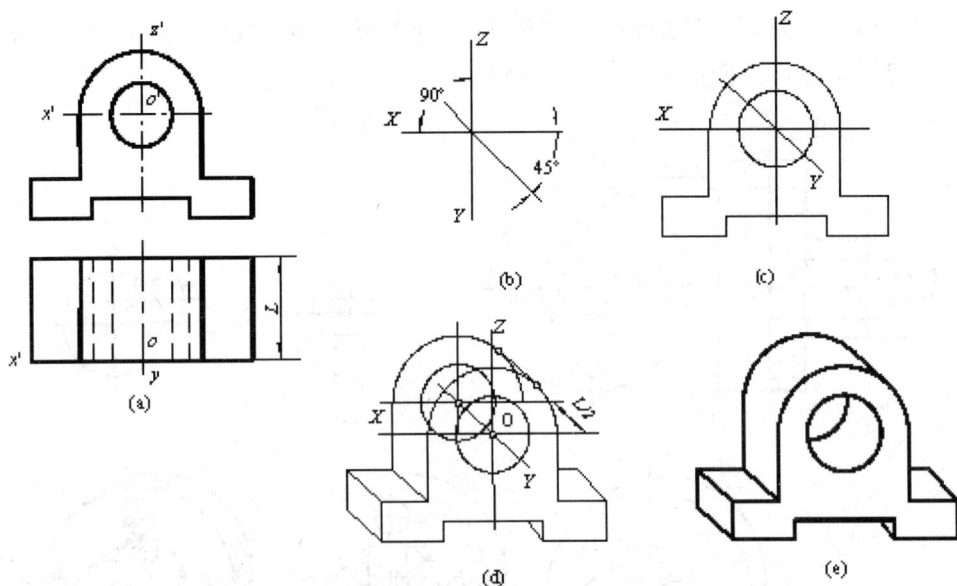

图4-21　组合体的斜二测图的画法

解：从所给视图可见，该立体上部为带孔的半圆柱面，下部为带槽的平面立体，仅前后有圆，故采用斜二测作图，其方法及步骤如下：

（1）分析视图，选定坐标原点，如图 4-21（a）所示。

（2）作斜二测图，如图 4-21（b）所示。

（3）以 *O* 为圆心、*OZ* 轴为对称轴，画出立体前表面的轴测图（即图 4-21（a）的主视图），如图 4-21（c）所示。

（4）在 *OY* 轴上距 *O* 点 *L*/2 处取一点作为圆心，重复上一步的做法，画出立体后表面的轴测图，并画出立体上部两半圆右侧的公切线及 *OY* 方向的轮廓线，如图 4-21（d）所示。

（5）整理全图，擦去多余线段并加粗可见轮廓线，完成立体的斜二测图，如图 4-21（e）所示。

模块五

|组合体|

任何复杂的机器零件，从形体结构的角度都可以看作是由若干个基本体、切割体组合而成的，这种由两个或两个以上基本几何体、切割体组合而成的物体称为组合体。从形体结构上看，组合体已非常接近机器零件，所以掌握了组合体三视图的作图方法和读图方法就为绘制和阅读零件图和装配图奠定了基础。

本模块将在前面介绍的点、线、面及立体投影的基础之上，进一步介绍组合体三视图的作图方法和读图方法，重点是介绍读图方法。

【学习目标】

1. 掌握运用形体分析法绘制组合体三视图的方法；
2. 掌握组合体各组成部分相邻表面间的连接方式及画法；
3. 正确、齐全、清晰地标注组合体的尺寸；
4. 掌握运用形体分析法和线面分析法识读组合体视图的方法。

任务一　组合体及其形体分析法

|任务引出|

组合体既然是由两个或两个以上基本几何体、切割体组合而成，那么它的作图和读图显然比单个物体更困难，特别是那些复杂的组合体难度会更大。解决这一问题的最有效的方法就是形体分析法和线面分析法。

任务描述

形体分析法和线面分析法是组合体作图和读图的基本方法，它是将复杂问题简单化，它是学习组合体三视图的画法、读图方法的最有效的方法，也是今后阅读零件图和装配图最有效的方法。

应用基本形体的投影特性，研究组合体中每个基本形体的视图并综合出整个组合体的视图，这种方法称为形体分析法；应用点、线、面的投影特性，研究组合体上线、面的投影，并综合出组合体的整体形状或局部形状的视图，这种方法称为线面分析法。形体分析法和线面分析法是画图和读图以及标注尺寸的两个重要方法，在组合体的画图和读图中，这两种方法往往是互相配合、综合运用的。

相关知识

一、组合体的组合形式

组合体的组合形式有叠加和挖切两种，根据其组合形式和形体特征，组合体可以分为 3 类：

（1）叠加类组合体。由各种基本形体简单叠加而成的组合体，称为叠加类组合体，如图 5-1 所示。

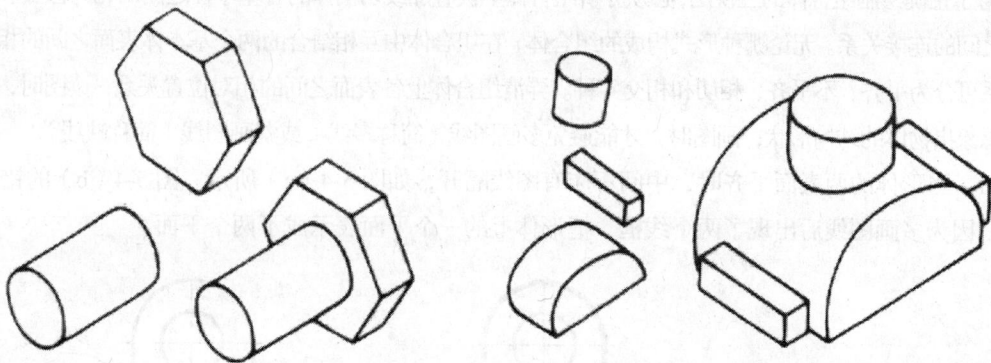

图5-1　叠加类组合体

（2）挖切类组合体。由一个基本形体进行切割（如钻孔、挖槽等）后形成的组合体，称为挖切（或切割）类组合体，如图 5-2 所示。

（3）综合类组合体。由若干个基本形体经叠加和切割后形成的组合体，是最常见的一类组合体，称为综合类组合体，如图 5-3 所示。

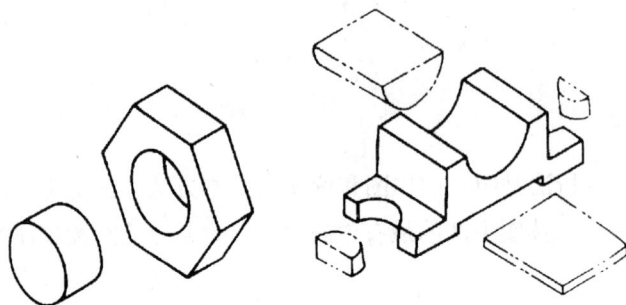

图5-2 切割类组合体

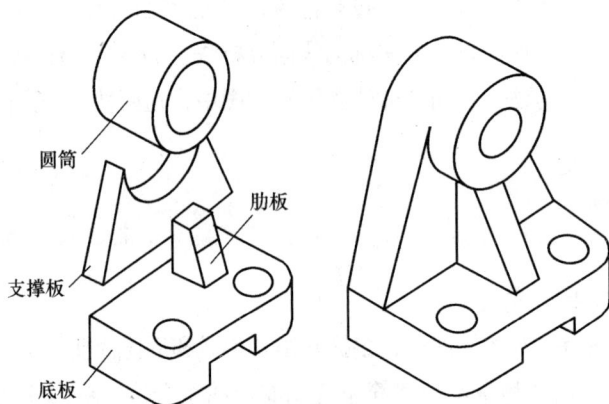

图5-3 综合类组合体

二、组合体上相邻表面之间的连接关系

为了正确绘制组合体的三视图,必须分析组合体上被叠加或切割掉的各基本体之间的相对位置和相邻表面之间的连接关系。无论哪种形式构成的组合体,在组合体中互相结合的两个基本体表面之间的相对位置关系可分为平齐、不平齐、相切和相交4种。弄清组合体上各表面之间的相对位置关系,读图时,才能正确想象出物体的结构形状;画图时,才能避免多画图线(简称多线)或漏画图线(简称缺线)。

(1)当形体的两表面平齐时,中间不应有图线隔开,如图5-4(a)所示。图5-4(b)的错误是多线。因为多画图线后出现了两个线框,把形体上的一个平面表示成了两个平面。

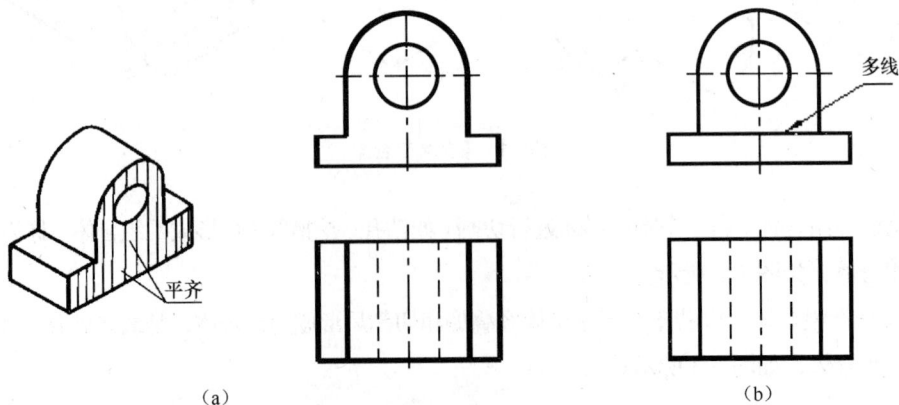

(a)

(b)

图5-4 形体两表面平齐时的情况

（2）当形体的两表面不平齐时应该有图线隔开，如图 5-5（a）所示。图 5-5（b）的错误是缺线，因为中间若没有图线隔开，就把不同表面表示成一个表面了。

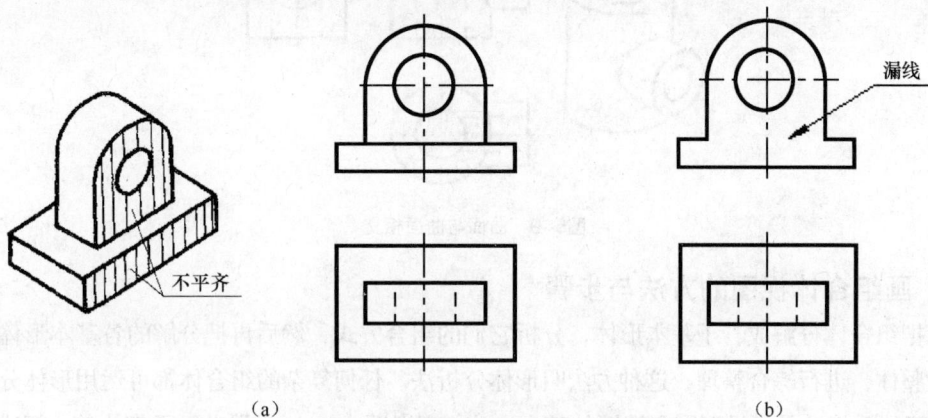

图5-5 形体两表面不平齐时的情况

（3）当形体的两表面相切时，在相切处不画线。图 5-6 所示是平面与曲面相切，图 5-7 所示是曲面与曲面相切，相切处均不应画线。

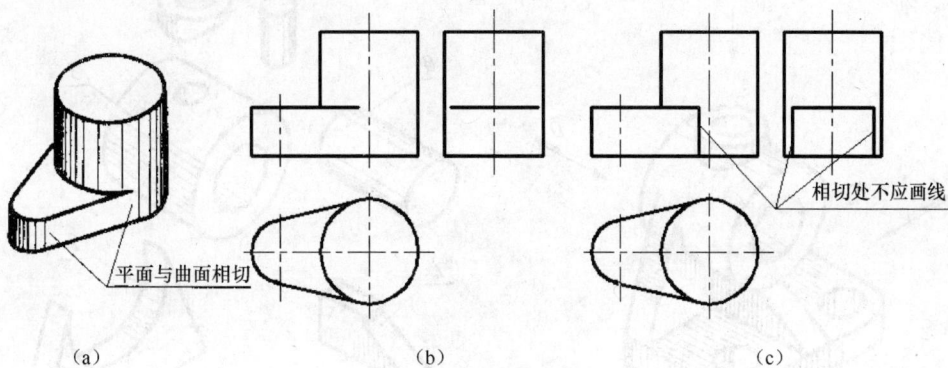

图5-6 平面与曲面相切的情况

（4）当形体的两表面相交时，在相交处应该画出交线。图 5-8 是平面与曲面相交，图 5-9 是曲面与曲面相交，相交处均应画线。

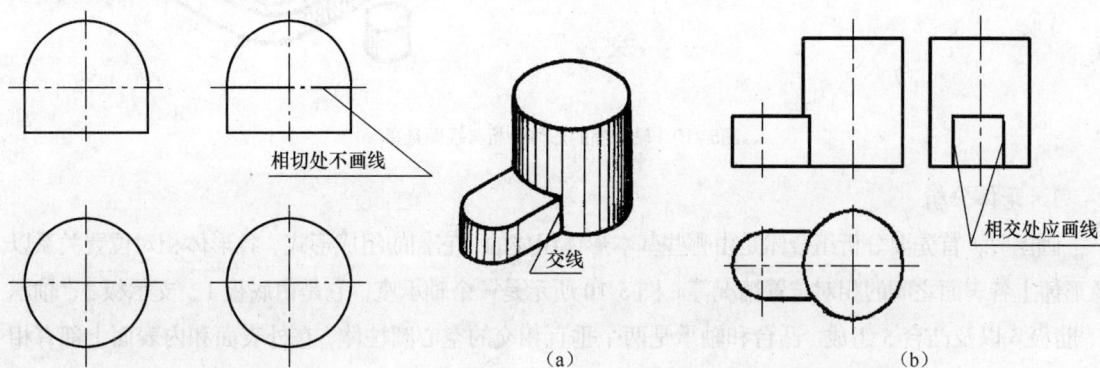

图5-7 曲面与曲面相切   图5-8 平面与曲面相交的情况

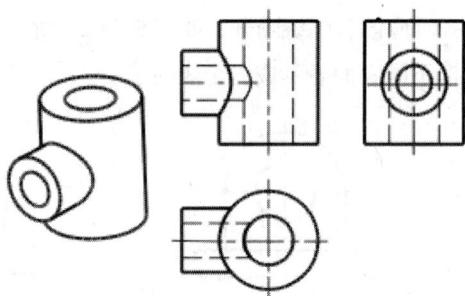

图5-9 曲面与曲面相交

三、画组合体视图的方法与步骤

假想把组合体分解成若干基本形体，分析它们的组合方式，然后再把分解的各基本形体看成相互联系的整体，进行综合整理，这种方法叫形体分析法。任何复杂的组合体都可运用形体分析的方法画图。形体分析法是指导画图和读图的基本方法。现以图 5-10 所示滑动轴承架为例，阐述画组合体视图的方法和步骤。

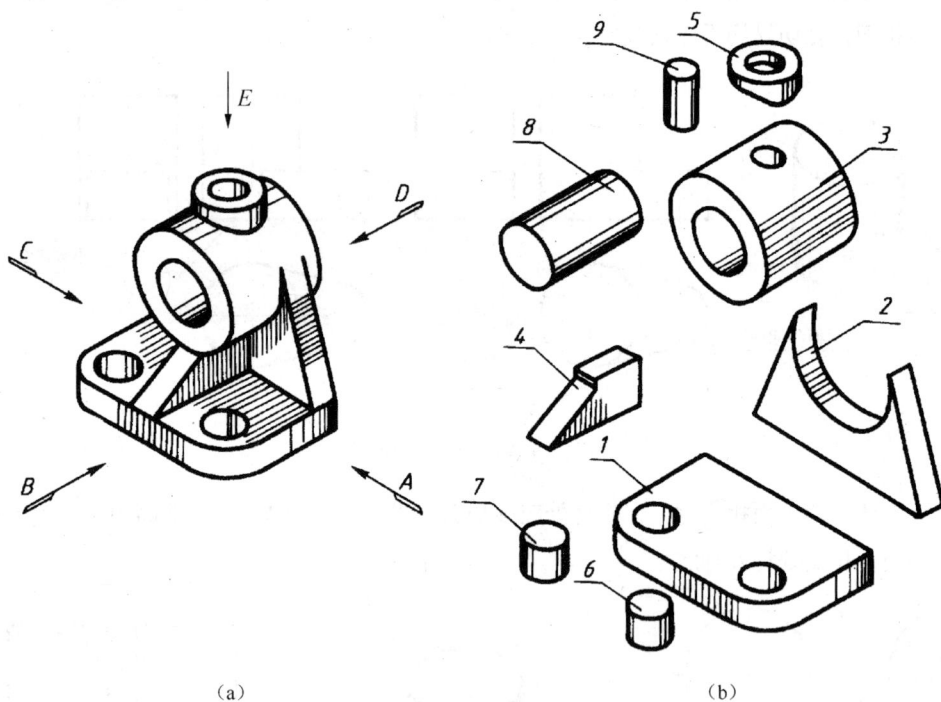

（a）   （b）

图5-10 轴承座的形体分析与视图选择

1. 形体分析

画图时，首先要分析组合体是由哪些基本形体组成的，它们的组成形式、各形体相对位置关系以及形体上各表面之间的相对位置情况等。图 5-10 所示是一个轴承座，它是由底板 1、支承板 2、轴承 3、肋板 4 以及凸台 5 组成。凸台和轴承是两个垂直相交的空心圆柱体，在外表面和内表面上都有相贯线；支承板、肋板和底板分别是不同形状的平板，支承板的左、右侧面与轴承的外圆柱面相切，肋板的左、右侧面与轴承的外圆柱面相交，底板的顶面与支承板、肋板的底面互相叠合。

2. 视图选择

在 3 个视图中，主视图应尽量反映机件的形状特征。如图 5-10（a）所示，将轴承座按自然位置安放后，对由箭头所示的 A、B、C、D 4 个方向投射所得的视图进行比较，确定主视图。

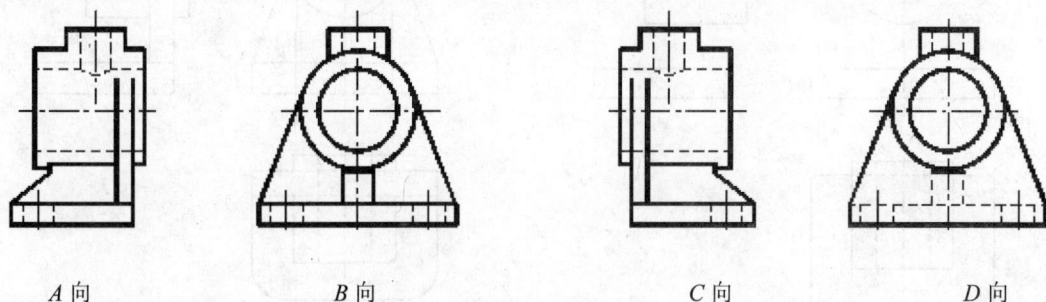

A 向　　　　　B 向　　　　　C 向　　　　　D 向

图5-11　分析主视图的投射方向

如图 5-11 所示，若以 D 向作为主视图，虚线较多，显然没有 B 向清楚；C 向与 A 向视图虽然虚实线的情况相同，但如以 C 向作为主视图，则左视图上会出现较多虚线，没有 A 向好；再比较 B 向与 A 向视图，B 向更能反映轴承座各部分的轮廓特征，所以确定以 B 向作为主视图的投射方向。

主视图确定以后，俯视图和左视图的投射方向也就确定了，即图 5-10（a）中的 E 向和 C 向。

3. 画三视图

画组合体的视图时，首先要选择适当的比例，按图纸幅面布置视图的位置，确定各视图的轴线、对称中心线或其他定位线的位置；然后按形体分析法分解各基本体以及确定它们之间的相对位置，逐个画出各基本体的视图。必须注意：在逐个画基本体时，可同时画出 3 个视图，这样既能保证各基本体之间的相对位置和投影关系，又能提高绘图速度；在形状较复杂的局部，例如，具有相贯线和截交线的地方，再配合线面分析的方法，可以帮助想象和表达，还能减少投影图中的疏误。底稿完成后，要仔细检查，修正错误，擦去多余作图线，再按规定线型加深。具体作图步骤如图 5-12 所示。

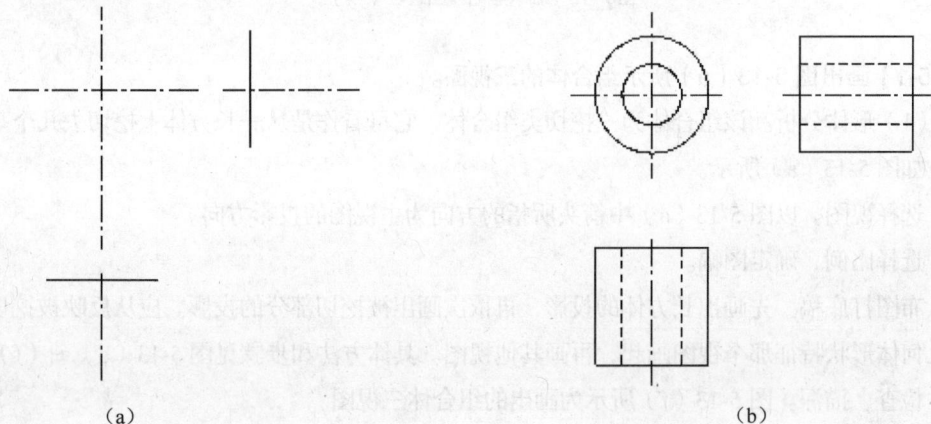

（a）　　　　　　　　　　　　　　　　　（b）

图5-12　轴承座的作图过程

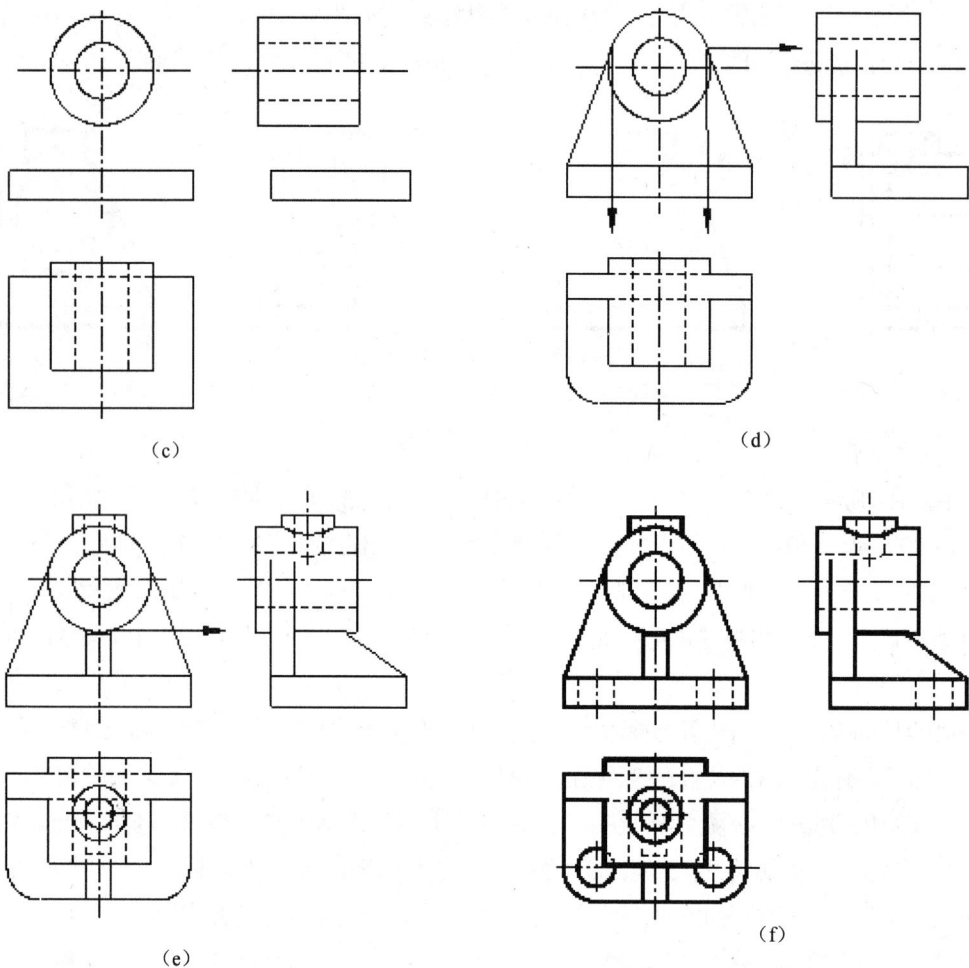

（c）　　　　　　　　　　　　　　　　　　（d）

（e）　　　　　　　　　　　　　　　　　　（f）

图5-12　轴承座的作图过程（续）

【例5-1】画出图5-13（a）所示组合体的三视图。

解：（1）形体分析。该组合体为一挖切类组合体，它可看作是从一长方体上挖切去几个基本形体而成，如图5-13（a）所示。

（2）选择视图。以图5-13（a）中箭头所指的方向为主视图的投影方向。

（3）选择比例、确定图幅。

（4）布图打底稿。先画出长方体的投影，再依次画出被挖切部分的投影。应从反映被挖切的基本形体几何体形状特征那个视图画起，再画其他视图。具体方法和步骤见图5-13（b）～（f）。

（5）检查、描深。图5-13（f）所示为画出的组合体三视图。

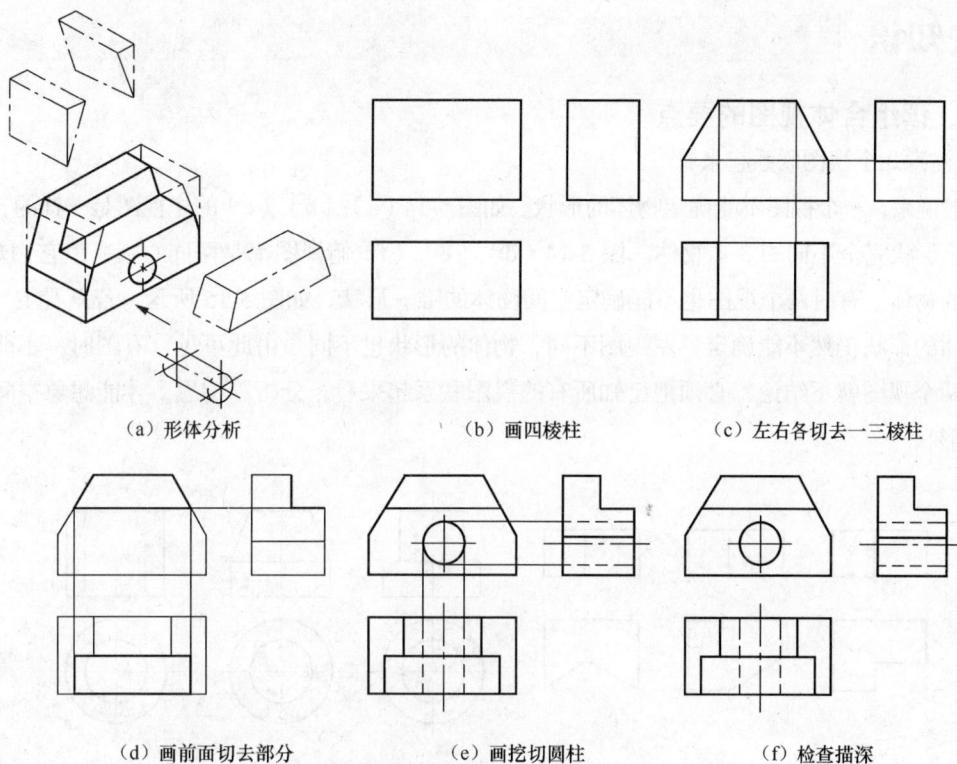

（a）形体分析　　　　　（b）画四棱柱　　　　（c）左右各切去一三棱柱

（d）画前面切去部分　　　（e）画挖切圆柱　　　　（f）检查描深

图5-13 组合体三视图的画法

任务二 读组合体视图

任务引出

　　画图是将物体按正投影方法表达在平面的图纸上，读图则是根据已经画出的视图，通过形体分析和线面分析，想象出物体的空间立体结构形状。为了正确、迅速地读懂视图，必须掌握读图的基本要领和基本方法。

任务描述

　　读组合体视图就是按照三视图的投影规律，根据平面图形想象出组合体的空间结构形状的过程。读图时，一般采用形体分析法和线面分析法。此外，还要注意一些要点，并遵循一定规律。

相关知识

一、读组合体视图的要点

1. 注意几个视图联系起来看

一般说来，一个视图不能确定物体的形状。如图 5-14（a）、（b）、（c）的主视图是一样的，但它们却表示形状完全不同的 3 个物体。图 5-14（d）、（e）、（f）俯视图都是两同心圆，但它们却是 3 个不同的物体。有时两个视图也不能确定空间物体的唯一形状，如图 5-15 所示，若只看主、俯视图，物体的形状仍然不能确定。左视图不同，物体的形状也不同。由此可见，看图时，不能只看一个或两个视图就下结论，必须把已知所有的视图联系起来看，分析、构思，才能想象空间物体的确切形状。

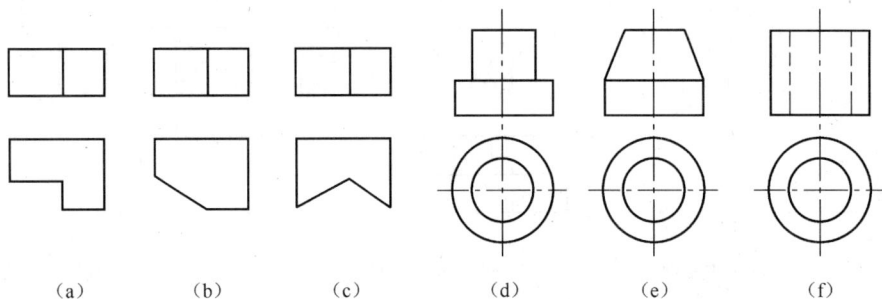

| （a） | （b） | （c） | （d） | （e） | （f） |

图5-14 两个视图联系起来看

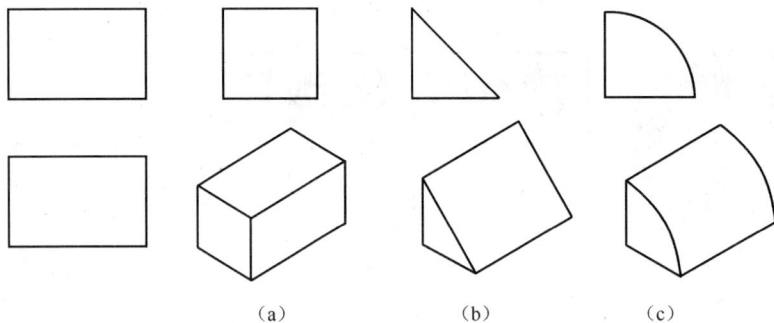

| （a） | （b） | （c） |

图5-15 3个视图联系起来看

2. 弄清视图中线和线框的含义

图 5-16（a）给出了物体的一个视图，可以想象出它是多种不同形状物体的主视图，图 5-16（b）、（c）、（d）、（e）仅表示了其中 4 种物体的形状。随着空间物体形状的改变，在同样一个视图上，它的每条线和每个封闭线框的含义是不同的。具体分析有下面几种情况：

（1）视图上每一个封闭的线框，代表物体上一个平面或曲面的投影，或者是一个通孔的投影。如图 5-16（a）中 A、B、C、D，表示物体前后不同位置平面或曲面的投影。图 5-17 中主、俯视图上的圆形线框表示圆柱通孔的投影。

（2）视图上每一条图线（见图 5-16（a））可以是物体下列要素之一的投影。

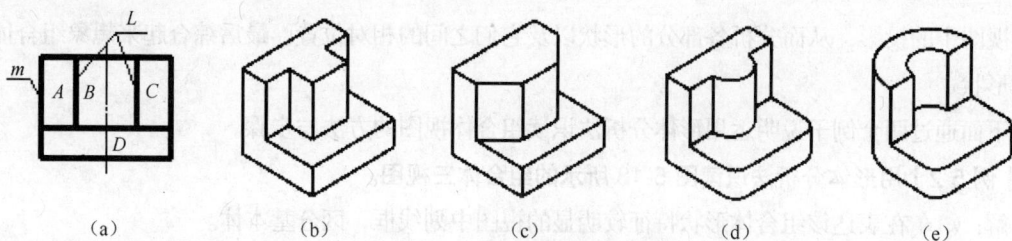

图5-16 分析视图中线和线框的含义

① 两平面交线的投影。如视图上的直线 l，它是组合体上两平面交线的投影，如图 5-16（c）所示。也可以是平面与曲面交线的投影，如图 5-16（d）、（e）所示。

② 垂直面的投影。如视图上的直线 l 和 m，是物体上侧平面的投影，如图 5-16（b）所示。

③ 曲面的转向轮廓线。视图上的直线 m，也可以是圆柱面转向轮廓线的投影，如图 5-16（e）所示。

（3）视图上任何相邻的封闭线框，一定是物体上相交或前后两个面的投影。如图 5-16（b）中的线框 B 和 C，表示了前后的两个正平面；图 5-16（c）中，线框 B 和 C 是相交的两个面。

3. 善于抓住形状特征和位置特征视图

反映物体形状特征最充分的那个视图，就是特征视图。图 5-17 中的主视图即为特征视图，找到这个视图，再与其他视图联系起来，就能较快地想象出物体的结构形状。有时由于组合体各组成部分的形状和位置特征并不一定都集中在某一方向上，因此，反映各部分形状特征和位置特征的投影也不会都集中在某一视图上。看图时必须善于找出反映特征的投影，这样就便于想象其形状和位置。

图 5-17 所示的组合体，可以看成由 4 个基本形体叠加而成。看形体Ⅰ时，必须抓住其俯视图中反映其形状特征的线框 1；看形体Ⅱ和Ⅲ时，必须抓住主视图中反映其形状特征的线框 2′ 和 3′；看形体Ⅳ时，必须抓住左视图中，反映其形状特征的线框 4′。

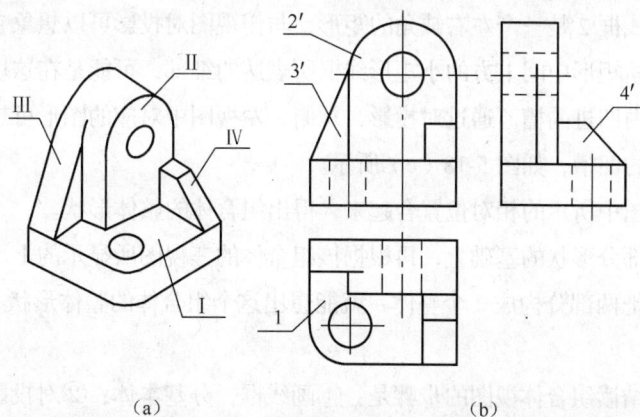

图5-17 确定组合体的特征视图

二、读图的基本方法

1. 形体分析法

读图的基本方法与画图一样，主要也是运用形体分析法。在反映形状特征比较明显的主视图上先按线框将组合体划分为几个部分，即几个基本体，然后通过投影关系找到各线框所表示的部分在其他视图中的投影，从而分析各部分的形状以及它们之间的相对位置。最后综合起来想象组合体的整体形状。

下面通过两个例子说明运用形体分析法识读组合体视图的方法与步骤。

【例5-2】 用形体分析法识读图 5-18 所示的组合体三视图。

解：（1）在表达该组合体形状特征较明显的视图中划线框，区分基本体。

现从主视图入手，将组合体划分为上、下两个封闭线框，可以认为该组合体是由上、下两部分，即上、下两个基本体组成，如图 5-18（a）所示。

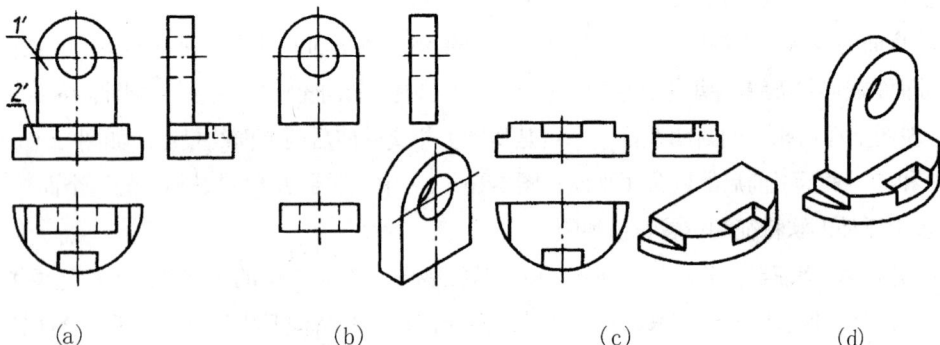

(a)   (b)   (c)   (d)

图5-18   用形体分析法读组合体视图（一）

（2）分别按各线框对投影，想象出各部分的形状。

由主视图中的上部线框 1′与俯、左视图对投影（利用三等关系），分别对应矩形线框，不难想象出它是一块平行于正面的板，在主视图中反映真形，而图中的小圆线框对应俯、左视图中的虚线，所以是一个圆柱通孔。由此可想象出上部的形状，如图 5-18（b）所示。

主视图中的下部线框 2′是一个左右缺角的矩形，与俯视图对投影可以想象它是一个左右各切去一块的半圆平板。缺角矩形中间上方的小矩形线框所表达的细部，可能是在这块半圆平板向外凸出的形体，也可能是向内凹进的槽。通过对投影，从俯、左视图中对应的图形可想象出是半圆平板中间上方被切去一块后的凹槽，如图 5-18（c）所示。

（3）将各部分按图中所示的相对位置合起来，得出组合体的整体形状。

在读懂上、下两部分形状的基础上，再根据该组合体的三视图所显示的上、下两部分之间的相对位置和连接关系，把两部分构成一个整体，就能想出这个组合体的整体形状，如图 5-18（d）所示的立体图。

由此可以归纳小结读组合体视图的步骤是：①画线框，分基本体；②对投影，想出各基本体的形状；③合起来，想象出整体形状。

【例5-3】 用形体分析法识读图 5-19 所示的组合体三视图。

解：（1）形体分析。采用形体分析法，根据组合体视图的特点，将其分成几部分，然后逐个分析每部分的投影，想出其形状，确定各部分间邻接表面的连接关系，想象出物体的整体结构形状。

（2）分析线框，对照投影。首先从主视图入手，将其线框分为Ⅰ、Ⅱ、Ⅲ三部分。并根据三视图的投影规律，在其他视图中找出各部分对应的投影。

（3）想出各部分形体，确定位置。根据每一部分的三视图想象出各形体的空间形状，并确定它们的相互位置，如图 5-19（b）、（c）、（d）所示。

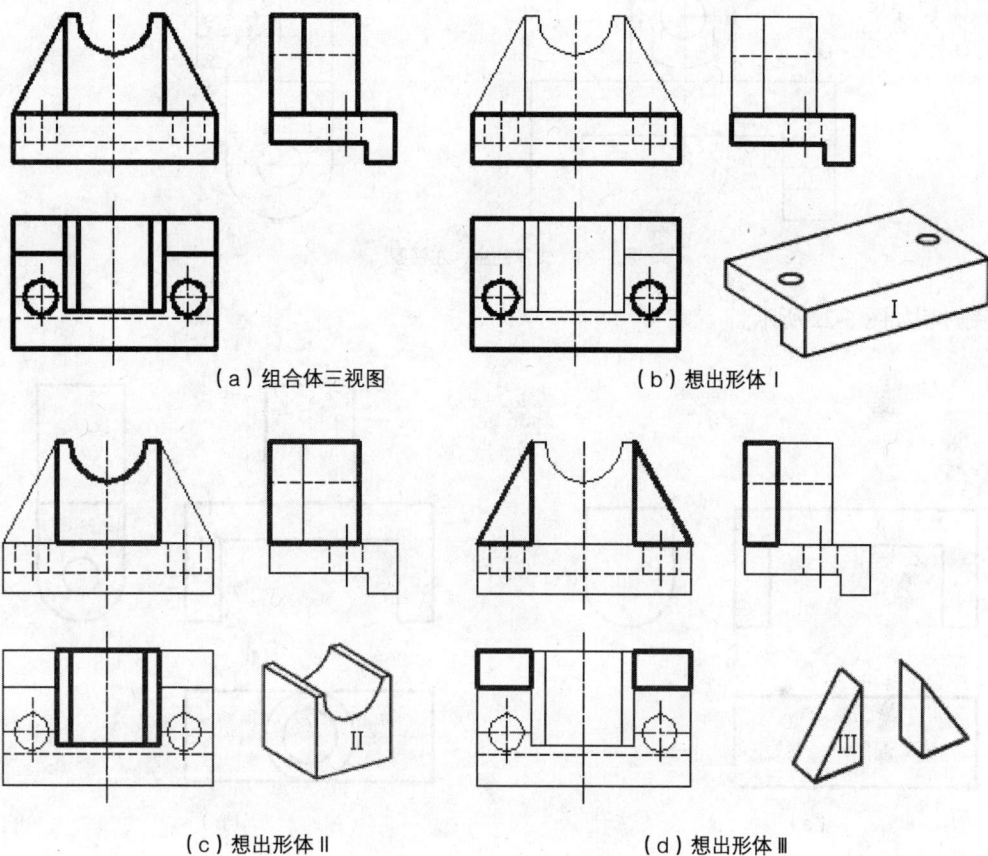

（a）组合体三视图　　　　　　　　　　（b）想出形体 I

（c）想出形体 II　　　　　　　　　　（d）想出形体 III

图5-19　用形体分析法读组合体视图（二）

（4）综合起来想整体。确定出各形体的形状和相对位置后，就可以想象出组合体的整体形状，如图 5-20 所示。

【例 5-4】如图 5-21 所示，已知支撑的主、左视图，补画俯视图。

解：先进行初步分析，如图 5-21 所示，将主视图划分为 3 个封闭线框，看作组成支撑的 3 个部分的投影：1'是下部倒凹字形线框；2'是上部矩形线框；3'是圆形线框（线框内还有小圆线框）。对照左视图，逐个边想象形状，边补图。然后，分析它们之间的相对位置和表面连接关系，综合得出这个支撑的整体形状。最后，从整体出发，校核和加深已补出的俯视图。

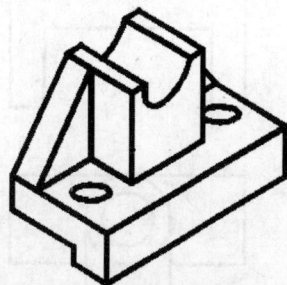

图5-20　综合想象组合体总体结构

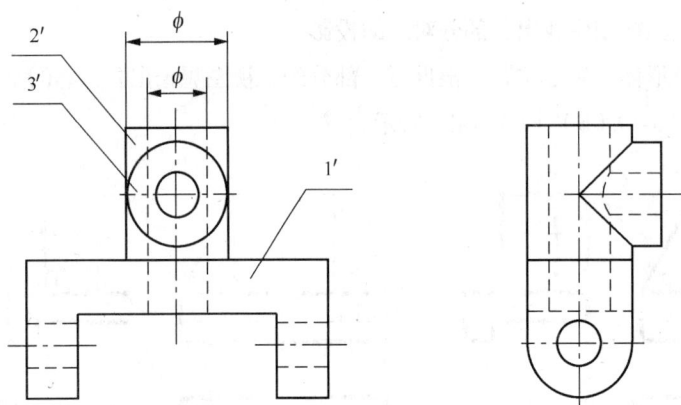

图5-21　支撑的主、左视图

作图过程如图 5-22 所示。

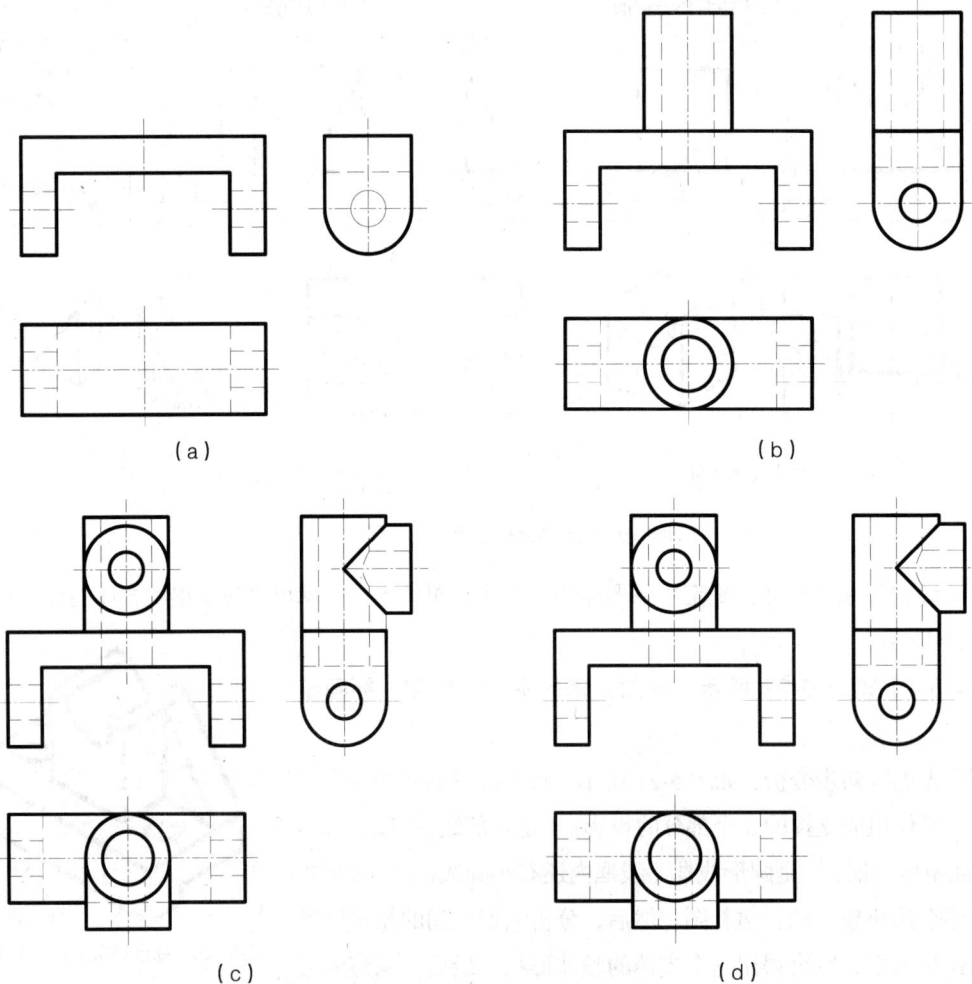

（a）

（b）

（c）

（d）

图5-22　想象支撑的形状和补画俯视图

（1）在主视图上分离出底板的线框 1′，由主、左视图对投影可看出它是一块倒凹字形底板，左右两侧有带圆孔的下端为半圆形的耳板。画出底板的俯视图，如图 5-22（a）所示。

（2）在主视图上分离出上部矩形线框 2′，由于在图 5-21 中注有直径 ϕ，对照主视图可知，它是轴线垂直于水平面的圆柱体，中间有穿通底板的圆柱孔，圆柱与底板的前后端面相切。画出具有穿通底板的圆柱孔的铅垂圆柱体的俯视图，如图 5-22（b）所示。

（3）在主视图上分离出圆形线框 3′（中间还有一个小圆线框），对照左视图可知，它是一个中间有圆柱通孔，轴线垂直于正面的圆柱体。其直径与垂直于水平面的圆柱体直径相等，而孔的直径比铅垂的圆柱孔小，它们的轴线垂直相交，且都平行于侧面。画出具有通孔的正垂圆柱的俯视图，如图 5-22（c）所示。

（4）根据底板和两个圆柱体的形状，以及它们之间的相对位置，可以想象出支撑的整体形状。最后，按想出的整形状校核补画俯视图，并按规定的线型加深，如图 5-22（d）所示。

2．线面分析法

读形状比较复杂的组合体的视图时，在运用形体分析法的同时，对于不易读懂的部分，还常用线面分析法来帮助想象和读懂这些局部形状。

构成物体的各个表面，不论其形状如何，它们的投影如果不具有积聚性，一般都是一个封闭线框。在读图过程中，常用线和面的投影特性来帮助分析物体各部分的形状和相对位置，从而想象出物体的整体形状。下面以图 5-23（a）所示组合体为例，说明线面分析法在读图中的应用。

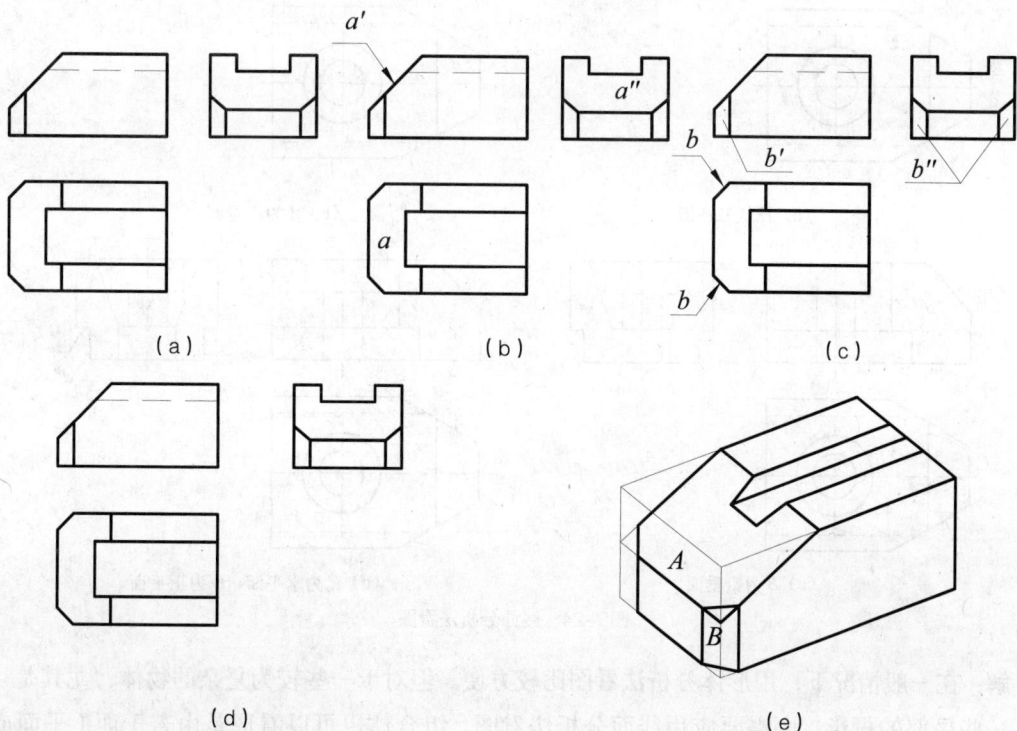

（a）　（b）　（c）

（d）　（e）

图5-23　用线面分析法读组合体视图

（1）由于图 5-23（a）所示组合体的 3 个视图的外形轮廓基本上都是长方形，主、俯视图上有缺角和左视图上有缺口，可以想象出该组合体是由一个长方体被切割掉若干部分所形成。

（2）如图 5-23（b）所示，由俯视图左边的十边形线框 a 对投影，在主视图上找到对应的斜线 a'，在左视图上找到类似的十边形 a''。根据投影面垂直面的投影特性，就可判断 A 面是一个正垂面。

（3）如图 5-23（c）所示，由主视图左边的四边形 b' 对投影，在俯视图上找到对应的前、后对称的两条斜线 b，在左视图上找到对应的前、后对称的两个类似的四边形 b''。可确定有前、后对称的两个铅垂面 B。

（4）如图 5-23（d）所示，由左视图上的缺口对投影，从主、俯视图中对应的投影对照思考，可想象出是在长方体的上部中间，用前后对称的两个正平面和一个水平面切割出的一个侧垂的矩形通槽。

（5）通过上述线面分析，可想象出该组合体是一个长方体在左端被一个正垂面和两个前后对称的铅垂面切割后，再在上部中间用两个前后对称的正平面和一个水平面切割一个侧垂的矩形槽而形成的。从而就能想象出这个组合体的整体形状，如图 5-23（e）所示。

【例 5-5】用线面分析法识读图 5-24（a）给出的组合体三视图。

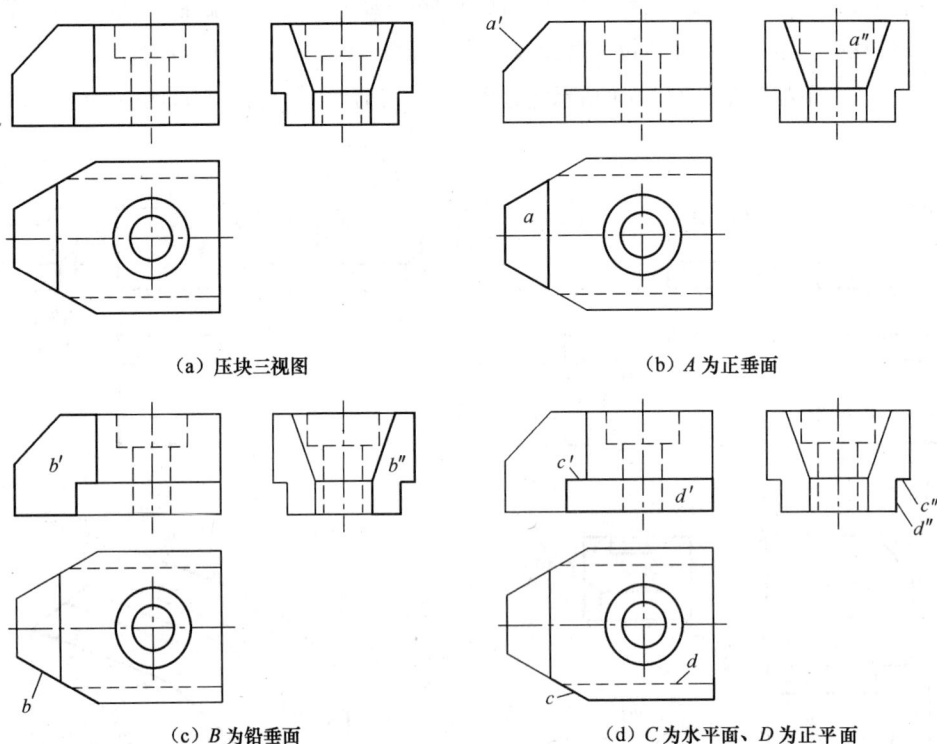

（a）压块三视图　　　　　　　　　　　　　　（b）A 为正垂面

（c）B 为铅垂面　　　　　　　　　　　　　　（d）C 为水平面、D 为正平面

图5-24　线面分析法看图

解：在一般情况下，用形体分析法看图比较方便。但对于一些较为复杂的物体，尤其是切割体，一些局部的投影，则需要应用线面分析法看图。组合体也可以看成是由若干面（平面或曲面）、线（直线或曲线）围成。因此，线面分析法就是把组合体分解为若干面、线，并确定它们之

间的相对位置，以及它们与投影面的相对位置（投影不积聚时，注意类似性），以想象出物体形状的方法。图 5-24 所示为线面分析法看图的步骤，其中 A、B 平面为投影面垂直面，两个投影具有类似性。图 5-25 为该组合体的整体形状。

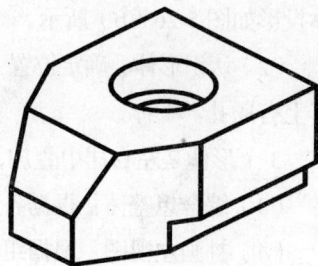

图5-25 压块立体图

三、补视图和补缺线

由已知的两个视图画出第三个视图或补画已知视图上遗漏的图线，是培养空间想象力与提高画图和读图能力的重要手段。解决这类问题的前提条件是所给视图应能完整清晰地表达出物体的形状。因此，由已知两个视图补画第三视图或补画遗漏图线时，应在看懂视图想象出物体形状的基础上进行。

1. 补画第三视图

补画组合体的第三视图一般可分为两步进行：第一步，按读图方法，读懂所给视图，想象出组合体的形状；第二步，按照画组合体视图的方法步骤作出第三视图。

【例 5-6】已知组合体的主、俯视图，如图 5-26（a）所示，补画其左视图。

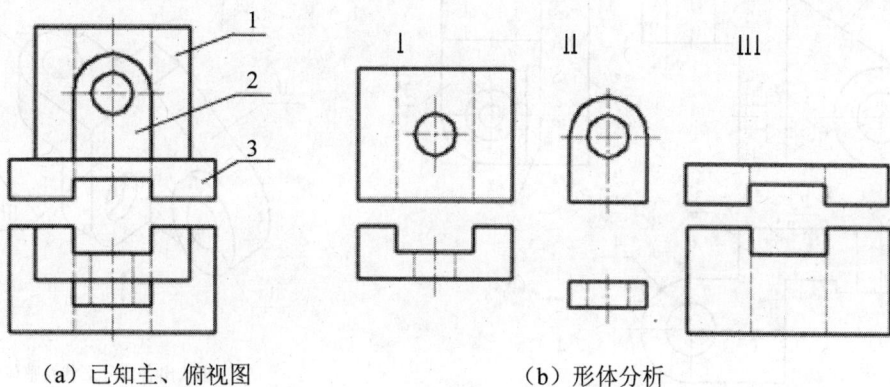

（a）已知主、俯视图 （b）形体分析

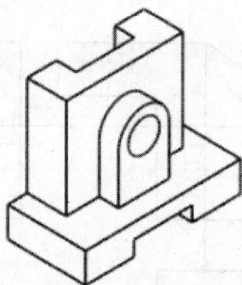

（c）想出立体形状 （d）补画左视图

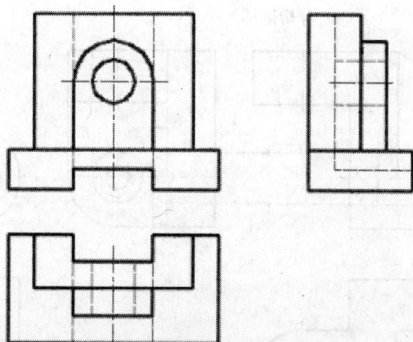

图5-26 补视图的方法和步骤

解：（1）形体分析：由图 5-26（a）可以看出，该组合体由Ⅰ、Ⅱ、Ⅲ共 3 个形体构成，各形体投影如图 5-26（b）所示。

（2）认识形体，确定位置：Ⅰ、Ⅲ长方体后部均有通槽，形体Ⅰ上还有通孔；形体Ⅱ为 U 形柱，其上有通孔。

3 个形体是左右居中叠加，Ⅰ、Ⅲ后表面及上下通槽共面，前后通孔也共面。

（3）综合想整体：根据各形体的形状和相互位置，综合想象出整体形状，如图 5-26（c）所示。

（4）补画左视图：根据组合体形状和三等规律逐个补画各形体左视图，如图 5-26（d）所示。

2．补画组合体视图中的缺线

补画组合体视图中的缺线，一般都在图形轮廓范围之内，缺漏的图线是已给视图能够确定的，常见的缺线有各基本体叠加时，在结合处产生的交线或切割时产生的截交线。因此，补画缺线时，也应先看懂视图，想象出所表示形体的形状，以该形体的形成方式，按画图步骤逐步画出所缺的缺线。

【例 5-7】补画图 5-27（a）所示组合体视图中所缺的图线。

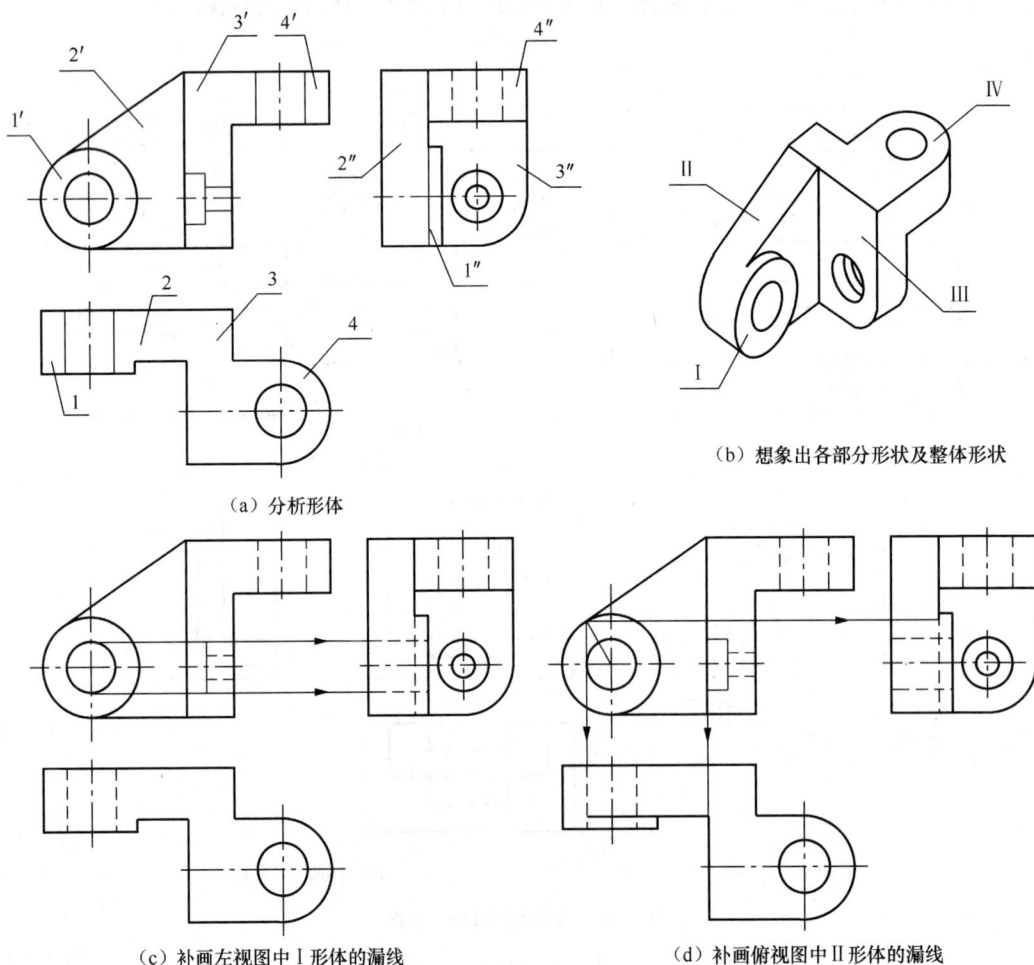

（a）分析形体

（b）想象出各部分形状及整体形状

（c）补画左视图中Ⅰ形体的漏线

（d）补画俯视图中Ⅱ形体的漏线

图5-27　补画视图中的漏线

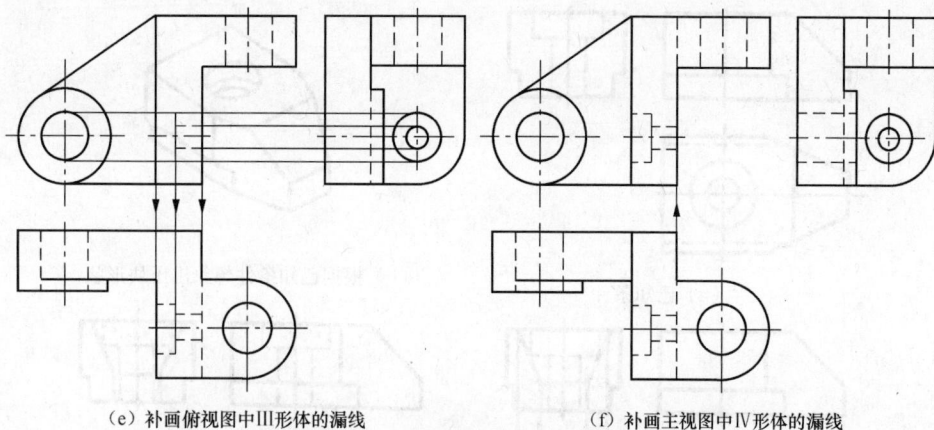

（e）补画俯视图中Ⅲ形体的漏线　　　　　　　　（f）补画主视图中Ⅳ形体的漏线

图5-27　补画视图中的漏线（续）

解：（1）形体分析，想出组合体形状：如图 5-27（a）所示，该组合体由 4 部分组成，根据三等规律找出各部分的三面投影，确定各部分的相对位置，综合想象出整体形状，如图 5-27（b）所示。

（2）补缺线：根据物体形状、各部分间的相对位置及邻接表面的连接关系，按三等规律逐一补画出各部分在三视图中的缺线，如图 5-27（c）、（d）、（e）、（f）所示。

【例 5-8】补画图 5-28（a）所示组合体视图中所缺的图线。

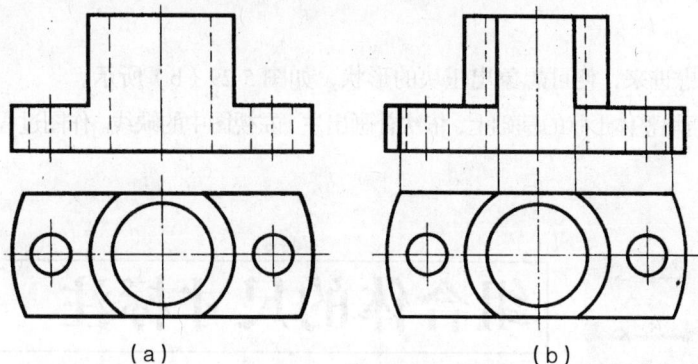

（a）　　　　　　　　　　　　　　（b）

图5-28　补画遗漏的图线

解：（1）看懂视图，想象形状。图 5-28（a）所示形体可分为两部分，上部为一被切割的圆筒，下部为一被切割的圆盘，它们的前后被两正平面截切，形成截交线，中央有一通孔，底盘左右各有一小圆孔。

（2）检查并补全缺线。主视图上的圆柱截交线投影被遗漏，底盘顶面投影的一小段和左右截交线也被遗漏，可利用俯视图作出，如图 5-28（b）所示。

（3）检查加深。应注意检查圆柱截交线投影和底盘顶面投影的正确性。

【例 5-9】如图 5-29 所示，补全组合体（压块）主、左视图中所缺的线。

解：（1）看懂缺线的压块三视图，想象出整体形状。

对图 5-29（a）所给缺线的三视图进行投影分析，可知压块是挖切类组合体，可用线面分析法看图，从而查找出所漏的图线。

由俯视图左部的前、后斜线与主视图线框对应关系可知，压块左部的前、后面都是铅垂面。根据铅垂面的投影特性可知其左视图的前、后部位应是与主视图相对应的类似形。

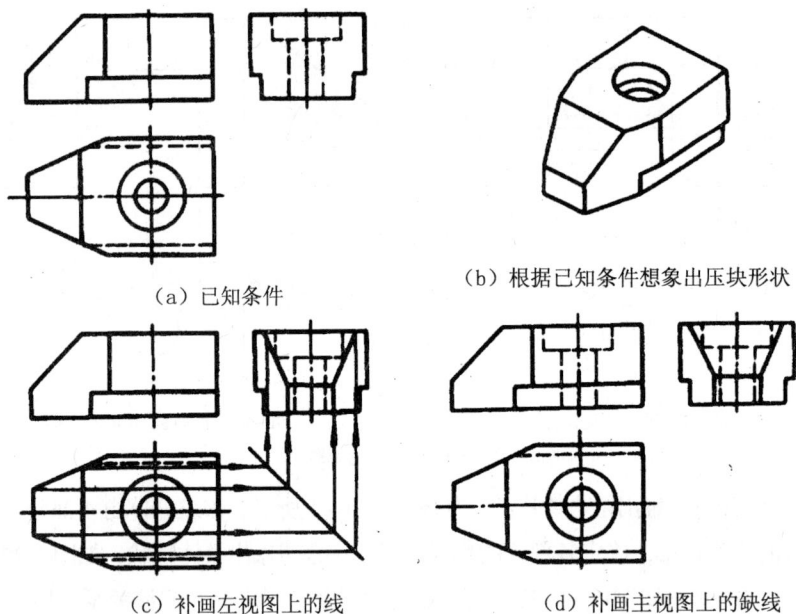

（a）已知条件

（b）根据已知条件想象出压块形状

（c）补画左视图上的线

（d）补画主视图上的缺线

图5-29　补画视图中缺线的方法

从俯视图上的两同心圆与左视图上对应的虚线可知，压块中部是一沉孔，从而判定主视图该孔所遗漏的虚线。

把所漏图线考虑进来，便可想象出压块的形状，如图 5-29（b）所示。

（2）在想象出压块整体形状的基础上，依次补画出主、左视图中的缺线。作图过程如图5-29（c）、（d）所示。

任务三　组合体的尺寸标注

任务引出

三视图只能反映组合体的结构形状，要确定组合体的大小还需要标注出其尺寸。尺寸如何标注呢？而尺寸标注国家标准有哪些要求？要注意哪些问题呢？

任务描述

组合体的绘图和读图离不开形体分析法，尺寸标注要想符合国家标准也同样离不开形体分析法。在应用形体分析法的同时还要注意一些相关事项。

相关知识

一、组合体尺寸标注的要求

组合体尺寸标注的要求是正确、完整、清晰、合理。

（1）尺寸标注要正确。所注尺寸应严格遵守国家标准有关尺寸标注的规定，注写的尺寸数字要准确。

（2）尺寸标注要完整。标注的尺寸要能确定出组合体各基本形体的大小和相对位置，不允许遗漏尺寸，也不要重复标注尺寸。

（3）尺寸标注要清晰。尺寸的布置要整齐、清晰、恰当，便于阅读。

（4）尺寸标注要合理。尺寸标注要保证设计要求，便于加工和测量。

二、组合体尺寸标注的种类和尺寸基准

要达到尺寸标注完整的要求，仍要应用形体分析法将组合体分解为若干基本形体，标注出各基本形体的大小和确定这些基本形体之间的相对位置尺寸，最后注出组合体的总体尺寸。因此，组合体尺寸应包括下列 3 种。

（1）定形尺寸。表示各基本形体形状大小的尺寸。图 5-30（a）中，均为定形尺寸。

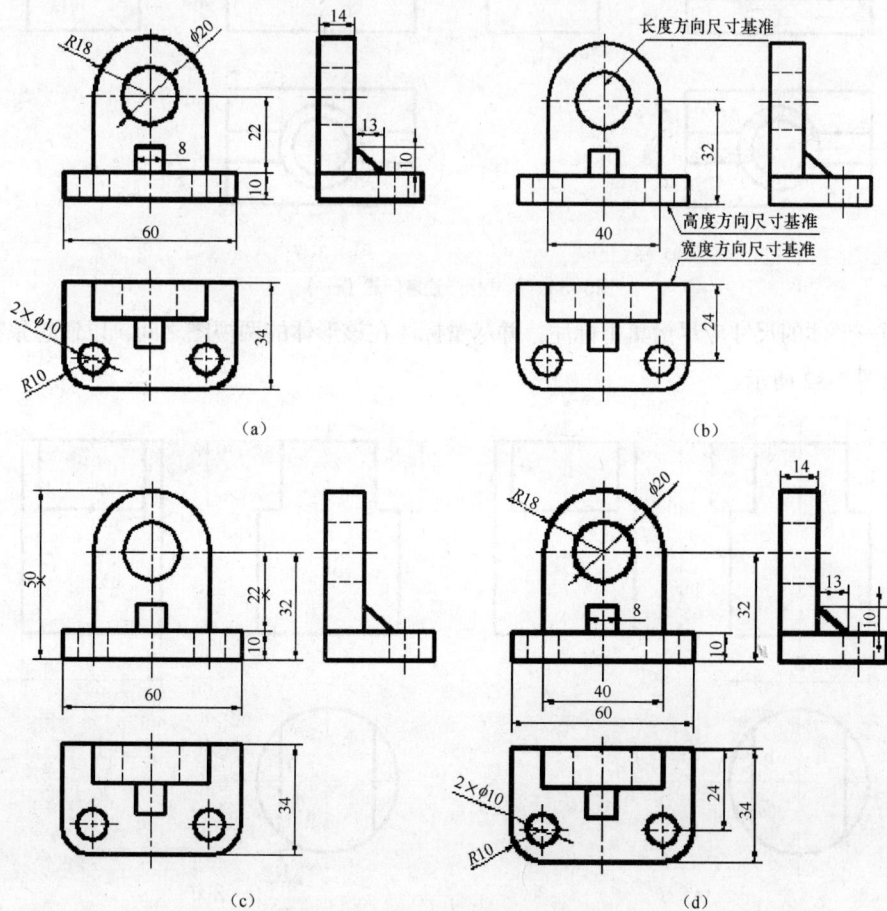

图5-30　组合体的尺寸分析与标注

（2）定位尺寸。表示各基本形体之间相对位置的尺寸。标注定位尺寸，要先选择好尺寸基准。组合体有长、宽、高3个方向的尺寸，每个方向至少有一个尺寸基准。标注尺寸时，一般以组合体的对称中心线、回转体轴线和较大的端面作为尺寸基准。图5-30（b）中指出了轴承座长、宽、高3个方向的尺寸基准及定位尺寸。

（3）总体尺寸。表示各组合体的总长、总宽、总高的尺寸。组合体一般应注出总体尺寸，但对于具有圆和圆弧结构的组合体，为明确圆弧的中心和孔的轴线位置，则不注该方向的总体尺寸，如图5-30（c）所示，该方向的总体尺寸可以由"定形"+"定位"尺寸得到，如图5-30（d）所示。

三、组合体尺寸标注应注意的问题

为了使组合体尺寸标注整齐、清晰，尺寸标注要注意以下几个问题。

（1）尺寸标注应尽量标注在表示形体特征最明显的视图上。圆柱的直径尺寸最好标注在非圆视图上，如图5-31所示。

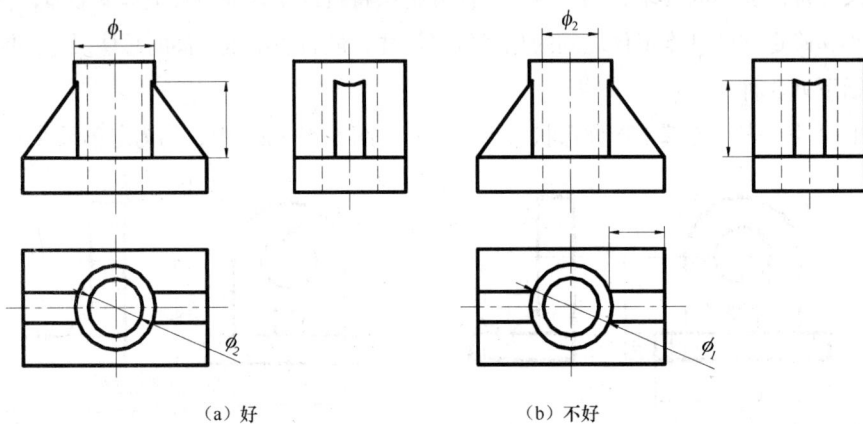

图5-31　尺寸标注注意问题（一）

（2）同一形体的尺寸应尽量集中标注，并尽量标注在该形体的两视图之间，以便想象物体的空间形状，如图5-32所示。

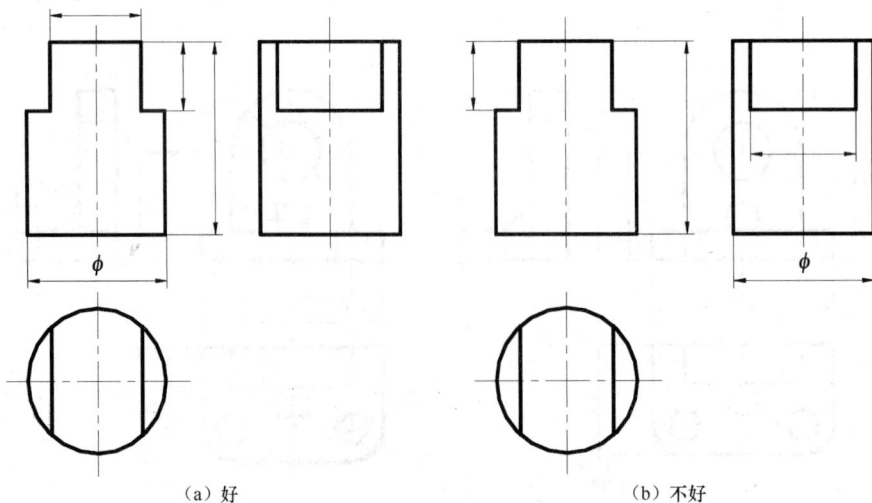

图5-32　尺寸标注注意问题（二）

（3）同一方向的尺寸，在标注时，应排列整齐，尽量配置在少数几条线上。排列尺寸时，应将大尺寸排在小尺寸之外，避免尺寸线和其他尺寸的尺寸界线相交，以保持图面清晰，如图 5-33 所示。

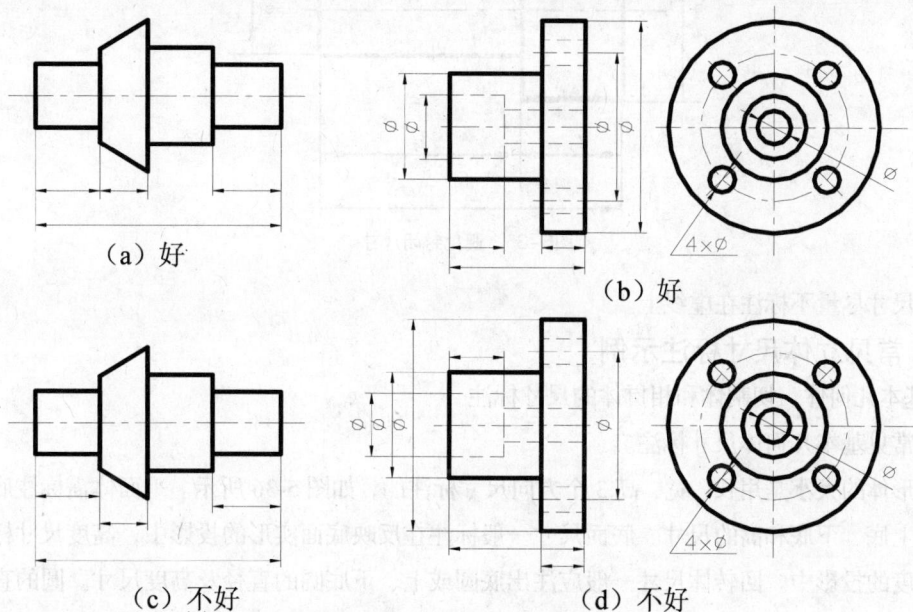

（a）好　　　　　　　　　　　　　　　（b）好

（c）不好　　　　　　　　　　　　　　（d）不好

图5-33　尺寸标注注意问题（三）

（4）尺寸不要直接标注在截交线和相贯线上。交线是组合体各基本形体间叠加（或挖切）相交时自然产生的，所以在交线上不应标注尺寸，如图 5-34 所示。

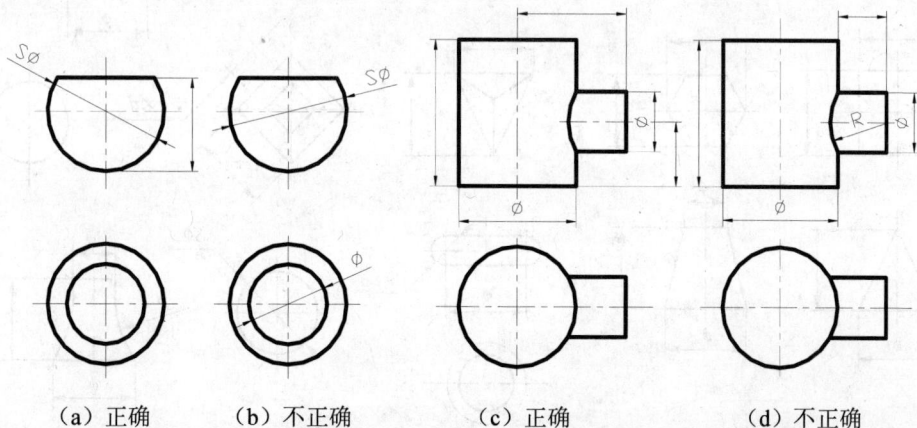

（a）正确　　　（b）不正确　　　（c）正确　　　（d）不正确

图5-34　尺寸标注注意问题（四）

（5）一般避免标注封闭尺寸。如图 5-35 所示，L_1、L_2、L_3 这 3 个尺寸只要标注两个就够了，若标注 L_1、L_2 就不标注 L_3，否则成为封闭尺寸。标注哪两个尺寸合理，要由各段尺寸的要求而定。

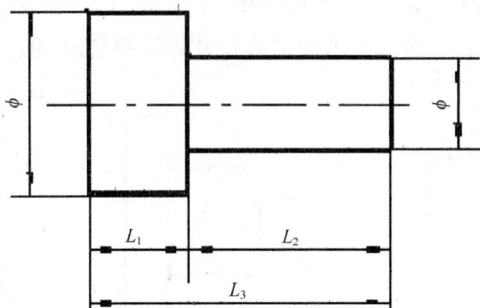

图5-35　避免封闭尺寸

（6）尺寸尽量不标注在虚线上。

四、常见立体尺寸标注示例

1. 基本几何体、切割体和相贯体的尺寸标注

（1）常见基本几何体尺寸标注。

基本形体的大小是用长、宽、高3个方向尺寸标注的，如图5-36所示。平面体需标注底和高的尺寸，或上底、下底和高的尺寸。底面尺寸一般标注在反映底面实形的投影中，高度尺寸标注在反映形体高度的投影中。回转体尺寸一般应注出底圆或上、下底圆的直径及高度尺寸。圆的直径尺寸前加"ϕ"，半径尺寸前加"R"，球的直径尺寸前加"$S\phi$"。

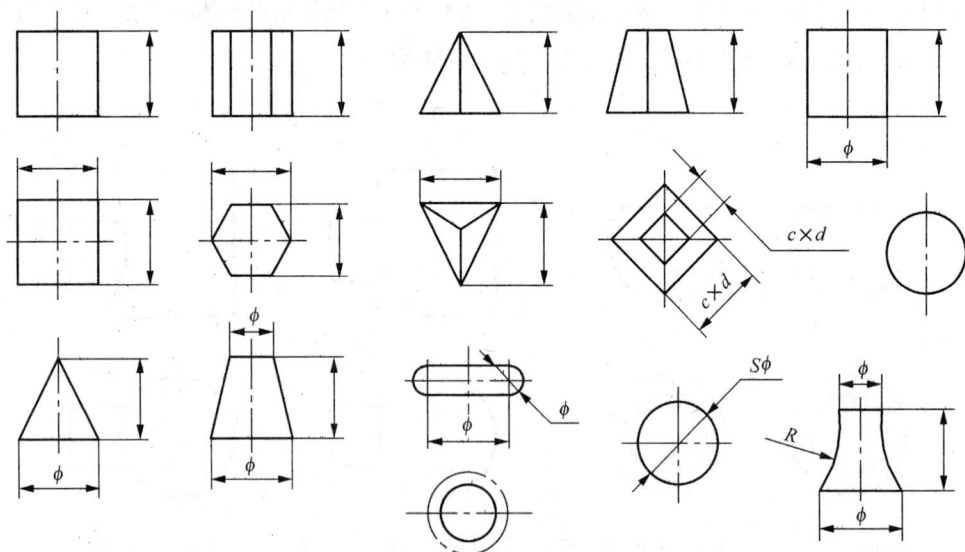

图5-36　常见基本几何体尺寸标注

（2）常见切割体和相贯体的尺寸标注。

基本形体被切割或相贯时，除了标注它的大小外，还应标注形体之间或切平面与形体之间的相对位置尺寸。尺寸决定后，相贯线、截交线的形状和大小也随之确定了，如图5-37所示。

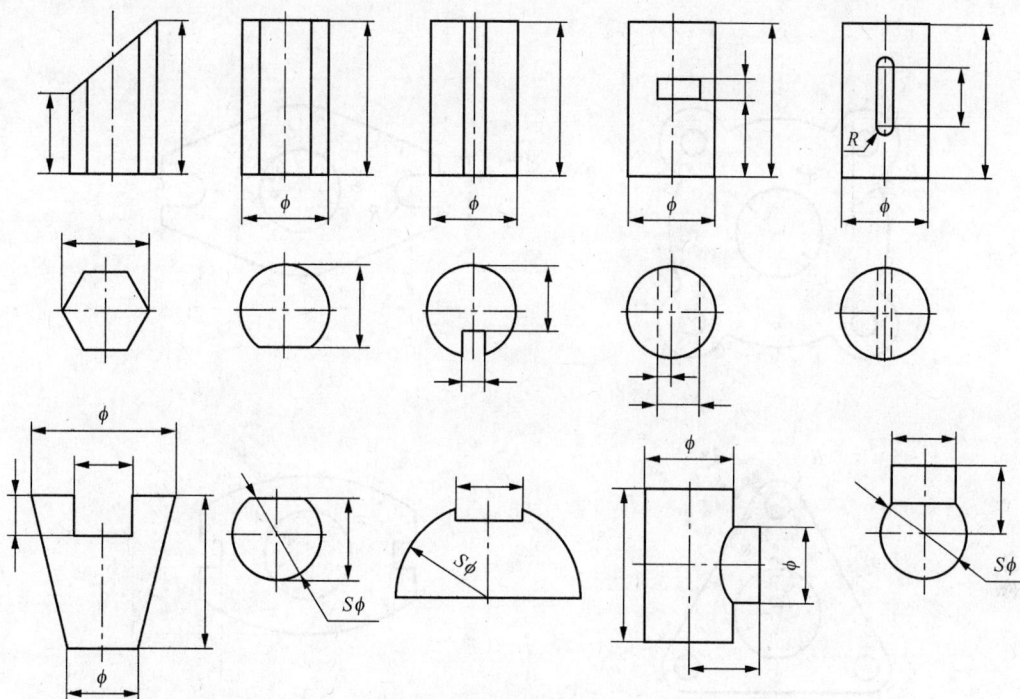

图5-37　常见切割与相贯体的标注

2．常见组合体的尺寸标注

图 5-38 给出了常见组合体尺寸标注的示例。

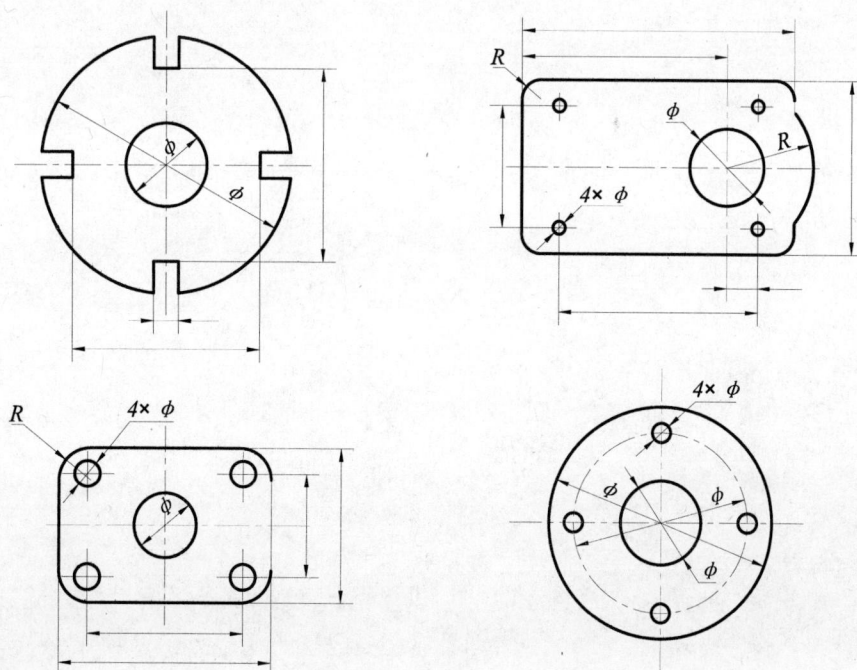

图5-38　常见图形的尺寸标注

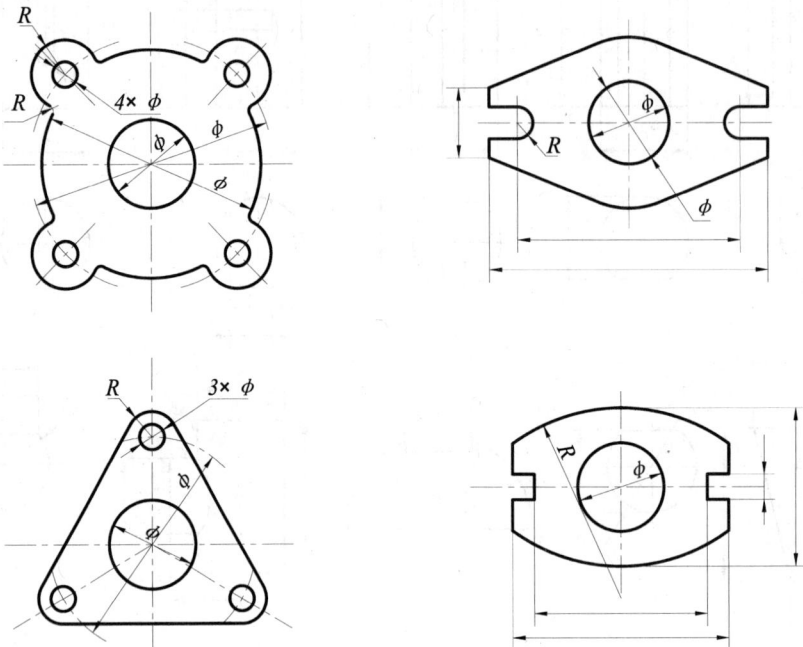

图5-38 常见图形的尺寸标注（续）

模块六

机械图样的基本表示法

在生产实际中，对于结构形状复杂的机件，仅采用前面所介绍的三视图，是难以将它们的内、外部结构形状表达清楚的。为了完整、清晰、简明地表达各种机件，国家标准《技术制图》和《机械制图》规定了绘制机械图样的基本表示法：视图、剖视图和断面图。

【学习目标】

1. 掌握视图、剖视图、断面图、局部放大图的画法及标注的规定及其运用；
2. 了解常用的简化画法规定；
3. 能够比较恰当地综合应用各种基本表示法表达一般机械零件；
4. 了解第三角画法的原理及特点。

任务一 视图

任务引出

如图 6-1 所示机件，它们的外部结构形状复杂、形态各异，各具特色，如果仍然采用三视图的表达方法，能够全面、准确、清晰地表达出其结构形状吗？

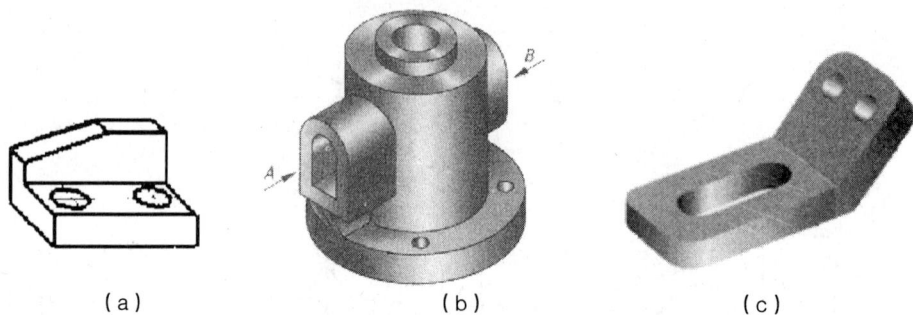

（a）　　　　　　　　（b）　　　　　　　　（c）

图6-1　机件

任务描述

视图是根据有关国家标准和规定，绘制出机件的多面正投影图形。视图主要用于表达机件外部结构形状，一般只画机件的可见轮廓，必要时其不可见轮廓才用细虚线画出。当机件的外部结构形状比较复杂时，为了满足生产用图的需要，国家标准规定了下列视图表达方法：基本视图、向视图、局部视图和斜视图等。

相关知识

一、基本视图

将机件向基本投影面投射所得的视图称为基本视图。

为了完整、清晰地表达机件的6个面，需要在原有3个投影面的基础上，在机件的前方、上方和左方再各增加一个投影面即前立面、顶面和左侧面，组成一个正六面体，如图6-2（a）所示，该六面体的6个面所确定的6个投影面称为基本投影面。

将机件正放在该正六面体中间，用正投影的方法向6个基本投影面分别进行投影，就得到了该机件的6个基本视图，如图6-2（b）所示。它们分别为

主视图：由前向后投影所得到的视图；

俯视图：由上向下投影所得到的视图；

左视图：由左向右投影所得到的视图；

后视图：由后向前投影所得到的视图；

仰视图：由下向上投影所得到的视图；

右视图：由右向左投影所得到的视图。

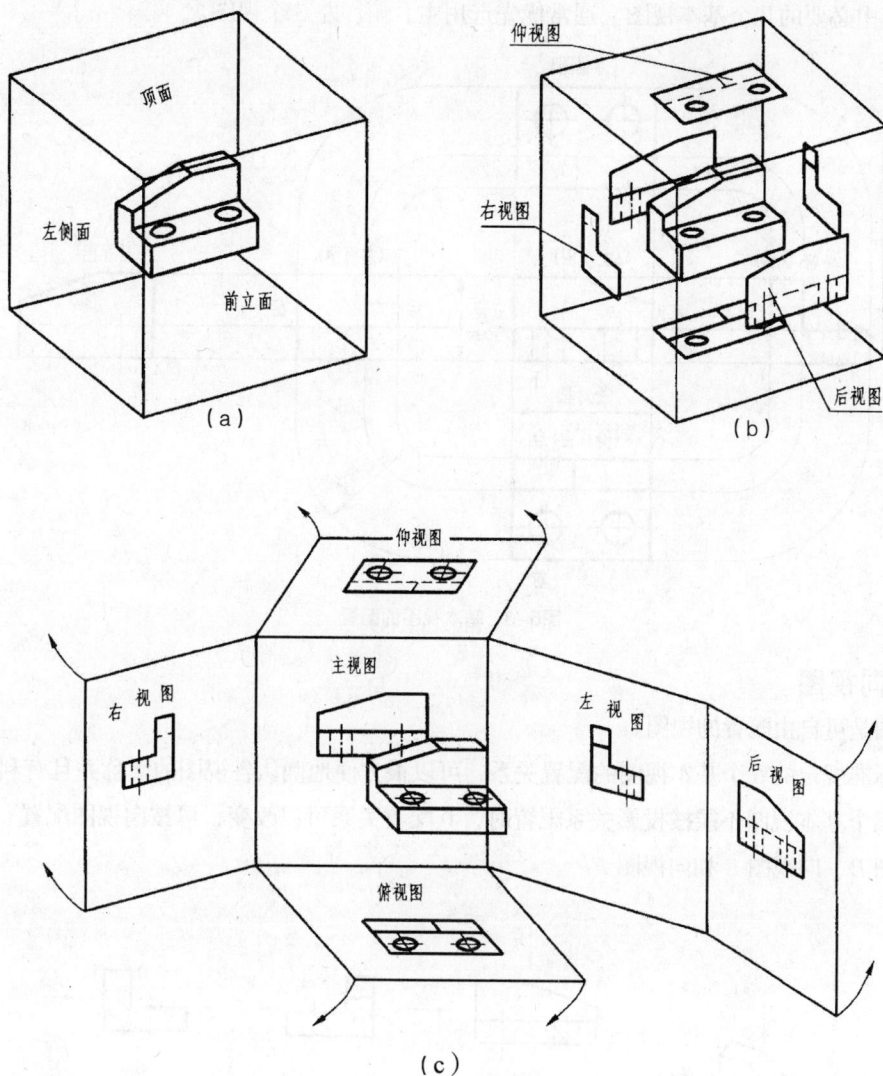

（a）

（b）

（c）

图6-2　6个基本视图

　　6个投影面连同它上面的视图展开的方法，如图 6-2（c）所示，正投影面保持不动，其他各投影面按箭头所指方向，逐步展开到与正投影面在同一个平面上。展开后，6 个视图的配置如图 6-3 所示，此时，可不标注视图名称，它们仍保持"长对正，高平齐，宽相等"的投影关系，即

　　主、俯、后、仰视图长相等；

　　主、左、后、右视图高平齐；

　　俯、左、仰、右视图宽相等。

　　6 个基本视图也反映了机件的上下、左右和前后的方位关系，如图 6-3 所示，除后视图之外，在围绕主视图的俯、仰、左、右 4 个视图中，远离主视图的一侧，表示机件的前方，靠近主视图的一侧表示机件的后方。

　　实际画图时，并非任何机件都必须将 6 个基本视图全部画出，应根据机件的复杂程度和表达需要，选用其中必要的几个基本视图。通常优先选用主、俯、左 3 个视图。

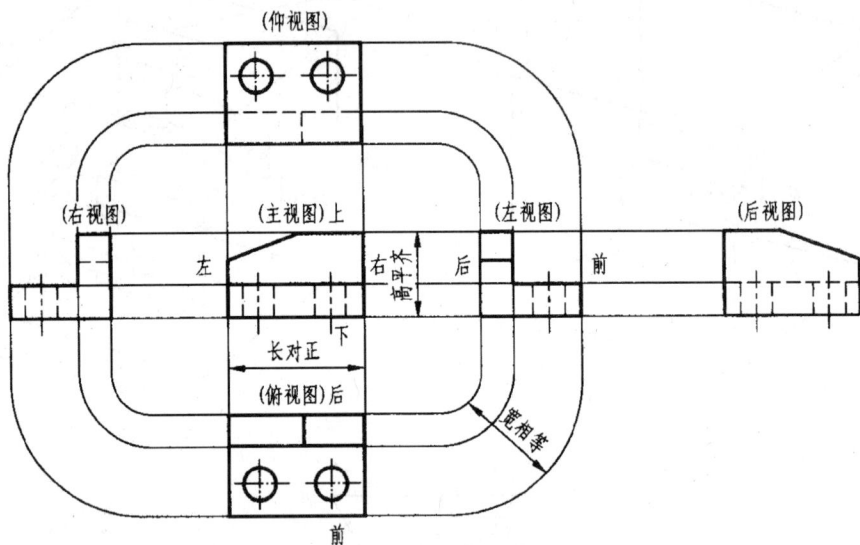

图6-3   基本视图的配置

二、向视图

向视图是可自由配置的视图。

国家标准规定的 6 个基本视图的配置关系，可以很方便地确认各视图的名称并且有利于读图。但是，当某个基本视图不能按投影关系配置时，其配置关系可以改变，可按向视图配置。如图 6-4 中的向视图 D、向视图 E 和向视图 F。

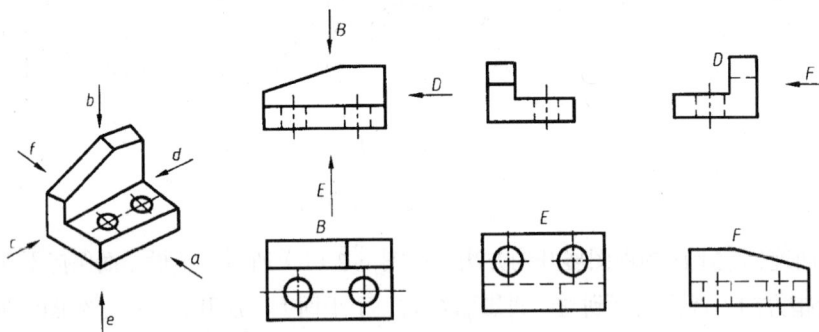

图6-4   向视图

1. 向视图的标注

向视图必须在图形上方中间位置处标注 "X"（"X" 为大写拉丁字母），在相应视图的附近用箭头指明投射方向，并标注相同字母。

2. 注意

（1）向视图是基本视图（完整视图）的另一种表达形式，是只能平移（不能旋转）的基本视图。其投射方向应与基本视图的投射方向一一对应。

（2）注意"后视图"的投射方向，务必指向左视图或右视图，不能在俯视图上画箭头。

三、局部视图

局部视图是将物体的某一部分向基本投影面投射所得的视图。

局部视图是不完整的基本视图，利用局部视图可以减少基本视图的数量，使表达简洁、突出重点。图6-5（a）所示的机件，采用主、俯两个视图，如图6-5（b）所示，已将机件的主要结构形状基本表达清楚，而机件两侧的结构如果分别绘制出左、右视图，则会有图形重复和繁琐的弊端。为了避免重复表达和简化作图，只需将机件尚未表达清楚的左、右两侧的部分结构，分别向基本投影面投射，用所得的局部视图 A 和局部视图 B 进行补充表达即可，如图6-5（b）所示。

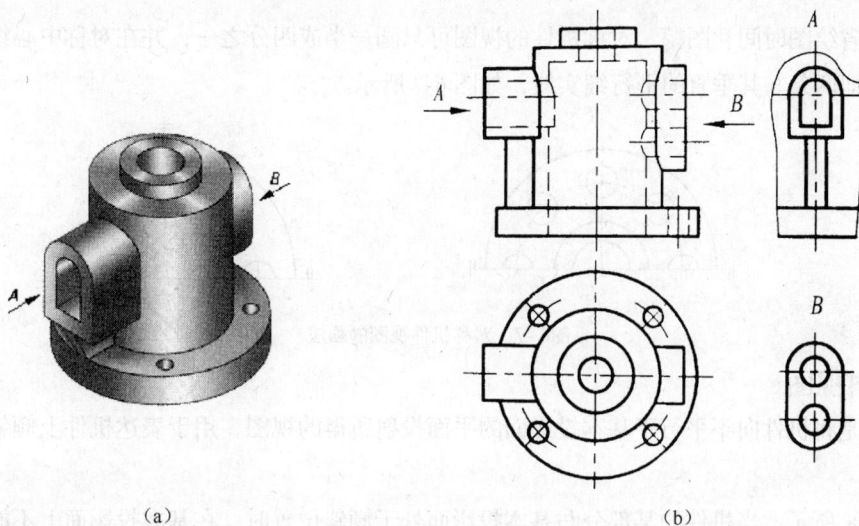

（a）　　　　　　　　　　　　　（b）

图6-5　局部视图

局部视图的标注、配置和画法如下。

1. 局部视图的标注

在局部视图上方正中位置用大写拉丁字母标出视图名称"X"，在相应视图附近用箭头指明投射方向，并注上相同的字母，如图 6-5（b）中的"A"所示。

2. 局部视图的配置

（1）按基本视图配置，此时中间又没有其他图形隔开时，允许省略标注，如图 6-8（b）中水平板的局部视图。

（2）按向视图配置，可按向视图的标注方法标注，如图 6-5 中的"B"所示。

（3）按第三角画法配置，配置在视图上需要表示的局部结构附近，并用细点画线连接两图形，此时不需另行标注，如图 6-6 所示。

3. 局部视图的画法

局部视图的断裂边界用波浪线或双折线表示，如图 6-5 中的"A"所示。当所表示的局部结构的外形轮廓是完整的封闭图形时，断裂边界可省略不画，如图 6-5 中的"B"所示。

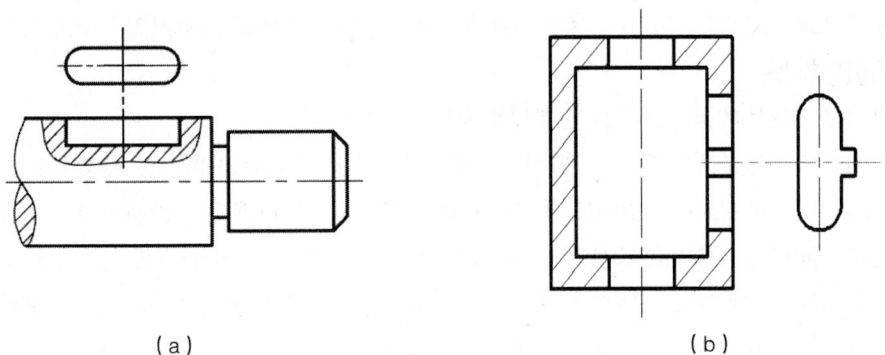

（a）　　　　　　　　　　　　　　（b）

图6-6　局部视图按第三角画法配置

为了节省绘图时间和图幅，对称机件的视图可只画一半或四分之一，并在对称中心线两端画出对称符号，即两条与其垂直的平行细实线，如图 6-7 所示。

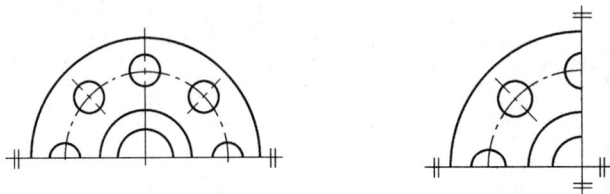

图6-7　对称机件视图的画法

四、斜视图

斜视图是将机件向不平行于基本投影面的平面投射所得的视图，用于表达机件上倾斜结构的真实形状。

如图 6-8 所示，当机件的某部分与基本投影面处于倾斜位置时，在基本投影面上不能反映该部分的实形，可以设立一个与倾斜结构的主要平面平行，并垂直于一个基本投影面的辅助投影面 H_1，然后将倾斜部分向 H_1 面投射，则在 H_1 面上可得到反映倾斜部分真实形状的视图，即斜视图。

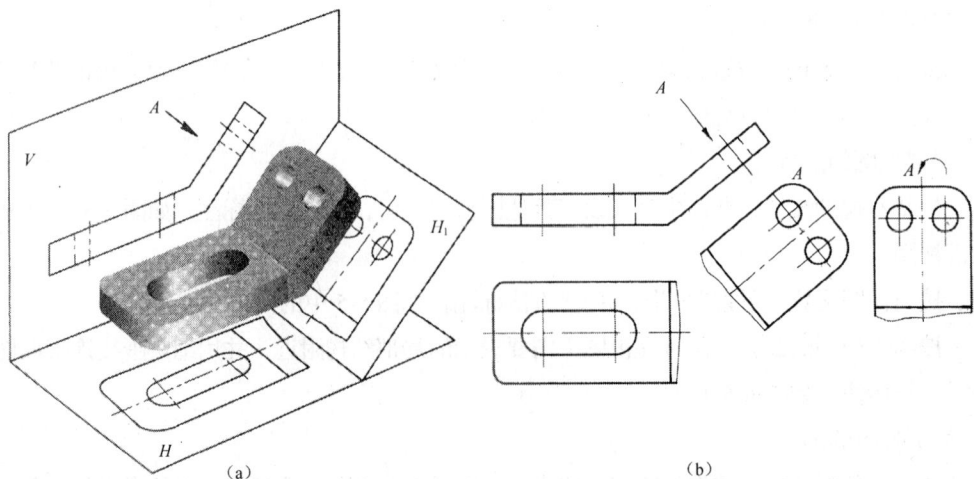

（a）　　　　　　　　　　　　　　　（b）

图6-8　斜视图

下面介绍斜视图的配置、标注和画法。

1. 斜视图的配置和标注

斜视图通常按向视图的配置形式配置并标注，即用大写拉丁字母及箭头指明投射方向，且在斜视图上方用相同字母注明视图的名称，如图 6-8（b）所示。必要时，允许将斜视图旋转配置。此时应在斜视图上方画出旋转符号"⌒"或"⌒"，表示该视图名称的大写拉丁字母应靠近旋转符号的箭头端，如图 6-8（b）所示。

2. 斜视图的画法

斜视图一般只需表达机件倾斜部分的形状，其余部分不必画出，可用波浪线表示其断裂边界。

五、识读视图举例

上述介绍了基本视图、向视图和斜视图、局部视图，在实际应用时，应根据机件的复杂程度和表达需要，灵活选用各种表达方法。

图 6-9（a）所示为压紧杆的三视图。由于压紧杆左端耳板是倾斜的，所以在左视图和俯视图上都不反映实形，画图繁琐，且表达不清楚。为了清晰地表达倾斜结构，可按图 6-9（b）所示，在平行于耳板主要表面的正垂面上作出耳板的斜视图，以反映耳板的实形。由于斜视图只是表达压紧杆倾斜部分结构的局部形状，所以，画出耳板的实形后，用波浪线断开，其余部分的轮廓线不必画出。

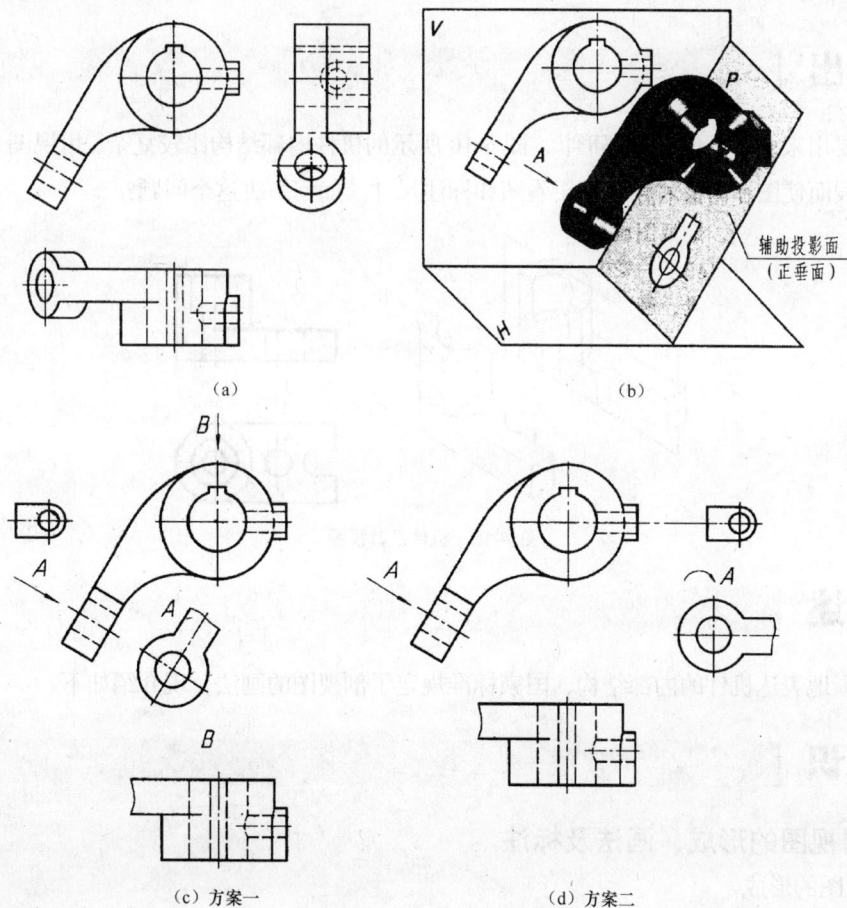

(a)

(b)

(c) 方案一

(d) 方案二

图6-9 压紧杆的表达方案

图 6-9（c）、（d）所示为压紧杆的两种表达方案。

图 6-9（c）所示为压紧杆的表达方案一：采用一个基本视图——主视图，用于表达主体结构和各组成部分的相互位置关系；一个配置在俯视图位置上的局部视图，表达内孔及键槽的深度（通孔和通槽）；一个按投影关系配置的斜视图——A，表达左下角耳板的实形；还有一个按投影关系配置的局部视图，表达右端凸台的实形。

图 6-9（d）所示为压紧杆的表达方案二：采用一个基本视图——主视图；一个配置在俯视图位置上的局部视图（不必标注）；一个旋转配置的斜视图——A；以及一个画在右端凸台附近、按第三角画法配置的局部视图（用细点画线连接，不必标注）。

任务二　剖视图

任务引出

视图主要用来表达机件的外部形状。图 6-10 所示的机件内部结构比较复杂，用视图来表示就会出现较多虚线而使图形不清楚，不便于看图和标注尺寸。如何解决这个问题？

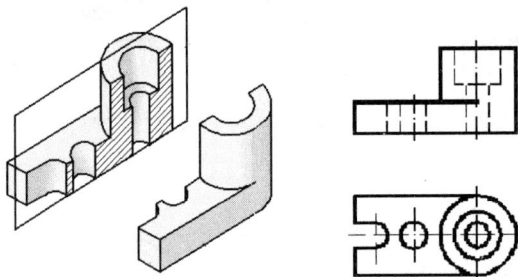

图6-10　机件及其视图

任务描述

为了清晰地表达机件的内部结构，国家标准规定了剖视图的画法。现介绍如下。

相关知识

一、剖视图的形成、画法及标注

1. 剖视图的形成

假想用剖切面剖开机件，将处在观察者和剖切面之间的部分移去，将剩余部分向投影面投射所得的图形称为剖视图，简称剖视。图 6-11 所示的主视图即为剖视图。

2. 剖面符号

机件被假想剖切后，在剖视图中，剖切面与机件接触部分称为剖面区域。为了区别具有实体材料的切断面（即剖面区域）和其余部分（剖切面后面的可见轮廓及结构的中空部分），应在剖面区域内画出剖面符号，如图 6-11 所示。国家标准规定了各种材料类别的剖面符号，如表 6-1 所示。

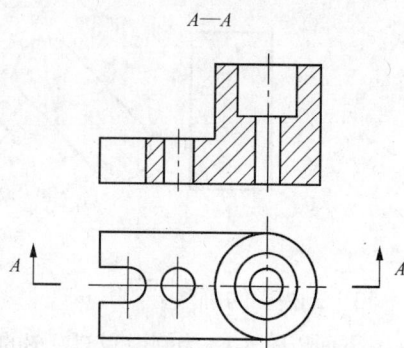

图6-11　剖视图的形成

表 6-1　　　　　各种材料的剖面符号

材料名称	剖面符号	材料名称	剖面符号
金属材料（已有规定剖面符号者除外）		木质胶合板（不分层数）	
线圈绕组元件		基础周围的泥土	
转子、电枢、变压器和电抗器等的迭钢片		混凝土	
非金属材料（已有规定剖面符号者除外）		钢筋混凝土	
型砂、填砂、粉末冶金砂轮、陶瓷、刀片、硬质合金刀片等		砖	
玻璃及供观察的其他透明材料		格网（筛网、过滤网等）	
木材	纵剖面	液体	
	横剖面		

在机械图样中，金属材料使用最多，其剖面符号采用平行细实线，且特称为剖面线。绘制剖面线时，同一机械图样中的同一零件的剖面线应方向相同、间隔相等。剖面线的间隔应按剖面区域的大小确定。剖面线的方向一般与主要轮廓或剖面区域的对称线成45°角。必要时也可采用 30°、60°、0°、90° 的细实线，如图 6-12 所示。

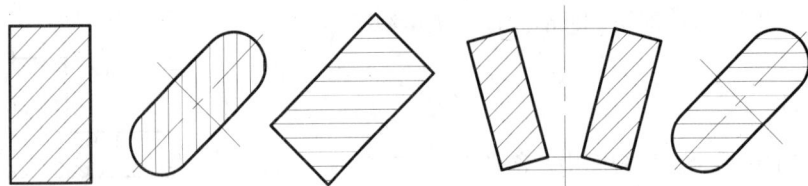

图6-12　剖面线的角度

3.　剖视图的画法

下面以图 6-13 为例说明剖视图的画法。

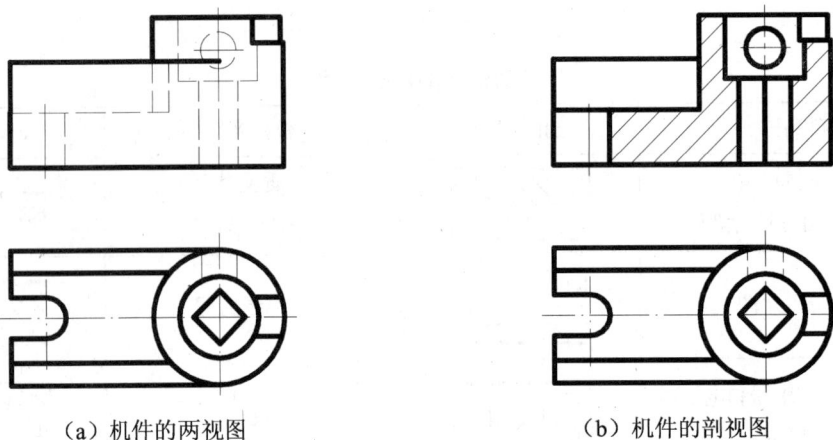

（a）机件的两视图　　　　　　　　（b）机件的剖视图

图6-13　剖视图的画法

（1）确定剖切面的位置。一般用平行或垂直于某一基本投影面的平面，沿机件内部孔、槽的对称面或轴线剖开机件。本例中剖切平面位置取平行于正投影面并通过阶梯圆柱通孔轴线的机件对称平面。

（2）画投影轮廓线。用粗实线画出剖切面与机件相接触的断面图形，在剖面区域内画出剖面符号。同时，剖切后暴露出来的可见轮廓线应全部画出，如图 6-13（b）所示。

（3）机件的一个视图画成剖视之后，其他视图的完整性不受影响，如图 6-13（b）所示的俯视图仍完整画出。

（4）一般情况下，尽量避免用虚线表示机件上不可见的结构，必要时可以在剖视图上画少量的虚线，如图 6-14 所示。

4.　剖视图的配置及标注

（1）剖视图的配置仍按视图配置的规定，一般按投影关系配置，如图 6-11、图 6-13 和图 6-14 所示，必要时允许配置在其他适当位置，但此时必须进行标注。

（2）剖视图的标注，如图 6-11 所示。

①　剖切符号：剖切符号是指明剖切面起止和转折处的位置及剖切后投射方向的符号。剖切符号用粗实线的短画表示，线长约为 5mm，且尽可能不与图形的轮廓线相交；投射方向用箭头表示，与剖切符号垂直并画在粗实线短画的外端。

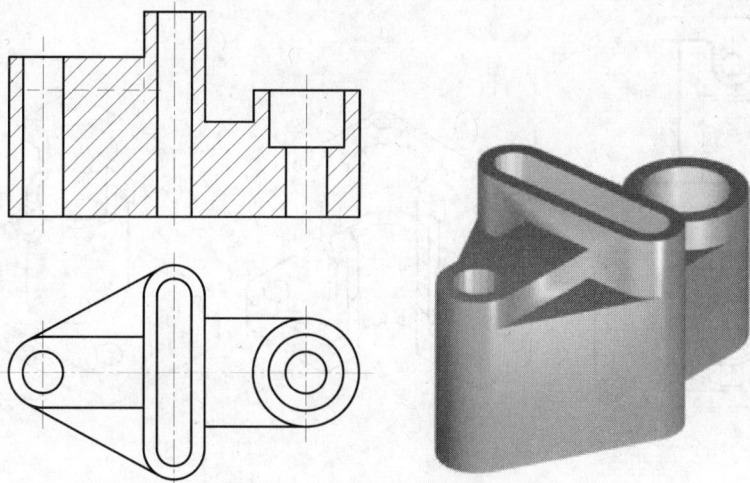

图6-14 剖视图中虚线的应用

② 剖切线：剖切线指示剖切面的位置，用细点画线表示。剖切线在剖视图中通常省略不画，当剖切符号间隔较远时，则用剖切线连接。

③ 字母：表示剖视图的名称，用相同的大写拉丁字母"X"注写在剖切符号处，并在剖视图上方注出"$X—X$"。字母一律水平书写。

当剖视图按投影关系配置，中间又无其他图形隔开时，可省略箭头，如图 6-15 中 $A—A$ 所示。

当单一剖切平面重合于机件的对称平面或基本对称平面，并且剖视图是按投影关系配置，中间又无其他图形隔开时，可省略标注，如图 6-15 中的主视图所示。

二、剖视图的种类

根据剖切范围的大小，剖视图可分为全剖视图、半剖视图和局部剖视图。

1. 全剖视图

用剖切面完全地剖开机件所得到的剖视图称为全剖视图。前述图 6-11、图 6-13、图 6-14 和图 6-15 所示为全剖视图。全剖视图一般适用于外形比较简单、内部结构比较复杂的机件。

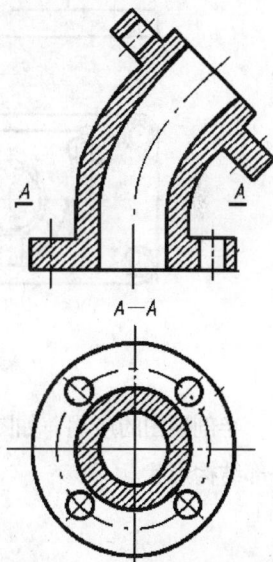

图6-15 剖视图的标注

2. 半剖视图

当机件具有对称平面时，向垂直于对称平面的投影面上投射所得的图形，可以以对称中心线为界，一半画成剖视图，另一半成视图，这种剖视图称为半剖视图，如图 6-16 所示。

半剖视图主要适用于内、外部形状都比较复杂需要表达的对称机件。图 6-16（c）所示支座的主视图，是以左、右对称中心线为界，一半画成视图表达其外形；另一半画成剖视图，表达其内部阶梯孔。俯视图是以前、后对称中心线为界，后一半画成视图，表达了顶板及 4 个小孔的形状和位置；前一半画成 $A—A$ 剖视图，表示凸台及其上面的小孔。

（a）　　　　　　　　　　（b）

（c）　　　　　　　　　　（d）

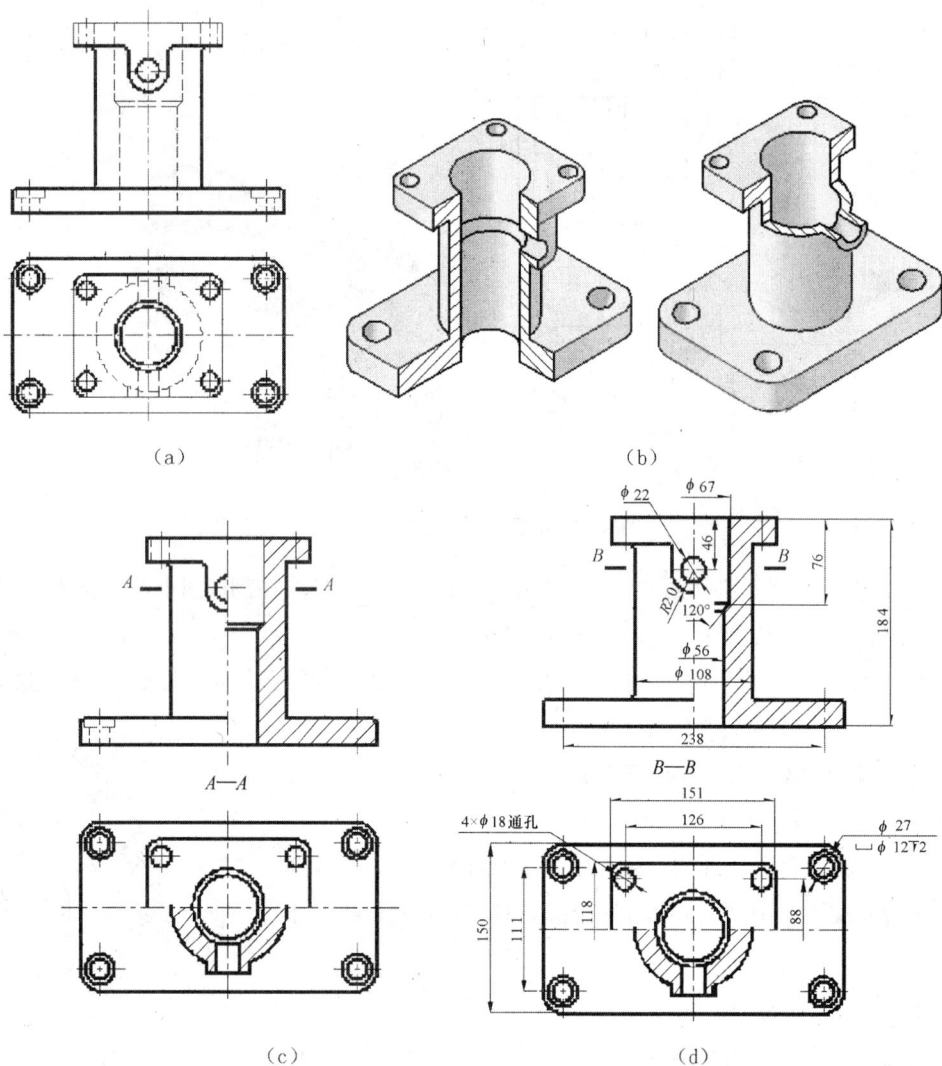

图6-16　半剖视图

半剖视图的应用，如图 6-17 所示汽车牵引钩弹簧衬套的半剖视图，在主视图中同时表达了内、外部结构形状。

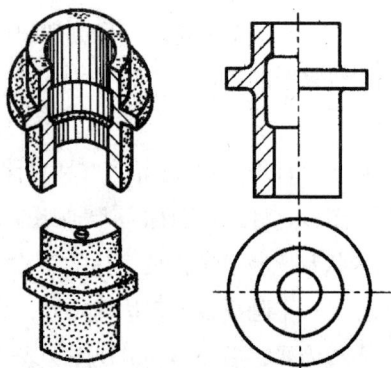

图6-17　汽车牵引钩弹簧衬套的半剖视图

当机件的形状基本对称，且不对称部分已另有图形表达清楚时，也可画成半剖视图，如图 6-18 所示。

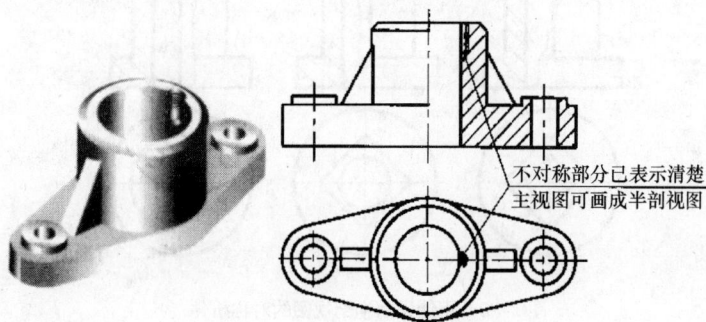

不对称部分已表示清楚
主视图可画成半剖视图

图6-18　基本对称结构的半剖视图

画半剖视图时应注意以下问题。

（1）半个剖视图和半个视图的分界线应是细点画线，不能画成粗实线。

（2）机件的内部形状已在半个剖视图中表达清楚，因此在另半个视图部分不必再画出细虚线。

（3）半剖视图的标注方法应与全剖视图相同，如图 6-16（c）所示。

（4）在半剖视图中，标注机件对称结构尺寸时，其尺寸线应略超过对称中心线，并只在尺寸线的一端画箭头，如图 6-16（d）所示。

3．局部剖视图

用剖切面局部地剖开机件所得的剖视图称为局部剖视图，如图 6-19 所示。

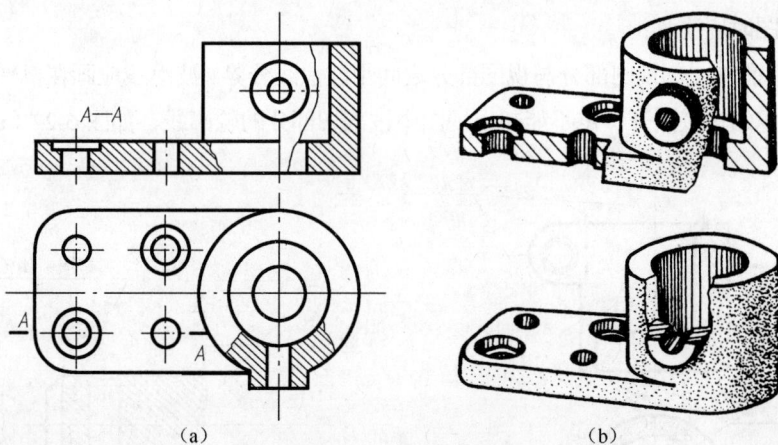

（a）　　　　　　　　　（b）

图6-19　局部剖视图

局部剖视图适用范围如下。

（1）当机件的内外形状都比较复杂，不必或不宜采用全剖或半剖视图时，采用局部剖视图，如图 6-19 所示。

（2）当对称机件的轮廓线与中心线重合，不能用半剖时，采用局部剖视图，如图 6-20 所示。

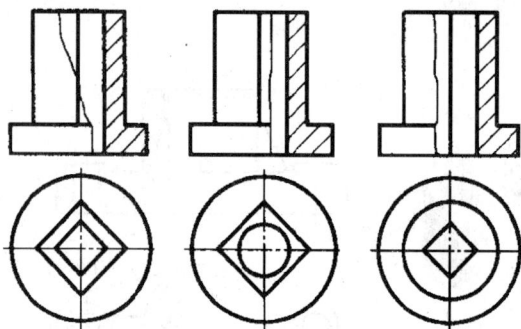

图6-20　不便采用半剖视图的对称机件

（3）当轴、手柄、连杆等实心杆件上有孔、槽时，采用局部剖视图，如图 6-21 所示。

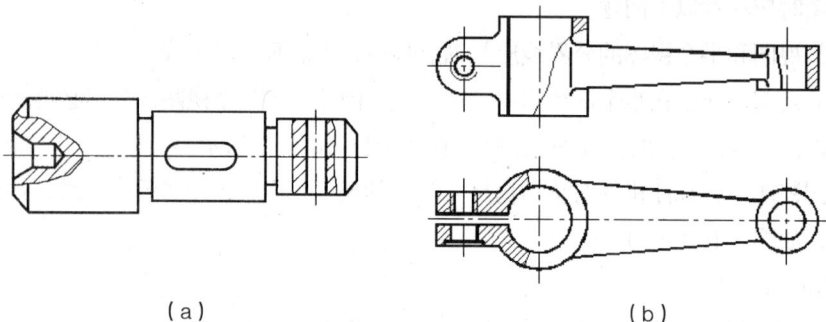

（a）　　　　　　　　　　　　　　　（b）

图6-21　杆件采用局部剖视图

画局部剖视图时应注意：

（1）局部剖视图中，剖视图部分与视图部分之间用波浪线分界，波浪线应画在机件的实体部分，如遇孔、槽等中空结构应断开，也不能超出视图中被剖切部分的轮廓线，如图 6-22（a）所示。

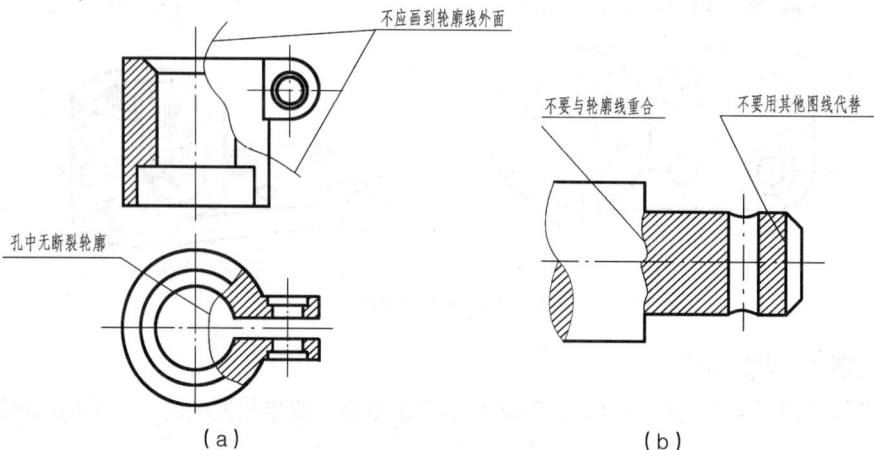

不应画到轮廓线外面

孔中无断裂轮廓

不要与轮廓线重合

不要用其他图线代替

（a）　　　　　　　　　　　　　　　（b）

图6-22　波浪线的错误画法

波浪线不能与视图中的其他图线重合，也不能画在其延长线上，如图 6-22（b）所示。

（2）局部剖视图是一种比较灵活的表达方法，运用得当，可使图形简明、清晰。但在一个视图中，采用局部剖视图的部位不宜过多，以免使图形显得过于破碎，影响看图。

（3）当用单一剖切平面剖切，且剖切位置明显时，局部剖视图的标注可省略。当剖切平面的位置不明显或局部剖视图未按投影关系配置时，应标注剖切符号、投射方向和局部剖视图的名称，如图 6-19（a）所示。

三、剖切平面的种类

前面叙述的全剖视图、半剖视图和局部剖视图，都是用平行于基本投影面的单一剖切平面剖切机件而得到的。由于机件内部结构形状的多样性和复杂性，常需要选用不同数量和位置的剖切面来剖开机件，才能把机件的内部形状表达清楚。国家标准规定，根据机件的结构特点，可选择以下剖切面：单一剖切面、几个平行的剖切面、几个相交的剖切面（交线垂直于某一基本投影面）。用其中任何一种剖切面都可以得到全剖视图、半剖视图和局部剖视图。

1. 单一剖切面

单一剖切面包括单一剖切平面、单一斜剖切平面和单一剖切柱面。

（1）单一剖切平面。

单一剖切平面（平行于基本投影面）是画剖视图最常用的一种。前面所述的全剖视图、半剖视图和局部剖视图的图例都是用这种剖切面剖开机件而得到的剖视图。

（2）单一斜剖切平面。

如图 6-23 所示，对于机件上倾斜部分的内部结构可以采用不平行于任何基本投影面（应垂直于某一基本投影面）的斜剖切平面剖切，所画剖视图如图 6-23 中 *B—B*。其配置和标注方法与斜视图相同。也可以将用单一斜剖切平面剖切后所画剖视图旋转放正，此时须在剖视图上方标注出旋转符号和剖视图名称 "*X—X*⌒" 或 "⌒*X—X*"。

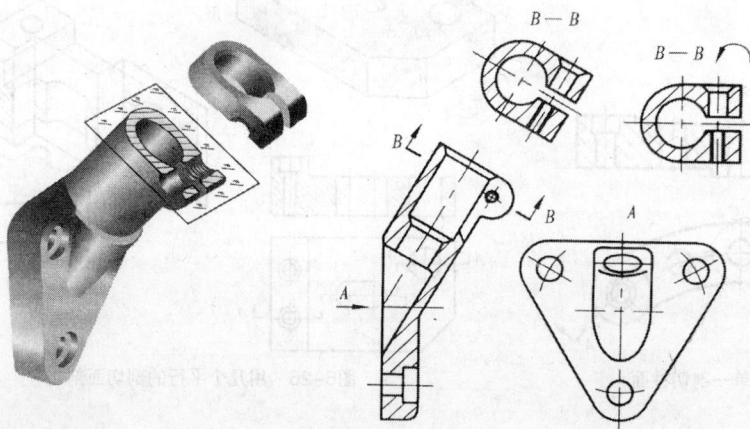

图6-23　单一斜剖切平面

用单一斜剖切平面剖切的应用，图 6-24 所示的汽车驻车制动器拉杆臂的剖视图 *A—A*。

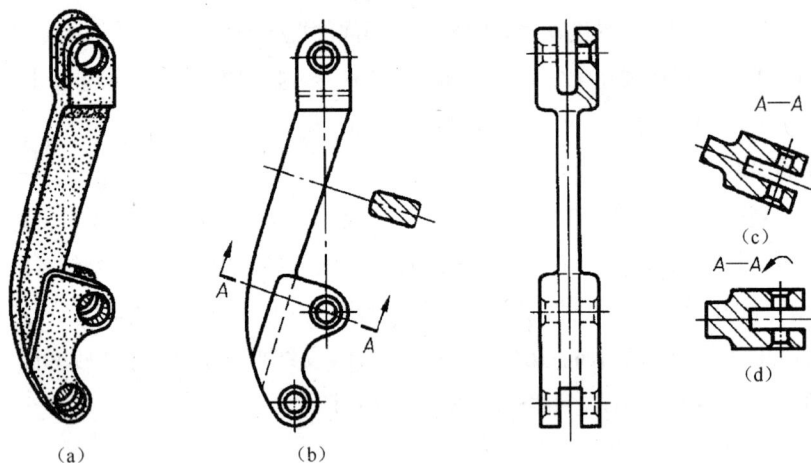

图6-24　汽车驻车制动器拉杆臂的剖视图

（3）单一剖切柱面。

采用柱面剖切时，机件的剖视图按展开方式绘制，如图 6-25 所示。

2. 几个平行的剖切面

如图 6-26 所示，机件上有较多不在同一平面内的内部结构，可以用几个相互平行且与基本投影面平行的剖切平面剖开机件。

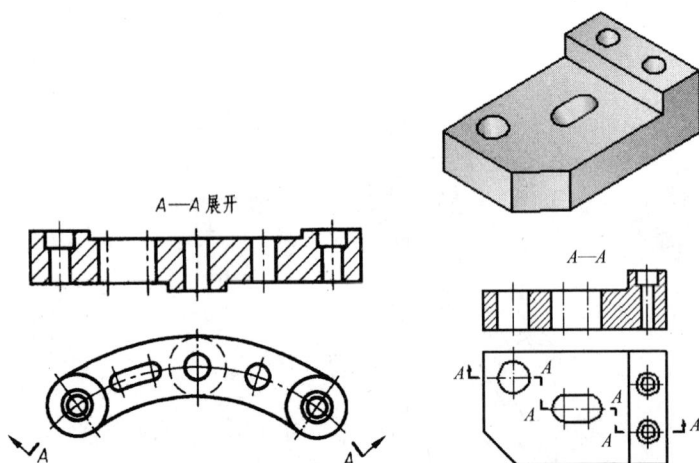

图6-25　单一剖切柱面

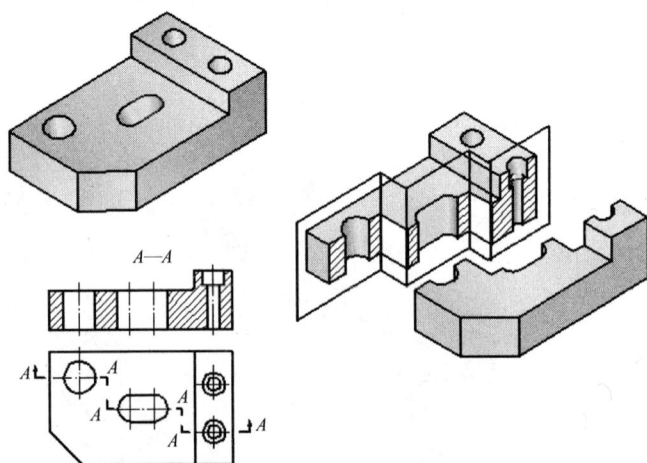

图6-26　用几个平行的剖切面剖切

图 6-27 是采用两个互相平行的剖切平面将机件剖开画出的半剖视图的主视图。图中肋板的画法是采用规定画法，即肋板内不画剖面线，并用粗实线将其与相邻部分分开。

（1）标注方法。在剖切平面的起讫和转折处画出剖切符号表示剖切位置，并在每一处符号旁标注与剖视图名称相同的大写字母；同时在起讫剖切符号的两端外侧画上与剖切符号垂直相连的箭头表示投影方向；在剖视图的上方标注剖视图的名称"$X—X$"，如图 6-26 所示。当剖视图按投影关系配置，中间没有其他图形隔开时，可以省略箭头，如图 6-28 所示。

（2）采用几个平行的剖切面画剖视图时应注意以下几点。

① 为了表达孔、槽等内部结构的实形，几个平行剖切平面应同时平行于某一个基本投影面。

② 各剖切平面的转折处必须为直角，并且要使表达的内容不相互遮挡，在图形内不应出现不完整的要素，如图 6-28（a）所示。仅当两个要素在图形上具有公共对称中心线或轴线时，才可出现不完整要素，这时应各画一半，并以对称中心线或轴线为界，如图 6-29 所示。

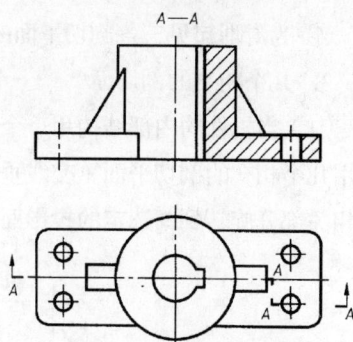

图6-27 几个平行的剖切平面画出的半剖视图

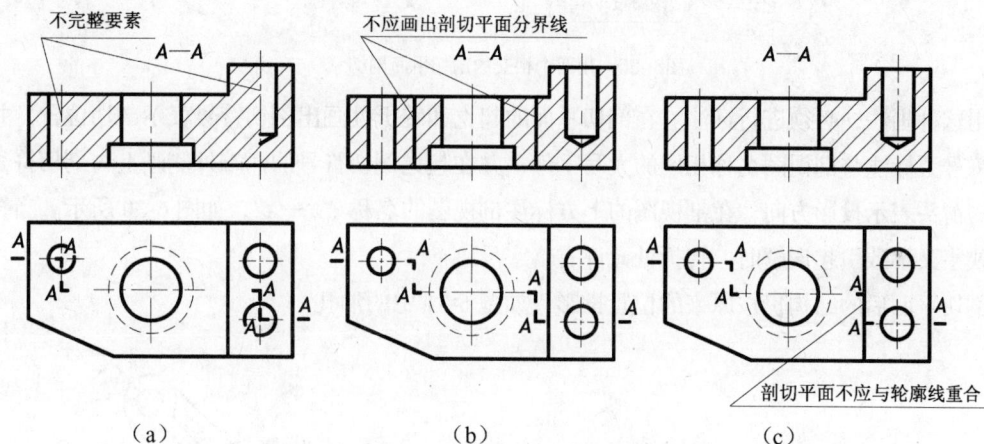

图6-28 用几个平行的剖切平面剖切时不应出现的问题

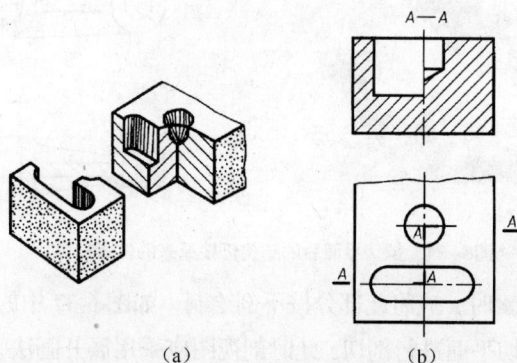

图6-29 几个平行剖切平面的特例

③ 因为这种剖切方法只是假想地剖开机件，所以设想将几个平行的剖切平面平移到同一位置后，再进行投影。此时，不应画出剖切平面转折处的交线，如图 6-28（b）所示。

④ 为清晰起见，各剖切平面的转折处不应重合在图形的实线或虚线上，如图 6-28（c）所示。

3. 几个相交的剖切面

（1）当机件的内部结构用一个剖切平面不能完全表达，且这个机件在整体上又具有回转轴时，可用几个相交的剖切平面（交线垂直于某一基本投影面）剖开机件，并将与投影面不平行的结构及其相关部分旋转到与选定的投影面平行后再进行投射，如图 6-30 所示。

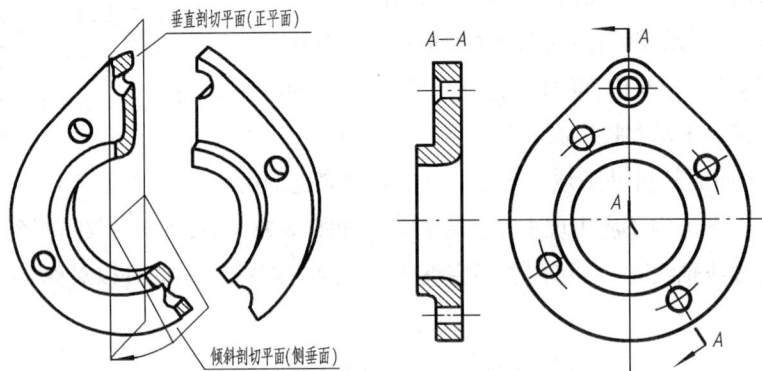

图6-30　用两个相交的剖切平面剖切

采用这种画法，必须进行标注。在剖切平面的起讫和转折处画出剖切符号表示剖切位置，并在每一处符号旁标注与剖视图名称相同的大写字母；并在起讫剖切符号的两端外侧画上与剖切符号垂直相连的箭头表示投影方向；在剖视图的上方标注剖视图的名称"X—X"，如图 6-30 所示。当转折处空间狭小又不致引起误解时，转折处允许省略字母。

在剖切平面后的结构仍按原来的位置投影，如图 6-31 中的油孔。

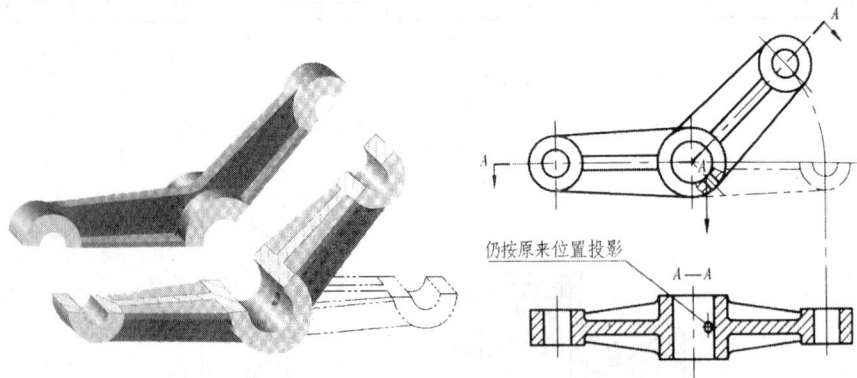

图6-31　剖切平面后的结构仍按原来的位置投影

当剖切后产生不完整要素时，应将此部分按不剖绘制，如图 6-32 中的臂。

（2）连续几个相交的剖切平面进行剖切，此时剖视图应采用展开画法，并在剖视图上方标注"X—X"展开，如图 6-33 所示。

（3）相交的剖切平面与其他剖切面组合，如图 5-34 所示。当机件内部结构形状复杂，用前面的几种剖切面剖切不能表达完整时，可采用组合的剖切平面。

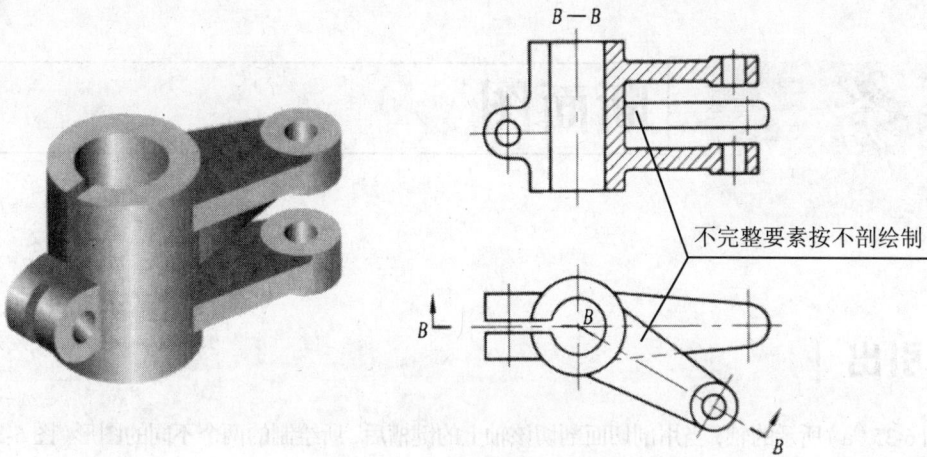

不完整要素按不剖绘制

图6-32　产生不完整要素按不剖绘制

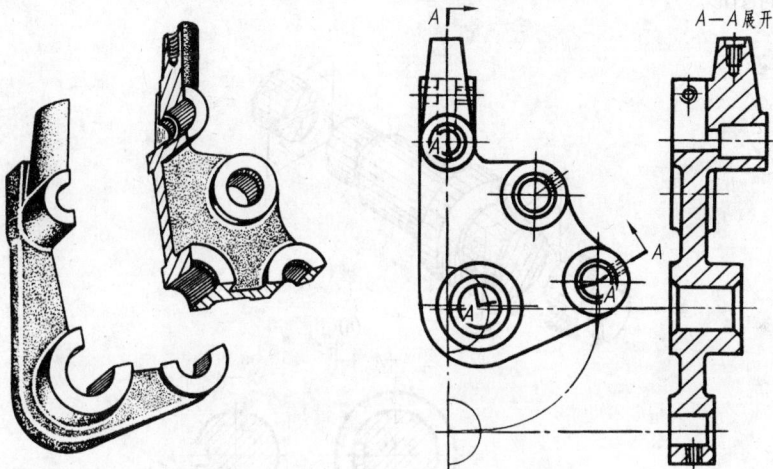

图6-33　连续几个相交的剖切平面剖切示例

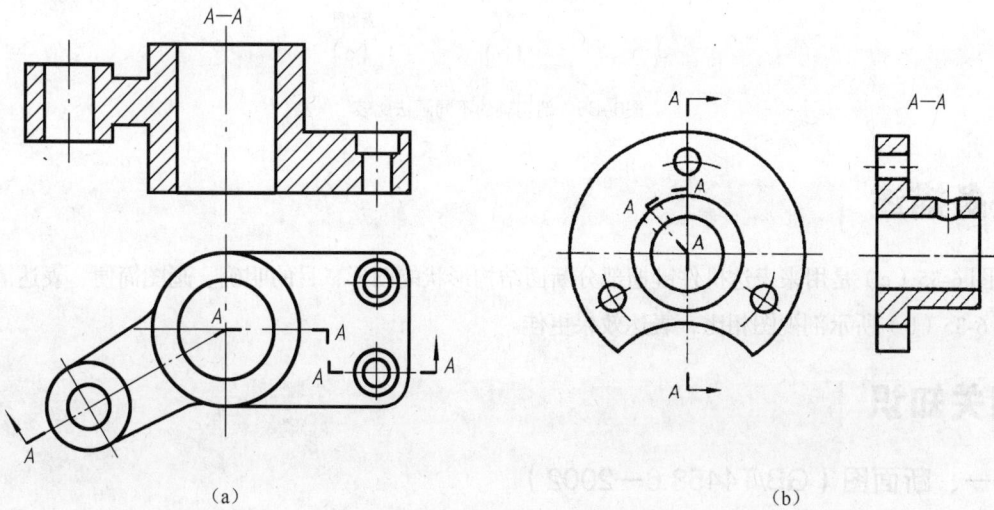

（a）

（b）

图6-34　组合剖切平面剖切示例

任务三　断面图

任务引出

如图 6-35（a）所示的轴，当用剖切面剖切该轴上的键槽后，所绘制的两个不同的图形（图 6-35（b）、(c)），哪一个更恰当、简明地表达了键槽的结构形状？其中图 6-35（b）是键槽的剖视图，(c) 图是仅画出了键槽断面的图形。

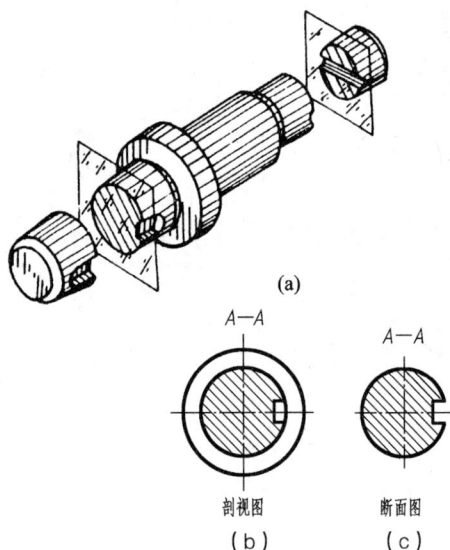

图6-35　剖切轴的不同画法比较

任务描述

图 6-35（c）是用来表达机件键槽部分断面结构形状的图形，目的明确、画图简便、表达清晰，与图 6-35（b）所示剖视图相比，表达效果更佳。

相关知识

一、断面图（GB/T4458.6—2002）

假想用剖切平面将机件的某处切断，仅画出断面的图形，称为断面图，如图 6-36 所示。

　　断面图与剖视图是两种不同的表达方法，两者虽然都是先假想剖开机件后再投射，但是，剖视图不仅要画出被剖切面切到的部分，一般还应画出剖切面后的可见部分；而断面图则仅画出被剖切面切断的断面形状。

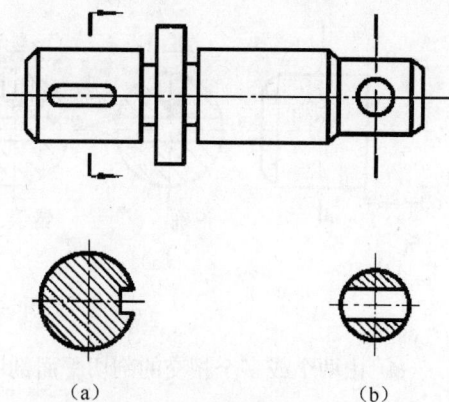

图6-36　断面图的形成

二、断面图的种类

　　断面图可分为移出断面图和重合断面图两种。

1. 移出断面图

画在视图之外的断面图称为移出断面图。

（1）移出断面图的画法。

① 移出断面图的轮廓线用粗实线绘制，如图 6-36 所示。

② 移出断面图应配置在剖切符号或剖切线的延长线上，如图 6-36 所示。必要时，也可配置在其他适当位置，如图 6-37 所示。断面图形对称时，也可画在视图的中断处，如图 6-38 所示。

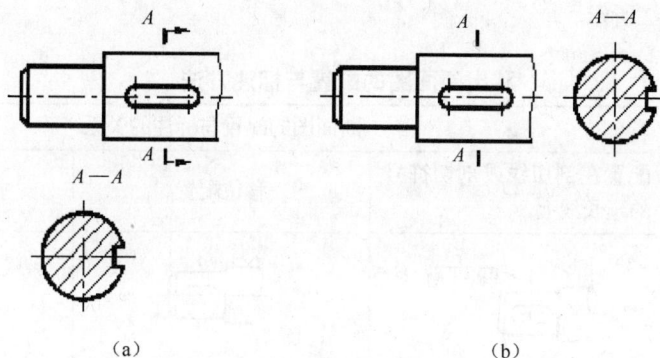

图6-37　移出断面图配置

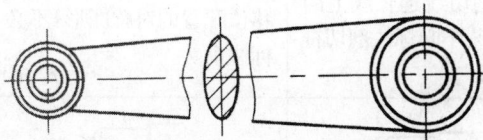

图6-38　对称断面的配置

③ 当剖切平面通过由回转面形成的孔或凹坑的轴线时，这些结构按剖视绘制，如图6-39（a）所示。

　　当剖切平面通过非回转面，会导致出现完全分离的两个断面时，这些结构也按剖视绘制，如图 5-39（b）所示。

正确　　　　错误　　　　　　　　　　　正确　　错误
（a）　　　　　　　　　　　　　　　　　（b）

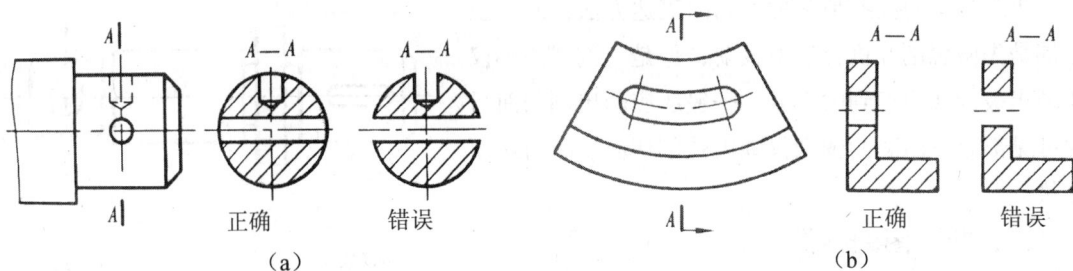

图6-39　按剖视绘制的断面图

④ 由两个或多个相交的剖切平面剖切机件而得到的移出断面图，绘制时图形的中间应断开，如图 6-40 所示。

（2）移出断面图的标注。一般用剖切符号表示剖切位置，用箭头指明投影方向，并注上字母。在断面图上方，用同样的字母标出断面图的名称"$X—X$"（X 为大写拉丁字母），如图 6-37（a）所示。

移出断面图的标注形式，按国家标准规定，因其图形配置部位的不同及图形是否对称，标注形式也不同，具体标注方法如表 6-2 所示。

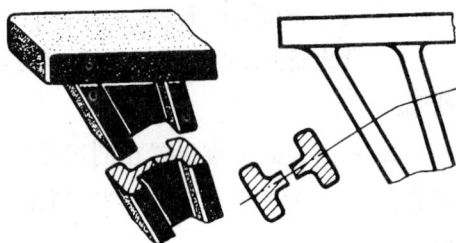

图6-40　相交平面切得的断面图

表 6-2　　　　　　　　　　　　移出断面图的配置与标注方法

断面 \ 配置 对称性		断面图的配置与标注的关系		
		配置在剖切线或剖切符号的延长线上	移位配置	按投影关系配置
断面图的对称性与标注的关系	对称			
	说明	配置在剖切线延长线上的对称图形：不必标注剖切符号和字母	移位配置的对称图形：不必标注箭头	按投影关系配置的对称图形：不必标注箭头
	不对称			
	说明	配置在剖切符号延长线上的不对称图形：不必标注字母	移位配置的不对称图形：完整标注剖切符号、箭头和字母	按投影关系配置的不对称图形：不必标注箭头

（3）识读移出断面图。图 6-41 所示是移出断面图的配置与标注的综合实例。该轴采用了 4 个移出断面图，左侧第一个断面图因图形对称，且配置在剖切线延长线上，所以不必标注；*A—A* 图形对称，且未配置在剖切符号延长线上，所以不必标注箭头；*B—B* 图形不对称，且既未配置在剖切符号延长线上，也未按投影关系配置，所以按规定进行标注；*C—C* 图形对称，且按投影关系配置，所以不必标注箭头。

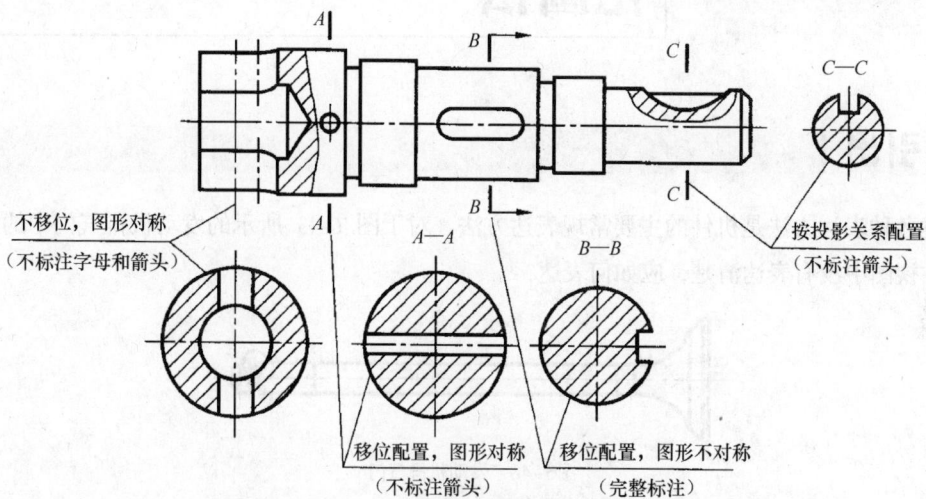

图6-41　移出断面图的配置与标注

2. 重合断面图

画在视图之内的断面图称为重合断面图，如图 6-42 所示。

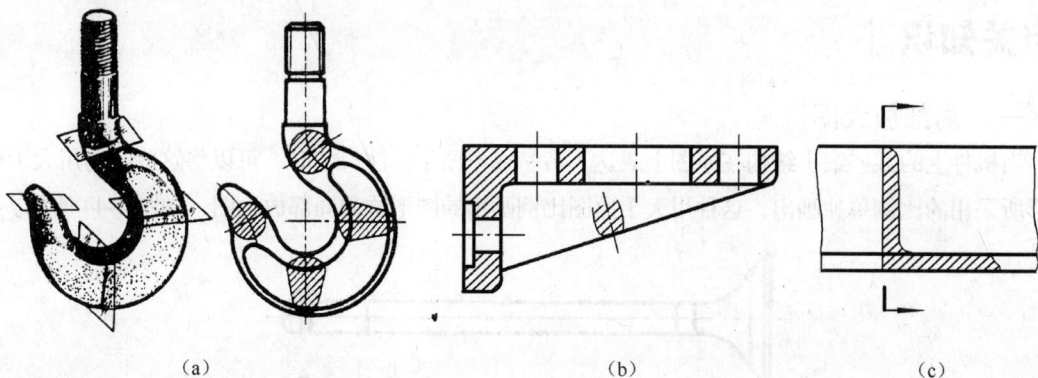

（a）　　　（b）　　　（c）

图6-42　重合断面图

（1）重合断面图的画法。

① 重合断面图的轮廓线用细实线绘制。

② 当视图中的轮廓线与重合断面图的图形重合时，视图中的轮廓线仍应连续画出，不可间断，如图 6-42 所示。

（2）重合断面图的标注。重合断面图形不对称时，须画出剖切符号及投影方向，可不标字母，如图 6-42（c）所示；当重合断面图形对称时，可不加任何标注，如图 6-42（a）、（b）所示。

任务四　局部放大图、规定画法和简化画法

任务引出

上述各种表达方法是机件的主要常规表达方法，对于图 6-43 所示的发动机排气门中的细小结构，在主视图中没有表达清楚，应如何表达？

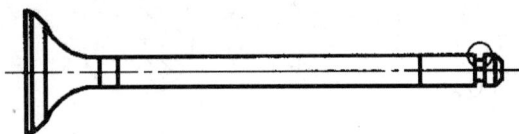

图6-43　发动机排气门

任务描述

为了画图简便和看图清晰，国家标准规定了局部放大图的画法、规定画法和简化画法。

相关知识

一、局部放大图

当机件上的某些细小结构在原图上表达不清楚或不便于标注尺寸时，可以将这些结构用大于原图形所采用的比例单独画出，这种用大于原图比例画出的图形称为局部放大图，如图 6-44 所示。

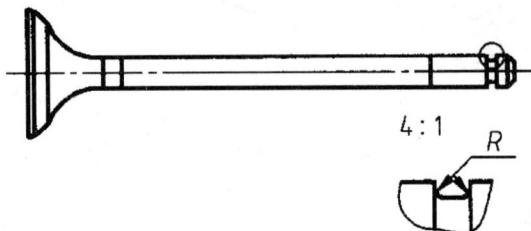

图6-44　局部放大图（一）

画局部放大图时应注意以下几点。

（1）局部放大图可画成视图、剖视图或断面图，与原图上被放大部分的表达方式无关。局部放大图应尽量配置在被放大部位的附近，并用波浪线画出被放大部分的范围，如图 6-45 所示。

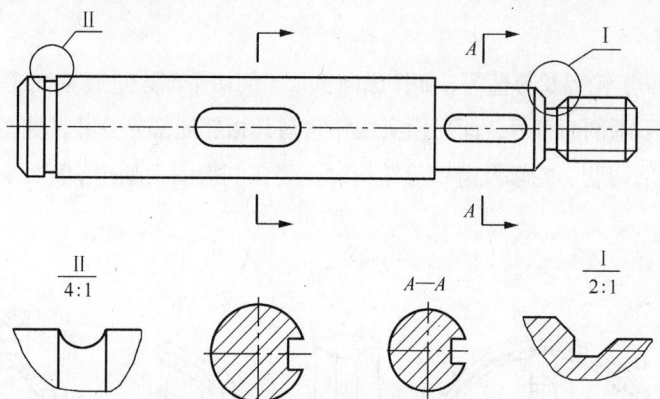

图6-45 局部放大图（二）

（2）画局部放大图时，除螺纹牙型、齿轮和链轮的齿形外，应在原图上将被放大部分用细实线圈出。当机件上仅一处被放大时，只需在局部放大图的上方注明所采用的比例，如图 6-44 所示；若在同一机件上有几处被放大时，须用罗马数字依次标明被放大部位，并在局部放大图的上方标注出相应的罗马数字及所采用的比例，予以区别，图 6-46 所示为转向拉杆球头销局部放大图。

（3）同一机件上不同部位的局部放大图，当其图形相同或对称时，只需画出其中的一个，并在几个被放大的部位标注出同一罗马数字，如图 6-47 所示。

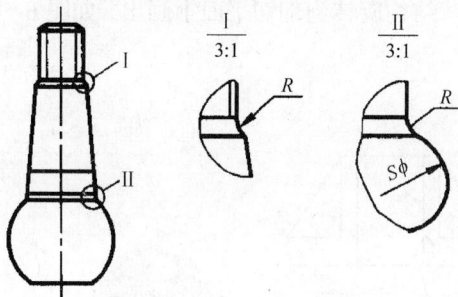

图6-46 转向拉杆球头销局部放大图

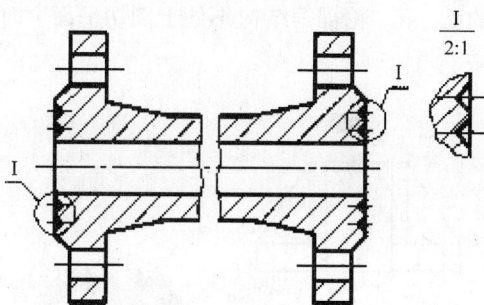

图6-47 局部放大图（三）

（4）必要时可用几个视图表达同一个被放大部位的结构，如图 6-48 所示。

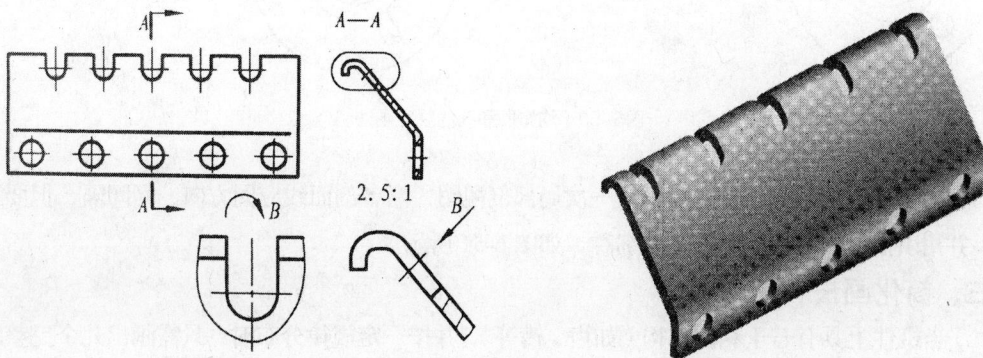

图6-48 多个图形表达同一个被放大结构

二、规定画法

（1）对于机件的肋、轮辐及薄壁等，如按纵向剖切（剖切平面通过其轴线或基本对称平面），这些结构在剖视图上都不画剖面符号，而用粗实线将它与其相邻的部分分开，如图6-49（a）、（b）所示。当剖切平面横向剖切肋、轮辐及薄壁等结构时，要在剖视图上画出剖面线，如图 6-49（b）中的俯视图所示。

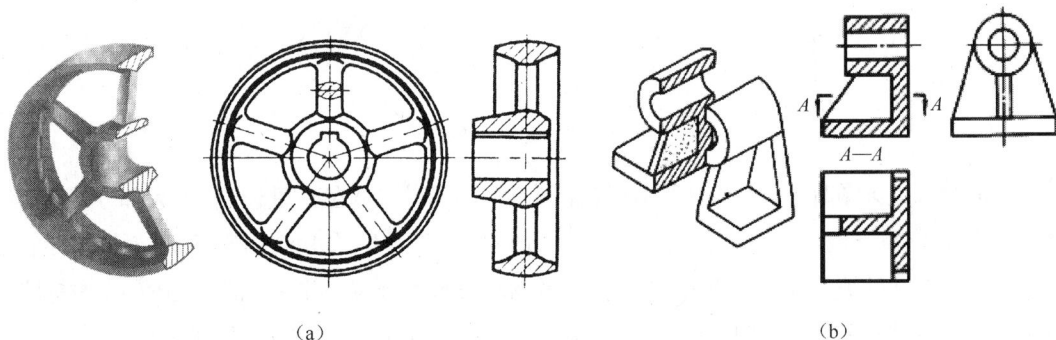

（a）　　　　　　　　　　　　　　　　　　　（b）

图6-49　肋、轮辐及薄壁的规定画法

（2）回转体上均匀分布的肋、孔、轮辐等结构在剖视图中的画法。当机件回转体上均匀分布的肋、孔、轮辐等结构不处于剖切平面上时，可将这些结构旋转到剖切平面上画出，如图 6-50所示。

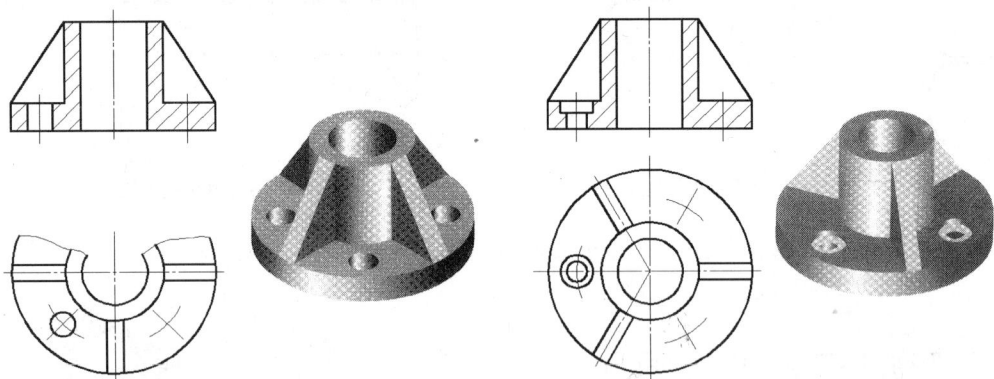

图6-50　均布肋和孔的规定画法

（3）在剖视图的剖面区域中可再作一次局部剖视图，两者剖面线应同方向、同间隔，但要互相错开，并用引出线标注局部剖视图的名称，如图 6-51 所示。

三、简化画法

（1）当机件上具有若干相同结构（如齿、槽等），并按一定规律分布时，只需画出几个完整的结构，其余用细实线连接，但需在图中注明该结构的总数，如图 6-52 所示。

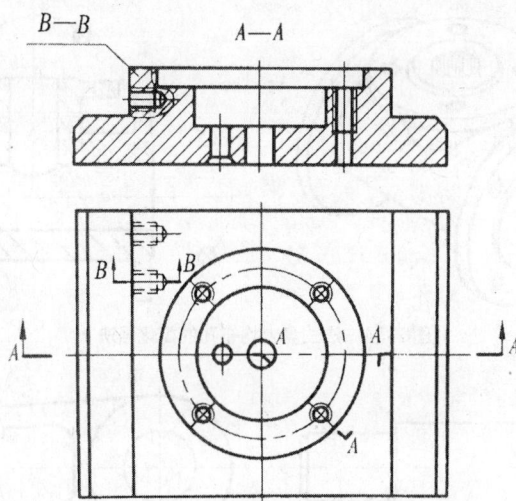

图6-51 剖中剖画法

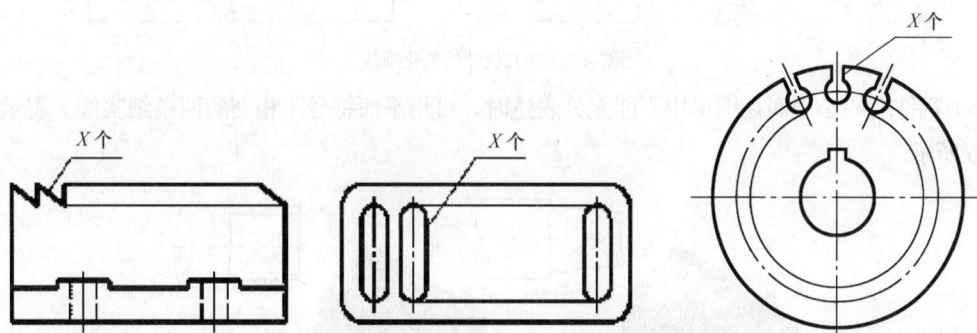

图6-52 相同结构的简化画法

（2）若干直径相同并按规律分布的孔、管道等，可以仅画出一个或几个，其余只需表明其中心位置，如图 6-53 所示。

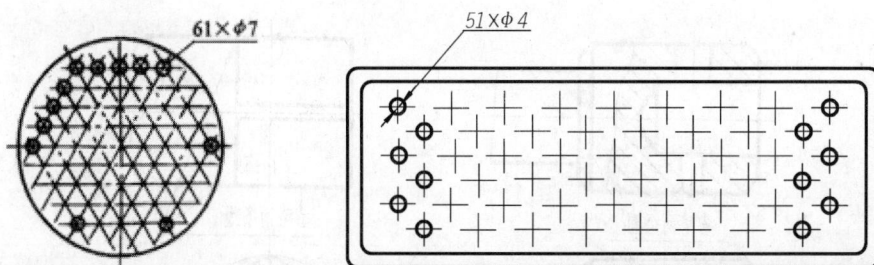

图6-53 按规律分布的等径孔

（3）圆盘形法兰和类似结构上按圆周均匀分布的孔，可按图 6-54 所示的方式表达。

（4）较长的机件（轴、杆、型材、连杆等）沿长度方向的形状一致或按一定规律变化时，可断开后缩短绘制，折断线一般采用波浪线，但必须按实际长度标注尺寸，如图 6-55 所示。

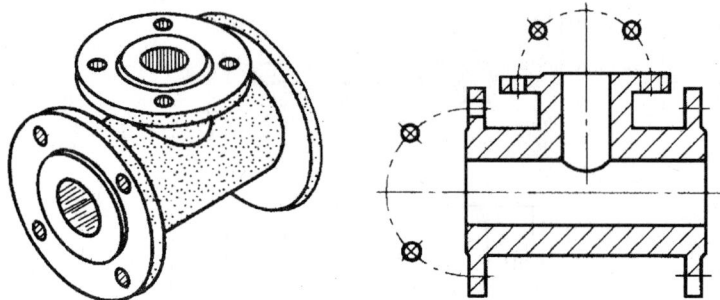

图6-54　法兰盘上均布孔的简化画法

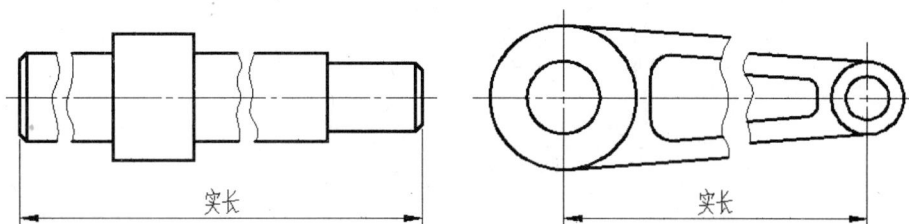

图6-55　较长机件的简化画法

（5）机件上的小平面在图形中不能充分表达时，可用平面符号（相交的两条细实线）表示，如图 6-56 所示。

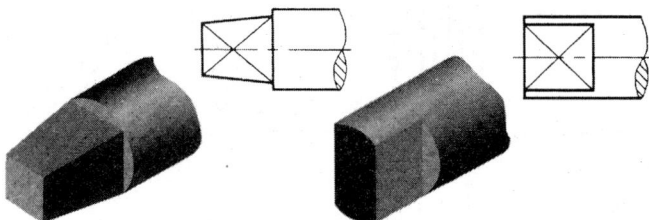

图6-56　用平面符号表示平面

（6）在不致引起误解时，非圆曲线的过渡线及相贯线允许简化为圆弧或直线，如图 6-57 所示。

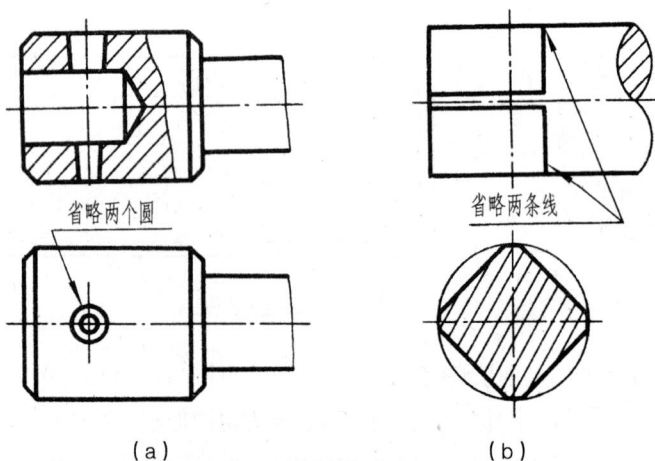

省略两个圆

省略两条线

（a）　　　　　　　　　　　（b）

图6-57　较小结构的省略画法

（7）与投影面倾斜角度等于或小于30°的圆或圆弧，其投影可用圆或圆弧代替，如图6-58所示。倾斜结构需在其失真投影上标注真实尺寸时，应在所注尺寸数值下方加画粗实线。

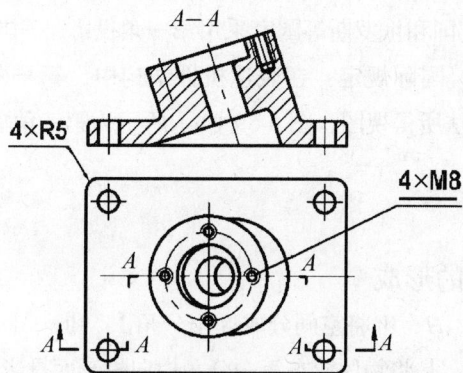

图6-58　倾斜的圆和圆弧的简化画法

任务五　第三角画法简介

任务引出

图6-59所示的同一机件的两组三视图（a）和（b），有何区别？

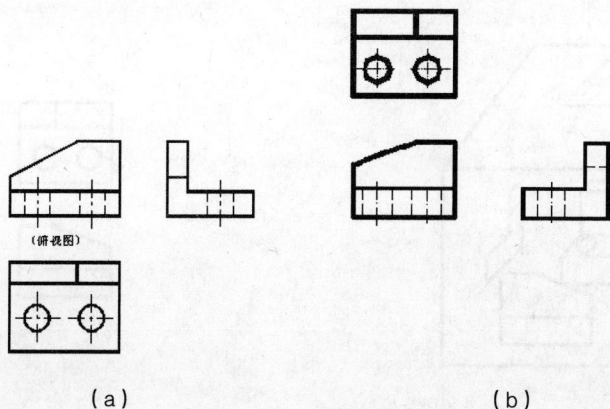

（a）　　　　　　　　　　　（b）

图6-59　机件的两组视图

任务描述

目前，在国际上使用的有两种投影制，即第一角投影（又称第一角画法）和第三角投影（又称第三角画法），中国、英国、德国和俄罗斯等国家采用第一角投影，美国、日本、新加坡及港资台资企业等采用第三角投影。ISO 国际规定：在表达机件结构中，第一角和第三角画法同等有效。图 6-59（a）所示为第一角画法所得视图，图 6-59（b）所示为第三角画法所得视图。

相关知识

一、第三角画法视图的形成

3 个互相垂直的投影面 V、H、W 将空间分成 8 个分角 Ⅰ、Ⅱ…Ⅶ、Ⅷ，如图 6-60 所示。我国国家标准规定采用第一角画法，是将物体放在第一分角内向投影面投影，投影面展开如图 6-2 所示。而第三角画法则是将物体放在第三分角内，进行投影。此时，投影面位于观察者与物体之间，假想投影面是透明的，就得到了第三角投影，投影面展开如图 6-61 所示。

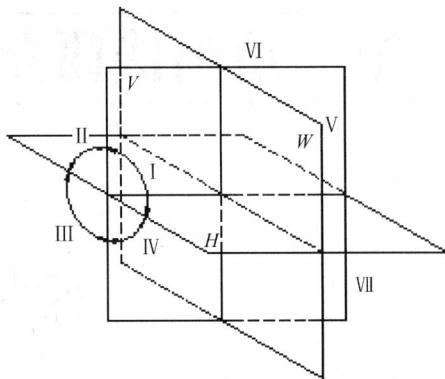

图6-60 8个分角

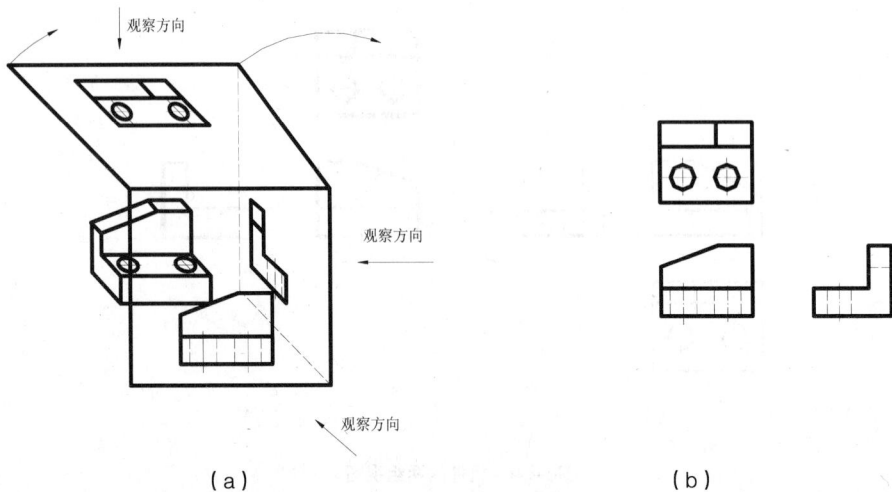

（a）

（b）

图6-61 第三角投影

二、第三角画法与第一角画法的区别

（1）在第三角画法与第一角画法中，观察者、物体和投影面的相对位置不同。

第一角画法：观察者→物体→投影面，如图6-62所示。

第三角画法：观察者→投影面→物体，如图6-63所示。

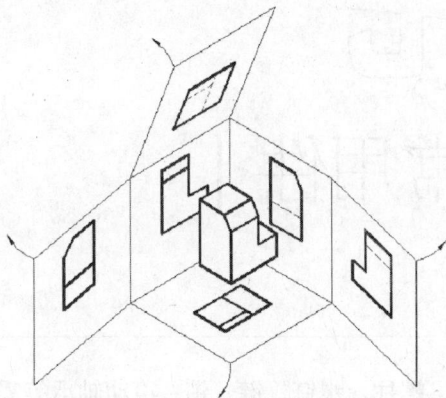

图6-62 第一角画法投影面的展开　　　　　　　图6-63 第三角画法投影面的展开

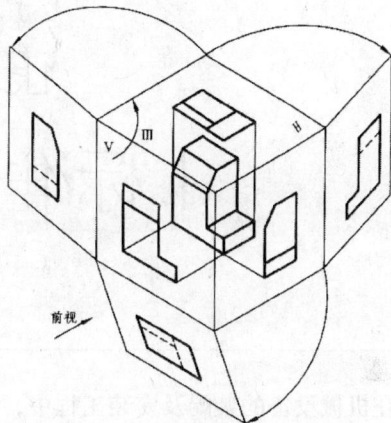

（2）第三角画法与第一角画法的6个基本投影面的展开方式和6个基本视图的配置不同，如图6-64和图6-65所示。

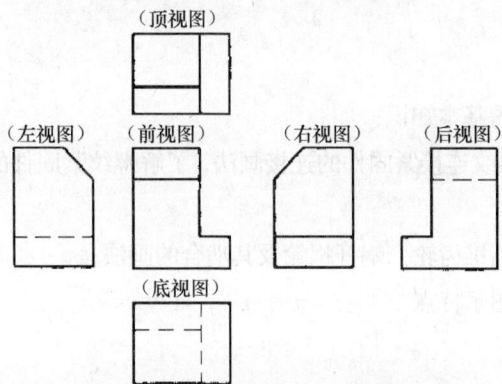

图6-64 第三角画法视图的规定配置　　　　　　图6-65 第一角画法视图的规定配置

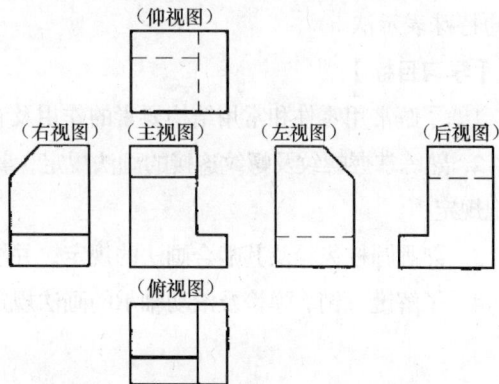

三、第三角画法与第一角画法的识别符号

国家标准（GB/T14692—1983）中规定，采用第三角画法时，必须在图样中画出第三角投影的识别符号，而在采用第一角画法时，如有必要也可画出第一角投影的识别符号。两种投影的识别符号如图6-66所示。

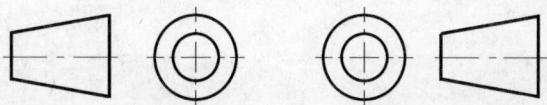

（a）第一角投影符号　　　　　　（b）第三角投影符号

图6-66 两种投影法的标志符号

模块七

| 标准件与常用件 |

在机械设备的装配及安装工程中，广泛使用螺栓、螺柱、螺钉、键、销、滚动轴承等零件，由于这些零件应用广、用量大，国家标准对这些零件的结构、规格尺寸和技术要求作了统一规定，实行了标准化，所以统称为标准件。此外，齿轮、弹簧等机件仅对其部分结构要素实行了标准化，称为常用件。为了减少设计和绘图工作量，国家标准对上述标准件和常用件规定了简化的特殊表示法。

【学习目标】

1. 了解常用零件和常用结构要素的作用及有关的基本知识；

2. 熟练掌握螺纹及螺纹连接的画法规定，掌握螺纹连接紧固件的连接画法，了解螺纹紧固件的标记规定；

3. 熟悉圆柱齿轮及其啮合画法的规定，并了解圆锥齿轮、蜗杆蜗轮及其啮合的画法；

4. 了解键、销、弹簧及滚动轴承的画法规定及图示特点。

任务一　螺纹及螺纹紧固件

| 任务引出 |

图 7-1 所示的螺栓连接、螺柱连接和螺钉连接，在机械图样中它们的画法、标记如何表达？

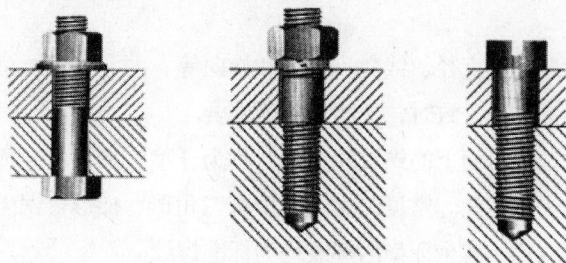

图7-1 螺栓连接、螺柱连接和螺钉连接

相关知识

一、螺纹

1. 螺纹的形成

螺纹是在圆柱或圆锥表面上沿螺旋线所形成的，具有相同轴向断面的连续凸起和沟槽的结构。螺纹的凸起部分称为牙。在圆柱或圆锥外表面上形成的螺纹称为外螺纹，在圆柱或圆锥内表面上形成的螺纹称为内螺纹，如图 7-2 所示。

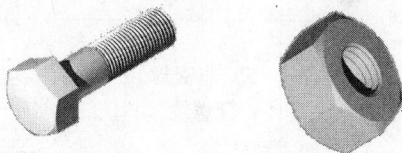

图7-2 外螺纹和内螺纹

形成螺纹的加工方法很多，图 7-3（a）所示为在车床上车削外螺纹，图 7-3（b）所示为在车床上车削内螺纹，工件做等速旋转运动，刀具沿工件轴向做等速直线运动，其合成运动使切入工件的刀尖在工件表面上切制出螺纹；图 7-3（c）所示为碾压螺纹；图 7-3（d）所示为丝锥攻内螺纹；图 7-3（e）所示为板牙套外螺纹。

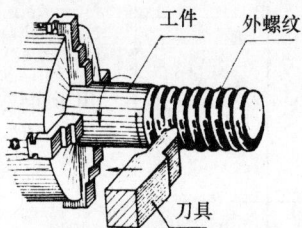

（a）车削外螺纹

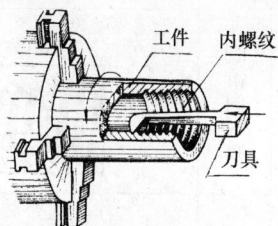

（b）车削内螺纹

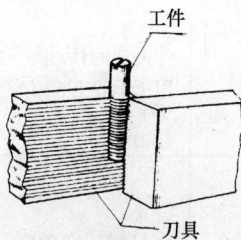

（c）碾压螺纹

（d）丝锥攻内螺纹（手工加工）

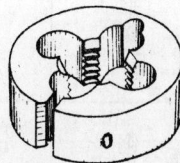

（e）板牙套外螺纹（手工加工）

图7-3 螺纹的加工方法

2. 螺纹的结构要素

螺纹的结构要素包括牙型、直径、线数、螺距和旋向等。内、外螺纹总是成对使用的，只有当内、外螺纹的 5 个结构要素完全一致时，才能正常地旋合。

（1）牙型。通过螺纹轴线断面上的螺纹轮廓形状称为牙型。牙型由牙顶、牙底和两牙侧构成，相邻两牙侧面间的夹角称为牙型角。常见的螺纹牙型有三角形、梯形、锯齿形和矩形，如表 7-1 所示。其中矩形螺纹尚未标准化，其余牙型的螺纹均为标准螺纹。

表 7-1　　　　　常用标准螺纹的分类、牙型及符号

螺纹分类			牙型及牙型角	特征代号	说明
连接螺纹	普通螺纹	粗牙普通螺纹	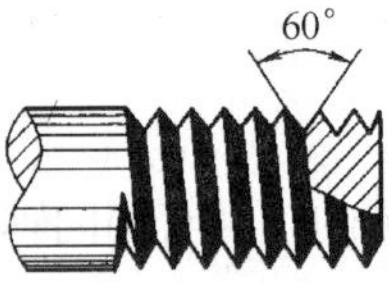 60°	M	用于一般零件连接
		细牙普通螺纹			与粗牙螺纹大径相同时，螺距小，小径大，强度高，多用于精密零件，薄壁零件
	管螺纹	55°非密封管螺纹	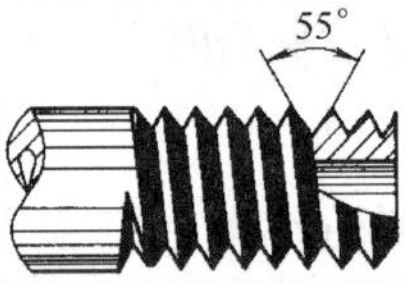 55°	G	用于非螺纹密封的低压管路的连接
		55°密封管螺纹 圆锥外螺纹	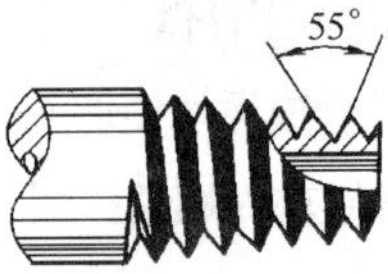 55°	R_1、R_2	用于螺纹密封的中、高压管路的连接
		圆锥内螺纹	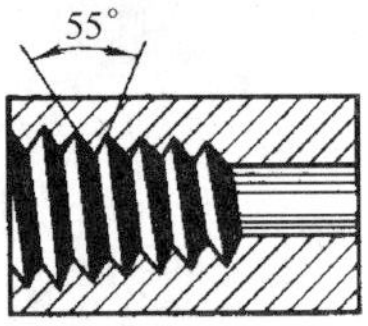 55°	R_c	
		圆柱内螺纹	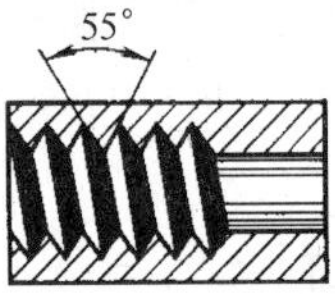 55°	R_p	
传动螺纹		梯形螺纹	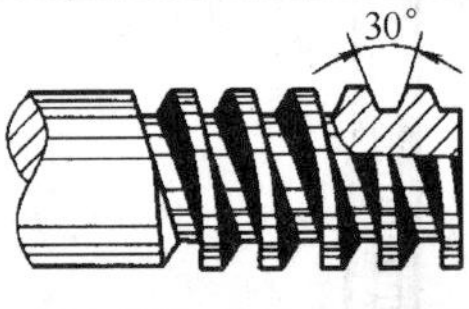 30°	T_r	可双向传递运动及动力，常用于承受双向力的丝杠传动
		锯齿形螺纹	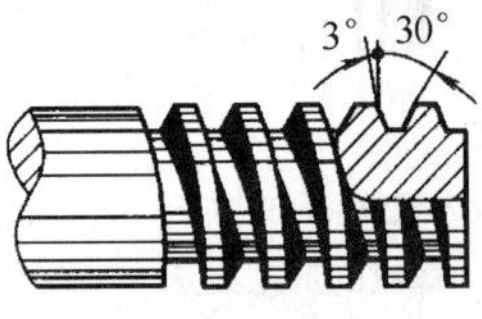 3° 30°	B	只能传递单向动力

（2）直径。螺纹的直径有大径、小径和中径，如图 7-4 所示。

大径（D、d）是指与外螺纹牙顶或内螺纹牙底相重合的假想圆柱面的直径。大径又称公称直径也称为基本大径。内螺纹用大写字母表示，外螺纹用小写字母表示。

小径（D_1、d_1）是指与外螺纹牙底或内螺纹牙顶相重合的假想圆柱面的直径。

中径（D_2、d_2）是指介于大、小径之间的一个假想圆柱面的直径，在该圆柱面的母线上牙型凸起和沟槽的宽度相等。

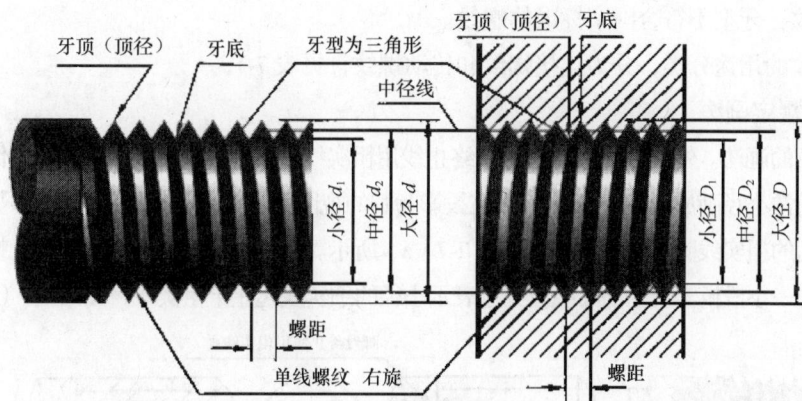

图7-4 螺纹的直径

（3）线数。在同一圆柱（锥）面上形成螺纹螺旋线的条数称为线数，用 n 来表示，螺纹有单线和多线之分。沿一条螺旋线形成的螺纹称为单线螺纹；沿两条或两条以上螺旋线形成的螺纹称为多线螺纹，如图 7-5 所示。

（4）螺距和导程。螺距是指相邻两牙在中径线上对应两点间的轴向距离，螺距用 P 表示，如图 7-5 所示。

导程是指同一条螺旋线上的相邻两牙在中径线上对应两点间的轴向距离，导程用 Ph 表示。螺距、导程和线数三者之间的关系为 $Ph = n \times P$，如图 7-5 所示。

（5）旋向。螺纹分为左旋和右旋两种。顺时针旋转旋入的螺纹称为右旋螺纹；逆时针旋转旋入的螺纹称为左旋螺纹。竖立螺旋体，左边高即为左旋，右边高即为右旋，如图 7-6 所示。工程中广泛使用右旋螺纹，左旋螺纹仅在特定的情况下使用。

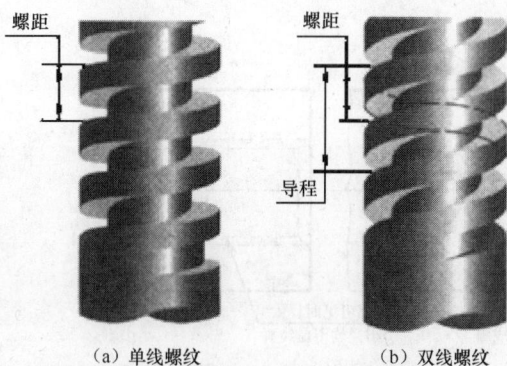

（a）单线螺纹 　　（b）双线螺纹

图7-5 螺纹的线数、导程和螺距

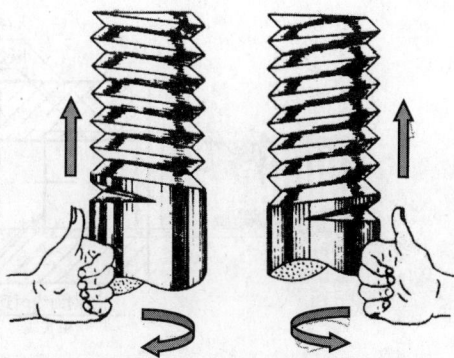

图7-6 螺纹的旋向

3. 螺纹的种类

螺纹的牙型、大径和螺距是螺纹最基本的要素，称为螺纹的三要素。国家标准中对螺纹的三要素作了一系列的规定。

（1）按螺纹三要素是否符合标准分类，分为标准螺纹、特殊螺纹、非标螺纹。

标准螺纹：牙型、大径和螺距均符合国家标准的螺纹。

特殊螺纹：牙型符合国家标准，大径和螺距不符合国家标准的螺纹。

非标准螺纹：牙型不符合国家标准的螺纹。

（2）按螺纹的用途分类，分为连接螺纹和传动螺纹，见表7-1。

4. 螺纹的规定画法

（1）外螺纹的画法。外螺纹的大径和螺纹终止线用粗实线表示；小径用细实线表示，倒角或倒圆部分均应画出，通常小径画成大径的0.85倍。在投影为圆的视图中，表示小径的细实线圆只画约3/4圈，而表示轴上倒角的粗实线圆则省略不画，如图7-7（a）所示。在外螺纹的非圆剖视图中，螺纹终止线只画大小径之间的一小段粗实线，剖面线应穿过表示小径的细实线起止于粗实线，如图7-7（b）所示。

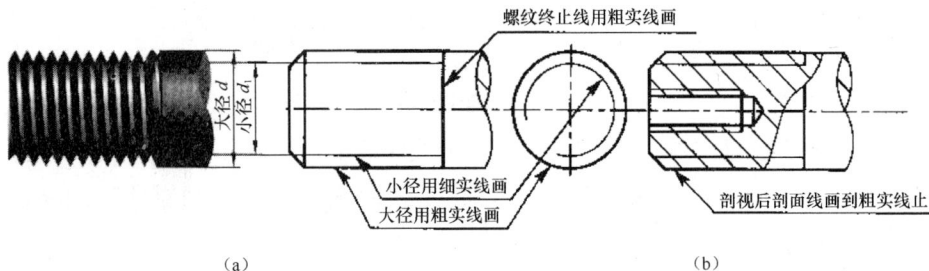

（a）　　　　　　　　　　　　　　　　　　（b）

图7-7　外螺纹的画法

当需要表示螺纹收尾时，螺尾部分的牙底用与轴线成30°的细实线绘制，如图7-8所示。

（2）内螺纹的画法。在剖视图中，螺纹孔小径和螺纹终止线用粗实线表示，大径用细实线表示，剖面线要画到小径粗实线处。在投影为圆的视图中，表示大径的细实线圆只画约3/4圈，而表示孔口倒角的粗实线圆则省略不画，如图7-9（a）所示。不可见螺纹的所有图线均按细虚线绘制，如图7-9（b）所示。

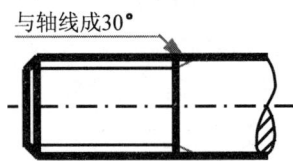

图7-8　螺纹收尾的画法

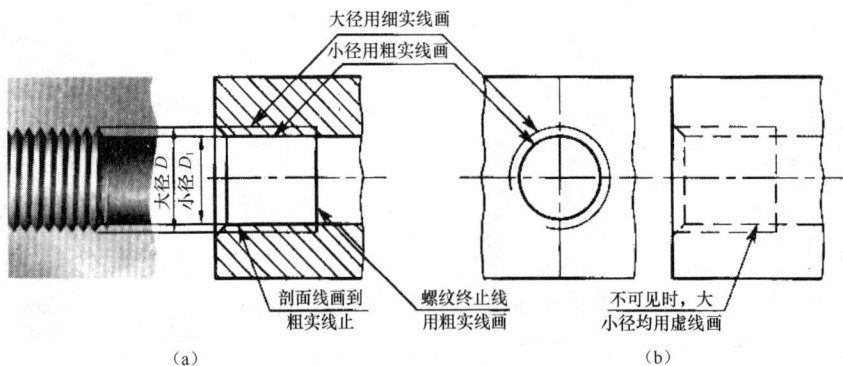

（a）　　　　　　　　　　　　　　　　　　（b）

图7-9　内螺纹的画法

对于不穿通螺孔，绘制时一般应将钻孔深度与螺纹深度分别画出，钻孔深度比螺纹深度按深约 0.5 倍的大径绘制，并注意孔底按钻头的锥角面为 120°，如图 7-10 所示。

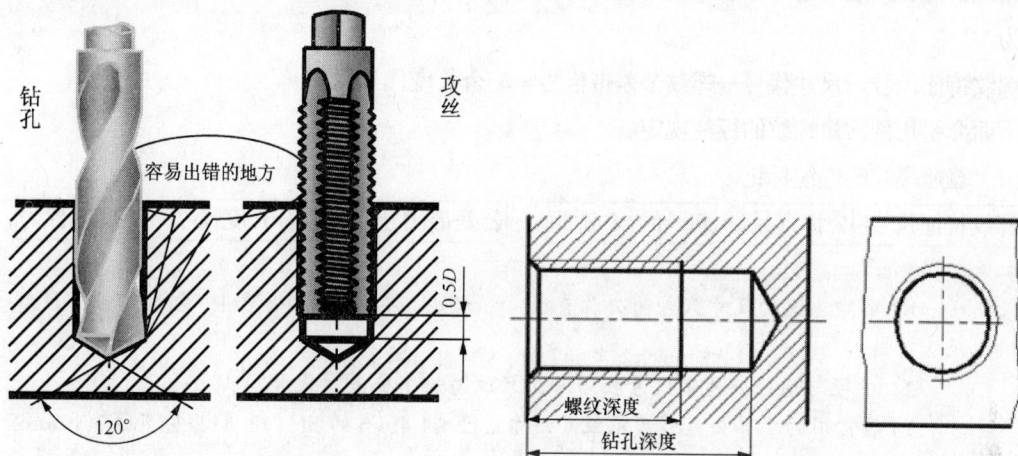

钻孔

容易出错的地方

攻丝

0.5D

120°

螺纹深度

钻孔深度

图7-10 不穿通螺孔的画法

（3）内、外螺纹的连接画法。内外螺纹旋合时，常采用剖视图画出，其旋合部分应按外螺纹的画法绘制，其余部分仍按各自的规定画法绘制，如图 7-11 所示。

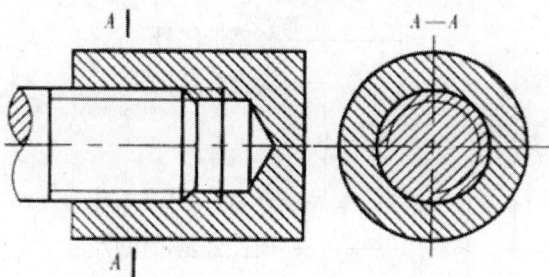

A

A—A

A

图7-11 内、外螺纹连接的画法

（4）牙型的表示法。当需要表示牙型时，可采用局部剖视图或局部放大图的形式绘制，如图 7-12 所示。

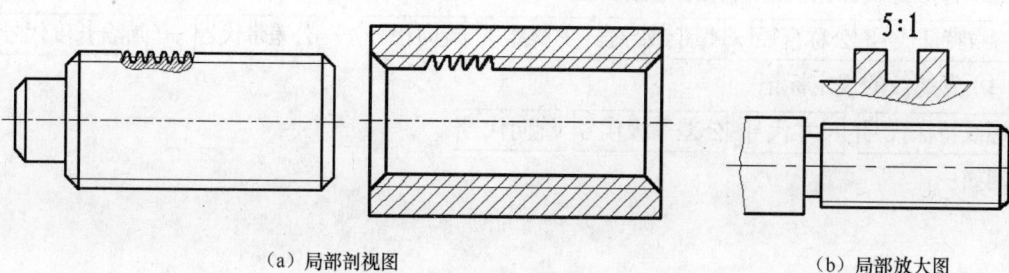

5:1

（a）局部剖视图

（b）局部放大图

图7-12 螺纹牙型的表示方法

5. 螺纹的规定标注

螺纹按国标规定的画法画出后，图形不能反映它的牙型、螺距、线数和旋向等结构要素及其种类，因此，国家标准规定，标准螺纹用规定的标记标注，以区别不同种类的螺纹。螺纹的完整标记组成为

螺纹特征代号　尺寸代号—螺纹公差带代号—旋合长度代号

下面介绍几种常用螺纹的标注规定。

（1）普通螺纹的螺纹标记。

| 螺纹特征代号 | 公称直径 | ×Ph 导程 P 螺距 | —公差带代号 | — | 旋合长度代号 | — | 旋向代号 |

> **注意**
> 1）单线螺纹的尺寸代号为公称直径 × 螺距，不必注写 Ph 和 P，粗牙螺纹不注螺距。
> 2）中径与顶径公差带代号相同时，只注写一个公差带代号。
> 3）最常用的中等公差精度螺纹（公称直径≤1.4mm 的 5H、6h 和公称直径≥1.6mm 的 6H、6g）不标注公差带代号。
> 4）旋合长度不标注具体数值。
> 旋合长度代号
> L：长旋合长度；N：中等旋合长度（不注）；S：短旋合长度。

例如：

```
螺纹代号 ─────────┐                  ┌───── 公差带代号
                  │                  ├───── 旋合长度代号
                  │                  │
              M  10×1 ─ 5g 6g ─ S
                  │        │   │
特征代号 ─────────┤        │   └───── 分为长（L）、中等（N）、短（S）共3组
公称直径 ─────────┤        └───── 顶径公差带代号
    螺距 ─────────┘        └───── 中径公差带代号
```

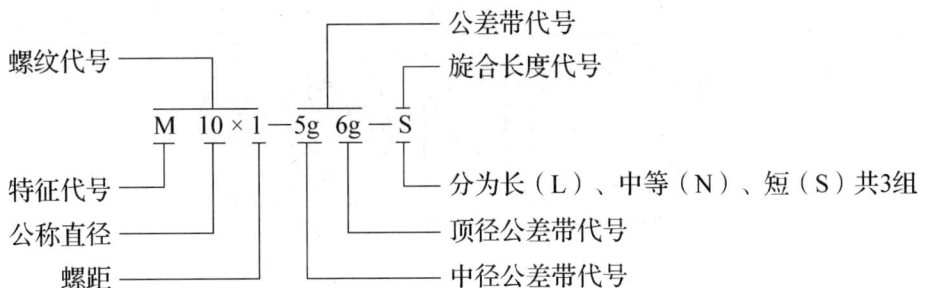

上述螺纹的标注方法是用尺寸的标注形式，注写在内、外螺纹的公称直径上，其公称直径一般指螺纹的大径。螺纹的公差带代号由表示公差等级的数字及表示公差位置的字母组成，大写字母表示内螺纹，小写字母表示外螺纹。

（2）梯形螺纹和锯齿形螺纹的规定标记。

| 螺纹特征代号 | 公称直径 | ×螺距 或 导程（P 螺距） | 旋向代号 | — | 公差带代号 | — | 旋合长度代号 |

（3）管螺纹的规定标记。

| 螺纹特征代号 | 尺寸代号 | 公差等级代号 | 旋向代号 |

例如：

$$G \quad 1\frac{1}{2} \quad A$$

特征代号 ┘　　│　　└ 公差等级代号

└ 尺寸代号（无单位）

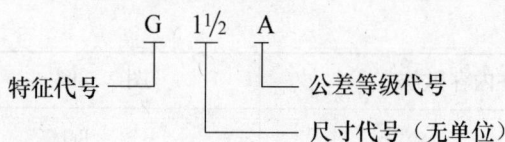

　　管螺纹的尺寸代号并不是指螺纹大径，也不是管螺纹本身的任何一个直径，而是指加工管螺纹的管子的通孔直径，其大径和小径等参数可以从附录一中的附表 3、附表 4 查得。

　　常用标准螺纹的规定标注示例如表 7-2 所示。

表 7-2　　　　　　　　　　　常用标准螺纹的规定标注

螺纹种类	标注内容和方式	图　例	说　明
粗牙 普通螺纹 （单线）	粗牙普通螺纹标注示例： M10–5g6g–S 　└ 旋合长度代号 　└ 顶径公差带代号 　└ 中径公差带代号 M10–7H–L–LH 　└ 左旋代号 　└ 旋合长度代号 　└ 中径和顶径公差带代号 M10–5g6g（不注螺纹旋合长度代号）	M10–5g6g–s M10–7H–L–LH M10–5g6g	1. 不注螺距 2. 中径和顶径公差带代号相同时，只标注一个代号如 7H 3. 旋合长度代号为 S—短旋合长度 N—中等旋合长度 L—长旋合长度 常用中等旋合长度，省略不注 4. 右旋省略不注，左旋要标注"LH"
细牙 普通螺纹 （单线）	细牙普通螺纹标注示例： M10 × 1.5–5g6g	M10 × 1.5–5g6g	1. 要标注螺距 2. 其他规定同粗牙普通螺纹
55° 非密封 管螺纹 （单线）	管螺纹标注 1. 55°非密封内管螺纹示例： G1/2 2. 55°非密封外管螺纹示例： 公差等级为 A 级 G1/2A 公差等级为 B 级 G1/2B	G1/2 G1/2A	1. 管螺纹均从大径处引出指引线标注 2. 特征代号为 G，尺寸代号为 1/2，外螺纹公差等级为 A 级

续表

螺纹种类	标注内容和方式	图　例	说　明
55°密封 管螺纹 （单线）	55°密封管螺纹标注示例 1. 55°密封圆柱内管螺纹示例： $R_p1/2$ 2. 55°密封圆锥内管螺纹示例： $R_c1/2$ 3. 55°密封圆锥外管螺纹示例： $R_11/2$ 或 $R_21/2$	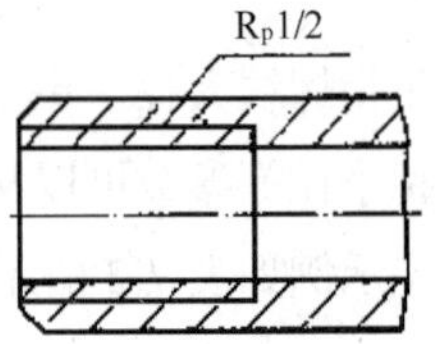 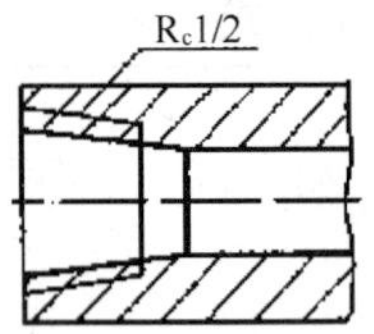	1. 管螺纹均从大径处引出指引线标注 2. 特征代号为 $\frac{1}{2}$ R_P—圆柱内螺纹 R_C—圆锥内螺纹 R_1—与圆柱内螺纹相配合的圆锥外螺纹 R_2—与圆锥内螺纹相配合的圆锥外螺纹 尺寸代号为 $\frac{1}{2}$
梯形螺纹 （单线或 多线）	梯形螺纹标注 1. 单线梯形螺纹标注示例： Tr40×7—7e 　　　公差带代号 　　　螺距 　　　公称直径 2. 多线梯形螺纹标注示例： Tr40×14(P7)LH—7e 　左旋　公差带代号 　　螺距 　　导程 　　公称直径	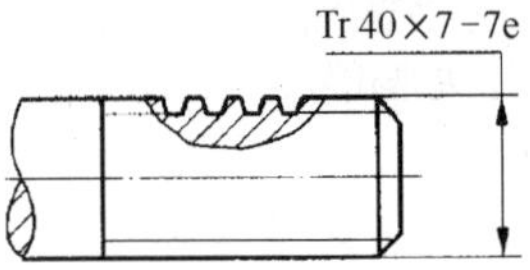 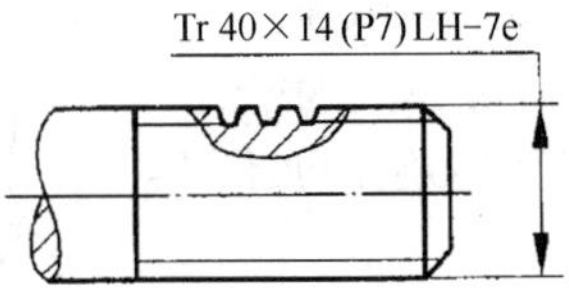	1. 要标注螺距 2. 多线的要标注导程 3. 右旋省略不注，左旋要标注"LH" 4. 标注中径公差带代号 5. 旋合长度代号为 S—短旋合长度 N—中等旋合长度 L—长旋合长度 常用中等旋合长度，省略不注
锯齿形 螺纹 （单线或 多线）	锯齿形螺纹标注 1. 单线锯齿形螺纹标注示例： B40×7 　　　螺距 　　　公称直径 2. 多线锯齿形螺纹标注示例： B40×14(P7)—7e 　　　公差带代号 　　　螺距 　　　导程 　　　公称直径	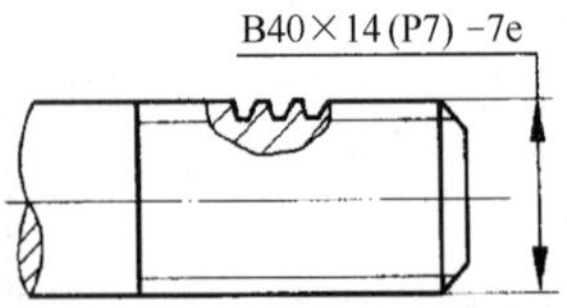	1. 要标注螺距 2. 多线的要标注导程 3. 右旋省略不注，左旋要标注"LH" 4. 标注中径公差带代号 5. 旋合长度代号为 S—短旋合长度 N—中等旋合长度 L—长旋合长度 常用中等旋合长度，省略不注

二、螺纹紧固件及标记

1. 螺纹紧固件的种类及标记

常用的螺纹紧固件有螺栓、双头螺柱、螺钉、螺母和垫圈等，如图 7-13 所示。

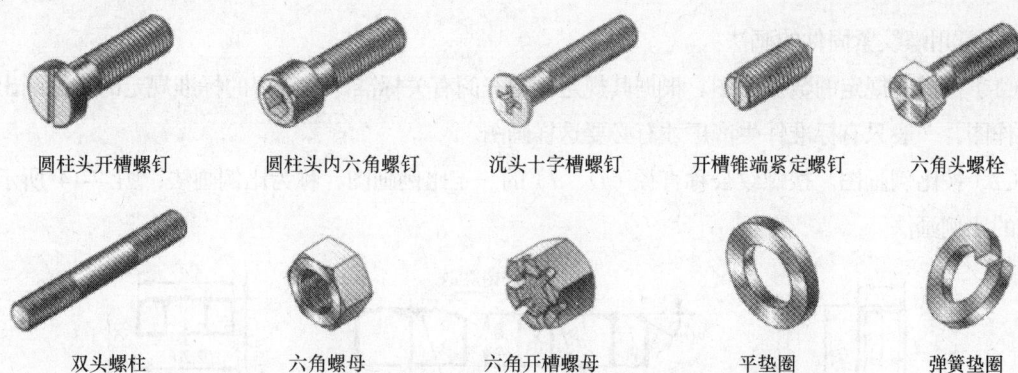

| 圆柱头开槽螺钉 | 圆柱头内六角螺钉 | 沉头十字槽螺钉 | 开槽锥端紧定螺钉 | 六角头螺栓 |

双头螺柱　六角螺母　六角开槽螺母　平垫圈　弹簧垫圈

图7-13　常用的螺纹紧固件

它们是标准件，结构形式和尺寸已全部标准化，根据规定标记可在相应的标准中查出有关尺寸。常用的螺纹紧固件及其标记如表 7-3 所示。

表 7-3　常用螺纹紧固件的图例及其标记示例

名称及国标代号	图　例	标记及说明
六角头螺栓 A 级和 B 级 GB/T 5782—2000		螺栓 GB/T 5782 M12×60 表示 A 级六角头螺栓，螺纹规格 M12，公称长度 l=60mm
双头螺柱（bm=d）GB/T 897—1988		螺柱 GB/T 897 M12×50 表示 B 型双头螺柱，两端均为粗牙普通螺纹，规格是 M12，公称长度 l=50mm
开槽沉头螺钉 GB/T 68—2000		螺钉 GB/T 68 M10×60 表示开槽沉头螺钉，螺纹规格是 M10，公称长度 l=60mm
开槽长圆柱端紧定螺钉 GB/T 75—1985		螺钉 GB/T 75 M5×25 表示长圆柱端紧定螺钉，螺纹规格是 M5，公称长度 l=25mm
I 形六角螺母 A 级和 B 级 GB/T 6170—2000		螺母 GB/T 6170 M12 表示 A 级 I 形六角螺母，螺纹规格 M12
平垫圈 A 级 GB/T 97.1—2002		垫圈 GB/T 97.1 12—140HV 表示 A 级平垫圈，公称尺寸（螺纹规格）12mm，性能等级为 140 HV 级
标准型弹簧垫圈 GB/T 93—1987		垫圈 GB/T 93 20 20 表示标准弹簧垫圈的规格（螺纹大径）是 20mm

2. 常用螺纹紧固件的画法

（1）按标准规定的数据画图。根据其规定标记查阅有关标准，按查得的标准规定的数据画出零件工作图，一般只有标准件生产厂才有必要这样画图。

（2）按比例画图。按螺纹公称直径（D、d）的一定比例画图，称为比例画法，图 7-14 所示为它们的比例画法。

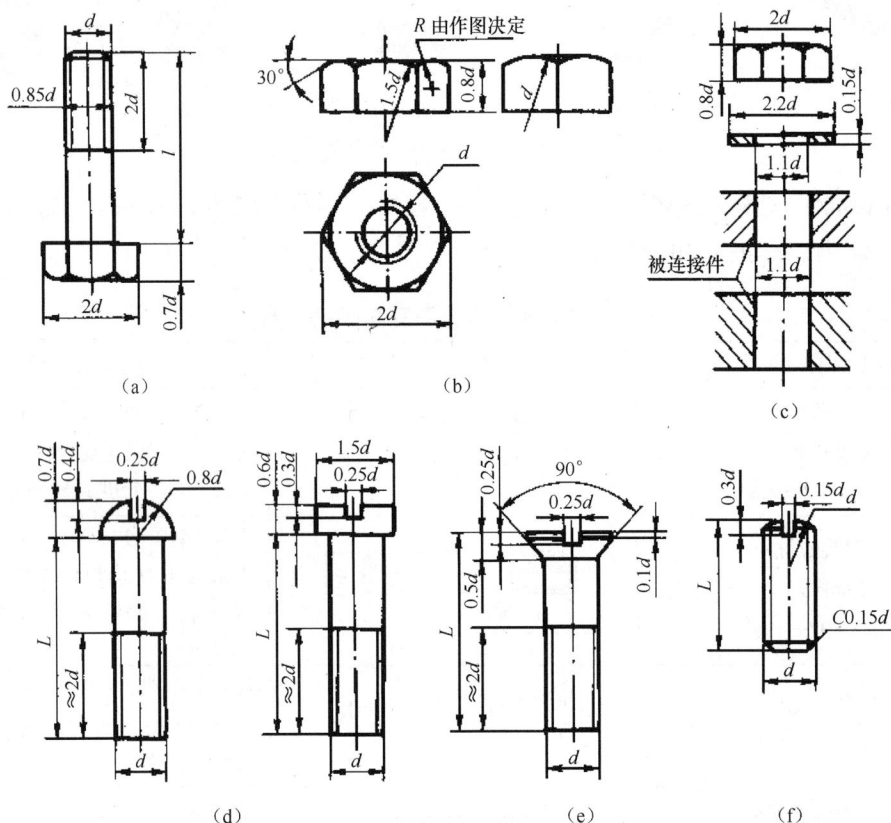

图7-14 常见螺纹紧固件的比例画法

三、螺纹紧固件连接图的画法

画法的基本规定如下。

（1）两零件的接触表面画一条线；不接触表面，无论间隔多小都要画两条线。

（2）相邻的两金属零件，剖面线的方向相反，或方向一致间隔不等，同一零件在各个视图中，其剖面线的方向和间隔应相同。

（3）在剖视图中，剖切平面通过螺栓、螺母、垫圈等标准件或实心零件（球、杆等）的轴线时，这些零件按不剖绘制。

1. 螺栓连接

螺栓用于连接厚度不大的两零件。两被连接零件上的通孔直径稍大于螺纹的公称直径，将螺栓穿入两零件的通孔，在螺杆的一端套上垫圈，垫圈的作用是防止损伤零件表面，并能增加支撑面积，使之受力均匀。再拧紧螺母使之紧固，其连接画法如图 7-15 所示。

（a）螺栓连接　　　　　　　　　　　　（b）装配前

（c）装配后　　　　　　　　　　　　（d）简化画法

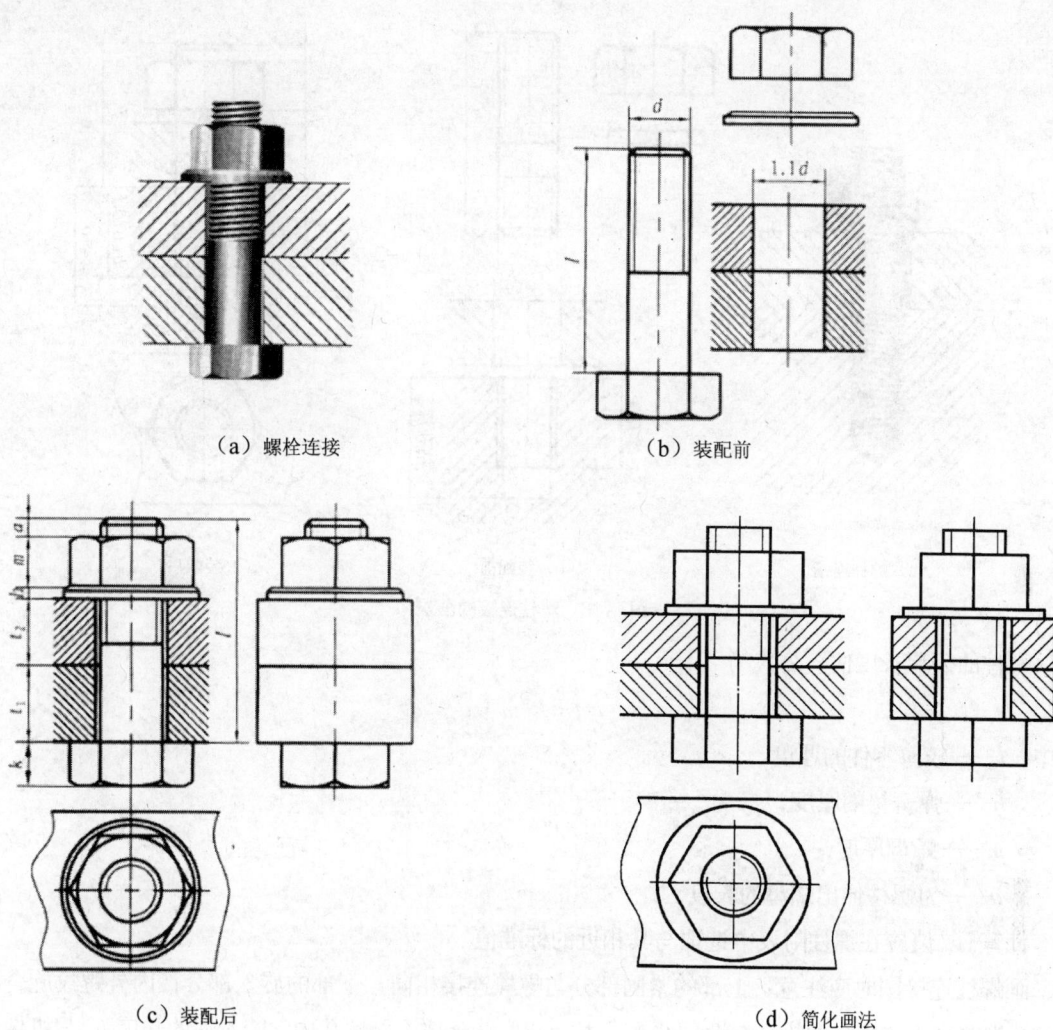

图7-15　螺栓连接的画法

螺栓的公称长度估算公式为

$$l=t_1+t_2+h+m+a$$

式中，t_1、t_2——两被连接件的厚度；

　　　h——垫圈厚度，$h=0.15d$；

　　　m——螺母厚度，$m=0.8d$；

　　　a——螺栓伸出螺母的长度，$a=0.3d$。

计算后 l 值应在螺栓附表中选取与其相近的标准值。

2. 双头螺柱连接

双头螺柱用于被连接零件之一较厚或不便钻通孔的的情况。双头螺柱的一端旋入较厚零件的螺纹孔中，称为旋入端。双头螺柱的另一端穿过较薄零件上的通孔，再套上垫圈，拧紧螺母，此端称为紧固端，其连接画法如图 7-16 所示。

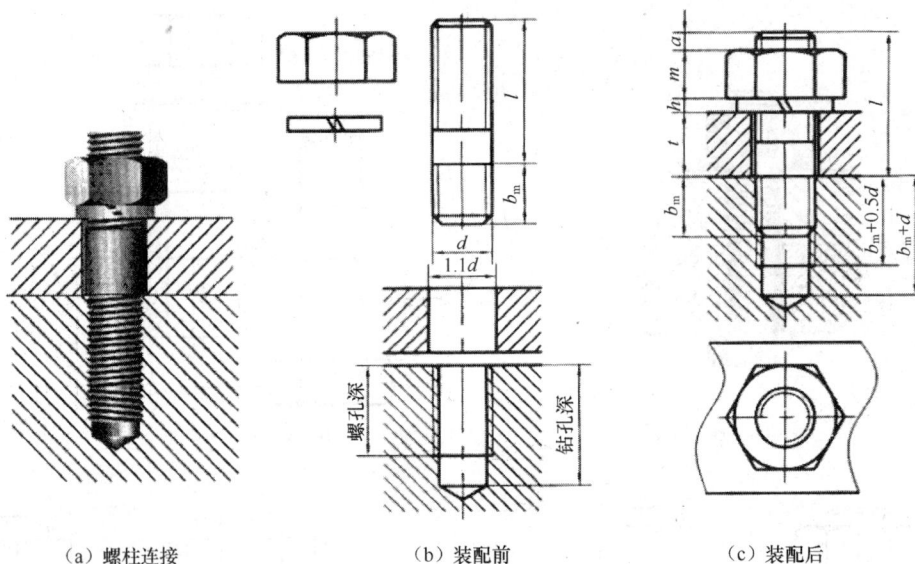

（a）螺柱连接　　　　　　　　（b）装配前　　　　　　　　（c）装配后

图7-16　螺柱连接的画法

螺柱的公称长度估算公式为

$$l=t + h+m + a$$

式中，t——较薄零件的厚度，

　　　　h——弹簧垫圈厚度，

　　　　m——螺母厚度，

　　　　a——为螺柱伸出螺母的长度。

计算后 l 值应在螺柱附表中选取与其相近的标准值。

画螺柱连接图时应注意：上部的紧固部分与螺栓连接相同，下部的旋入部分按内外螺纹旋合画法，其螺纹终止线应与两机件结合面平齐，表示旋入端全部旋入螺孔内。旋入端的长度 b_m 与机件的材料有关，见表7-4。

表 7-4　　　　　　　　　　　　　　螺柱旋入端 b_m 的选用

被连接件的材料	旋入端长度 b_m	标准编号
钢、青铜	$b_m = d$	GB/T897—1988
铸铁	$b_m = 1.25d$，$b_m = 1.5d$	GB/T898—1988，GB/T899—1988
铝合金	$b_m = 2d$	GB/T900—1988

3. 螺钉连接

螺钉连接用于被连接零件之一较厚或不便钻通孔的的情况，多用于受力不大的情况。较薄零件上的通孔直径稍大于螺纹的公称直径，将螺钉穿过光孔而旋进较厚零件的螺孔，依靠螺钉头部的压紧和螺钉与零件的螺孔旋紧而连接，其连接画法如图 7-17 所示。

螺钉的公称长度估算公式为

$$l=\delta + b_m$$

式中，δ——钻通孔零件的厚度；

b_m——螺钉旋入螺孔的长度，b_m 的取值方法和螺柱相同。

计算后 l 值应在螺钉附表中选取与其相近的标准值。

画螺钉连接图时，应注意以下几点。

（1）螺纹终止线不应与零件结合面平齐，而应画在光孔件的范围内，以表示螺钉尚有拧紧的余地，而较薄零件已被压紧。

（2）螺钉头部的一字旋具槽在非圆视图上应放正，在圆的视图上应绘制成与中心线倾斜 45°的位置，如图 7-17 所示。

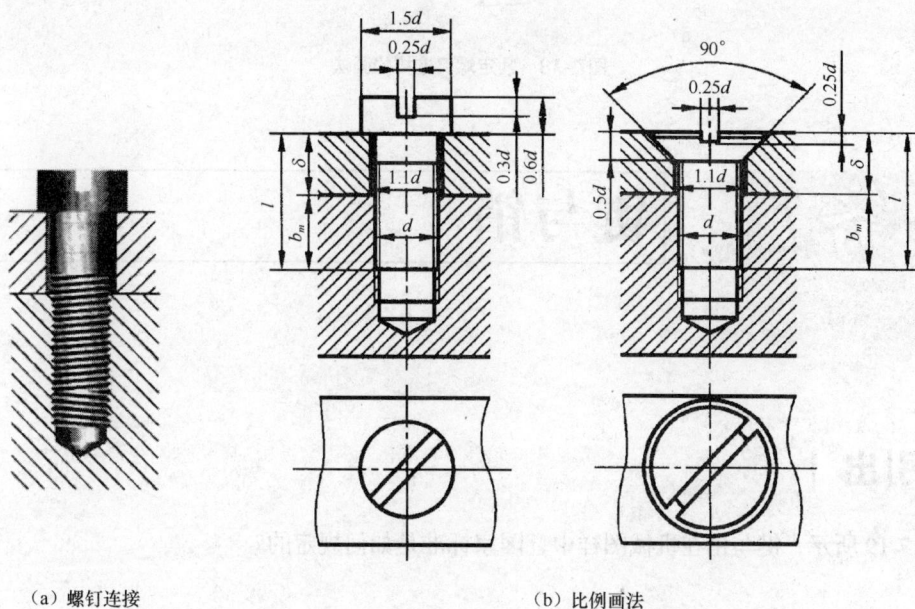

（a）螺钉连接　　　　　　　　　　（b）比例画法

（c）简化画法

图7-17　螺钉连接的画法

锥端紧定螺钉的连接画法如图 7-18 所示。

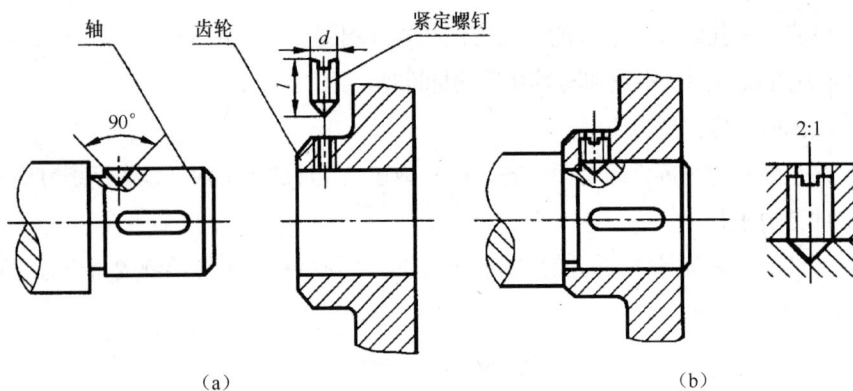

图7-18 紧定螺钉连接的画法

任务二 键与销

任务引出

如图 7-19 所示，键与销在机械图样中，国家标准是如何规定的？

图7-19 键与销

任务描述

键与销都是标准件，国家标准已经将它们的结构、尺寸标准化。

| 相关知识 |

一、键

键连接是一种可拆连接，主要用于连接轴与轴上的传动件（如齿轮、带轮等），使轴和传动件不产生相对转动，保证两者同步旋转，传递扭矩和旋转运动。

1. 常用键

常用的有普通平键、半圆键和钩头楔键等，普通平键又分 A 型、B 型和 C 型，如图 7-20 所示。

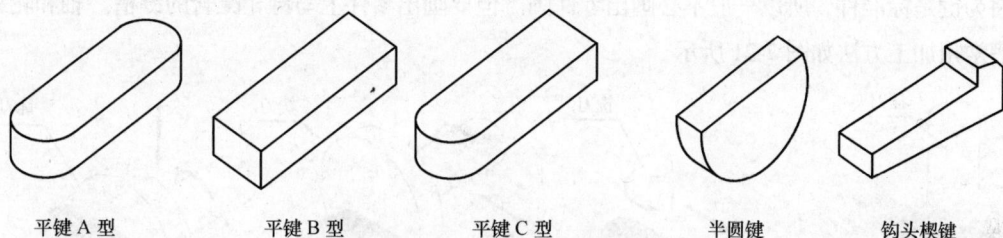

| 平键 A 型 | 平键 B 型 | 平键 C 型 | 半圆键 | 钩头楔键 |

图7-20 常用键的种类

常用键的种类、形式、标记和连接画法见表 7-5。

表 7-5   常用键的种类、形式、标记和连接画法

名称及标准	形式、尺寸与标记	连接画法
普通平键 A 型 GB/T 1096—2003	 GB/T 1096 键 $b \times h \times L$	
半圆键 GB/T 1099—2003	 GB/T 1099 键 $b \times h \times D$	
钩头楔键 GB/T 1565—2003	 GB/T 1565 键 $b \times h \times L$	

（1）键连接的画法。

由表 7-5 连接画法可知：主视图中剖切平面通过轴的轴线以及键的对称平面，轴和键按不剖绘制，为了表示键与轴的连接关系，可采用局部剖视图。

　　左视图中键被横向剖切，键要画出剖面线（与轴、轮毂的剖面线有区别）。普通平键和半圆键都是以两侧面为工作面，键的两个侧面分别与轴和轮毂的键槽侧面配合，各画一条线。键的上顶面、下底面为非工作面，其下底面与轴的键槽底面接触，只画一条线；其上顶面与轮毂的键槽底面不接触，应画成两条线。

　　钩头楔键的上顶面有1:100的斜度，连接时将键打入键槽。因此，上顶面与下底面同为工作面，分别与轴和轮毂的槽底面配合，各画一条线。而键的两个侧面与轴和轮毂的槽侧面不接触，各画两条线。

　　（2）键槽的画法及尺寸标注。

　　因为键是标准件，所以一般不必画出零件图。但要画出零件上与键相配合的键槽。轴和轮毂上的键槽常用加工方法如图7-21所示。

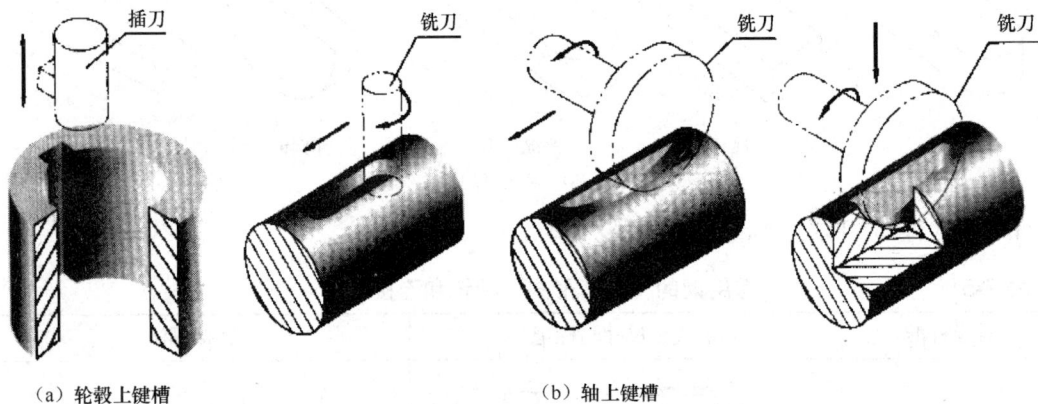

<table>
<tr><td>（a）轮毂上键槽</td><td>（b）轴上键槽</td></tr>
</table>

图7-21　键槽的加工方法

　　键槽的宽度 b 可根据轴的直径 d 查表确定，轴上的槽深 t_1 和轮毂上的槽深 t_0 可从键的标准中查出，键的长度 l 应小于或等于轮毂的长度。键槽的画法和尺寸标注如图7-22所示。

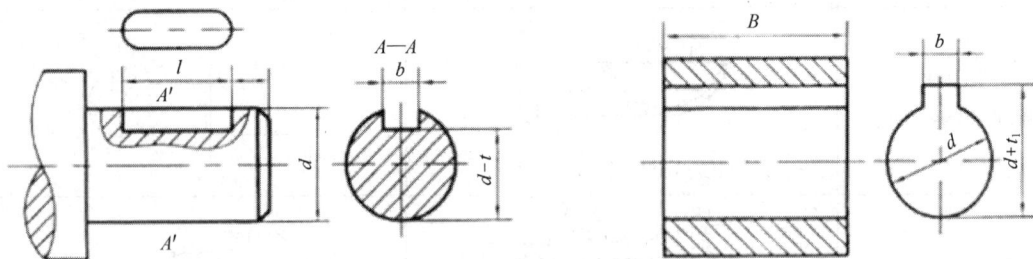

图7-22　键槽的画法和尺寸标注

2. 花键

　　花键连接适用于载荷较大、定心精度较高或导向性好的连接上。其结构和尺寸均已标准化。矩形花键应用较广，矩形花键连接如图7-23所示。

　　（1）矩形花键的画法。

　　① 外花键（花键轴）。在平行和垂直于花键轴线的投影面的视图中，外花键的大径（D）用粗实线绘制，小径（d）用细实线绘制，

图7-23　矩形花键连接

工作长度（L）的终止线和尾部末端用细实线绘制。尾部一般用倾斜于轴线30°的细实线画出。在断面图中可画出部分或全部齿形，如图7-24所示。

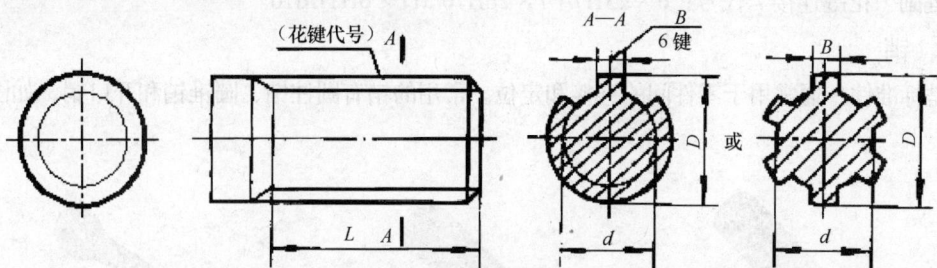

图7-24 外花键画法

② 内花键（花键孔）。在平行于花键轴线的投影面的剖视图中，大径（D）、小径（d）均用粗实线绘制，在垂直于花键轴线的投影面的视图中，可画出部分和全部齿形，如图7-25所示。

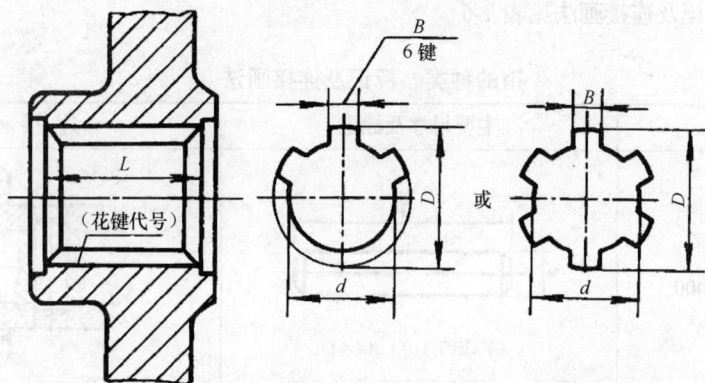

图7-25 内花键画法

③ 矩形花键连接画法。花键连接一般用剖视图表示，其连接部分按外花键的画法，如图7-26所示。

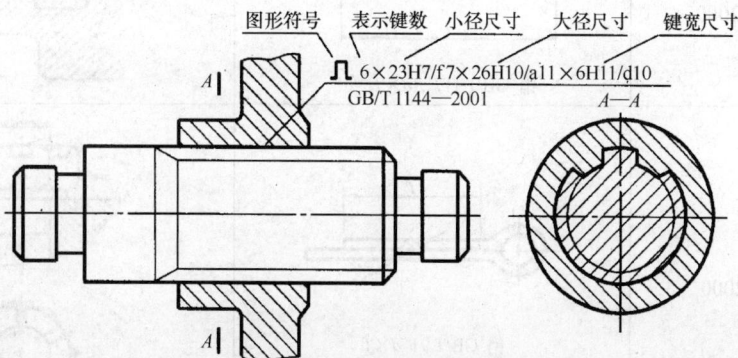

图7-26 内外花键连接画法及代号标注

（2）矩形花键的标记。内外花键的大径 D、小径 d、键宽 B 可采用一般尺寸标注方法，也可采用由大径处引线，并写出花键代号，如图7-24、图7-25和图7-26所示。代号的写法为 $N \times d \times D \times B$，其中 N 为键数，d、D、B 的数字后均应加注公差带代号。

外花键代号：$6 \times 23 f 7 \times 26a11 \times 6d10$。

内花键代号：$6 \times 23H7 \times 26H10 \times 6H11$。

花键副（花键连接）代号：$6 \times 23H7/f 7 \times 26H10/a11 \times 6H11/d10$。

二、销

销是标准件，通常用于零件间的连接和定位。常用的销有圆柱销、圆锥销和开口销，如图 7-27 所示。

图7-27　常用的销

销的种类、标记及连接画法见表 7-6

表 7-6　　　　　　　　　　销的种类、标记及连接画法

名称及标准	主要尺寸及标记	连 接 画 法
圆柱销 GB/T 119.1—2000	销 GB/T 119.1 Ad×$\int$	
圆锥销 GB/T 117—2000	销 GB/T 117 Ad×$\int$	
开口销 GB/T 91—2000	销 GB/T 91 d×$\int$	

注意　通过销的基本轴线剖切时，销按不剖处理。

销孔标注,如图 7-28 所示。

(1)用销连接的两个零件上的销孔通常需要一起加工,因此在图样中标注时,一般要注写"配作"。

(2)圆锥销的公称直径是小端直径,在圆锥销孔上需要用指引线标注尺寸,

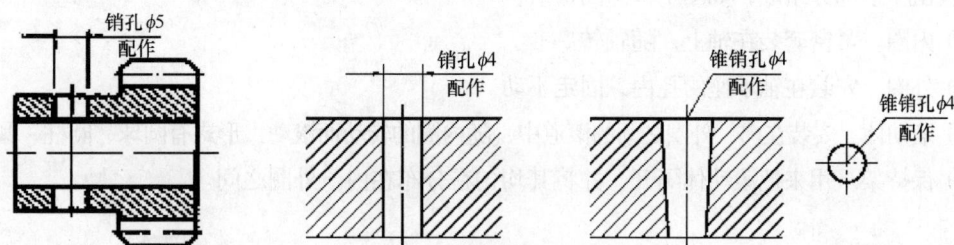

图7-28 销孔尺寸标注

任务三 滚动轴承

任务引出

在机器中,滚动轴承广泛应用于各种机械设备中,如图 7-29 所示。在机械图样中如何表达滚动轴承?

图7-29 滚动轴承

任务描述

滚动轴承是标准件,是用来支承轴的标准部件,它具有摩擦力小、结构紧凑、机械效率高等优点。

相关知识

一、滚动轴承的结构和种类

1. 滚动轴承的结构

一般由 4 个部分组成,如图 7-30 所示。

(1)内圈。紧密套装在轴上,随轴转。

(2)外圈。安装在轴承座的孔内,固定不动。

(3)滚动体。安装在内、外圈之间的滚道中,随内圈的转动而滚动。形式有圆球、圆柱、圆锥等。

(4)保持架。用来把滚动体隔开,并将其均匀在分布在内、外圈之间。

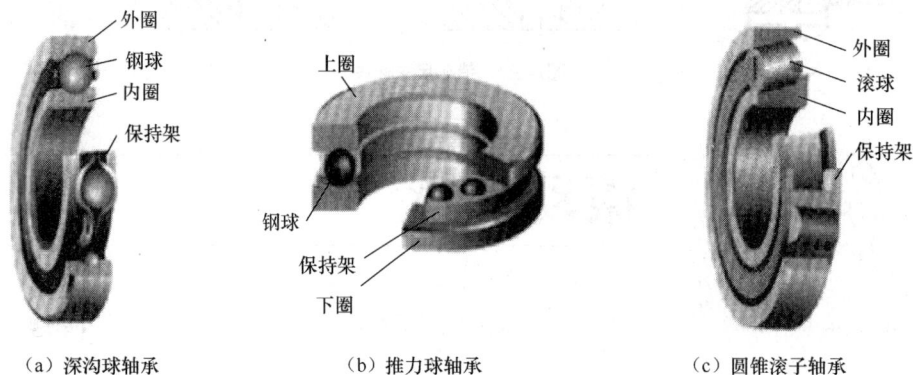

（a）深沟球轴承　　　　　　　（b）推力球轴承　　　　　　（c）圆锥滚子轴承

图7-30　滚动轴承的结构和类型

2. 滚动轴承的种类

滚动轴承种类繁多,常用分类方法有以下 3 种。

(1)按滚动轴承承受载荷的方向分。

向心轴承:主要承受径向载荷,如图 7-30(a)所示的深沟球轴承。

推力轴承:只承受轴向载荷,如图 7-30(b)所示的推力轴承。

向心推力轴承:同时承受径向和轴向载荷,如图 7-30(c)所示的圆锥滚子轴承。

(2)按滚动轴承滚动体的形状分。

球轴承:滚动体为球体的轴承。

滚子轴承:滚动体为圆柱滚子、圆锥滚子或针状滚子等的轴承。

(3)按滚动体的排列和结构分。

每种轴承都有单列、多列和轻、重、宽、窄系列等。

二、滚动轴承的代号和标记

滚动轴承用代号表示其结构、种类、尺寸、公差等级和技术要求等特征,它由前置代号、基本代号和后置代号构成,其排列顺序如下。

前置代号	基本代号	后置代号

1. 基本代号

滚动轴承基本代号由轴承类型代号、尺寸系列代号和内径代号构成（滚针轴承除外），书写顺序如图 7-31 所示。

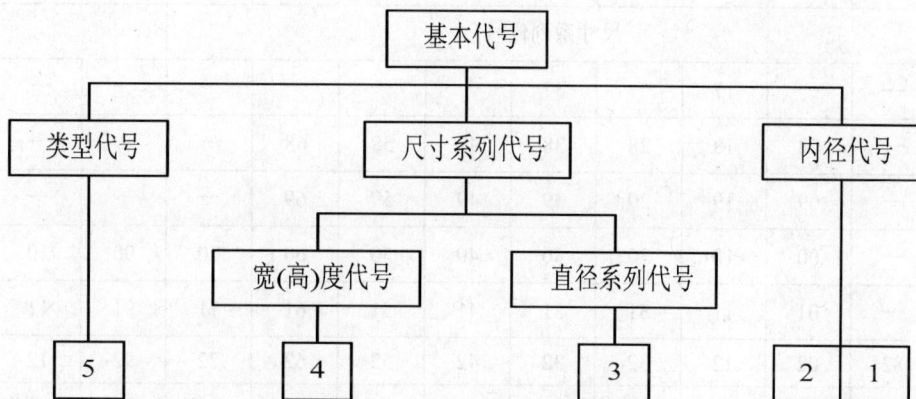

```
                        ┌──────────┐
                        │  基本代号  │
                        └──────────┘
        ┌───────────────────┼───────────────────┐
   ┌──────────┐        ┌──────────┐        ┌──────────┐
   │  类型代号  │        │ 尺寸系列代号 │        │  内径代号  │
   └──────────┘        └──────────┘        └──────────┘
                    ┌───────┴───────┐
              ┌──────────┐    ┌──────────┐
              │ 宽(高)度代号 │    │ 直径系列代号 │
              └──────────┘    └──────────┘
   ┌────┐        ┌────┐        ┌────┐        ┌────┬────┐
   │ 5  │        │ 4  │        │ 3  │        │ 2  │ 1  │
   └────┘        └────┘        └────┘        └────┴────┘
```

图7-31　轴承代号

（1）类型代号用阿拉伯数字或大写拉丁字母表示（见表 7-7）；

表 7-7　　　　　　　　　　　　　滚动轴承类型代号

代号	轴承类型	代号	轴承类型
0	双列角接触球轴承	N	圆柱滚子轴承
1	调心球轴承		
2	调心滚子轴承和推力调心滚子轴承	U	外球面球轴承
3	圆锥滚子轴承	QJ	四点接触球轴承
4	双列深沟球轴承		
5	推力球轴承		
6	深沟球轴承		
7	角接触球轴承		
8	推力圆柱滚子轴承		

注：在表中代号后或前加字母数字表示该轴承中的不同结构。

（2）尺寸系列代号用数字表示。

尺寸系列代号由轴承的宽（高）度系列代号（一位数字）和直径系列代号（一位数字）左右排列组成，表示在内径相同时，轴承可以有不同的宽（高）度和外径。向心轴承、推力轴承的尺寸系列代号如表 7-8 所示。

表 7-8   向心轴承、推力轴承的尺寸系列代号

直径系列代号	向心轴承									推力轴承		
	宽度系列代号									高度系列代号		
	8	0	1	2	3	4	5	6	7	9	1	2
	尺寸系列代号											
7	—	—	17	—	37	—	—	—	—	—	—	—
8	—	08	18	28	38	48	58	68	—	—	—	—
9	—	09	19	29	39	49	59	69	—	—	—	—
0	—	00	10	30	30	40	50	60	70	90	10	—
1	—	01	11	31	31	41	51	61	71	91	11	—
2	82	02	12	32	32	42	52	62	72	92	12	22
3	83	03	13	33	33	43	53	63	73	93	13	23
4	—	04	—	—	—	—	—	—	74	94	14	24
5	—	—	—	—	—	—	—	—	—	95	—	—

（3）内径代号表示轴承内圈孔径，用两位数字表示，标注示例见表 7-9。

表 7-9   滚动轴承内径代号及其示例

轴承公称内径/mm		内径代号	示例
0.6～10（非整数）		用公称内径毫米数直接表示，在其与尺寸系列代号之间用"/"分开	深沟球轴承 618/2.5 d=2.5mm
1～9（整数）		用公称内径毫米数直接表示，对深沟及角接触球轴承 7、8、9 直接系列，内径与尺寸系列代号之间用"/"分开	深沟球轴承 62/5，618/5 d=5mm
10～17	10 12 15 17	00 01 02 03	深沟球轴承 6200 d=10mm
20～480 （22、28、32 除外）		公称内径除以 5 的商数，商数为个位数，需要在商数左边加"0"，如 08	调心滚子轴承 23208 d=40mm
≥500 以及 22、28、32		用尺寸内径毫米数直接表示，但在与尺寸系列代号之间用"/"分开	调心滚子轴承 230/500 d=500mm 深沟球轴承 62/22 d=22mm

内径代号表示轴承内圈孔径，由右后两位数字表示。代号数字 00，01，02，03 分别表示内径 d=10mm，12mm，15mm，17mm，代号数字≥04时，则乘以 5，即为轴承内径 d 毫米数。

2. 前置代号和后置代号

通常使用基本代号。只有当轴承的结构形状、尺寸、公差、技术要求等有改变时，才在其基本代号的左、右添加补充的前置或后置代号，其具体编制及含义可查阅有关标准。

基本代号标注示例：

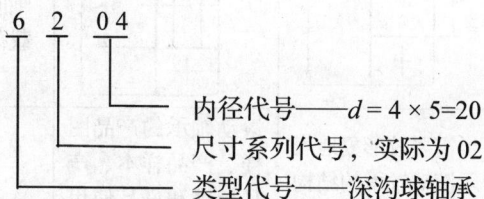

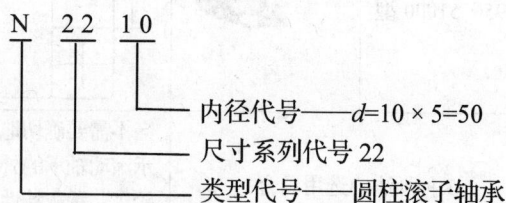

```
6 2 04                           N 22 10
    |                               |
    |—— 内径代号——d = 4 × 5=20      |—— 内径代号——d=10 × 5=50
    |—— 尺寸系列代号，实际为 02      |—— 尺寸系列代号 22
    |—— 类型代号——深沟球轴承        |—— 类型代号——圆柱滚子轴承
```

滚动轴承的标记规定是：滚动轴承 基本代号 国家标准号。

例如，滚动轴承 6204 GB/T276—1994。

三、滚动轴承的画法

滚动轴承是标准件，不必画出它的零件图。在装配图中，按国标规定可采用通用画法、特征画法和规定画法，各种画法示例如表 7-10 所示。

表 7-10　　　　　　　　　　　　常用滚动轴承的画法

轴承类型	结构形式	通用画法	特征画法	规定画法	承载特征
		（均指滚动轴承在所属装配图的剖视图中的画法）			
深沟球轴承（GB/T—276—1994）6000 型					主要承受径向载荷
圆锥滚子轴承（GB/T—297—1994）30000 型					可同时承受径向和轴向载荷

续表

轴承类型	结构形式	通用画法	特征画法	规定画法	承载特征
		（均指滚动轴承在所属装配图的剖视图中的画法）			
推力球轴承 （GB/T301—1995）51000型					承受单方向的轴向载荷
3种画法的选用场合		当不需要确切地表示滚动轴承的外形轮廓、承载特性和结构特征时采用	当需要较形象地表示滚动轴承的结构特征时采用	滚动轴承的产品图样、产品样本、产品标准和产品使用说明书中采用	

任务四 齿轮

任务引出

在机械图样中，如何表示图7-32所示的齿轮？

图7-32 一对啮合的直齿轮

任务描述

齿轮是机械传动中广泛应用的零件，用来传递动力、改变转速和传动方向。常见的齿轮种类有以下几种。

（1）圆柱齿轮：用于两平行轴之间的传动，如图 7-33（a）所示。

（2）圆锥齿轮：用于两相交轴之间的传动，如图 7-33（b）所示。

（3）蜗杆蜗轮：用于两交叉轴之间的传动，如图 7-33（c）所示。

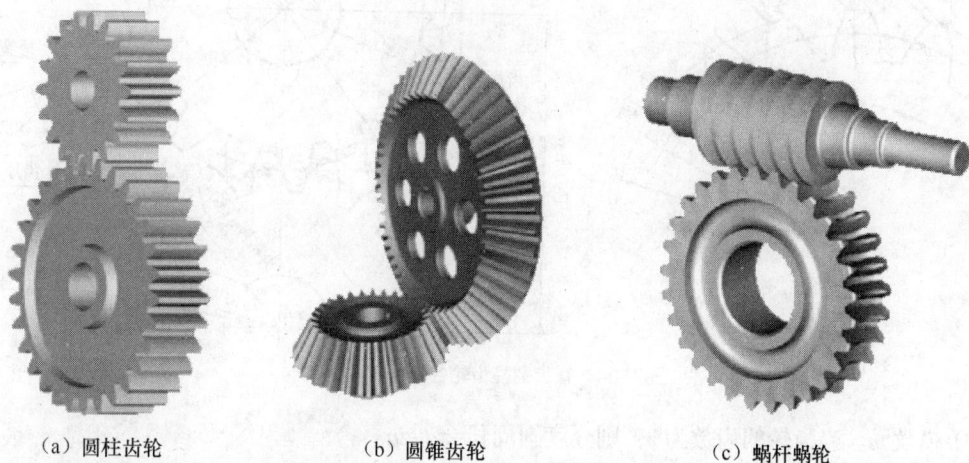

（a）圆柱齿轮　　　　　　　（b）圆锥齿轮　　　　　　　（c）蜗杆蜗轮

图7-33　齿轮传动类型

| 相关知识 |

一、直齿圆柱齿轮

圆柱齿轮的轮齿有直齿、斜齿和人字齿等几种。这里主要介绍渐开线标准直齿圆柱齿轮。

1. 标准直齿圆柱齿轮各部分名称和尺寸关系（图 7-34）

（1）齿顶圆。通过轮齿顶部的圆，其直径用 d_a 表示。

（2）齿根圆。通过轮齿根部的圆，其直径用 d_f 表示。

（3）分度圆。是在齿顶圆与齿根圆之间的一个约定的假想圆，标准齿轮在该圆上的齿厚（s）与槽宽（e）相等，其直径用 d 表示。

（4）齿高。齿顶圆与齿根圆之间的径向距离，用 h 表示。齿顶圆与分度圆之间的径向距离称为齿顶高，用 h_a 表示。分度圆与齿根圆之间的径向距离称为齿根高，用 h_f 表示。$h=h_a+h_f$

（5）齿距。分度圆上相邻两齿对应点之间的弧长称为齿距，用 p 表示。

齿厚。分度圆上一个轮齿的两侧齿廓间的弧长称为齿厚，用 s 表示。

槽宽。分度圆上一个齿槽的两侧齿廓间的弧长称为槽宽，用 e 表示。

对于标准齿轮，齿距 p、齿厚 s、槽宽 e 之间有下列关系：

$$p=s+e, \quad s=e=p/2$$

（6）中心距　两啮合齿轮轴线之间的距离，用 a 表示，$a=(d_1+d_2)/2$。

2. 直齿圆柱齿轮的基本参数

（1）齿数 z。齿轮上轮齿的个数。

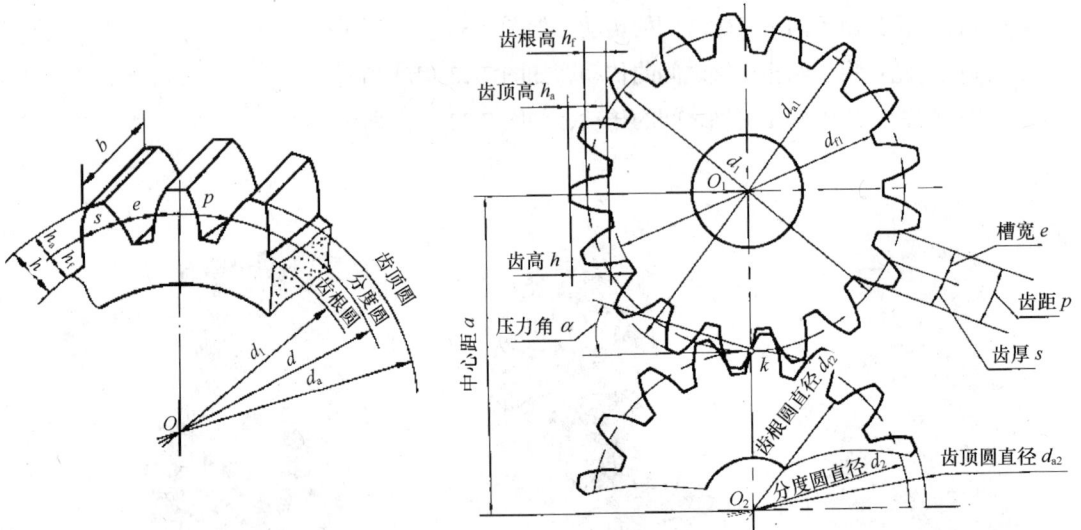

图7-34　直齿圆柱齿轮各部分的名称

（2）模数 m。当齿轮的齿数为 z，则分度圆周长$=\pi d=zp$。

所以　　$d=pz/\pi$

令　　　$p/\pi=m$

则　　　$d=mz$

m 称为齿轮的模数，单位为 mm。模数是设计、制造齿轮的一个重要参数。模数大，齿距也大，齿厚 s、齿高 h 也随之增大，因而齿轮的承载能力增大。模数的数值已经标准化和系列化，如表 7-11 所示。

表 7-11　　　　　渐开线圆柱齿轮模数（摘自 GB/T1357—1987）　　　　　（mm）

第一系列	1　1.25　1.5　2　2.5　3　4　5　6　8　10　12　16　20　25　32　40　50
第二系列	1.75　2.25　2.75　（3.25）　3.5　（3.75）　4.5　5.5　（6.5）　7　9　（11）　14　18　22　28　36　45

注：优先选用第一系列，括号内模数尽量不用。

（3）压力角 α。两个相啮合的轮齿齿廓在啮合点 K 处的公法线与两分度圆的公切线的夹角称为压力角，用 α 表示（见图 7-34）。我国标准齿轮的压力角为 $20°$。

标准直齿圆柱齿轮各基本尺寸的计算公式，见表 7-12。

由表 7-12 可知，已知齿轮的模数 m 和齿数 z，可计算各部分的尺寸。

表 7-12　　　　　标准直齿圆柱齿轮各部分尺寸的计算公式

基本参数：模数 m，齿数 z，压力角 $a=20°$			
序号	名称	符号	计算公式
1	齿距	p	$p=\pi m$
2	齿顶高	h_a	$h_a=m$
3	齿根高	h_f	$h_f=1.25m$

基本参数：模数 m，齿数 z，压力角 $a=20°$			
序号	名称	符号	计算公式
4	齿高	h	$h=2.25m$
5	分度圆直径	d	$d=mz$
6	齿顶圆直径	d_a	$d_a=m(z+2)$
7	齿根圆直径	d_f	$d_f=m(z-2.5)$
8	中心距	a	$a=1/2m(z_1+z_2)$

3. 直齿圆柱齿轮的规定画法

（1）单个圆柱齿轮的画法。

单个圆柱齿轮，一般用两个视图表示。国家标准规定：齿顶圆和齿顶线用粗实线绘制；分度圆和分度线用细点画线绘制；齿根圆和齿根线用细实线绘制，也可省略不画。当非圆视图画成剖视图时，齿根线用粗实线表示，齿顶线与齿根线之间的区域表示轮齿部分，按不剖处理。

当需要表示斜齿或人字齿轮的齿线形状时，可用 3 条与齿线方向一致的细实线表示，如图 7-35 所示。

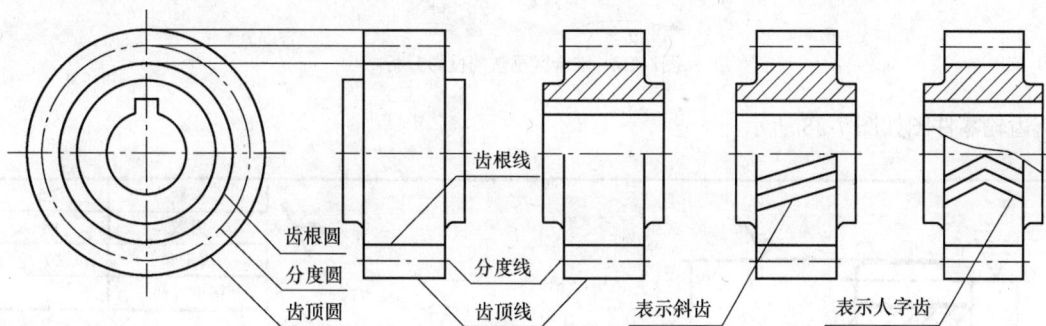

图7-35 单个圆柱齿轮的画法

（2）啮合圆柱齿轮的画法。

两个标准齿轮相互啮合时，其模数 m 相同，两分度圆相切，此时分度圆又称为节圆。

表达两啮合圆柱齿轮，一般用两个视图。

在投影为圆的视图中，两齿顶圆均用粗实线绘制，啮合区内也可省略不画；两相切的分度圆均用细点画线绘制；两齿根圆均用细实线绘制，也可省略不画，如图 7-36（a）、（b）所示。

在非圆视图中，若画剖视图，啮合区的画法：两齿轮的分度线重合为一条细点画线；两齿轮的齿根线均画成粗实线；齿顶线的画法是将一个齿轮的轮齿作为可见画成粗实线，另一个齿轮的轮齿被遮挡画成细虚线，也可省略不画，如图 7-36（a）所示。若画视图，两节线重合画成粗实线，如图 7-36（c）所示。应注意，一个齿轮的齿顶线与另一个齿轮的齿根线之间有 $0.25m$ 的间隙，如图 7-37 所示。如果需要表示轮齿的方向，画法如图 7-36（c）所示。

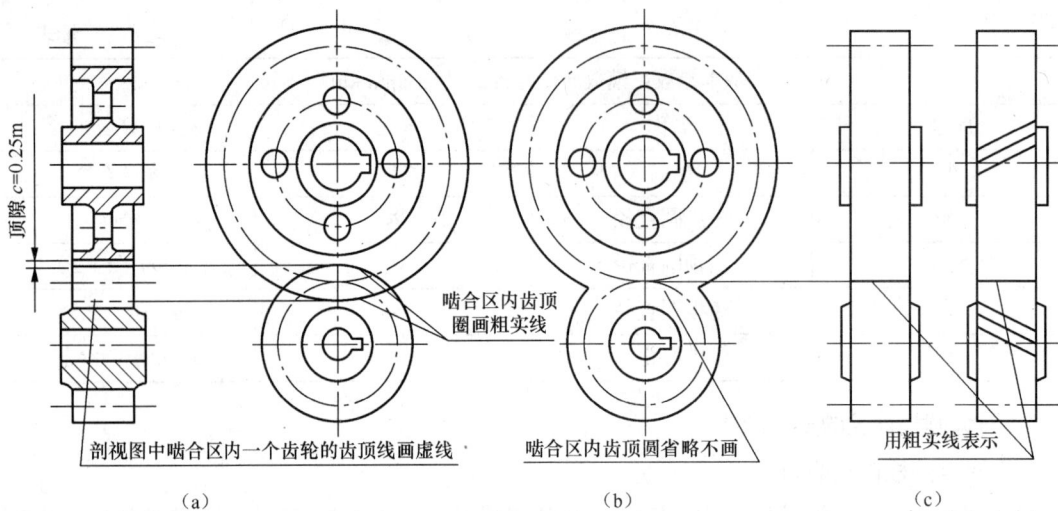

剖视图中啮合区内一个齿轮的齿顶线画虚线
啮合区内齿顶圈画粗实线
啮合区内齿顶圆省略不画
用粗实线表示

（a）   （b）   （c）

图7-36   圆柱齿轮啮合的画法

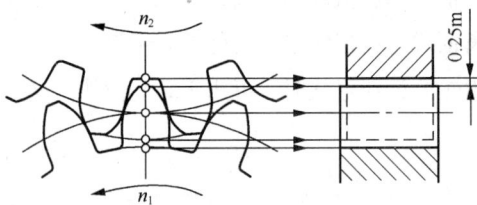

图7-37   啮合区画法的投影分析

齿轮零件图如图 7-38 所示。

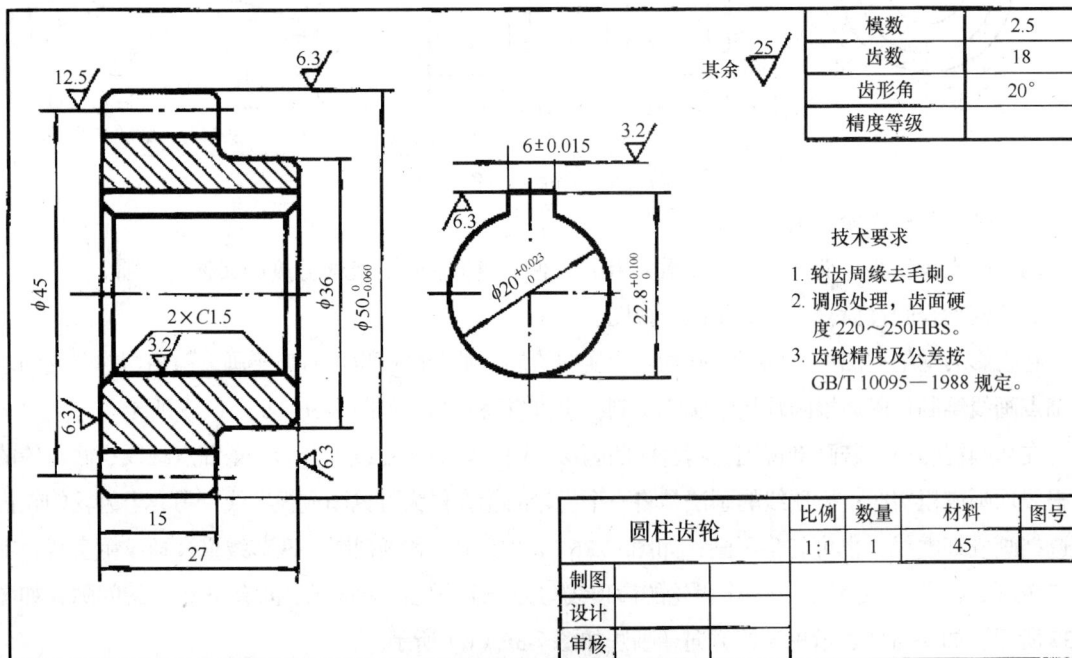

模数	2.5
齿数	18
齿形角	20°
精度等级	

技术要求

1. 轮齿周缘去毛刺。
2. 调质处理，齿面硬
   度 220～250HBS。
3. 齿轮精度及公差按
   GB/T 10095—1988 规定。

圆柱齿轮	比例	数量	材料	图号
	1:1	1	45	
制图				
设计				
审核				

图7-38   直齿圆柱齿轮的零件图

二、锥齿轮

由于锥齿轮的轮齿分布在圆锥面上，所以轮齿的厚度、高度都是沿着齿宽的方向逐渐地变化，即模数是变化的。为了计算和制造方便，规定大端的模数为标准模数，并以它来决定其他各部分的尺寸，如图 7-39 所示。

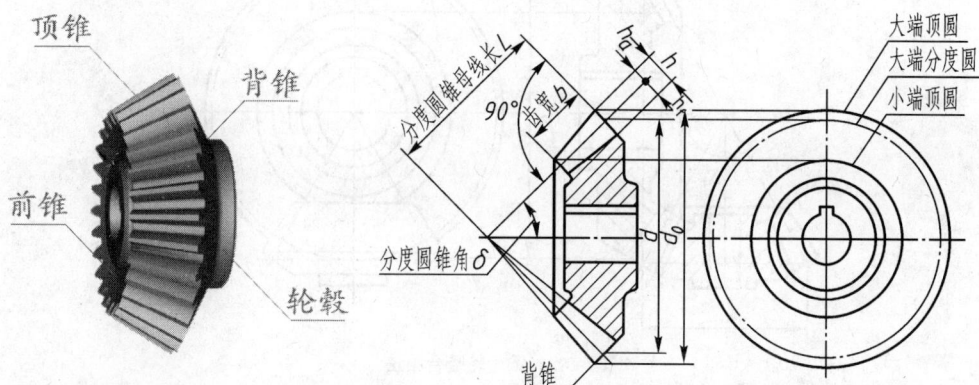

图7-39　锥齿轮各部分的名称和代号

1. 直齿圆锥齿轮各部分名称及代号

分度圆锥素线与锥齿轮轴线间的夹角称为分度圆锥角，用 δ 表示，是锥齿轮的一个基本参数。锥齿轮的背锥素线与分度圆锥素线垂直，如图 7-39 所示。

锥齿轮各部分的尺寸，也都与模数 m、齿数 z 及分度圆锥角 δ 有关，标准直齿圆锥齿轮各部分尺寸的计算如表 7-13 所示。

表 7-13　　　　标准直齿圆锥齿轮各部分尺寸的计算公式及举例

基本参数：模数 m，齿数 z，压力角 $a=20°$			已知 $m=3.5$mm，$z=25$，$\delta=45°$
名称	符号	计算公式	举例计算
齿顶高	h_a	$h_a=m$	$h_a=3.5$mm
齿根高	h_f	$h_f=1.2m$	$h_f=4.2$mm
齿高	h	$h=2.2m$	$h=7.7$mm
分度圆直径	d	$d=mz$	$d=87.5$mm
齿顶圆直径	d_a	$d_a=m(z+2\cos\delta)$	$d_a=92.45$mm

2. 锥齿轮的画法

（1）单个锥齿轮的画法。

一般用两个视图表示，主视图常采用全剖视，在投影为圆的视图中规定用粗实线画出大端和小端的齿顶圆，用细点画线画出大端分度圆，大、小端的齿根圆及小端的分度圆均不必画出，如图 7-39

所示。

（2）锥齿轮的啮合画法。

锥齿轮啮合时，两分度圆锥相切，锥顶交于一点。主视图多采用剖视图，如图 7-40 所示。

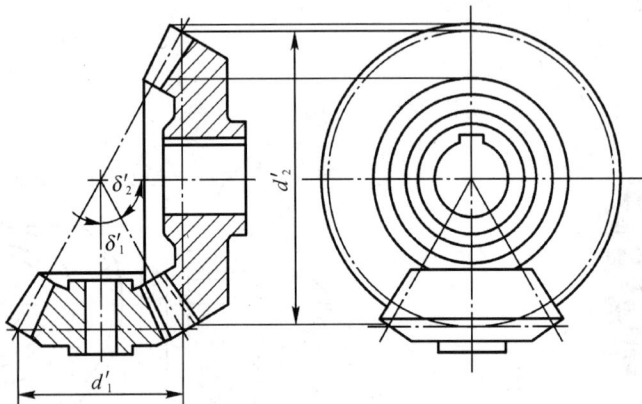

图7-40　锥齿轮啮合画法

三、蜗杆蜗轮

蜗杆蜗轮一般用于交错两轴之间的传动，蜗杆是主动件，蜗轮是从动件。蜗杆蜗轮具有结构紧凑、传动平稳、传动比大等优点，但蜗杆蜗轮传动摩擦发热大，效率比较低。蜗杆蜗轮的主要参数是在通过蜗杆轴线并垂直于蜗轮轴线的平面内决定的。在此平面内，蜗轮的模数称为端面模数，蜗杆模数称为轴向模数，相啮合的蜗杆和蜗轮，模数相等。蜗杆的齿数称为头数，相当于螺纹的线数，常用单头或双头。蜗轮相当于斜齿圆柱齿轮，齿顶面和齿根面常加工成凹环面，以增加它和蜗杆的接触面积。

蜗杆与蜗轮的画法，与圆柱齿轮的画法基本相同。

1. 蜗杆的画法

蜗杆的牙型，一般采用局部剖视图表示，如图 7-41 所示。

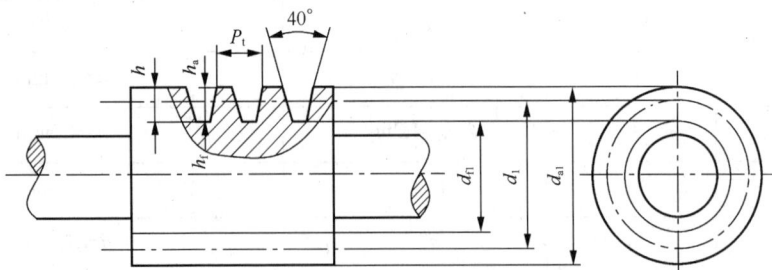

图7-41　蜗杆各部分的名称及规定画法

2. 蜗轮的画法

在蜗轮投影为圆的视图中，只画分度圆和外圆，齿顶圆和齿根圆不必画出，在剖视图中，轮齿的画法与圆柱齿轮相同，如图 7-42 所示。

3. 蜗杆与蜗轮的啮合画法

蜗杆与蜗轮的啮合画法如图 7-43 所示。

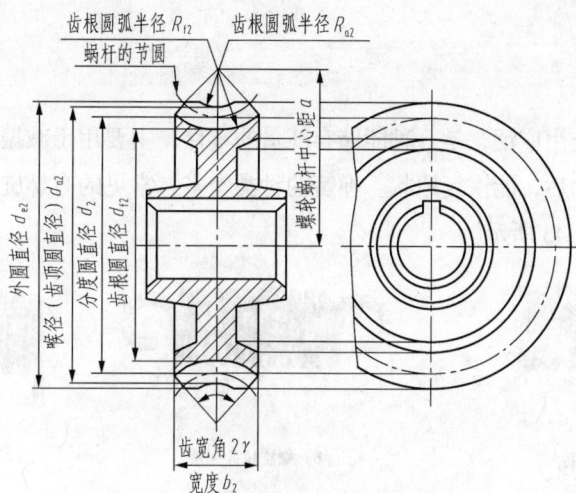

图7-42 蜗轮各部分的名称及规定画法

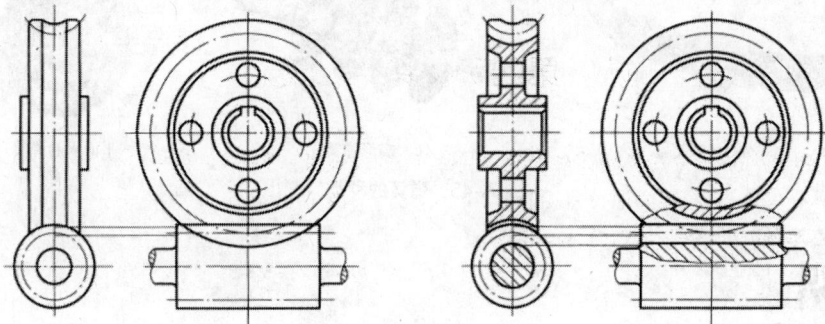

图7-43 蜗轮、蜗杆啮合的画法

任务五 弹簧

任务引出

图 7-44 所示弹簧在机械图样中如何表示?

图7-44 弹簧

任务描述

弹簧在机械工程中应用广泛，是一种能储存能量的零件，主要用于减振、夹紧、储存能量和测量等。其特点是外力去除后，能恢复原状。弹簧的种类繁多，常见的有螺旋弹簧、板弹簧、碟形弹簧和涡卷弹簧等，如图7-45所示。

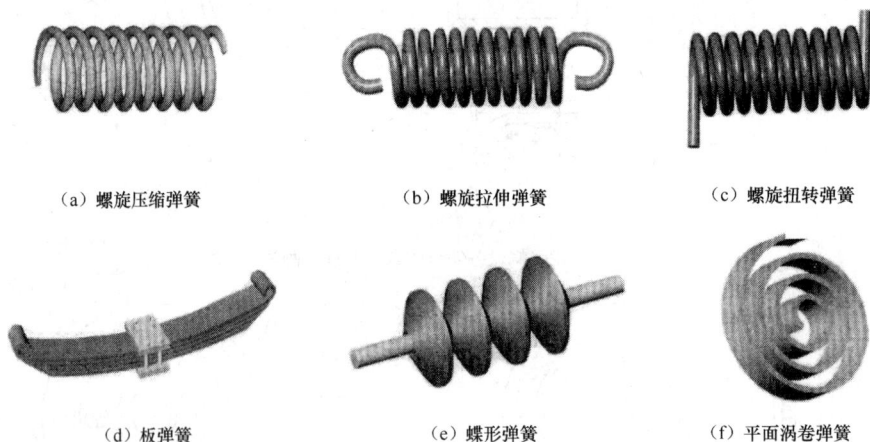

（a）螺旋压缩弹簧　　　　　　（b）螺旋拉伸弹簧　　　　　　（c）螺旋扭转弹簧

（d）板弹簧　　　　　　（e）蝶形弹簧　　　　　　（f）平面涡卷弹簧

图7-45　弹簧的种类

相关知识

一、圆柱螺旋压缩弹簧各部分的名称和尺寸计算（图7-46）

（1）簧丝直径 d　制造弹簧的钢丝直径。

（2）弹簧外径 D　弹簧的外圈直径。

（3）弹簧内径 D_1　弹簧的内圈直径，$D_1=D-2d$。

（4）弹簧中径 D_2　弹簧的平均直径，$D_2=1/2（D+D_1）$。

（5）节距 t　除两端支撑圈外，相邻两圈的轴向距离。

（6）有效圈数 n　节距相等的圈数。

（7）支撑圈数 n_2　为了使螺旋压缩弹簧工作时受力均匀、平稳，弹簧两端需并紧磨平的圈数，称为支撑圈数。

（8）总圈数 n_1　有效圈数与支撑圈数之和，即 $n_1=n+n_2$。

（9）自由高度 H_0　不受外力作用时弹簧的高度，$H_0=nt+（n_2-0.5d）$。

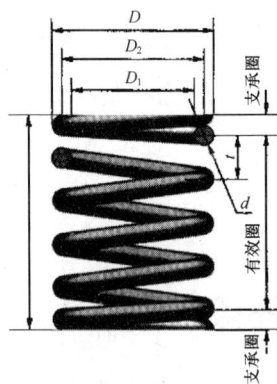

图7-46　弹簧各部分名称及代号

（10）展开长度 L　坯料的长度。

二、圆柱螺旋压缩弹簧的规定画法

（1）在平行于螺旋弹簧轴线的投影面的视图中，各圈的轮廓线均画为直线。

（2）螺旋弹簧均可画成右旋，但左旋弹簧，不论画成左旋或右旋，一律要注出旋向"左"字。

（3）有效圈数在 4 圈以上时，可以每端只画出 1～2 圈（支撑圈除外），螺旋弹簧的中间部分可以省略。省略后，允许适当缩短图形的长度。

（4）螺旋压缩弹簧如要求两端平紧且磨平时，不论支撑圈多少，均按支撑圈 2.5 圈绘制。

三、圆柱螺旋压缩弹簧的作图步骤

已知圆柱螺旋压缩弹簧的簧丝直径 d、弹簧中径 D、节距 t、有效圈数 n、支撑圈数 n_2，试画弹簧工作图。

画图之前先计算自由高度 H_0，作图步骤如图 6-47 所示。

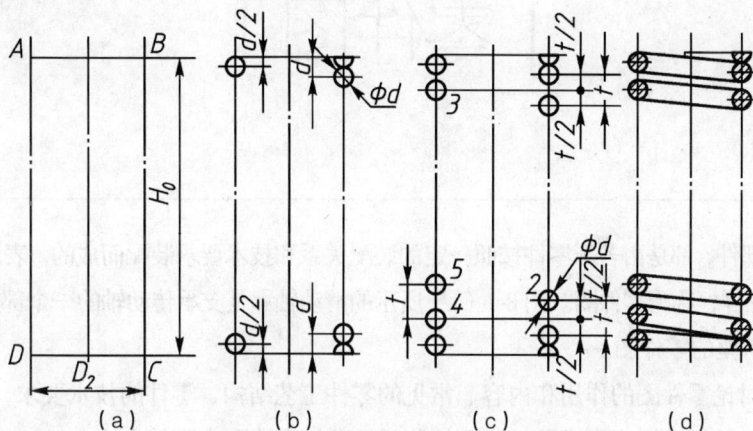

图7-47　圆柱螺旋压缩弹簧的作图步骤

四、装配图中弹簧的画法

（1）被弹簧挡住部分的结构一般不画出，可见部分应从弹簧的外轮廓线或从弹簧钢丝剖面的中心线画起，如图 7-48（a）所示。

（2）簧丝直径小于或等于 2mm 的剖面，可以涂黑表示，如图 7-48（b）所示。也可采用示意画法，如图 7-48（c）所示。

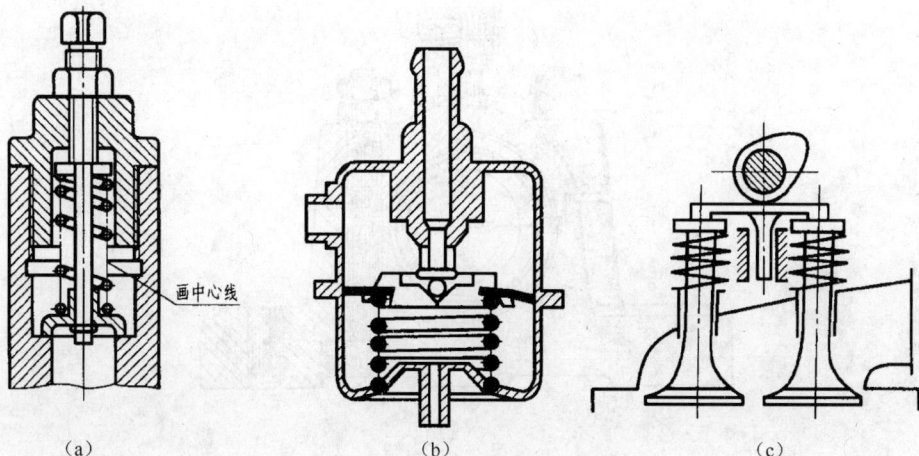

图7-48　装配图中弹簧的画法

模块八

| 零件图 |

任何机器或部件，都是由若干零件按照一定的装配关系和技术要求装配而成的。表示零件结构、大小及技术要求的图样，称为零件图。图 8-1（a）所示的滑动轴承是支承传动轴的一个部件，图 8-1（b）即为该部件中轴承座的零件图。

本模块主要讨论零件图的作用和内容、常见的零件工艺结构、零件的技术要求，介绍零件常用的表达方案、常见的尺寸标注形式及阅读和绘制零件图的方法和步骤等内容。

【学习目标】

1. 掌握零件的技术要求；
2. 掌握阅读零件图的方法和步骤；
3. 了解常用零件的表达方案；
4. 绘制简单的零件图。

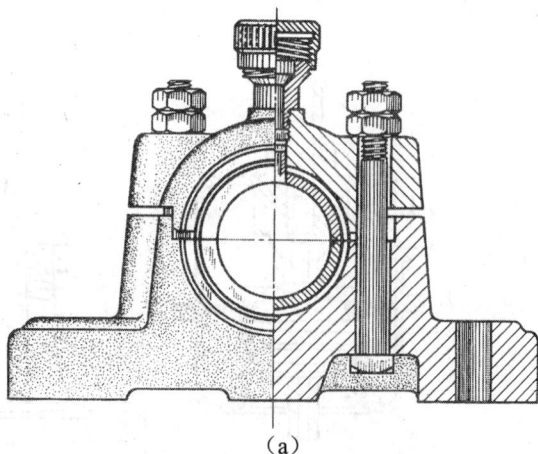

（a）

图8-1 轴承座的零件图

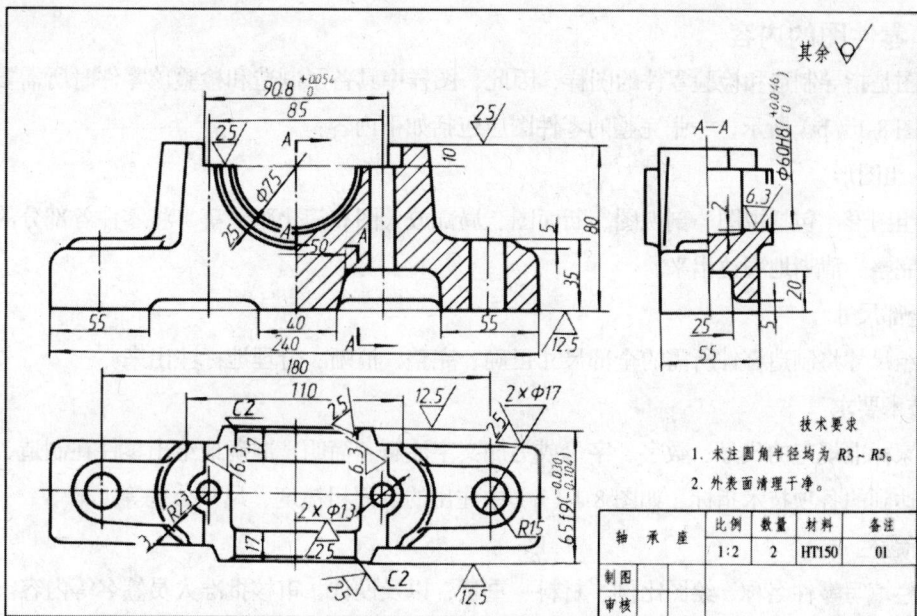

图8-1 轴承座的零件图（续）

任务一 零件图的作用与内容

任务引出

零件图有什么作用？零件图上又有哪些内容？

任务描述

在此介绍零件图的作用与内容。

相关知识

一、零件图的作用

制造零件的主要依据就是零件图。其生产过程是：先根据零件图标题栏中所注明的材料进行备料，然后按零件图中的图形、尺寸和其他技术要求进行加工制造，再按尺寸、技术要求等检验加工出的零件是否达到规定的质量标准。零件图是设计部门提供给生产部门的重要技术文件。

二、零件图的内容

零件图是指导制造和检验零件的图样，因此，图样中具备了制造和检验该零件时所需要的全部资料。如图 8-1（b）所示，一张完整的零件图应包括如下内容：

1. 一组图形

有一组图形（包括视图、剖视图、断面图、局部放大图和简化画法等）将零件各部分的结构形状正确、完整、清晰地表达出来。

2. 全部尺寸

有一组尺寸将制造零件所需的全部尺寸正确、完整、清晰、合理地标注出来。

3. 技术要求

用国家标准规定的代号、数字、字母或另加文字注解，简明、准确地给出零件在制造、检验或使用时应达到的各项技术指标。如图 8-1（b）中注出的表面粗糙度、尺寸公差等。

4. 标题栏

标题栏填写零件名称、绘图比例、材料、重量，以及设计、审核批准人员签名等内容。

任务二　零件上常见的工艺结构

任务引出

什么是零件的工艺结构？零件上常见哪些工艺结构？

任务描述

对于汽车和机床等机器设备上的多数零件，通常的制造过程是先制造（多数通过铸造）出毛坯件，再将毛坯件经机械加工制作成零件。零件的工艺结构不是零件自身功能需要的结构，而是零件经过某种加工过程时，为了保证达到零件设计要求必须使零件上具有某些特征结构，这些特征结构就称之为工艺结构。下面简单介绍零件上常见的工艺结构。

相关知识

一、铸造工艺结构

1. 铸造圆角

为了便于脱模和避免砂型尖角在浇注时（见图 8-2（a））发生落砂，以及防止铸件相临两表面的尖角处出现裂纹、缩孔，将铸件各表面相交处做成圆角，如图 8-2（b）所示。在零件图上，该圆角一般都画出并标注圆角半径。当圆角半径相同（或多数相同）时，也可将其半径尺寸在技术要求中注出，如图 8-2（c）所示。

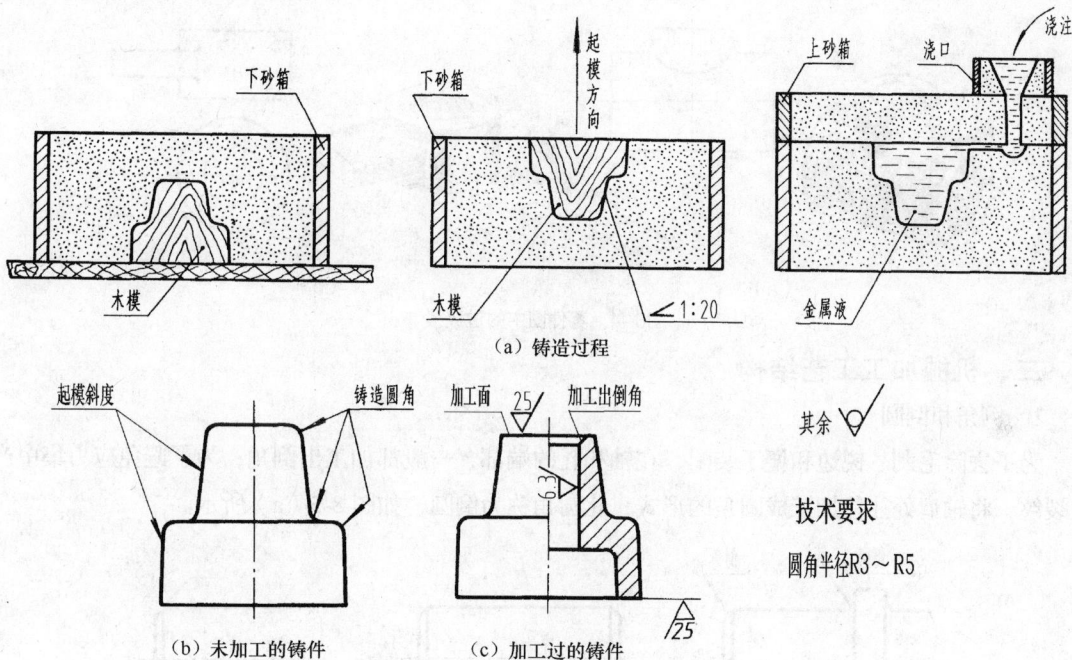

（a）铸造过程

（b）未加工的铸件   （c）加工过的铸件

其余 ∨

技术要求

圆角半径R3～R5

图8-2 铸造圆角和拔模斜度

2. 起（拔）模斜度

造型时，为了能将模型顺利地从砂型中提取出来，常在铸件的内外壁上沿着起模方向设计出斜度——起（拔）模斜度，如图 8-2（a）所示。该斜度在零件图上可能不画、不标注，如有特殊要求，将在技术要求中说明。

3. 铸件壁厚

铸件的壁厚如果不均匀，则冷却的速度就不一样。壁薄处先冷却、先凝固；壁厚处后冷却，凝固收缩时因没有足够的金属液来补充，此处极易形成缩孔或在壁厚突变处产生裂纹，所以铸件壁厚都尽量设计得均匀或采用逐渐过渡的结构，如图 8-3 所示。

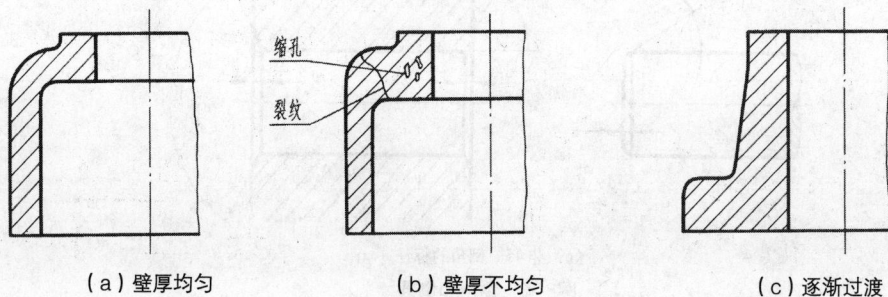

（a）壁厚均匀   （b）壁厚不均匀   （c）逐渐过渡

图8-3 铸件的壁厚

4. 过渡线

由于有铸造圆角，使得铸件表面的相贯线、交线变得不够明显，这种线称为过渡线。在图样中过渡线是按没有圆角时的相贯线、交线画法画出的，如图8-4所示。

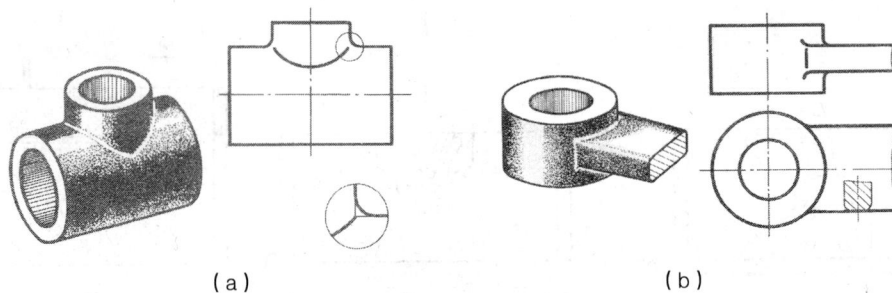

（a）   （b）

图8-4　零件图中的过渡线

二、机械加工工艺结构

1. 倒角和倒圆

为了去除毛刺、锐边和便于装配，在轴和孔的端部，一般都加工出倒角；为了避免应力集中产生裂纹，将轴肩处往往加工成圆角的形式，此圆角称为倒圆，如图 8-5（a）所示。

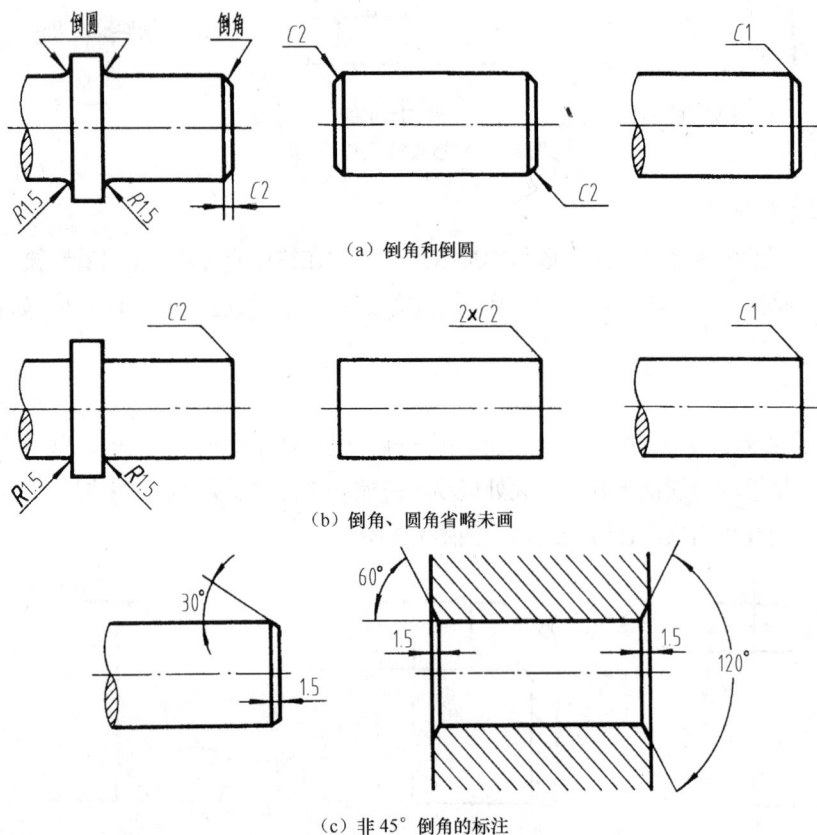

（a）倒角和倒圆

（b）倒角、圆角省略未画

（c）非 45°倒角的标注

图8-5　倒角和倒圆

45°倒角用 C 表示，C 与轴向尺寸连注，按图 8-5（a）的形式标注。在不致引起误解的情况下，零件图中的 45°倒角和圆角都可以省略不画，仅按图 8-5（b）的形式标注尺寸。非 45°倒角的画法和尺寸标注如图 8-5（c）所示，分别标注角度和轴向尺寸。倒角、倒圆均为标准结构，国家标准的规定见附表 21。

2. 退刀槽和砂轮越程槽

切削时（主要是车制螺纹或磨削轴），为了便于退出刀具或使砂轮可稍微越过加工面，常在被加工面的轴肩处预先车出退刀槽或砂轮越程槽，如图 8-6 所示。其尺寸可按"槽宽×槽深"或"槽宽×直径"的形式注出。当槽的结构比较复杂时，通常画出局部放大图标注尺寸。退刀槽和砂轮越程槽均为标准结构，国家标准的规定见附表 22。

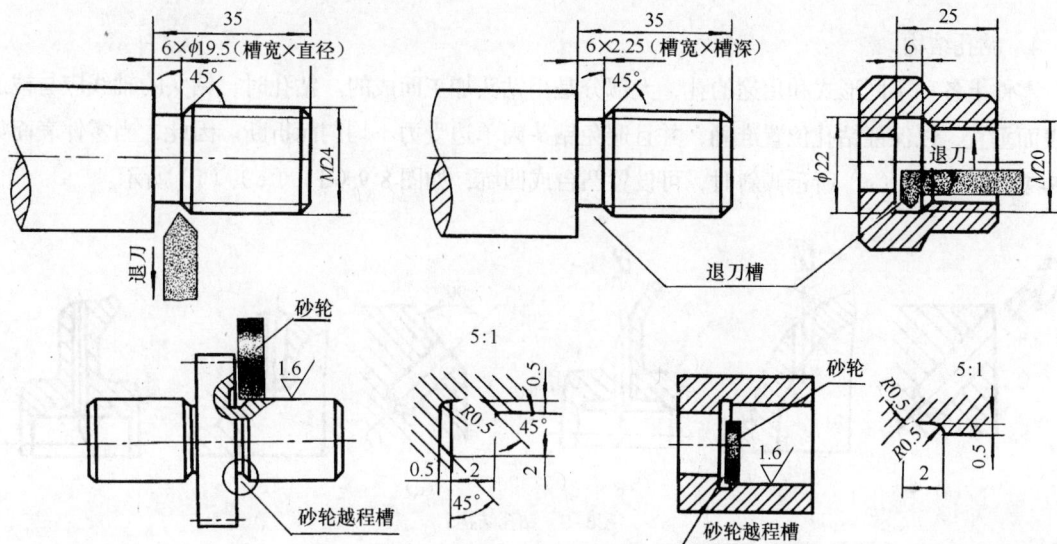

图8-6 退刀槽和砂轮越程槽

3. 凸台和凹坑

为了使零件表面接触良好和减少加工面积，常在铸件的接触部位铸出凸台和凹坑，其常见形式如图 8-7 所示。图 8-8 是凸台和凹坑结构合理与不合理的对比图例。

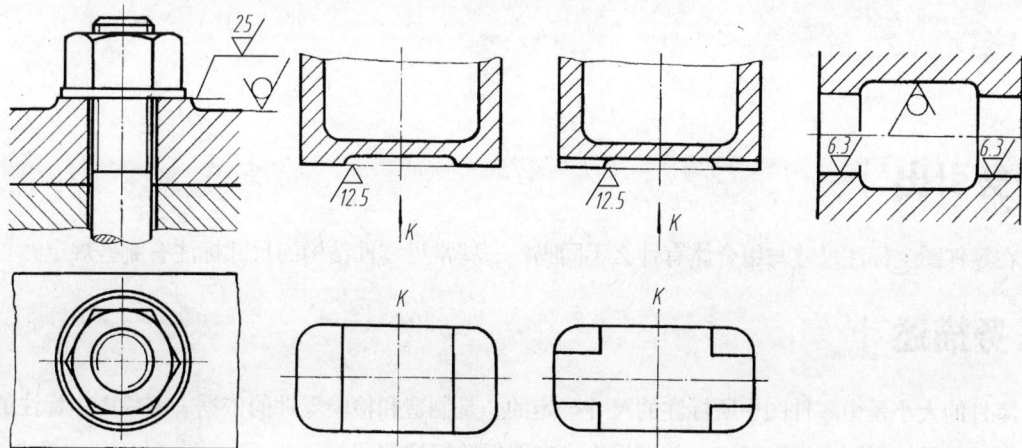

图8-7 零件上的凸台和凹坑

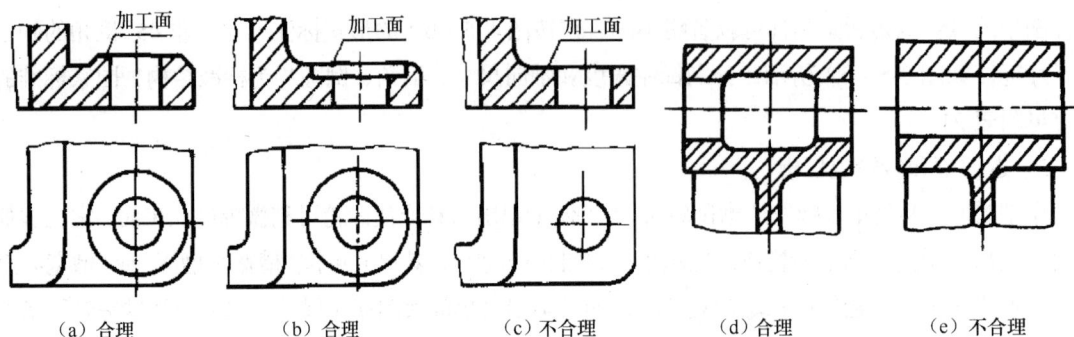

(a) 合理　　(b) 合理　　(c) 不合理　　(d) 合理　　(e) 不合理

图8-8　凸台与凹坑结构的合理与不合理的对比图例

4. 钻孔结构

零件上各种不同形式和用途的孔，大部分是用钻头加工而成的。钻孔时，钻头的轴线应与被加工表面垂直，以保证钻孔位置准确，并且避免钻头因单边受力不均匀而折断。因此，当零件表面如图 8-9（a）、（b）、（c）所示倾斜时，可设置凸台或凹坑，如图 8-9（d）、（e）、（f）所示。

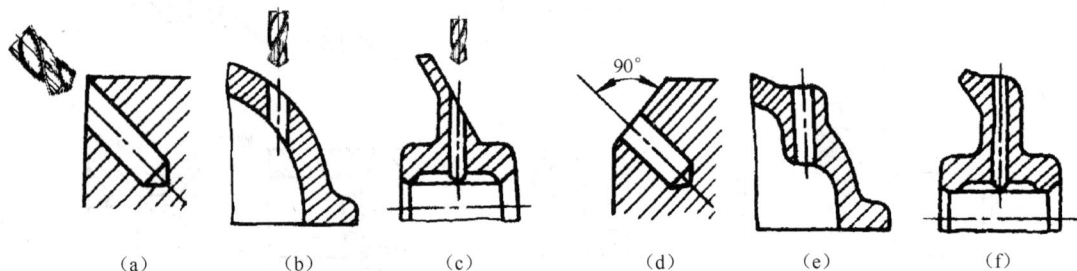

(a)　　(b)　　(c)　　(d)　　(e)　　(f)

图8-9　钻孔结构

任务三　零件图的尺寸标注

任务引出

在零件图上标注尺寸与组合体有什么不同吗？一些常见零件结构的尺寸标注有哪些规定？

任务描述

零件的大小是由零件图中所标注的尺寸确定的，是制造和检验零件的依据。零件图中标注的尺寸是设计人员按照国家标准规定，并根据生产实践经验标注的。

相关知识

零件图中的尺寸标注，除了要符合我们在第一模块中介绍的国家标准的一般规定外，还要尽量标注的合理，什么是合理？

（1）满足设计要求——满足零件在机器中能够正常工作的要求。

（2）满足工艺要求——满足零件的制造、加工、测量和检验的要求。

一、尺寸基准

1. 基准的概念

基准是指零件在机器中或在加工测量时，用以确定其位置的一些面、线或点。

在零件的设计中，通常以下列面、线作为尺寸标注的基准：

（1）零件结构的对称面；

（2）零件的主要支承面和装配接触面；

（3）零件的主要加工面；

（4）零件上的主要回转面的轴线。

2. 基准的分类

基准按用途分，可分为以下两类。

（1）设计基准——在机器工作时确定零件位置的面、线或点。

（2）工艺基准——在加工或测量时确定零件位置的面、线或点。

3. 基准的选择

标注尺寸时，最好的情形是能够把设计基准与工艺基准统一起来，对于零件的功能尺寸，如果设计基准与工艺基准不能统一，则应采用设计基准，以保证设计要求。对于不重要的尺寸可以从工艺基准出发注尺寸。

二、尺寸标注的形式

尺寸在零件图上同一方向的标注形式有以下 3 种。

1. 链状式

如图 8-10（a）所示，把尺寸依次注写成链状，其优点是每一个尺寸的加工误差较小，但如果以零件左端面为基准注尺寸，则 B 端面到基准的误差是尺寸 10、36 的误差之和，C 端面到基准的误差是 3 个尺寸的误差之和。所以链状式常用于标注如图 8-11 所示零件。

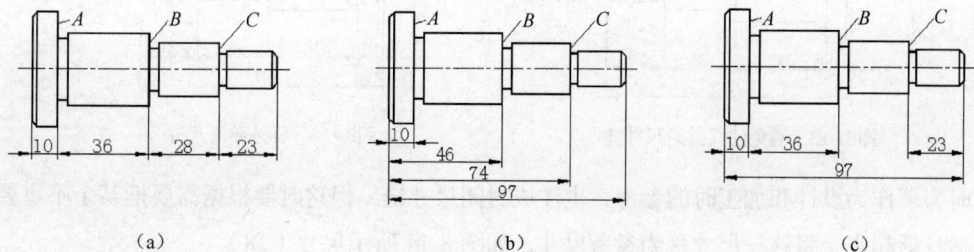

（a）   （b）   （c）

图8-10 尺寸标注形式

2. 坐标式

如图 8-10（b）所示，把零件的各个尺寸从一个事先选定的基准（如左端面）注起。坐标式标注尺寸可以减少图中 B、C 端面的尺寸误差，但每一段尺寸的误差比链状式要大。如图 8-12 所示，当零件上各孔相对零件左端面的要求较高时，常采用坐标式的尺寸标注。

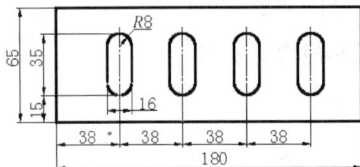

图8-11　适于链状式尺寸标注的零件

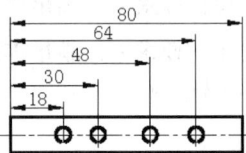

图8-12　适于坐标式尺寸标注的零件

3. 综合式

综合式是链状式与坐标式的综合，如图 8-10（c）所示。综合式具有上述两种标注方式的优点，它既可以满足设计要求又可以满足工艺要求，因而应用最多。

三、尺寸标注的基本原则

1. 重要的尺寸一定要直接标注

重要尺寸是指那些影响产品工作性能、精度的尺寸，设计时经过计算校核的，一般是指：

（1）直接影响机件传动准确性的尺寸，如互相啮合的两齿轮的轴间距；

（2）直接影响机器性能的尺寸，如车辆的车轮轴间距；

（3）两零件的配合尺寸，如轴、孔的直径尺寸等。

直接注出这些尺寸可以避免加工误差的积累，以保证设计要求，如图 8-10（c）中的 A、B 端面间的轴颈长度 36。

2. 避免注成封闭尺寸链

尺寸链是指头尾相接的尺寸形成的尺寸组，每个尺寸称之为一环。如图 8-13 所示 5 个尺寸构成一个封闭尺寸链。这种注法会使得重要尺寸 36 得不到保证。为避免这种情况，生产中通常将最不重要的一个尺寸不标注，如图 8-10（c）中 B、C 端面间的尺寸 28，并将这个尺寸称之为开口环。加工完成后，图中所注 4 个尺寸的误差全部积累到该尺寸上，但由于该尺寸不重要，所以不影响机器的设计性能。

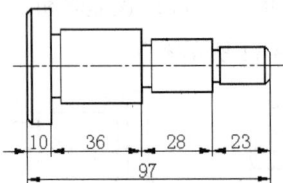

图8-13　避免注成封闭尺寸链

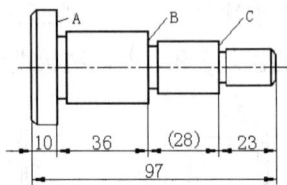

图8-14　标注参考尺寸

有时为了作为设计和加工时的参考，也注成封闭尺寸链，但这时要根据需要把某个不重要的尺寸用圆括号括起来，将这一尺寸称为参考尺寸，如图 8-14 所示尺寸（28）。

3. 按加工顺序注尺寸

按加工顺序注尺寸，符合加工过程，便于加工和测量。图 8-15（a）所示轴，需先在车床上加工外圆，再到铣床上加工键槽，所以先按车床的加工顺序标注尺寸，再注键槽尺寸。其中 51mm 的长度尺寸是长度方向的重要尺寸，必须直接注出，其余尺寸都可以按加工顺序标注。图 8-15（b）所注尺寸用于备料；图 8-15（c）所示尺寸用于加工左端ϕ35 的轴颈；图 8-15（d）所示尺寸用于加工ϕ40 轴颈；图 8-15（e）所示尺寸是加工左端ϕ35 轴颈时，必须保证功能尺寸 51；图 8-15（f）所示尺寸用于加工键槽。

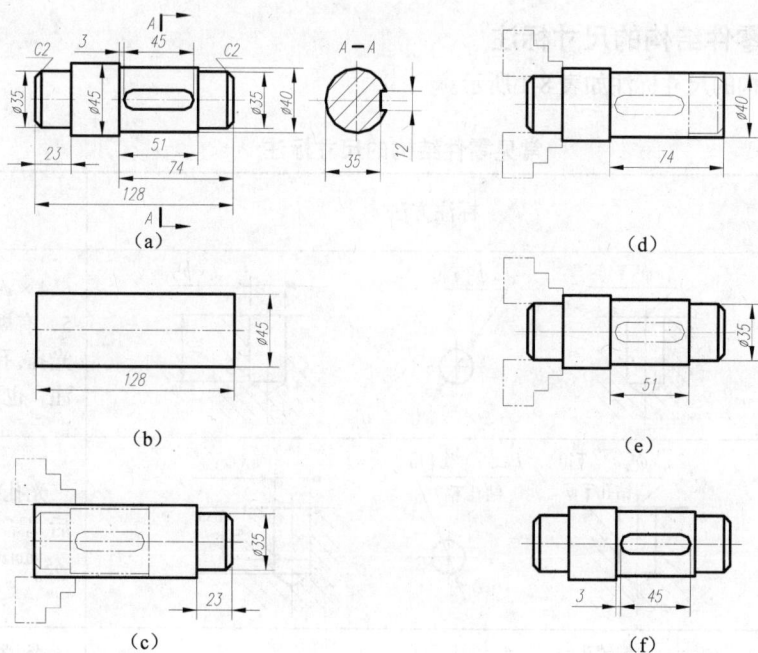

图8-15　按加工顺序注尺寸

4. 按加工方法注尺寸

一个零件一般需要经过多种加工方法制成，因而按加工方法集中标注尺寸，便于生产者看图，以提高工作效率，降低生产成本。如图 8-15（a）所示，图下方所注尺寸为车削尺寸，上方所注尺寸为铣削尺寸。

5. 尺寸标注要便于测量

标注尺寸时，应考虑零件在加工过程中测量的方便。如图 8-16（a）所示零件，如果按图 8-16（b）所示标注阶梯孔的深度尺寸，则ϕ15 孔的深度 8 不便于测量，这是由于阶梯孔的加工过程如图 8-16（c）、（d）、（e）所示。

6. 注意与相关零件的尺寸协调一致

对于零件上有配合要求的孔、轴的基本尺寸以及螺纹连接的内、外螺纹的有关尺寸等要注意尺寸基准、标注内容和形式的协调一致。

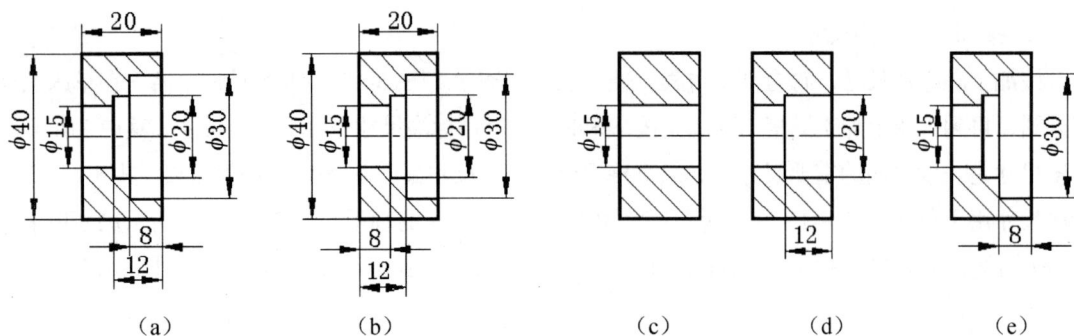

图8-16 尺寸标注应便于测量

四、常见零件结构的尺寸标注

常见零件结构的尺寸标注如表8-1所示。

表 8-1　　　　　　　　　　　　　　　常见零件结构的尺寸标注

零件结构类型		标注方法			说明
光孔	一般孔	$4\times\phi5\,\overline{\vee}\,10$	$4\times\phi5\,\overline{\vee}\,10$	$4\times\phi5$	$4\times\phi5$ 表示直径为5，有规律分布的4个光孔，孔深可与孔径连注，也可分开注出
	精加工孔	$4\times\phi5^{+0.012}_{0}\,\overline{\vee}\,10$ 钻孔 $\overline{\vee}\,12$	$4\times\phi5^{+0.012}_{0}\,\overline{\vee}\,10$ 钻孔 $\overline{\vee}\,12$	$4\times\phi5^{+0.012}_{0}$	光孔深为12，钻孔后需精加工至 $\phi5^{+0.012}_{0}$，深度为10
	锥销孔	锥销孔 $\phi5$ 装配时作	锥销孔 $\phi5$ 装配时作	锥销孔 $\phi5$ 装配时作	$\phi5$ 为与锥销孔相配的圆锥销小头直径。锥销孔通常是相邻两零件装配后一起加工的
沉孔	锥形沉孔	$6\times\phi7$ $\vee\phi13\times90°$	$6\times\phi7$ $\vee\phi13\times90°$	$90°$ $\phi13$ $6\times\phi7$	$6\times\phi7$ 表示直径为7、有规律分布的6个孔。锥形部分尺寸可以旁注，也可直接注出
	柱形沉孔	$4\times\phi6$ $\sqcup\phi10\,\overline{\vee}\,3.5$	$4\times\phi6$ $\sqcup\phi10\,\overline{\vee}\,3.5$	$\phi10$ 3.5 $4\times\phi6$	$4\times\phi6$ 的意义同上。柱形沉孔的直径为10。深度为3.5，均需注出

零件结构类型		标注方法	说明
沉孔	锪平面	4×φ7⌴φ16　　4×φ7⌴φ16　　⌴φ16　4×φ7	锪平面 φ16 的深度不需标注，一般锪平到不出现毛面为止
螺孔	通孔	3×M6-7H　　3×M6-7H　　3×M6-7H	3 × M6 表示大径为 6，有规律分布的 3 个螺孔。可以旁注，也可直接注出
	不通孔	3×M6-7H▼10　　3×M6-7H▼10　　3×M6-7H▼10　10	螺孔深度可与螺孔直径连注，也可分开注出
	不通孔	3×M6-7H▼10孔▼12　　3×M6-7H▼10孔▼12　　3×M6-7H　10　12	需要注出孔深时，应明确标注孔深尺寸
退刀槽及砂轮越程槽		45° 2:1　45° a b　　b×a　　D b	为便于选择割槽刀，退刀槽宽度应直接注出，直径D可直接注出，也可注出切入深度a
倒角		C2　　C2　　C2　　2 30°	45°倒角用 C 表示，与其轴向尺寸；倒角不是 45° 时，角度和轴向尺寸是分开标注的
滚花		直纹 m0.3 GB/T6403.3—1986　D+Δ b　　t D　　D+Δ 30° 30° b　网纹 m0.3 GB/T6403.3—1986	滚花有直纹与网纹两种形式。滚花前的直径尺寸为D，滚花后的直径为 D+Δ，Δ 应按模数查相应的标准确定
平面		a×a　　a a	在没有表示正方形实形的图形上，该正方形的尺寸可以用 a × a（a 为正方形边长）表示；否则要直接标注

续表

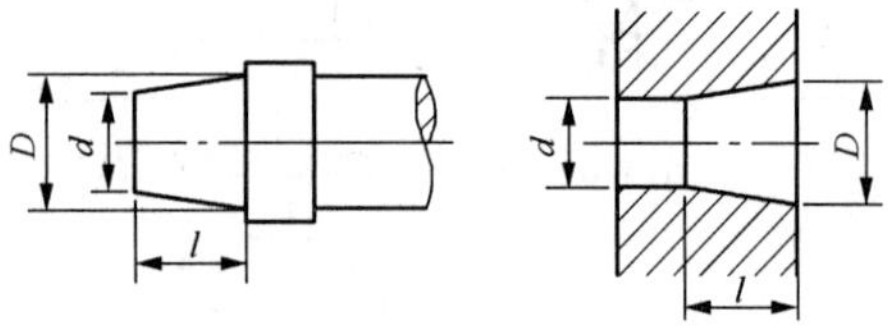

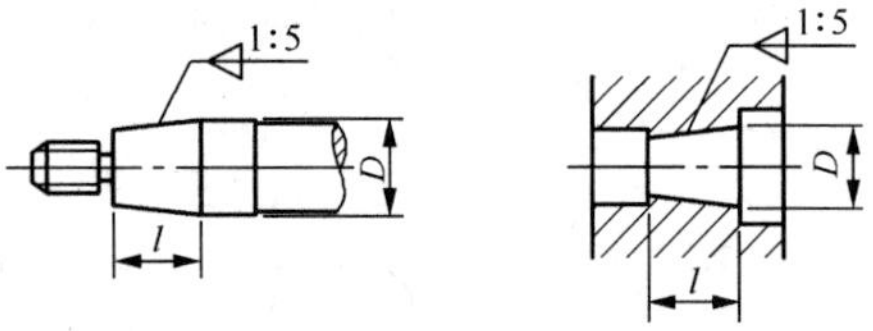

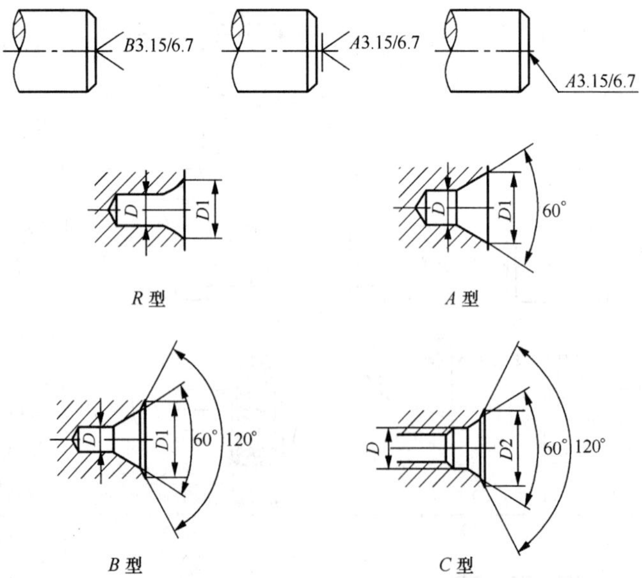

零件结构类型		标注方法	说明
键槽	平键键槽	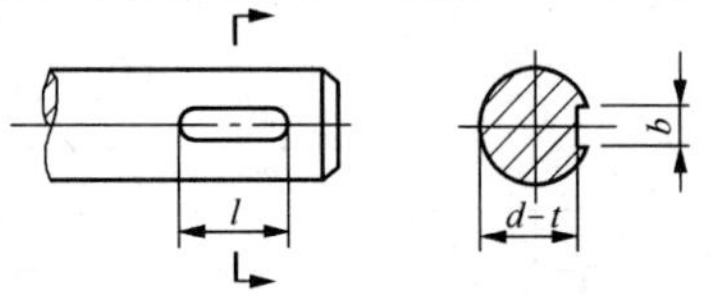	标注 $d-t$，便于测量
	半圆键键槽	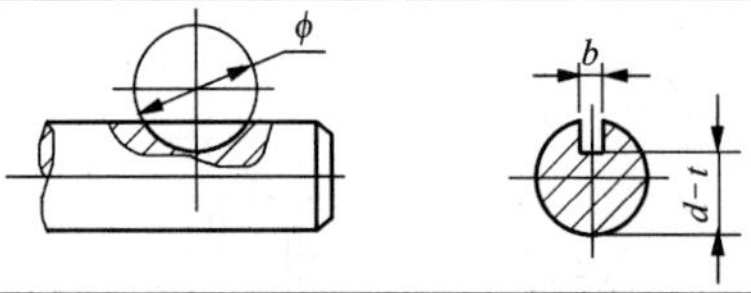	标注直径，便于选择铣刀，便于测量
锥轴、锥孔			当锥度要求不高时，这样标注便于制造模样
			当锥度要求准确并为保证一端直径尺寸时的标注形式
中心孔			中心孔是标准结构，如需在图纸上表明中心孔要求时，可用符号表示。左图为完工零件上要求保留中心孔的标注示例。中图为在完工零件上不要求保留中心孔的标注示例。右图为在完工零件上是否保留中心孔都可以的标注示例。中心孔分为 R 型、A 型、B 型、C 型等。B 型、C 型是有保护锥面的中心孔。标注示例中，A3.15/6.7 表明采用 A 型中心孔，$D=3.15$，$D_1=6.7$

| 任务四 | 零件图上的技术要求 |

任务引出

零件图上有哪些技术要求？在零件图上又是如何反映的？

任务描述

零件图是指导加工生产机器零件的重要的技术文件，零件图上除了有图形和尺寸外，还有制造该零件的一些质量要求，一般称作技术要求。其主要内容有：表面粗糙度、尺寸公差、形状与位置公差、材料热处理及表面处理等，本任务将介绍前三项内容。

相关知识

一、表面粗糙度

（一）表面粗糙度的概念

表面粗糙度是指加工表面上具有的较小间距和峰谷所组成的微观几何形状特征。

经过加工的零件表面，看起来很光滑，但将其置于放大镜（或显微镜）下观察时，则可见其表面具有微小的峰谷，如图 8-17 所示。这种情况，是由于在加工过程中，刀具从零件表面上分离材料时的塑性变形、机械振动及刀具与被加工表面的摩擦而产生的。表面粗糙度对零件耐磨性、抗疲劳强度、抗腐蚀性、密封性、外观以及零件间的配合性能等都有很大影响。

表面越粗糙，零件的表面性能越差；反之，则表面性能越好，

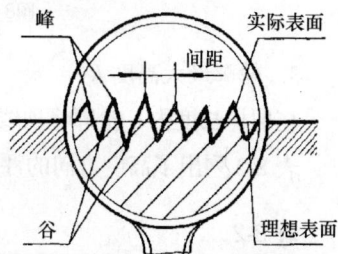

图8-17 显微镜下零件表面的情况

但加工成本也随之增加。因此，国家标准（GB/T 3505—2000）规定了零件表面粗糙度的评定参数，以便在保证使用功能的前提下，选用较为经济的评定参数值（本节只介绍常用的高度方向的评定参数）。

（二）表面粗糙度的评定参数

1. 轮廓算术平均偏差 Ra

在取样长度内，轮廓偏距绝对值的算术平均值，如图 8-18 所示，其值为

$$Ra = \frac{1}{l} \int_0^l |y(x)| \, \mathrm{d}x \text{ 或 } Ra \approx \frac{1}{n} \sum_{i=1}^n |y_i|$$

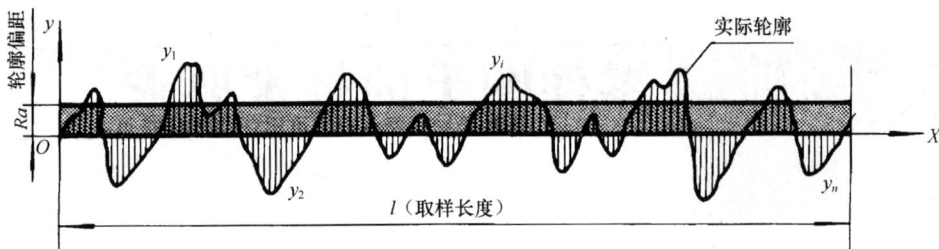

图8-18　轮廓算术平均偏差

2. 微观不平度十点高度 Rz

在取样长度内，5 个最大的轮廓峰高的平均值与 5 个最大的轮廓谷深的平均值之和，如图 8-19 所示，其值为

$$Rz = \frac{1}{5}\left(\sum_{i=1}^{5} y_{pi} + \sum_{i=1}^{5} y_{vi}\right)$$

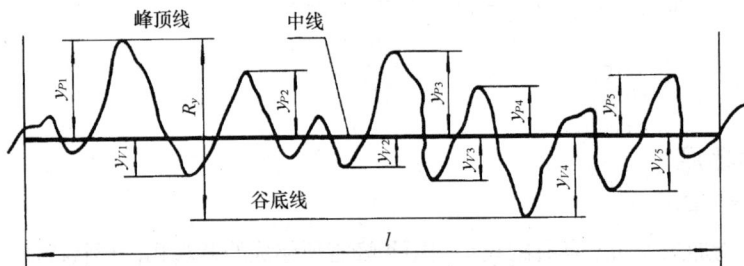

图8-19　微观不平度十点高度 Rz 与轮廓最大高度 Ry

3. 轮廓最大高度 Ry

在取样长度内，轮廓峰顶线与轮廓谷底线之间的距离，如图 8-19 所示，其值为 Ry。

表 8-2 列出了高度方向的评定参数 Ra、Rz、Ry 的系列数值。

表8-2　　　　　　　　　　　Ra、Rz、Ry 系列数值　　　　　　　　　　（μm）

Ra	Rz、Ry	Ra	Rz、Ry
0.012		6.3	6.3
0.025	0.025	12.5	12.5
0.05	0.05	25	25
0.1	0.1	50	50
0.2	0.2	100	100
0.4	0.4		200
0.8	0.8		400
1.6	1.6		800
3.2	3.2		1600

注：表列为第一系列数值。

表 8-3　　　　　　　　　　　　表面粗糙度的符号、代号

符号与代号		意义及说明
符号		基本符号，表示表面可用任何方法获得。当不加注粗糙度参数值或有关说明时，仅适用于简化代号标注
		基本符号加一短线，表示表面是用去除材料的方法获得。例如：车、铣、钻、磨、剪切、抛光、腐蚀、电火花加工、气割等。可称其为加工符号
		基本符号加一小圆，表示表画是用不去除材料的方法获得。例如：铸、锻、冲压变形、热轧、冷轧、粉末冶金等。或者是用于保持原供应状况的表面（包括保持上道工序的状况）。可称其为毛坯符号
		在 3 种类别符号的长边上均可加一横线，用于标注有关参数和说明
		在上述 3 种符号上均可加一小圆，表示所有表面具有相同的粗糙度要求
代号		用任何方法获得的表面粗糙度，Ra 的上限值为 3.2μm
		用去除材料的方法获得的表面粗糙度，Ra 的上限值为 3.2μm
		用不去除材料的方法获得的表面粗糙度，Ra 的上限值为 3.2μm
		用去除材料的方法获得的表面粗糙度，Ra 的上限值为 3.2μm，下限值为 1.6μm
		评定参数为 R_y、R_z 时，需在数值前注写该参数的类别代号

表 8-4　　　　　　　　　　　　表面粗糙度的标注方法

总则：在同一图样上，每一表面一般只标注一次代（符）号，并尽可能标注在具有确定该表面大小或位置尺寸的视图上。表面粗糙度代（符）号应注在可见轮廓线、尺寸界线或延长线上。

图例	说明	图例	说明
	代号中数字的方向必须与尺寸数字方向一致。对其中使用最多的一种代（符）号可统一标注在图样右上角，并加注"其余"两字，且比图形上其他代（符）号大 1.4 倍		各倾斜表面代号的注法。符号的尖端必须从材料外指向表面

续表

图例	说明	图例	说明
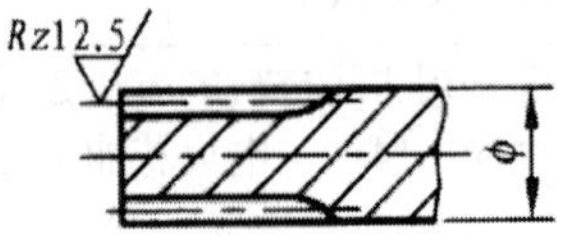	渐开线花键的注法	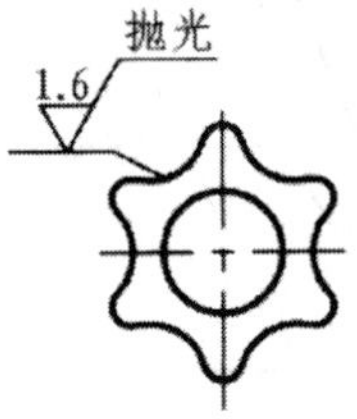	零件上连续表面只标注一次
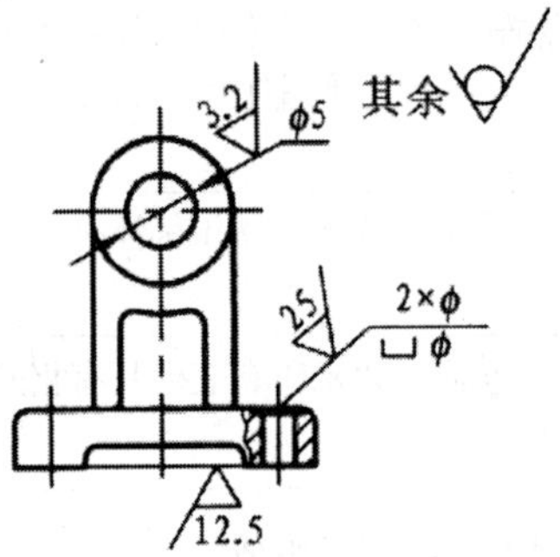	用细实线相连的不连续的同一表面也标注一次	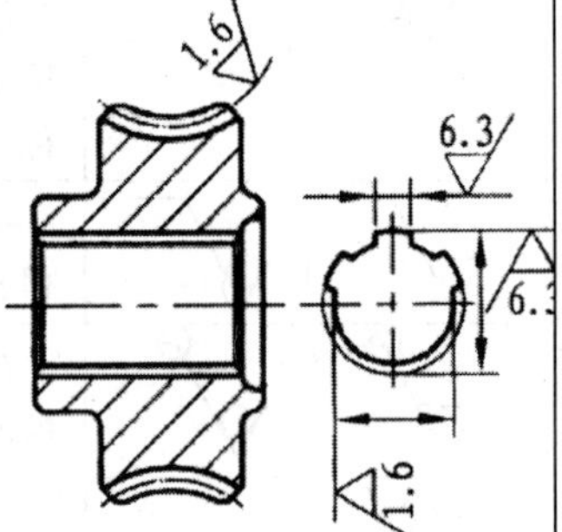	重复要素(孔、槽、齿)的注法
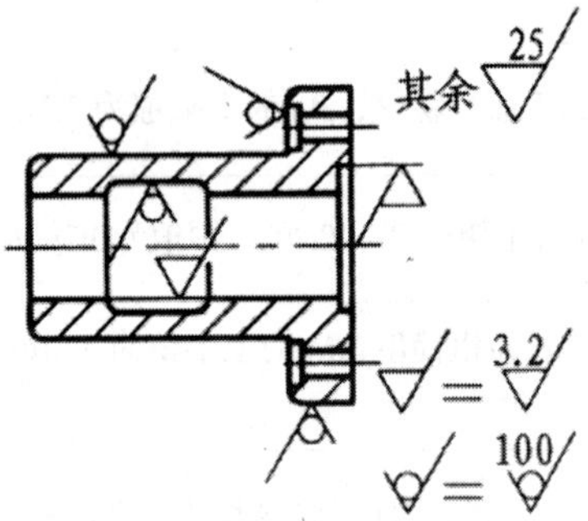	可以标注简化代号,但要在标题栏附近说明这些简化代号的意义	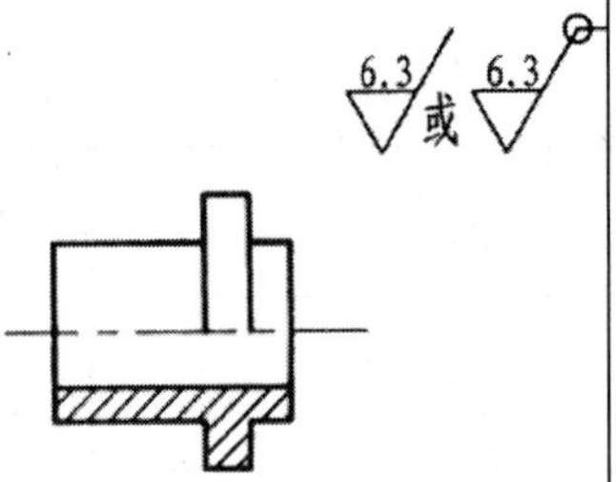	当零件所有表面具有相同的粗糙度时,其代(符)号,可在图样的右上角统一标注,其符号应为图样中代号和文字的1.4倍
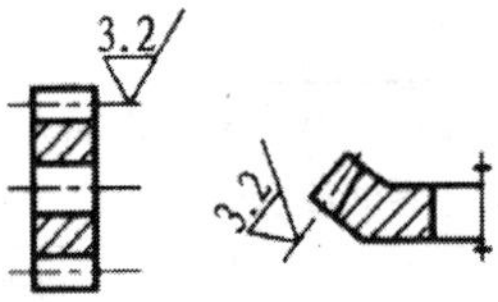	齿轮的注法	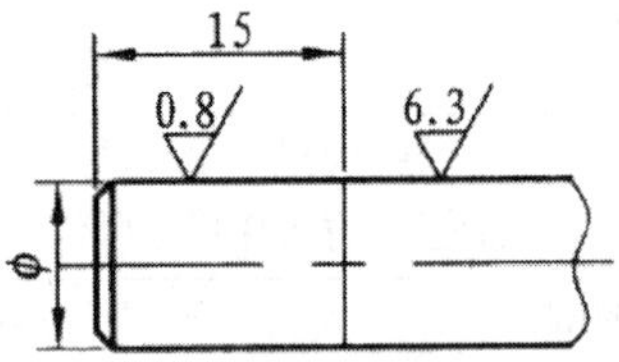	同一表面上有不同的要求时,用细实线画出其分界线,并注出相应的表面粗糙度代号和尺寸
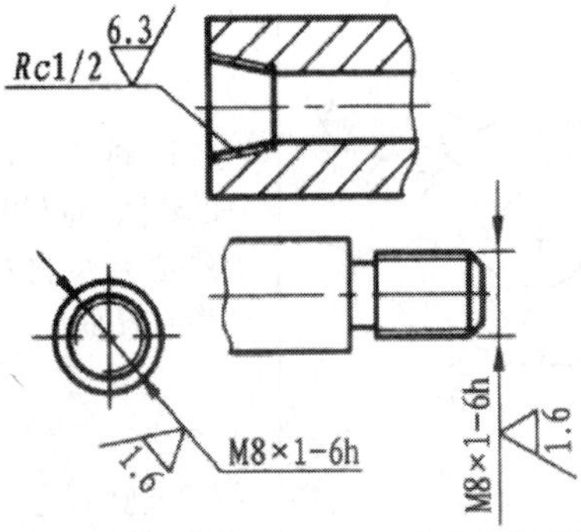	螺纹的注法	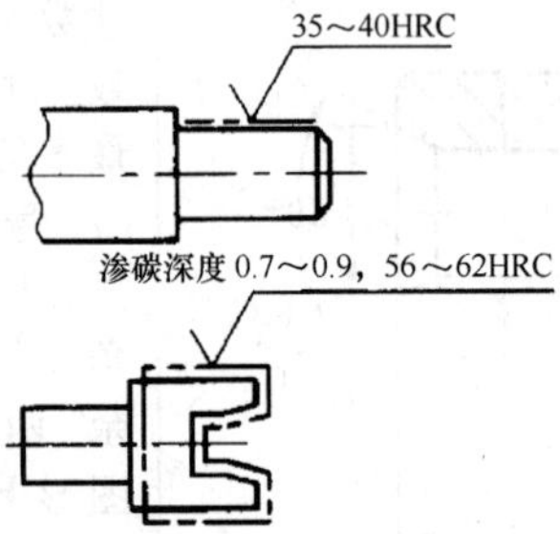	零件需要局部热处理或局部镀(涂)时,应用粗点画线画出其范围,并标注相应的尺寸,也可将其要求注写在表面粗糙度符号内

续表

图例	说明	图例	说明
			中心孔的工作表面,键槽工作面,倒角、圆角的表面粗糙度代号,可以简化标注

（三）表面粗糙度的标注

国家标准（GB/T 131—1993）规定的表面粗糙度符号及其意义见表 8-3,其中,采用 Ra 评定参数时,仅标注参数值;而采用 Rz、Ry 参数时,必须在数值前标注参数代号。表 8-4 为表面粗糙度的标注方法。

表面粗糙度标注有关参数和说明如图 8-20 所示。

（1）a_1、a_2：表面粗糙度高度参数的代号及其数值（单位为 μm）;

（2）b：表面加工要求、镀覆、涂覆、表面处理或其他说明等;

（3）c：取样长度（单位为 mm）;

（4）d：加工纹理方向符号;

（5）e：加工余量（单位为 mm）;

（6）f：粗糙度间距参数值（单位为 mm）或轮廓支承长度等。

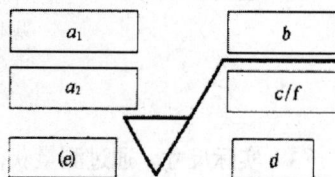

图8-20　表面粗糙度参数说明

二、极限与配合

在一批相同的零件中任取一个,不需修配便可装到机器上并能满足使用要求的性质,称为互换性。为使零件具有互换性,必须保证零件的尺寸、表面粗糙度、几何形状及零件上有关要素的相互位置等技术要求的一致性。就尺寸而言,互换性要求尺寸的一致性,并不是要求零件都准确地制成一个指定的尺寸,而只是限定其在一个合理的范围内变动。对于相互配合的零件,这个范围,一是要求在使用和制造上是合理、经济的;再就是要求保证相互配合的尺寸之间形成一定的配合关系,以满足不同的使用要求。前者要以"公差"的标准化——极限制来解决,后者要以"配合"的标准化来解决,由此产生了"极限与配合"制度。

（一）极限与配合的基本概念

1. 基本术语及定义

下面,结合图 8-21 用图解的方式,介绍相关的术语及定义。

（1）尺寸。以特定单位表示线性尺寸值的数值。它由数字和长度单位（如 mm）组成,包括直径、半径、长度、宽度、高度、厚度及中心距等。它不包括用角度单位表示的角度尺寸。

（2）基本尺寸。设计给定的尺寸。如图 8-21 中的 ϕ80mm。基本尺寸也可以是一个小数值。

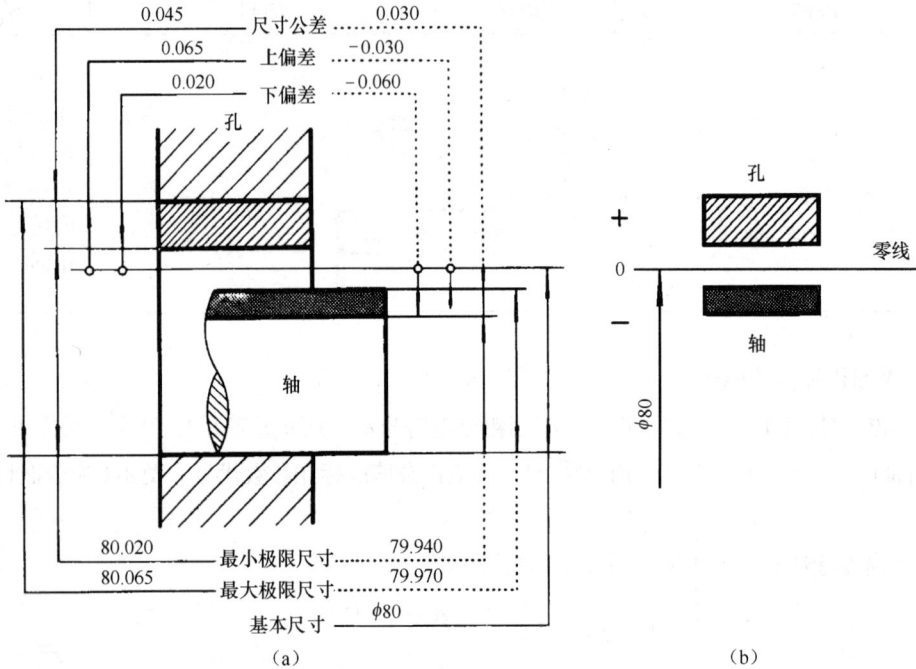

图8-21 术语图解和公差带示意图

（3）实际尺寸。通过测量获得的某一孔、轴的尺寸。孔、轴可以是圆柱形内、外表面，也可以是由二平行平面或切面形成的包容面、被包容面。如键槽和键的宽向两侧面，即分别为内表面——"孔"和外表面——"轴"。

（4）极限尺寸。允许零件实际尺寸变化的两个极限值。其中较大的一个称为最大极限尺寸（孔、轴最大极限尺寸分别为 80.065、79.970）；较小的一个称为最小极限尺寸（孔、轴的最小极限尺寸分别为 80.020、79.940）。极限尺寸可以大于、小于或等于基本尺寸。

（5）偏差。某一尺寸减其基本尺寸所得的代数差。实际尺寸减其基本尺寸所得的代数差称为实际偏差。偏差可以是正值、负值或零。

（6）上偏差和下偏差。

$$上偏差=最大极限尺寸-基本尺寸$$

$$下偏差=最小极限尺寸-基本尺寸$$

孔的上、下偏差代号分别用大写字母 ES、EI 表示；轴的上、下偏差代号分别用小写字母 es、ei 表示。图 8-21 中孔、轴的极限偏差可分别计算如下：

孔的上偏差（ES）=80.065-80=+0.065，下偏差（EI）=80.020-80=+0.020

轴的上偏差（es）=79.970-80=-0.030，下偏差（ei）：79.940-80=-0.060

（7）极限偏差。上偏差和下偏差统称为极限偏差。极限偏差可查附表19、附表20。

（8）尺寸公差（简称公差）。最大极限尺寸减最小极限尺寸之差，或上偏差减下偏差之差。它是允许尺寸的变动量，恒为正值。图 8-21 中孔、轴的公差可分别计算如下。

孔公差=80.065-80.020=0.045，或孔公差=（+0.065）-（+0.020）=0.045

轴公差=79.970-79.940=0.030，或轴公差=（-0.030）-（-0.060）=0.030

由此可知，公差用于限制尺寸误差。公差越小，零件的精度越高，实际尺寸的允许变动量也越小，零件的加工难度越大；反之，公差越大，尺寸的精度越低。

（9）公差带图。在分析尺寸、偏差和公差时，将它们同时画出是不成比例的，为了形象地表示基本尺寸、偏差和公差的关系，只画出放大的孔和轴的公差带，这就是极限与配合的图解，简称公差带图解。所谓公差带就是在公差带图解中，由代表上偏差和下偏差、或最大极限尺寸和最小极限尺寸的两条直线所限定的一个区域。它是由公差大小和其相对零线的位置（基本偏差）来确定。图8-21（b）就是图8-21（a）的公差带图解。

（10）零线。在极限与配合图解中，表示基本尺寸的一条直线，是确定偏差和公差的基准。

（11）标准公差（IT）。国家标准规定的公差，用于确定公差带的大小。

标准公差等级共分20级，从IT01、IT0、IT1至IT18。从IT01至IT18等级依次降低，而相应的标准公差数值依次增大，即

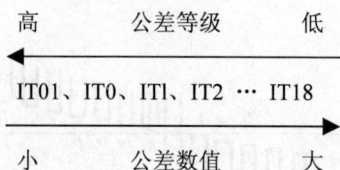

高	公差等级	低

IT01、IT0、IT1、IT2 … IT18

小	公差数值	大

各级标准公差的数值，可查阅附表18。从表中可以看出，同一公差等级（例如IT7）对所有基本尺寸的一组公差值，是随着基本尺寸的增大而增大的，但它们都应视为具有同等精确程度。

（12）基本偏差。确定公差带相对零线位置的那个极限偏差称为基本偏差。它可以是上偏差，也可以是下偏差，一般为靠近零线的那个偏差，如图8-22所示。

国家标准规定了基本偏差代号，对孔用大写拉丁字母A，B，C，…，ZC表示；对轴用小写拉丁字母a，b，c，…，zc表示，孔和轴各有28个基本偏差，其轴、孔的基本偏差数值见附表19、附表20。基本偏差系列见图8-23，图中只画出公差带图的一端，此端即为基本偏差。开口的一端表示公差带的延伸方向，而公差带的封闭位置取决于标准公差等级。

① 轴的基本偏差。在轴的基本偏差中，a～h为上偏差，j～zc为下偏差。js的公差带对称地分布于零线两侧，即es=+IT/2，ei=-IT/2，在基本偏差表中写成±IT/2。

图8-22 标准公差与基本偏差

② 孔的基本偏差。在孔的基本偏差中，从A～H为下偏差，从J～ZC为上偏差。JS的公差带对称地分布于零线两侧，即ES=+IT/2，EI=-IT/2，在基本偏差表中写成±IT/2。

（13）孔和轴的公差带代号。由基本偏差代号和标准公差等级代号组成，如图8-24所示。

公差带由"公差带大小"和"公差带位置"这两个要素组成。公差带大小由标准公差确定，公差带位置由基本偏差确定。

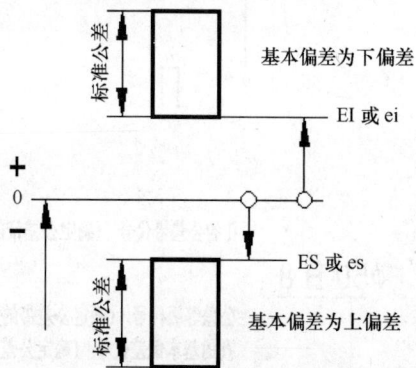

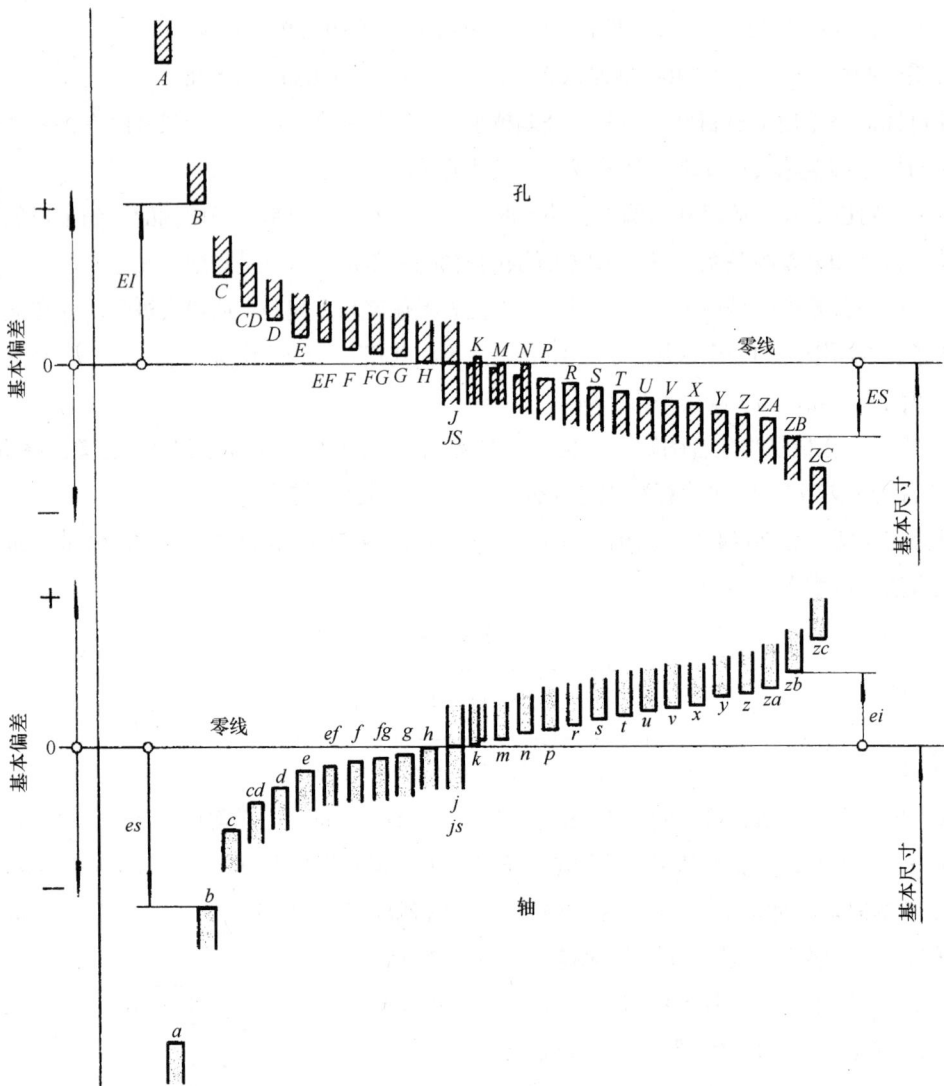

图8-23　基本偏差系列

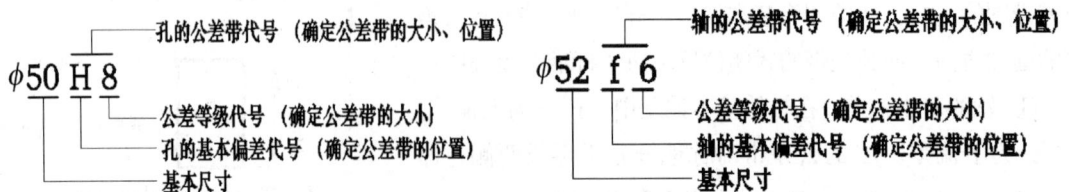

图8-24　孔、轴公差带代号的写法

2. 配合

（1）配合的定义。

基本尺寸相同的、相互结合的孔和轴公差带之间的关系，称为配合。由于孔和轴的实际尺寸不同，装配后可能产生"间隙"或"过盈"。

（2）间隙和过盈。

① 间隙是指孔的尺寸减去相配合的轴的尺寸之差为正。图 8-25（a）为孔、轴之间配合出现间隙的示意图。间隙配合中的最大、最小间隙，见图 8-25（b）。图 8-25（c）为其公差带图解。

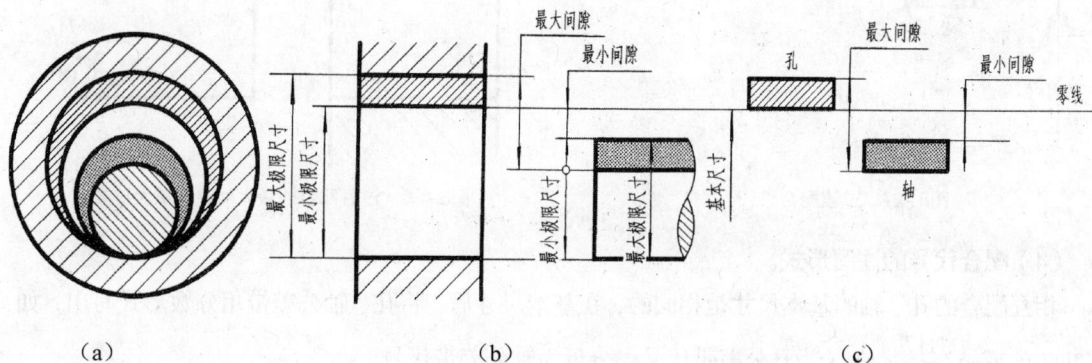

图8-25　间隙配合

② 过盈是指孔的尺寸减去相配合的轴的尺寸之差为负。图 8-26（a）为孔、轴配合出现过盈的示意图。过盈配合中的最大、最小过盈，见图 8-26（b）。图 8-26（c）为其公差带图解。

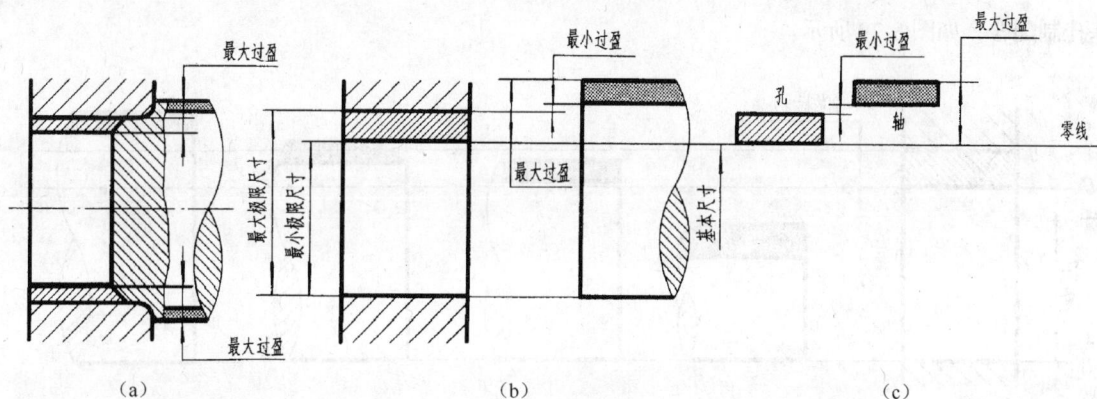

图8-26　过盈配合

（3）配合的种类。

根据孔、轴之间形成间隙或过盈的情况，可将配合分为 3 类。

① 间隙配合。具有间隙的配合称为间隙配合，包括最小间隙等于零。此时，孔的公差带在轴的公差带之上，如图 8-25（c）所示。间隙配合主要用于孔、轴间的活动连接。

② 过盈配合。具有过盈的配合称为过盈配合，包括最小过盈等于零。此时，孔的公差带在轴的公差带之下，如图 8-26（c）所示。过盈配合主要用于孔、轴间的紧固连接，它不允许两者有相对运动。

③ 过渡配合。可能具有间隙或过盈的配合称为过渡配合。此时，孔的公差带与轴的公差带相互交叠，如图 8-27、图 8-28 所示。过渡配合主要用于孔、轴间的定位连接。

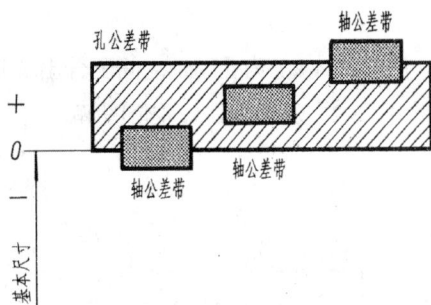

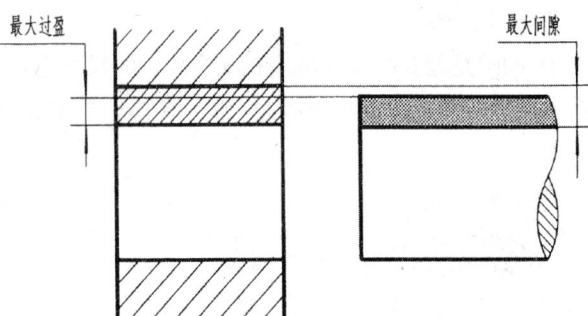

图8-27　过渡配合　　　　　　　　图8-28　过渡配合的最大间隙和最大过盈

（4）配合代号的注写形式。

相互配合的孔、轴的基本尺寸是相同的，在基本尺寸后，将孔、轴公差带用分数形式写出，如：$\phi 52H7/f6$ 或 $\phi 52\dfrac{H7}{f6}$，分子为孔公差带代号，分母为轴公差带代号。

（二）配合制度

国家标准规定有基孔制和基轴制两种配合制度。

1. 基孔制配合

基本偏差为一定的孔的公差带，与不同基本偏差的轴的公差带形成各种配合的一种制度，称为基孔制配合，如图 8-29 所示。

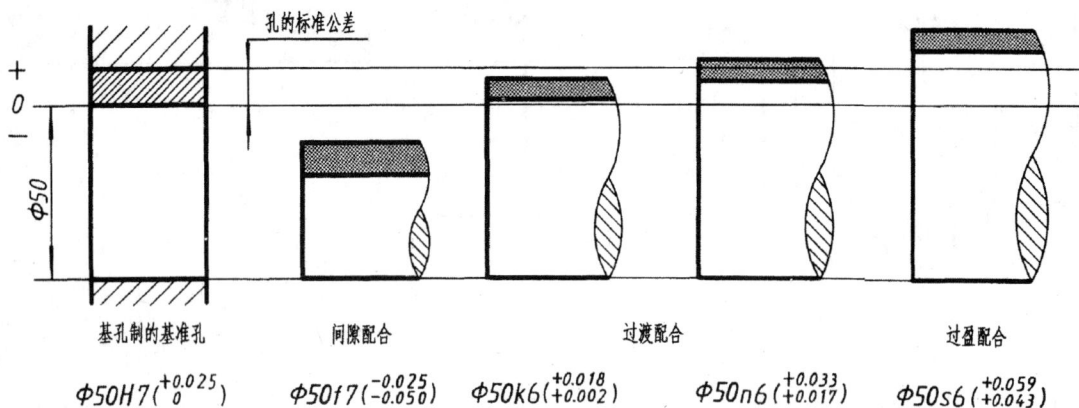

图8-29　基孔制配合

在基孔制配合中选作基准的孔，称为基准孔，其代号为 H，它的基本偏差为下偏差，其值为零，即孔的最小极限尺寸与基本尺寸相等。在基孔制配合中，轴的基本偏差从 a～h 用于间隙配合；从 j～zc 用于过渡配合和过盈配合。

例如，在基孔制配合中：$\phi 50H7/f7$（间隙配合），$\phi 50H7/k6$ 和 $\phi 50H7/n6$（过渡配合），$\phi 50H7/s6$（过盈配合），它们的配合示意图，即孔、轴公差带之间的关系如图 8-29 所示。

2. 基轴制配合

基本偏差为一定的轴的公差带，与不同基本偏差的孔的公差带形成各种配合的一种制度，称为基轴制配合，如图 8-30 所示。在基轴制配合中选作基准的轴，称为基准轴，其代号为 h，它的基本偏差为上偏差，其值为零，即轴的最大极限尺寸与基本尺寸相等。在基轴制配合中，孔的基本偏差从 A~H 用于间隙配合；从 J~ZC 用于过渡配合和过盈配合。

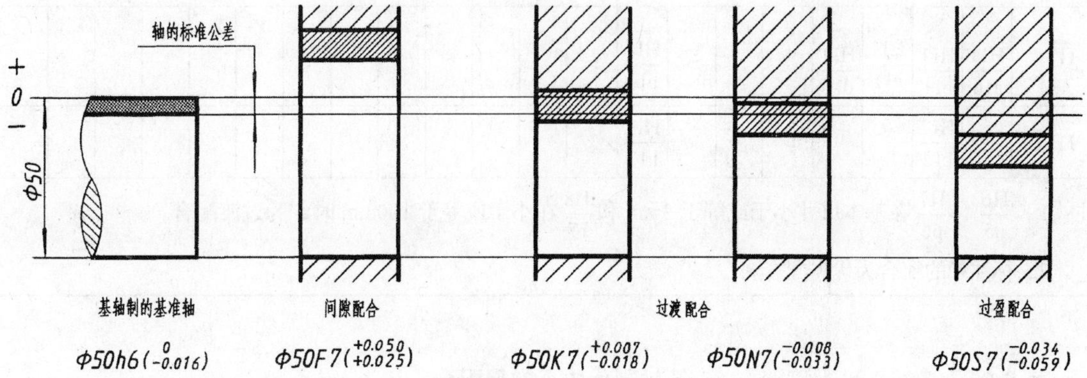

图8-30　基轴制配合

例如，在基轴制配合中：ϕ50F7/h6（间隙配合），ϕ50K7/h6 和 ϕ50N7/h6（过渡配合），ϕ50S7/h6（过盈配合），它们的配合示意图，即孔、轴公差带之间的关系，如图 8-30 所示。

表 8-5 为基孔制优先、常用配合系列，分子中均含有基本偏差代号 H。表 8-6 为基轴制优先、常用配合系列，分母中均含有基本偏差代号 h。而对分子中含有 H，同时分母中又含有 h 的配合，如 H8/h7、H9/h9 等，一般视为基孔制配合，也可视为基轴制配合，这是最小间隙为零的一种间隙配合。

表 8-5　　　　　　　　　　　　基孔制优先、常用配合

基准孔	轴																					
	a	b	c	d	e	f	g	h	js	k	m	n	p	r	s	t	u	v	x	y	z
	间隙配合								过渡配合				过盈配合								
H6						$\frac{H6}{f5}$	$\frac{H6}{g5}$	$\frac{H6}{h5}$	$\frac{H6}{js5}$	$\frac{H6}{k5}$	$\frac{H6}{m5}$	$\frac{H6}{n5}$	$\frac{H6}{p5}$	$\frac{H6}{r5}$	$\frac{H6}{s5}$	$\frac{H6}{t5}$					
H7						$\frac{H7}{f6}$	$\frac{H7}{g6}$	$\frac{H7}{h6}$	$\frac{H7}{js6}$	$\frac{H7}{k6}$	$\frac{H7}{m6}$	$\frac{H7}{n6}$	$\frac{H7}{p6}$	$\frac{H7}{r6}$	$\frac{H7}{s6}$	$\frac{H7}{t6}$	$\frac{H7}{u6}$	$\frac{H7}{v6}$	$\frac{H7}{x6}$	$\frac{H7}{y6}$	$\frac{H7}{z6}$
H8				$\frac{H8}{e7}$	$\frac{H8}{f7}$	$\frac{H8}{g7}$	$\frac{H8}{h7}$	$\frac{H8}{js7}$	$\frac{H8}{k7}$	$\frac{H8}{m7}$	$\frac{H8}{n7}$	$\frac{H8}{p7}$	$\frac{H8}{r7}$	$\frac{H8}{s7}$	$\frac{H8}{t7}$	$\frac{H8}{u7}$					
			$\frac{H8}{d8}$	$\frac{H8}{e8}$	$\frac{H8}{f8}$		$\frac{H8}{h8}$														
H9			$\frac{H9}{c9}$	$\frac{H9}{d9}$	$\frac{H9}{e9}$	$\frac{H9}{f9}$		$\frac{H9}{h9}$													
H10			$\frac{H10}{c10}$	$\frac{H10}{d10}$				$\frac{H10}{h10}$													

ϕ50h6($^{0}_{-0.016}$)　ϕ50F7($^{+0.050}_{+0.025}$)　ϕ50K7($^{+0.007}_{-0.018}$)　ϕ50N7($^{-0.008}_{-0.033}$)　ϕ50S7($^{-0.034}_{-0.059}$)

续表

基准孔	轴																				
	a	b	c	d	e	f	g	h	js	k	m	n	p	r	s	t	u	v	x	y	z
	间隙配合								过渡配合				过盈配合								
H11	$\frac{H11}{a10}$	$\frac{H11}{b11}$	$\frac{H11}{c11}$	$\frac{H11}{d11}$				$\frac{H11}{h11}$													
H12		$\frac{H12}{b12}$						$\frac{H12}{h12}$													

注: 1. $\frac{H6}{n5}$、$\frac{H7}{p6}$ 在基本尺寸小于或等于 3mm 和 $\frac{H8}{r7}$ 在小于或等于 100mm 时，为过渡配合。

2. 标注▼的配合为优先配合。

表 8-6　　　　　　　　　　　　基轴制优先、常用配合

基准轴	孔																				
	A	B	C	D	E	F	G	H	JS	K	M	N	P	R	S	T	U	V	X	Y	Z
	间隙配合								过渡配合				过盈配合								
h5						$\frac{F6}{h5}$	$\frac{G6}{h5}$	$\frac{H6}{h5}$	$\frac{JS6}{h5}$	$\frac{K6}{h5}$	$\frac{M6}{h5}$	$\frac{N6}{h5}$	$\frac{P6}{h5}$	$\frac{R6}{h5}$	$\frac{S6}{h5}$	$\frac{T6}{h5}$					
h6						$\frac{F7}{h6}$	$\frac{G7}{h6}$	$\frac{H7}{h6}$	$\frac{JS7}{h6}$	$\frac{K7}{h6}$	$\frac{M7}{h6}$	$\frac{N7}{h6}$	$\frac{P7}{h6}$	$\frac{R7}{h6}$	$\frac{S7}{h6}$	$\frac{T7}{h6}$	$\frac{U7}{h6}$				
h7					$\frac{E8}{h7}$	$\frac{F8}{h7}$		$\frac{H8}{h7}$	$\frac{JS8}{h7}$	$\frac{K8}{h7}$	$\frac{M8}{h7}$	$\frac{N8}{h7}$									
h8				$\frac{D8}{h8}$	$\frac{E8}{h8}$	$\frac{F8}{h8}$		$\frac{H8}{h8}$													
h9				$\frac{D9}{h9}$	$\frac{E9}{h9}$	$\frac{F9}{h9}$		$\frac{H9}{h9}$													
h10				$\frac{D10}{h10}$				$\frac{H10}{h10}$													
h11	$\frac{A11}{h11}$	$\frac{B11}{h11}$	$\frac{C11}{h11}$	$\frac{D11}{h11}$				$\frac{H11}{h11}$													
h12		$\frac{B12}{h12}$						$\frac{H12}{h12}$													

注: 标注▼的配合为优先配合。

3. 基孔制配合优先

我们在看图时，会看到较多的基孔制配合。这是因为国家标准明确规定，在一般情况下，优先选用基孔制配合。因为从工艺上看，加工中等尺寸的孔，通常要用价格昂贵的扩孔钻、铰刀、拉刀

等定值（不可调）刀具，而加工轴，则用一把车刀或砂轮就可以加工出不同的尺寸。因此，采用基孔制可以减少定值刀具、量具的品种和数量，降低生产成本，提高加工的经济性。

但在有些情况下，选用基轴制配合更好些。如图 8-31 所示，活塞销与活塞的两个孔是过渡配合，与连杆孔是间隙配合，此时，若采用基孔制，则活塞孔和连杆孔公差带相同，活塞销必须加工成两端大中间小的阶梯状，来实现两种配合，不仅增加了加工量，同时，装配时会拉伤连杆孔。若采用基轴制，活塞销按一种公差带加工成光轴，而活塞孔和连杆孔按不同公差带加工，从而获得不同的配合。不仅加工成本低，而且便于装配，显然比较经济合理。

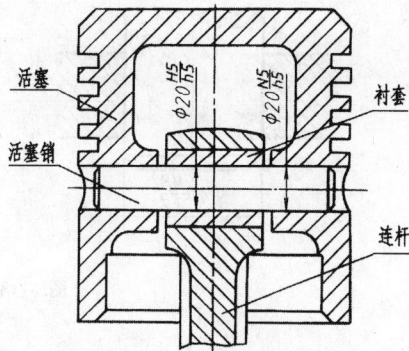

图8-31　使用基轴制的例子

对于标准部件，是以标准件的孔或轴为基准，例如滚动轴承外圈外径与箱体轴承座孔处的配合应为基轴制，而滚动轴承的内圈内径与轴的配合则为基孔制。键和键槽的配合也是基轴制。

此外，某些特殊情况也可由任一孔、轴公差带组成配合，如 M7/g6，称为混合制配合。

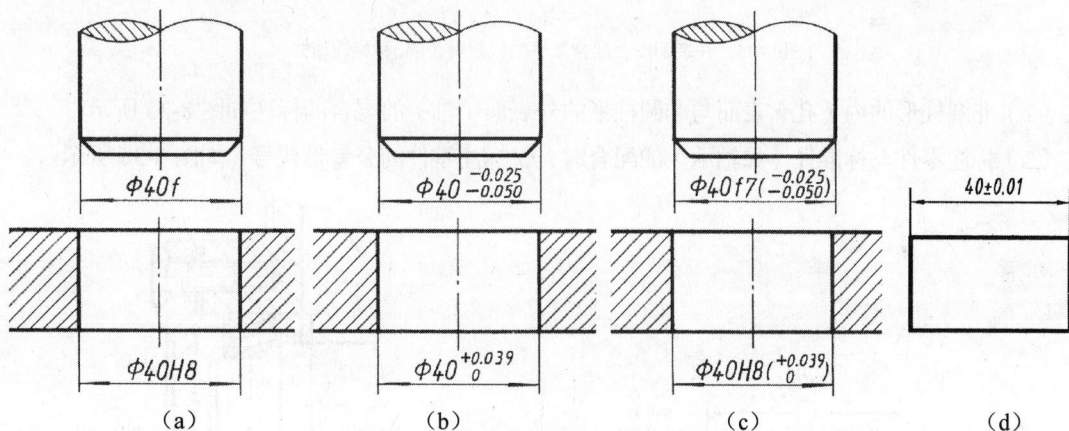

图8-32　公差带代号、极限偏差在零件图上的标注形式

（三）极限与配合在图样上的标注

1. 在零件图上的标注

用于大批量生产的零件图，一般只注公差带代号，如图 8-32（a）所示。用于中小批量生产的零件图，一般只注出极限偏差，如图 8-32（b）所示。当生产批量不确定时，可以同时注出公差带代号和对应的偏差值，如图 8-32（c）所示。当上、下偏差数值相同时，其数值只标注一次，在数值前注出符号"±"，如图 8-32（d）所示。

图中未注公差的尺寸应按国标 GB/T1804—2000 规定，采用一般公差，有精密 f、中等 m、粗糙 c、最粗 v 四个等级。具体应用，取决于具体的行业需求和加工生产企业的加工水平。

2. 在装配图上的标注

（1）在装配图上标注配合代号的形式有 3 种，如图 8-33 所示。在装配图上标注配合零件的极限偏差的形式也有 3 种，如图 8-34 所示。

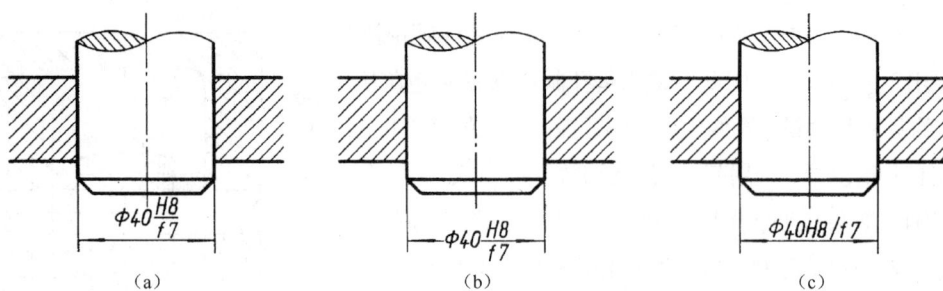

图8-33　在装配图上配合代号的3种标注形式

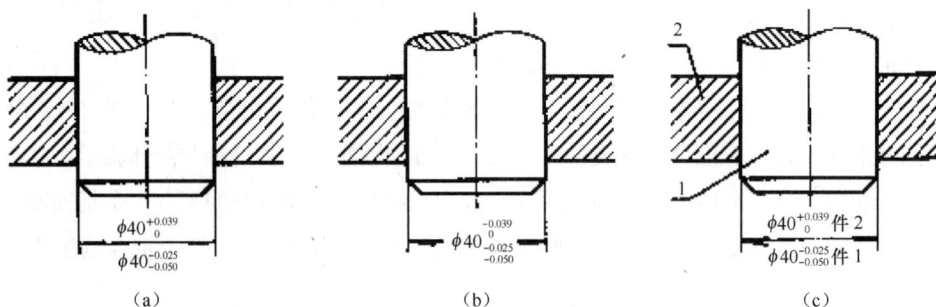

图8-34　在装配图上配合零件的极限偏差的3种标注形式

（2）非圆柱形的内（孔）表面与非圆柱形的外表面（轴）的配合的标注如图 8-35 所示。

（3）标注零件与标准件（如轴承）的配合时，仅标注零件的公差带代号，如图 8-36 所示。

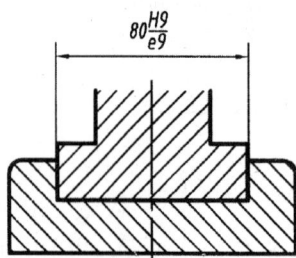

图8-35　非圆柱形的内、外表面的配合标注

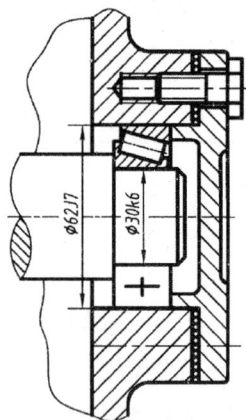

图8-36　滚动轴承与孔、轴的配合代号的标注

三、形状和位置公差

（一）形状和位置公差的基本概念

1. 概述

在生产实践中，经过加工的零件，不但会产生尺寸误差，而且会产生形状和位置误差。例如，图 8-37（a）所示为一理想形状的销轴，而加工后的实际形状则如图 8-37（b）所示，轴线弯了，这是产生了直线度误差。又如，图 8-38（a）所示为一要求严格的平板，加工后的实际位置如图 8-38（b）所示，上表面倾斜了，这是产生了平行度误差。

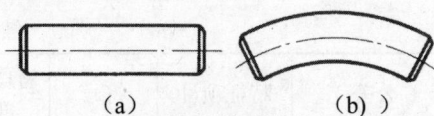

图8-37 形状误差

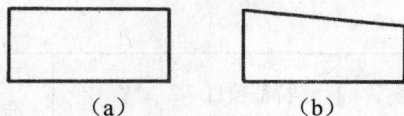

图8-38 位置误差

由于零件存在严重的形状和位置误差，将造成装配困难，影响机器的质量。因此，对于精度要求较高的零件，设计者除给出尺寸公差外，还会根据设计要求，给出形状和位置误差的最大允许值，如图 8-39 中的 $\phi0.08$（即销轴轴线必须位于直径为公差值 $\phi0.08$ 的圆柱面内）、图 8-40 中的 0.01（即上表面必须位于距离为公差值 0.01 且平行于基准表面 A 的两平行平面之间）。只有这样，才能将其误差控制在一个合理的范围之内。为此，国家标准又规定了一项保证零件加工质量的技术指标——形状公差和位置公差（简称形位公差）。

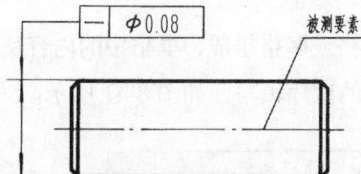

图8-39 直线度公差

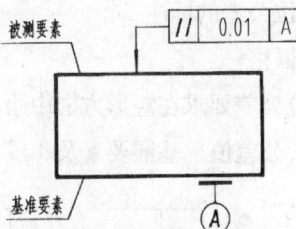

图8-40 平行度公差

2. 基本术语及定义

（1）要素。指零件上的特征部分——点、线或面。这些要素是实际存在的，也可以是由实际要素取得的轴线或中心平面。

（2）被测要素。给出形状或位置公差的要素，如图 8-39、图 8-40 所示。

（3）基准要素。用来确定被测要素方向或位置的要素，如图 8-40 中的 A。

（4）形状公差。单一实际要素的形状所允许的变动全量。

（5）位置公差。关联实际要素的位置对基准所允许的变动全量。

（6）公差带。根据被测要素的特征和结构尺寸，限制被测要素变动的区域。

（二）形位公差特征项目的规定符号

形位公差的分类、项目及符号见表 8-7。

表 8-7　　　　　　形位公差的分类、项目及特征符号

公差		特征项目	符号	有或无基准要求	公差		特征项目	符号	有或无基准要求
形状	形状	直线度	—	无	位置	定向	平行度	//	有
		平面度	▱	无			垂直度	⊥	有
		圆度	○	无			倾斜度	∠	有

续表

公差		特征项目	符号	有或无基准要求	公差		特征项目	符号	有或无基准要求
形状	形状	圆柱度	🔲	无	位置	定位	位置度	⊕	有或无
							同轴度（同心度）	◎	有
							对称度	═	有
形状或位置	轮廓	线轮廓度	⌒	有或无		跳动	圆跳动	↗	有
		面轮廓度	⌓	有或无			全跳动	⌰	有

（三）形位公差的标注

1. 公差框格

（1）形位公差要求在矩形方框中给出，该方框由两格或多格组成，框格中的内容从左到右按公差特征符号、公差值、基准要素及（或）有关附加符号的次序填写，如图 8-41 所示。

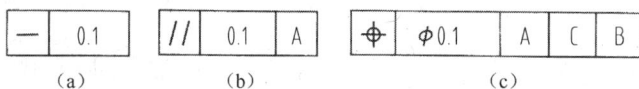

（a）　　　　（b）　　　　（c）

图8-41　公差框格

（2）当一个以上要素作为被测要素，如 6 个要素，应在框格上方标明，如"4×"、"6 槽"等，如图 8-42 所示。

（3）如对同一要素有一个以上的公差特征项目要求时，为方便起见，可将一个框格放在另一个框格的下面，如图 8-43 所示。

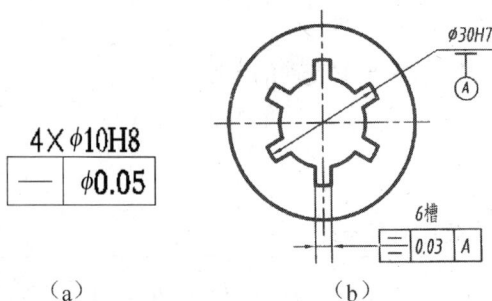

（a）　　　　　　（b）

图8-42　多个被测要素的简化标注

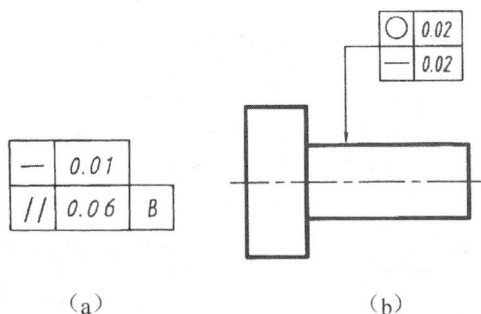

（a）　　　　　（b）

图8-43　一个被测要素有多个形位公差要求的标注

2. 被测要素

用带箭头的指引线将框格与被测要素相连，按以下方式标注：

（1）当被测要素是线或表面时，如图 8-44 所示，箭头指在该要素的轮廓线或轮廓线的延长线上，并与尺寸线明显地错开。

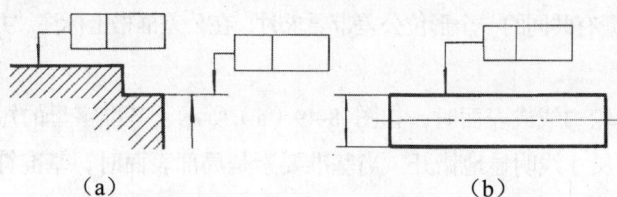

图8-44 被测要素是线或表面

（2）当被测要素是局部表面时，国标规定以粗点画线表示其被测范围。当被测要素是视图上的轮廓线时，箭头指向粗点画线，如图 8-45（a）所示；当局部表面不是轮廓线时，箭头指向带点的参考线，该点处于实际表面上，如图 8-45（b）所示。

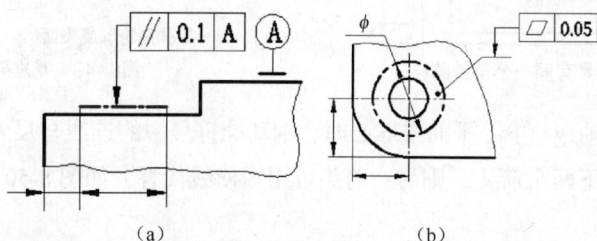

图8-45 被测要素是线或表面

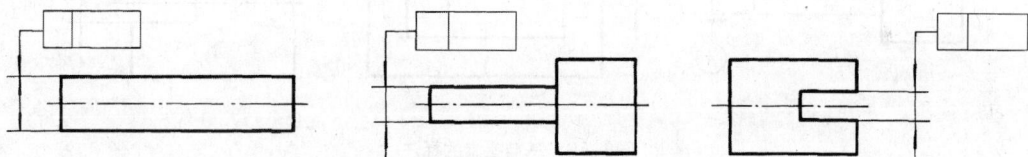

图8-46 被测要素是轴线、中心平面或球心

（3）当被测要素是轴线、中心平面或球心时，指引线的箭头与尺寸线对齐，如图 8-46 所示。

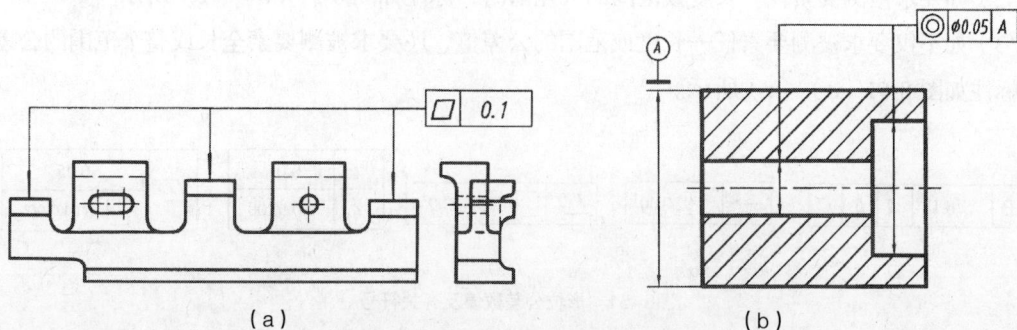

图8-47 多个被测面具有同一公差项目要求和数值的标注

（4）当几个被测要素有相同的形位公差项目和数值要求时，标注如图 8-47 所示。

（5）当几个被测要素有共同的一个形位公差带要求时，在公差框格上标注"共面"，如图8-48所示。

3. 基准要素

（1）当基准要素是轮廓线或表面时，如图 8-49（a）所示，基准字母的短横线放在要素的轮廓线上或其引出线上，与尺寸线明显地错开。当基准要素是局部表面时，基准符号还可置于用圆点指向实际表面的参考线上，如图8-49（b）所示。

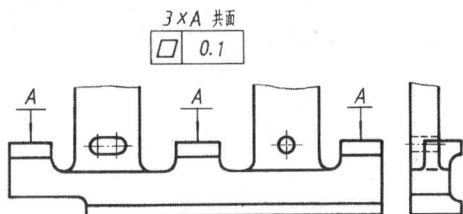

图8-48 几个被测平面具有同一公差带的标注

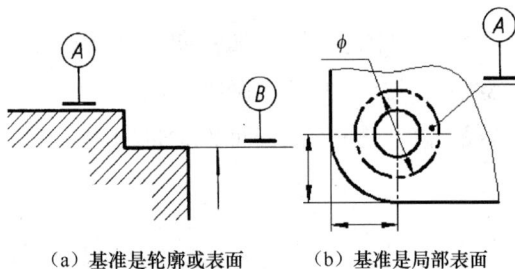

（a）基准是轮廓或表面　（b）基准是局部表面

图8-49　基准要素的标注

（2）当基准要素是轴线、中心平面或球心时，则基准符号中的连线与尺寸线对齐，如图 8-50 所示。如尺寸线处安排不下两个箭头，则另一箭头可用短横线代替，如图 8-50（b）、（c）所示。

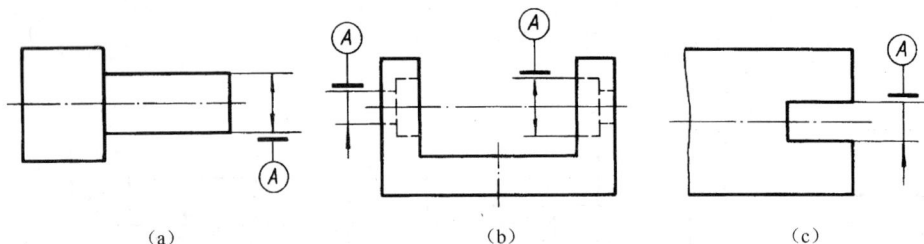

（a）　　　　　　（b）　　　　　　（c）

图8-50　基准要素的标注

4. 公差数值及有关符号的标注

（1）公差数值一般为线性值，如公差带是圆形或圆柱形的，则在公差值前加注"ϕ"，如图8-39、图8-47（b）所示；如公差带是球形，则加注"$S\phi$"，如图8-51（a）所示。

（2）如要求被测要素任一长度或范围的公差值时，标注如图8-51（b）、（c）所示。

（3）如不仅要求被测要素任一长度或范围的公差值，还要求被测要素全长或整个范围的公差值时，标注如图8-51（d）、（e）所示。

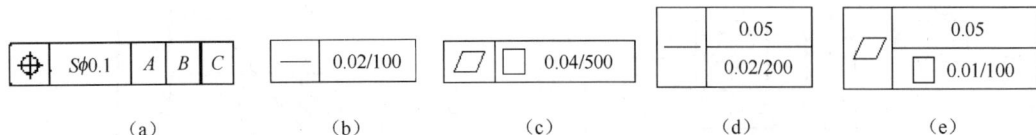

（a）　　　　（b）　　　　（c）　　　　（d）　　　　（e）

图8-51　形位公差数值及有关符号

（四）形位公差带的定义及标注示例

表8-8列出了不同公差特征项目的形位公差带及其定义，图示和解释仅说明与规定有关的内容。

此表只摘录了标准的一部分，没有列出的定义请查阅国家标准。

表 8-8　　　形位公差带定义、图例和解释（摘自 GB/T 1182—1996）

分类	项目	公差带定义	标注和解释
形状公差	直线度公差	在给定平面内，公差带是距离为公差值 t 的两平行直线之间的区域 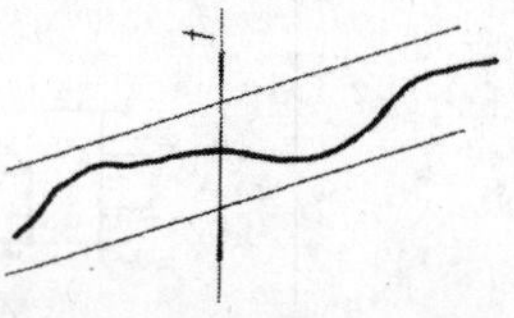	被测表面的素线，必须位于平行于图样所示投影面且距离为公差值 0.1 的两平行直线内 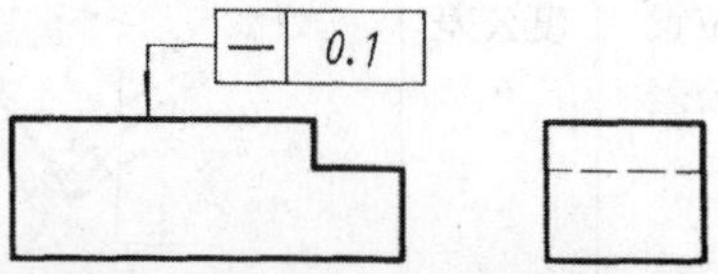
	平面度公差	公差带是距离为公差值 t 的两平行平面之间的区域 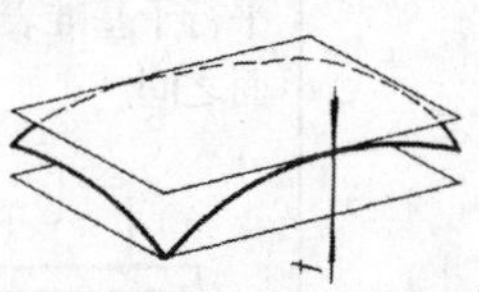	被测表面必须位于距离为公差值 0.08 的两平行平面内 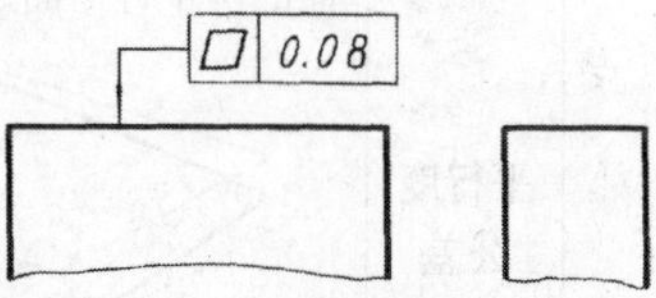
	圆度公差	公差带是在同一正截面上，半径差为公差值 t 的两同心圆之间的区域 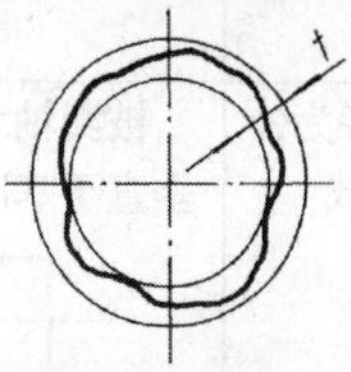	被测圆柱面任一正截面的圆周，必须位于半径差为公差值 0.03 的同心圆之间 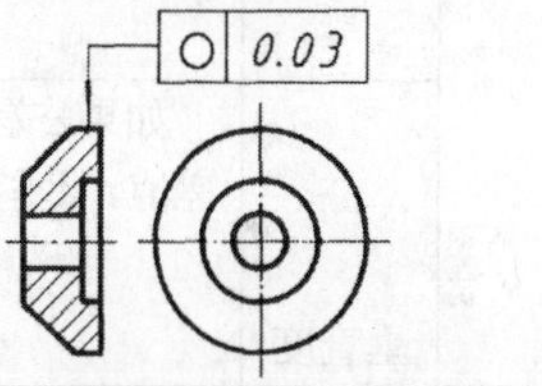
	圆柱度公差	公差带是半径差为公差值 t 的两同轴圆柱面之间的区域 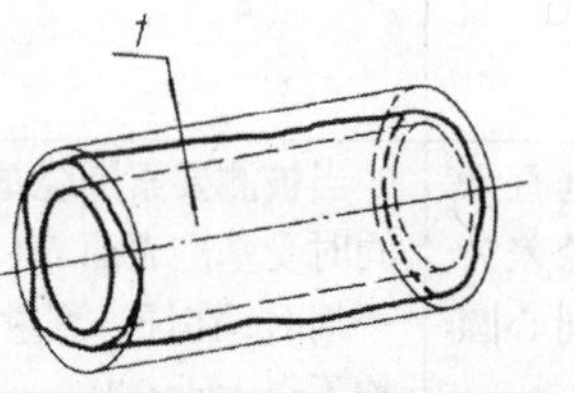	被测圆柱面，必须位于半径差为公差值 0.1 的两同轴柱面之间 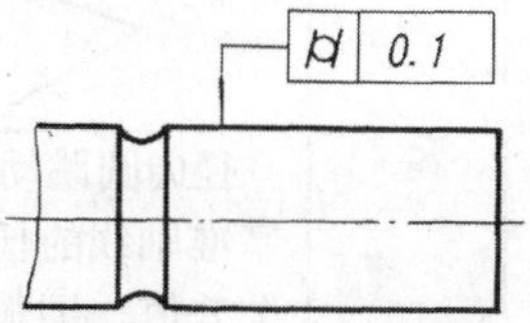
形状或位置公差	线轮廓度公差	公差带是包络一系列直径为公差值 t 的圆的两包络线之间的区域。诸圆的圆心位于具有理论正确几何形状的线上（右图为无基准要求的线轮廓度公差） 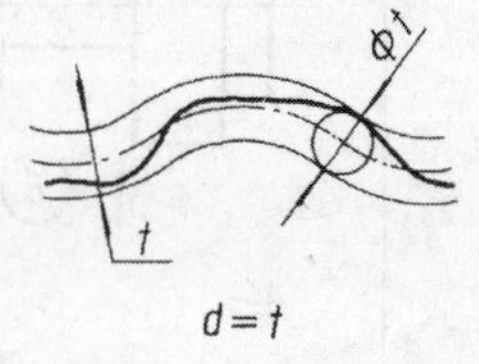 $d=t$	在平行于图样所示投影面的任一截面上，被测轮廓线必须位于包络一系列直径为公差值 0.04、且圆心位于具有理论正确几何形状的线上的两包络线之间 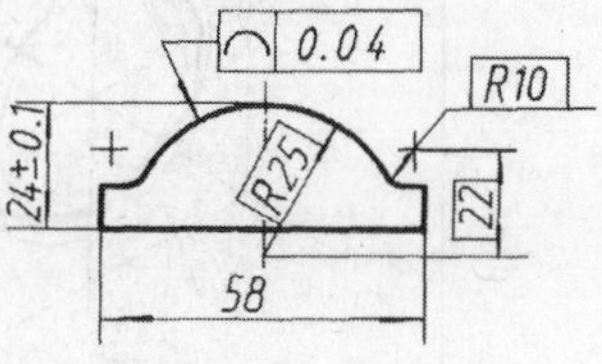

续表

分类	项目	公差带定义	标注和解释
形状或位置公差	面轮廓度公差	公差带是包络一系列直径为公差值 t 的球的两包络面之间的区域，诸球的球心应位于具有理论正确几何形状的面上（右图为有基准要求面轮廓度公差） 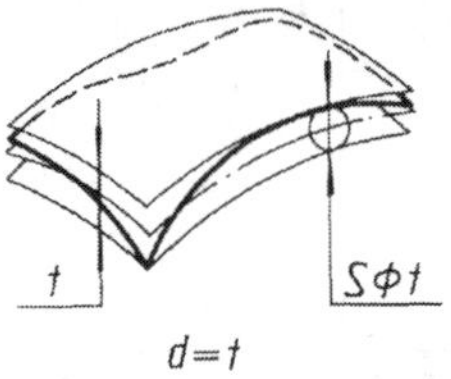	被测轮廓面必须位于包络一系列球的两包络面之间，诸球的直径为公差值 0.1，且球心位于具有理论正确几何形状的面上的两包络面之间 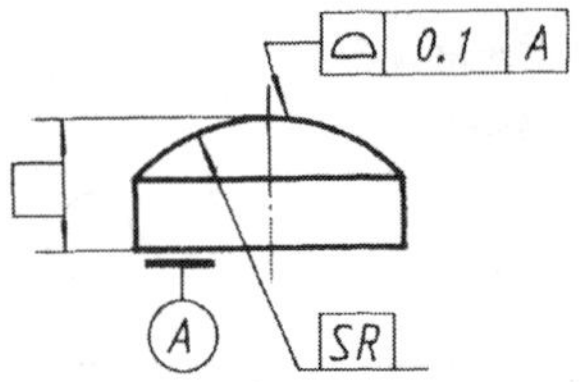
位置公差	平行度公差	公差带是距离为公差值 t 且平行于基准面的两平行平面之间的区域 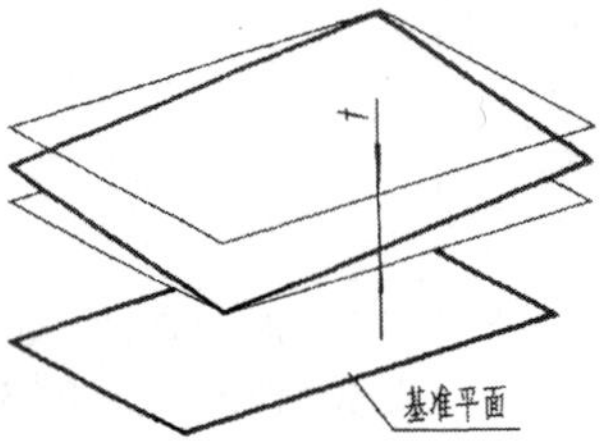 	被测表面必须位于距离为公差值 0.01 且平行于基准表面 D（基准平面）的两平行平面之间 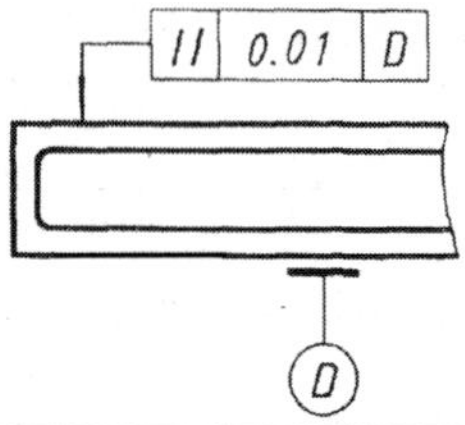
	垂直度公差	如果公差值前加注 ϕ，则公差带是直径为公差值 t 且垂直于基准面的圆柱面内的区域 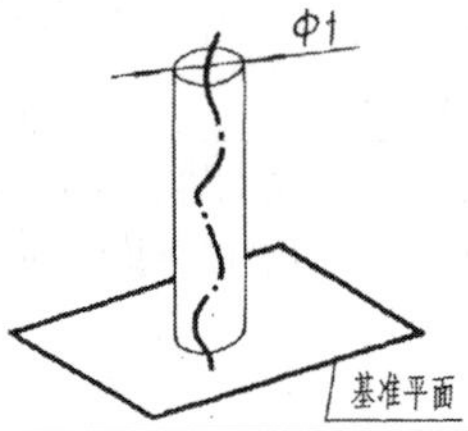 	被测轴线必须位于直径为公差值 $\phi0.01$ 且垂直于基准面 A（基准平面）的圆柱面内 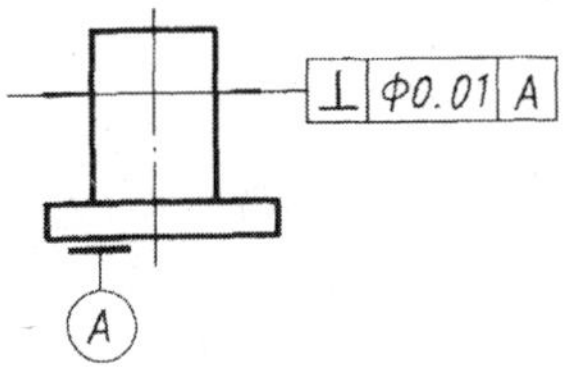
	圆跳动公差	径向圆跳动公差：公差带是在垂直于基准轴线的任一测量平面内、半径差为公差值 t 且圆心在基准线上的两同心圆之间的区域 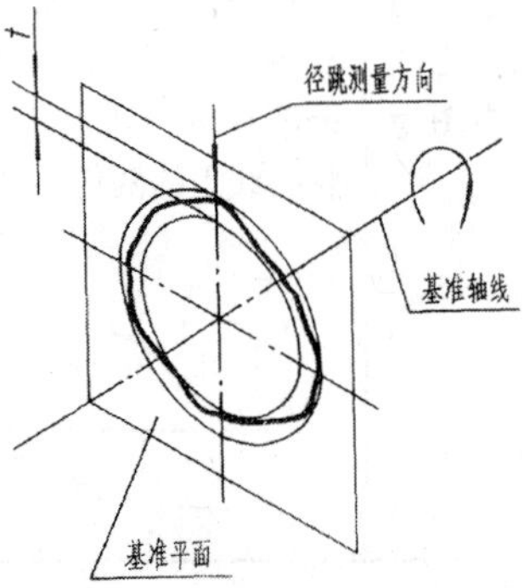	当被测要素围绕基准线 A（基准轴线）并同时受基准表面 B（基准平面）的约束旋转一周时，在任一测量平面内的径向圆跳动量均不得大于 0.1 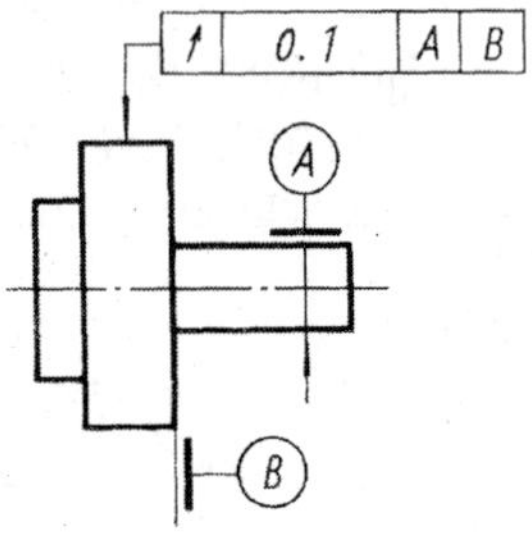

续表

分类	项目	公差带定义	标注和解释
位置公差	圆跳动公差	端面圆跳动公差：公差带是在与基准同轴的任一半径位置的测量圆柱面上距离为 t 的两圆之间的区域 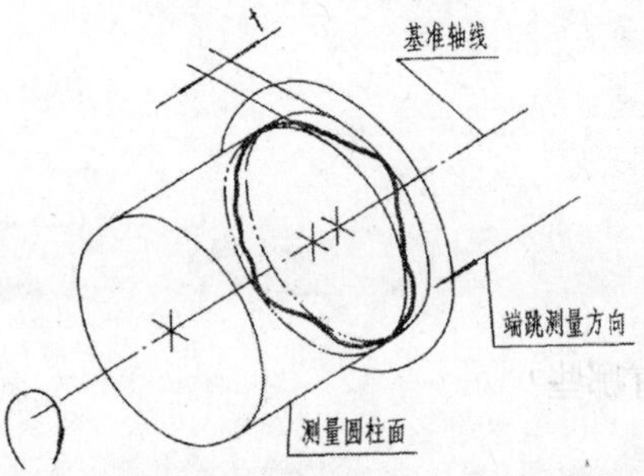	被测面围绕基准线 D（基准轴线）旋转一周时，在任一测量圆柱面内轴向的跳动量均不得大于 0.1 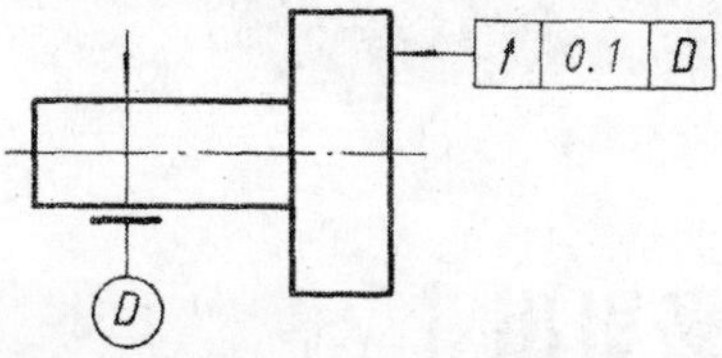
	全跳动公差	径向全跳动公差：公差带是半径差为公差值 t 且与基准同轴的两圆柱面之间的区域 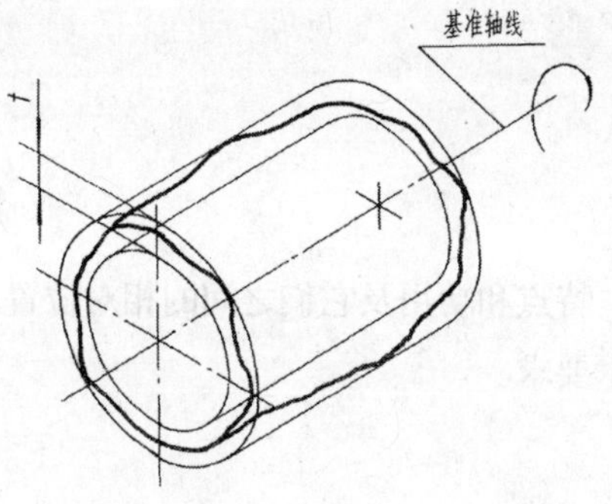	被测要素围绕公共基准线 $A—B$ 作若干次旋转，并在测量仪器与工件间同时作轴向的相对移动时，被测要素上各点间的示值差均不得大于 0.1。测量仪器或工件必须沿着基准轴线方向并相对于公共基准轴线 $A—B$ 移动 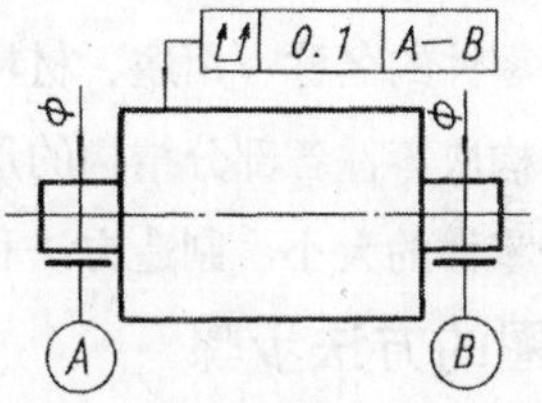
		端面全跳动公差：公差带是距离为公差值 t 且与基准垂直的两平行平面之间的区域 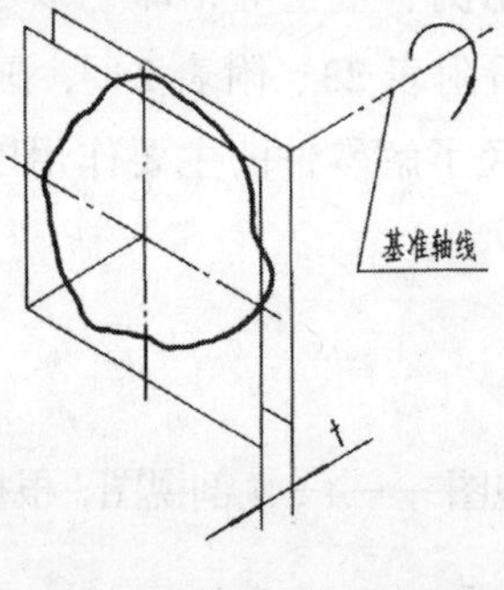	被测要素围绕基准轴线 D 作若干次旋转，并在测量仪器与工件间作径向相对移动时，在被测要素上各点间的示值差均不得大于 0.1。测量仪器或工件必须沿着轮廓具有理论正确形状的线和相对于基准轴 D 的正确方向移动 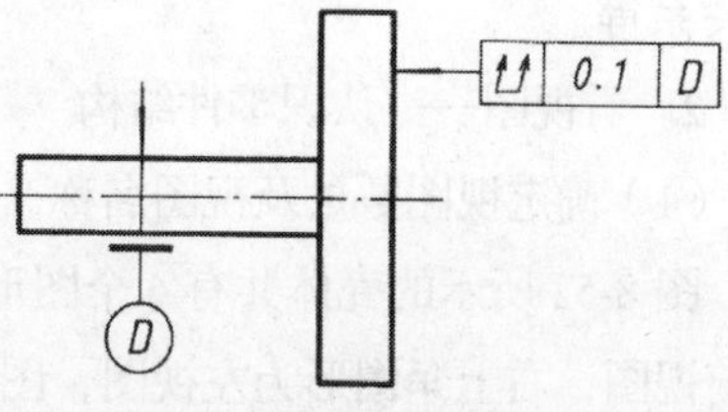

任务五　看零件图

任务引出

怎么看零件图？看零件图的方法步骤有哪些？

任务描述

在这里介绍看零件图的方法步骤。

相关知识

一、看图要求

（1）了解零件的名称、用途、材料等。

（2）了解构成零件各部分结构的形状、特点和功用及它们之间的相对位置。

（3）了解零件的大小、制造方法和技术要求。

二、看图的方法步骤

下面以图 8-52 为例加以说明。

1. 看标题栏——概括了解零件

看标题栏可以了解零件的名称、材料、绘图比例、重量等，即：该零件的名称是壳体，材料是铸造铝合金（常用的金属、非金属材料参看附表 23、附表 24），画图比例为 1∶2。另外，从相关的技术资料（如装配图等）或其他途径了解零件的主要作用以及与其他零件的连接关系等。

2. 看视图——认识零件结构

（1）确定视图数量及视图名称。

图 8-52 所示的壳体共有 4 个图形。首先找出主视图——$A—A$ 剖视图，根据投影关系可知 $B—B$ 为俯视图，右上角图形为左视图，图形 C 为向视图。

（2）分析视图，想象零件的结构形状。

主视图是全剖视图，根据剖切符号 $A—A$ 从俯视图可知是用单一剖切平面（正平面）剖切获得，从主视图中可以看清零件内部的主体结构及其形状。

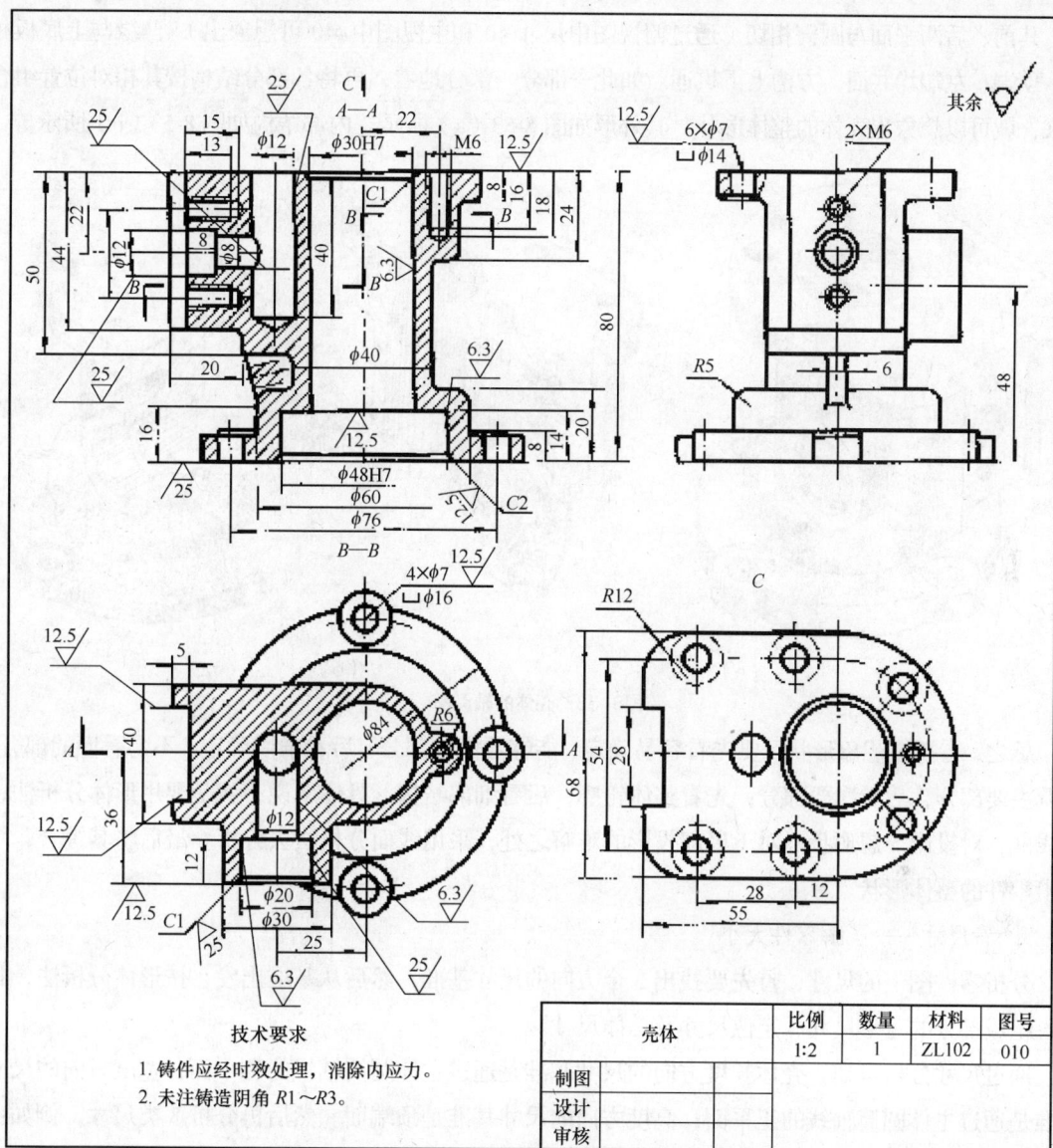

图8-52 读壳体零件图

俯视图也是全剖视图，剖切平面是两个互相平行的水平面。通过俯视图中的断面能够看出被切部位的内外结构及位于其下方的底板形状和孔的分布情况。

左视图主要表达外形，局部剖是为了表示 6 × φ7 小锪平孔的结构。

C 向视图表达顶面的形状及孔的分布。

该壳体细小结构虽然很多，但因其结构比较规整，故图形不算复杂。由于壳体的内腔均属圆孔类，所以尽管结构多，但其形状、位置及其贯通情况也容易看清楚。

相反，外部结构却显得复杂，而且须将 4 个视图配合起来看才能看懂。经此粗略分析可知，该壳体是由主体圆筒、具有多个沉孔的上、下底板和两个凸缘等部分组成的。其中，较难看懂的部分是左部凸缘的结构形状。将几个视图相对照可知，该凸缘的基本形体为一长方体，在其左端居中处开一方槽；其前、后两平面与圆筒相切（通过俯视图中尺寸 40 和主视图中 $\phi40$ 可想象出），凸缘与上底板相连，顶端、左端均共面，方槽上下贯通。如此一部分一部分地看，再将各部分结构按其相对位置组合起来，就可以想象出壳体的整体形状，其外形如图 8-53（a）所示，内部结构如图 8-53（b）所示。

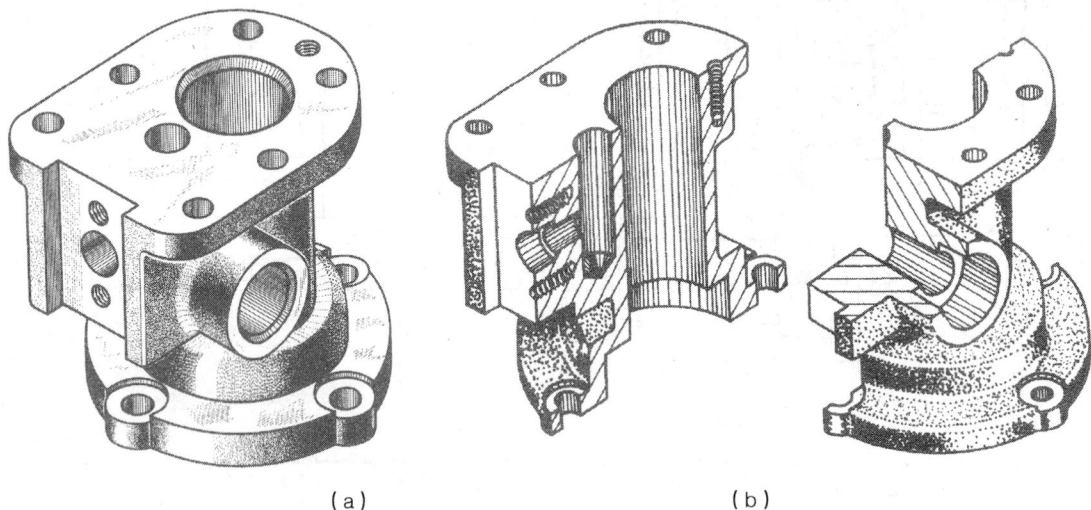

（a）　　　　　　　　　　　　　（b）

图8-53　壳体的轴测图

总之，看视图想象形状，要先看容易确定、能够看懂的部分，后看难以确定、不易看懂的部分；先看主要部分，后看次要部分；先看整体轮廓，后看细部结构。具体地说，就是要用形体分析法，分线框、对投影、想形状。对于局部投影的难解之处，采用线面分析法去分析。最后将其综合，想象出零件的整体形状。

3. 看尺寸——了解零件大小

分析零件图上的尺寸，首先要找出 3 个方向的尺寸基准，然后从基准出发，按形体分析法，找出各组成部分的定形尺寸、定位尺寸及总体尺寸。

通过尺寸分析可知，壳体长度方向的尺寸基准是通过主体圆筒轴线的侧平面；宽度方向的尺寸基准是通过主体圆筒轴线的正平面；高度方向的尺寸基准是顶端面。然后再分析 3 类尺寸，例如：主视图中，定位尺寸：22、22、$\phi76$；总体尺寸：80；其余均为定形尺寸。

4. 看技术要求——了解零件的精度

分析技术要求可知，只有两处给出了公差带代号，即主体圆筒中的两个孔；这两个孔表面的 Ra 数值均为 6.3，其余加工面的 Ra 数值大部分为 25，可见壳体的表面比较粗糙。此外，从文字说明中可知，壳体的铸件应经时效处理，消除内应力，以避免零件在加工后发生变形。

分析技术要求时，关键是弄清楚哪些部位的要求比较高，以便在加工时考虑采取相应措施予以保证。

5. 综合归纳

通过以上几方面的分析，将获得的全部信息和资料在头脑里进行一次综合、归纳，即可得到对该零件的全面了解和认识：

该壳体用 4 个视图表达，主、俯视图均采用全剖视图表达内部结构，俯视图是由两个平行的剖切平面剖得的；左视图主要表达外形，采用局部剖表达顶端的连接用通孔；另采用俯视图方向的局部视图表达顶部形状及各孔的分布。

该壳体在工作中上、下、左端均需与其他零件连接，所以有螺栓连接孔或螺纹孔。

该壳体尺寸标注的基准分别是：高度方向的基准是顶端面；宽度方向的基准是过壳体主孔 $\phi 30H7$ 轴线的正平面；长度基准是过壳体主孔 $\phi 30H7$ 轴线的侧平面。

图中有两个尺寸有公差要求，没有形位公差要求，表面粗糙度要求有 4 种，要求最高表面的 Ra 值为 6.3，可知这是一个精度较低的零件。该壳体要求经时效处理，以消除内应力。

以上所述是看零件图的大致方法和步骤。在看图过程中，对有些零件图，往往还要参考有关技术资料和该产品的装配图，或同类产品的零件图，经过对比分析，才能彻底看懂。对看图的每一步骤，不要孤立地进行，要根据具体情况灵活运用，如对图形和尺寸，往往需要结合起来分析，才更有利于看图。零件图不仅综合反映了机械工程图学的基本知识，而且还包含了各种加工工艺方面的知识和经验。因此，看图不仅需要广泛的基础知识，还需要一定的实践经验，只有在看图实践中，注意总结经验，扩展知识，才能不断提高看图能力。

三、看典型零件的零件图

零件的形状虽然多种多样，但根据它们在机器（或部件）中的作用和形状特征，通过比较、归纳，大体将它们划分为几种类型。下面介绍常见的四大类零件：轴套类、盘盖类、叉架类和箱体类的零件图的看图。

（一）轴套类零件

1. 用途和结构特点

用途：轴一般是用来支承传动零件和传递动力的，如图 8-54 所示铣刀头轴测图中的轴。套一般是装在轴上，起轴向定位、传动或连接等作用。

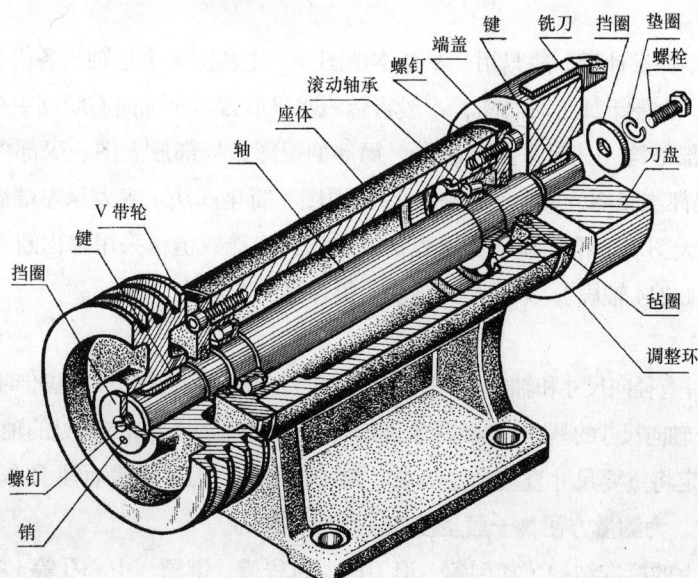

图8-54 铣刀头轴测图

结构特点：轴套类零件的主要结构形状是由直径不等的圆柱体、圆锥体组成——呈阶梯状。一般在车床和磨床上加工。根据用途要求其上可能有键槽、螺纹、退刀槽、砂轮越程槽、孔、圆角、倒角和中心孔等结构。

2. 概括了解

图 8-55 所示铣刀头轴的零件图，图形采用 1 : 2 的缩小比例绘制；采用 45 钢制造。

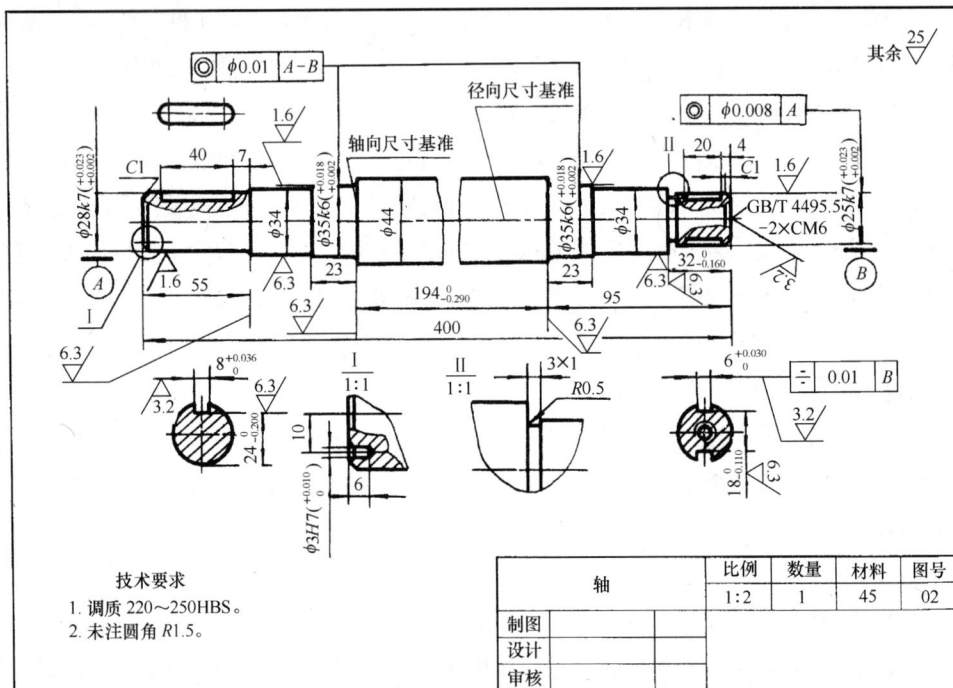

图8-55 轴零件图

3. 看视图

（1）对轴套类零件设计者一般只用一个基本视图——主视图来表达轴的各段长度和直径大小及各结构的轴向位置，为便于加工时看图，一般将轴线水平放置，小端向右绘制主视图。

（2）轴上的局部结构，一般采用断面图、局部剖视图、局部放大图、局部视图等来表达。如图 8-55 所示，用局部剖视图、移出断面图和局部视图（简化画法）来表示左端键槽的位置、形状和深度，用局部放大图表达销孔和砂轮越程槽的结构，右端双键槽采用移出断面表达；对形状简单且较长的轴段（如 $\phi44$ 轴段），采用断开画法（简化画法）表达。

4. 看尺寸标注

（1）轴套类零件有径向尺寸和轴向（长度方向）尺寸。设计者在选择尺寸基准时，必定选择轴线作为径向尺寸的基准，轴向尺寸的基准一般选取重要的定位面（即轴肩，如 $\phi35k6$ 处的轴承定位面）或端面。

（2）设计者一定将重要尺寸直接标注出来。如安装带轮、刀盘和滚动轴承的轴向尺寸 55、32、23 等。对其他尺寸，为测量方便，一般是按加工顺序标注的。

（3）轴类零件上的标准结构（如倒角、退刀槽、越程槽、键槽、中心孔等）很多，其尺寸是根据相应的标准按规定注出的，如：$C1$、GB/T4495.5—2 × CM6、3 × 1 等。

5. 看技术要求

（1）有配合要求或有相对运动的轴段，设计者对其表面粗糙度、尺寸公差和形位公差都会控制得严格一些，如ϕ35、ϕ25 轴径。此外，对其他需特殊保证的尺寸也会有较高的要求，如图 8-55 中两轴承定位的轴肩距离给出了公差。

（2）为了提高强度和韧性，往往需要对轴类零件进行调质处理；对轴上与其他零件有相对运动的部分，为增加其耐磨性，有时还需要进行表面淬火、渗碳、渗氮等热处理。

6. 归纳总结

该轴由 6 个图形表达，其中一个主视图，主视图上有 3 处局部剖，一处简化画法；另有两个移出断面图，两个局部放大图，一个局部视图。

该轴共有 7 个同心的轴段。左右两端有倒角（保护和便于装配）；左端轴段有一个键槽和一个销孔，右端轴段有双键槽，根据图 8-54 可知，左端键槽和销孔用于连接 V 带轮，右端双键槽用于连接铣刀盘；右端轴段因需要磨削，所以有砂轮越程槽；轴的两端加工有 C 型中心孔，用于加工轴的外圆及固定刀盘、带轮的轴向位置。

该轴尺寸标注的基准有两个，如图 8-55 中文字指示：一个轴肩是轴向基准，轴线是径向基准。

轴上有 11 个尺寸有公差要求（其余按未注公差处理）；另有 4 处形位公差要求：3 处同轴度、1处对称度；有 4 种表面粗糙度要求，要求最高的表面 Ra 值为 1.6，最低的表面 Ra 值为 25。该轴还要求进行调质处理，达到 220～250HBS。

套类零件如图 8-56 所示，其主视图与轴类零件相类似，轴线水平放置，因其中空的结构，主视图采用全剖视图表达。根据其结构，用相互平行的两个剖切平面剖切机件，获得全剖的左视图 D—D，再加上一个局部放大图就将柱塞套表达完整了。至于套的尺寸、技术要求等内容在此不再赘述。

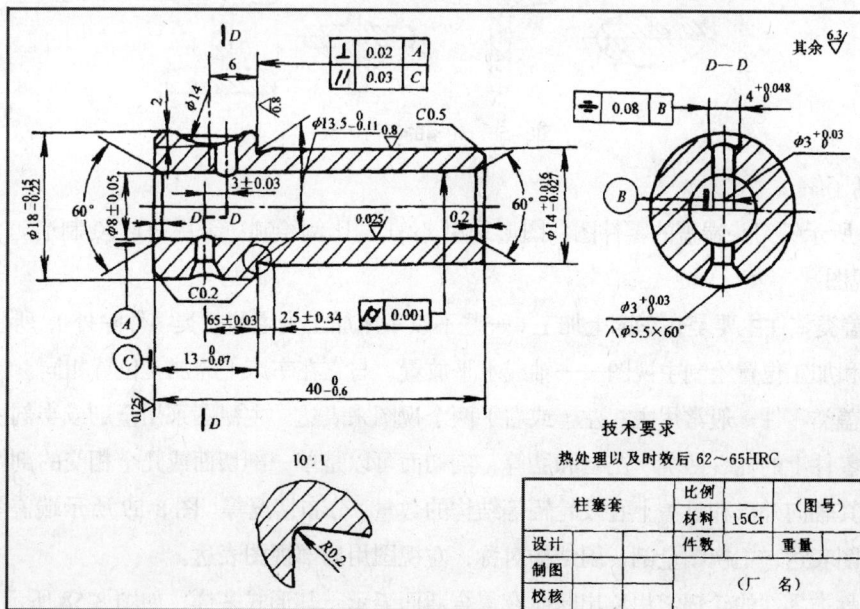

图8-56　柱塞套零件图

（二）盘盖（轮盘）类零件

1. 用途和结构特点

用途：盘盖类零件一般包括法兰盘、端盖、手轮、盘座、齿轮等。轮盘一般用来传递动力和扭矩，盖类零件在机器中主要起支承、轴向定位及密封作用。

结构特点：盘盖类零件的基本形状是扁平的盘状，一般有一个端面是与其他零件连接的主要接触面。通常主要结构大体上是回转体（盖类零件不一定，如图8-57（c）所示），零件上常见的结构有凸台，凹坑，均布的圆孔、销孔和肋等。如图8-57（a）、（b）所示，轮盘类零件是由轮毂、轮缘和轮辐3部分构成，连接轮毂与轮缘的轮辐有多种形式，如图8-58所示，也可制成板式，轮毂上一般有与轴连接的键槽或销孔。图8-59所示为铣刀头的端盖零件图，其上的凸台、中间的圆柱形通孔及盘上的连接孔等都是盘盖类零件的典型结构。

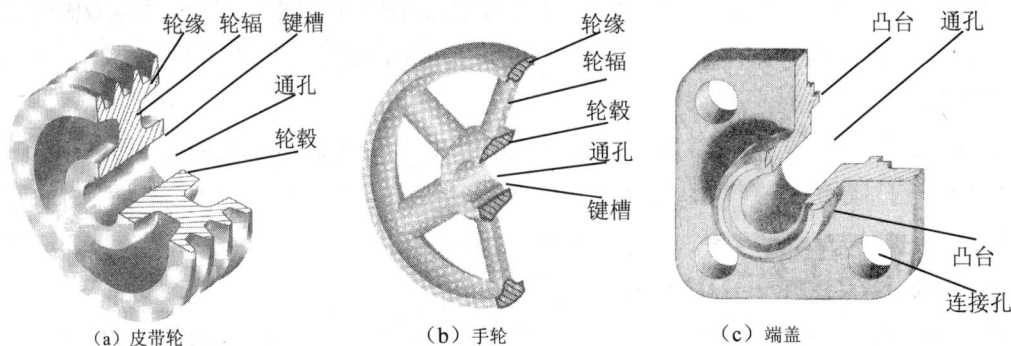

（a）皮带轮　　　　　　　（b）手轮　　　　　　　（c）端盖

图8-57　轮盘类零件

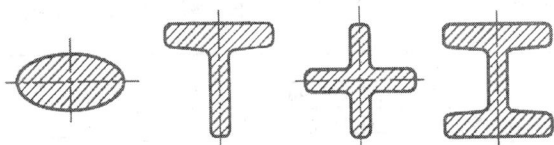

图8-58　轮辐的断面形状

2. 概括了解

图8-59所示铣刀头端盖的零件图，图形采用1∶1的比例绘制；采用HT150制造。

3. 看视图

（1）盘盖类零件主要是在车床上加工（一些不以车床加工为主的盖类零件除外），所以设计者按其形体特征和加工位置绘制主视图——轴线水平放置，与它在车床上的加工位置相同。

（2）盘盖类零件一般常用主、左（或右）两个视图来表达。主视图采用全剖或半剖视图（对称零件）表达零件上的孔、凹坑、凸台和肋等，剖切面可以是单一剖切面或几个相交的剖切面；左视图则多表示其轴向外形和盘盖上孔及轮辐等结构的数量、分布情况等。图8-59所示端盖零件图采用主、左两视图表达，主视图全剖；因结构对称，左视图用局部视图表达。

（3）轮盘类零件的轮辐常用移出断面或重合断面表示，其形式多样，如图8-58所示。

（4）零件上的其他细小结构常采用局部放大图和简化画法予以表达。图8-59所示端盖零件图采用一个局部放大图，表达了端盖的主要结构——装填密封填料的槽。

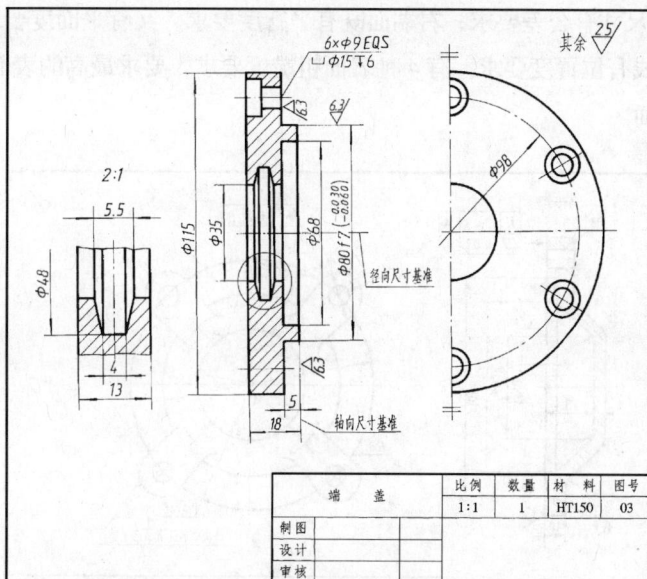

图8-59　端盖零件图

4. 看尺寸标注

（1）盘盖类零件主要标注径向尺寸和轴向尺寸。径向尺寸的基准为轴线，轴向尺寸的基准是经过加工并与其他零件相接触的较大端面，如图 8-59 所示。

（2）零件上各圆柱体的直径及较大的孔径，其尺寸多注在非圆视图上。盘上小孔的定位圆直径尺寸（如左视图中的$\phi98$）注在投影为圆的视图上较为清晰。多个等径、均布的小孔一般常用"$6 \times \phi 9EQS$"的形式标注，如图 8-59 所示。

5. 看技术要求

（1）有配合关系的内、外表面及起轴向定位作用的端面，其表面粗糙度要求高，其值要小，如主视图中右端的两个端面（接触面）和一个柱面（配合面）Ra 值为 6.3，其余为 25。

（2）有配合关系的孔、轴尺寸注有尺寸公差，如图中的$\phi80f7$，其余按一般公差（又称未注公差）处理；与其他零件相接触的表面，尤其是与运动零件相接触的表面，当要求较高时，会注出平行度或垂直度要求。

6. 归纳总结

该端盖零件比较简单，采用 3 个图形表达：主视图、左视图和一个局部放大图。主视图是全剖视图，采用过对称面的单一剖切平面剖切获得，表达凸台和通孔等；左视图因零件对称，采用局部视图表达，仅画出半个图形；局部放大图用于表达装填密封填料的槽。

该端盖尺寸标注的基准有两个，如图 8-59 中文字指示：一个轴向基准——凸台端面，一个径向基准——轴线。

端盖上只有 1 个尺寸有公差要求；没有形位公差要求；有 2 种表面粗糙度要求，要求最高的表面 Ra 值为 6.3，最低的表面 Ra 值为 25。

图 8-60 所示为汽车变速箱中间轴球轴承密封盖的零件图，图中采用了全剖的主视图和左视图表达。图 8-60 中有两个尺寸有公差要求；右端面既有平行度要求，又有平面度要求，圆周上均布的 4 个凸台上的连接孔轴线有位置度要求。有 4 种表面粗糙度要求，要求最高的表面 Ra 值为 3.2，要求最低的表面是铸造表面。

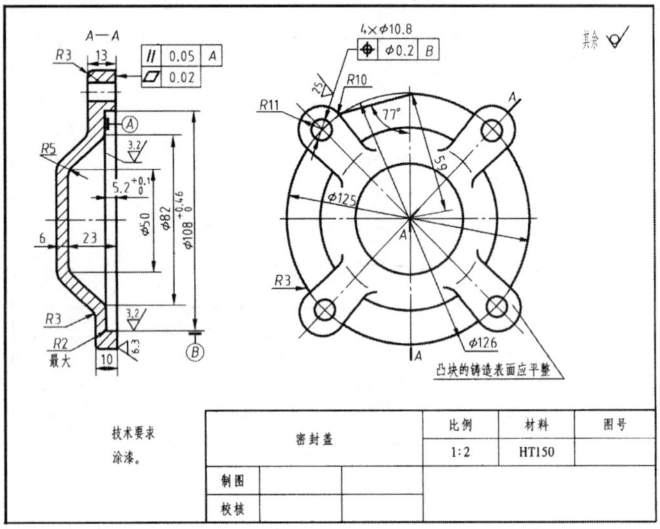

图8-60　球轴承密封盖

图 8-61 为非回转体的盖类零件。因泵盖结构简单，零件图仅用主、左两个视图表达，主视图采用相交的两个剖切平面剖得。图中有 3 个尺寸有公差要求；两孔轴线均有位置公差要求；有 4 种表面粗糙度要求，要求最高的表面 Ra 值为 0.8，要求最低的表面是铸造表面。

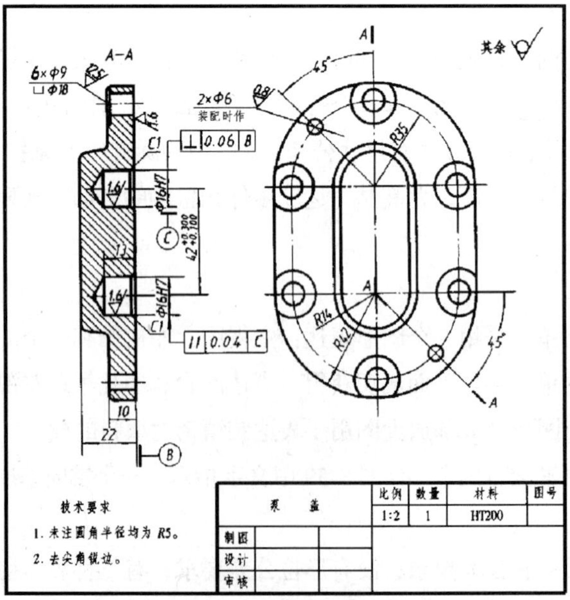

图8-61　泵盖零件图

（三）叉架类零件

1. 用途和结构特点

用途：叉架类零件包括拨叉、连杆、摇臂和各种支架等。拨叉主要用在发动机、机床等各种机器的操纵机构上，起操纵、调速作用。连杆和支架主要起支承和连接作用。

结构特点：叉架类零件结构形状较复杂，一般有倾斜、弯曲结构。常用铸造或锻压的方法制成毛坯，再经多道机械加工工序完成。

叉架类零件一般由 3 部分组成：安装（支撑）部分、工作部分和连接部分，如图 8-62 所示。安装和工作部分常有螺孔、凸台或凹坑等结构。连接部分多为肋板结构。图 8-62 所示的支座由安装板、空心圆柱（工作部分）、连接板 3 部分组成。

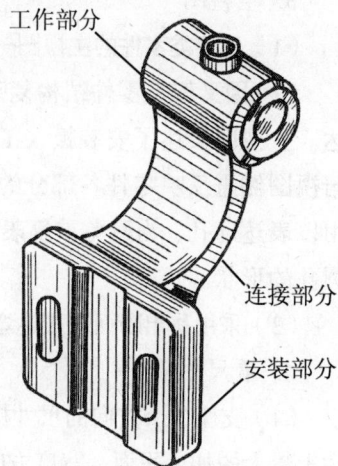

图8-62 支座

2. 概括了解

图 8-63 所示支座的零件图，图形采用 1∶2 的比例绘制；采用 HT200 制造。

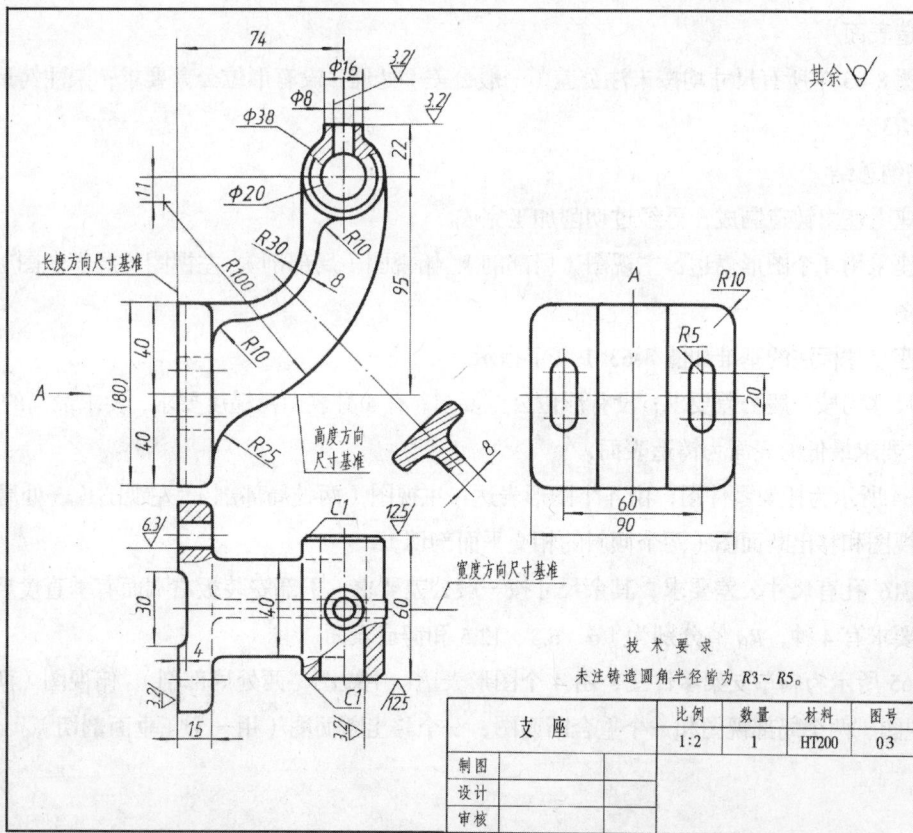

图8-63 支座零件图

3. 看视图

（1）叉架类零件的主视图一般按零件的工作位置安放，并反映其形状特征，如图 8-63 所示。

（2）因叉架类零件结构复杂，视图数量一般较多，图 8-63 所示支座零件图采用 4 个图形表达。主视图表达了安装板、工作圆筒和连接板与肋的形体特征和上下、左右的相对位置关系。俯视图侧重反映零件各部分的前后对称关系。主、俯视图以表达外形为主，并采用 3 处局部剖用以表达通孔。为避免重复表达上端安装部分，左视图作局部视图 A，表达安装板的外形和长圆孔的形状。

（3）采用移出断面图表达弯曲的连接部分的断面形状。

4. 看尺寸标注

（1）支座 3 个方向的尺寸标注基准如图 8-63 所示：长度方向尺寸基准为安装板左端面——零件上最大的加工平面；宽度方向尺寸基准为前后对称面；高度方向的尺寸基准是安装板的上、下对称面。

（2）叉架类零件因形状复杂，尺寸较多。主视图中尺寸（80）为参考尺寸。

5. 看技术要求

（1）图 8-63 中共有 4 种表面粗糙度要求，要求最高的接触面其 Ra 值最小，为 3.2；其余为 6.3、12.5 和铸造表面 $\sqrt{}$。

（2）图 8-63 中所有尺寸均按未注公差（一般公差）处理，没有形位公差要求；未注铸造圆角半径为 $R2\sim R3$。

6. 归纳总结

该支座毛坯由铸造制成，再经过切削加工完成。

该支座采用 4 个图形表达：主视图（局部剖）、俯视图（局部剖）、左视图（局部视图）和一个移出断面图。

该支座尺寸标注的基准如图 8-63 中文字指示。

所有尺寸均按一般公差要求；没有形位公差要求；有 4 种表面粗糙度要求，要求最高的表面 Ra 值为 3.2，要求最低的表面为铸造表面 $\sqrt{}$。

图 8-64 所示为托架零件图，由 4 个图形表达：主视图（两处局部剖）、左视图（一处局部剖）、一个局部视图和移出断面图（两个倾斜的相交平面剖切）。

图中 $\phi16$ 孔有尺寸公差要求，其余尺寸按一般公差要求；下部安装板右端面有垂直度要求；表面粗糙度要求有 4 种，Ra 值分别为 1.6、6.3、12.5 和铸造表面 $\sqrt{}$。

图 8-65 所示为刹车支架零件图，由 4 个图形表达：主视图（两处局部剖）、俯视图（两处局部剖）、左视图、两个局部视图和一个重合断面图、一个移出断面图（用一个正垂面剖切）。

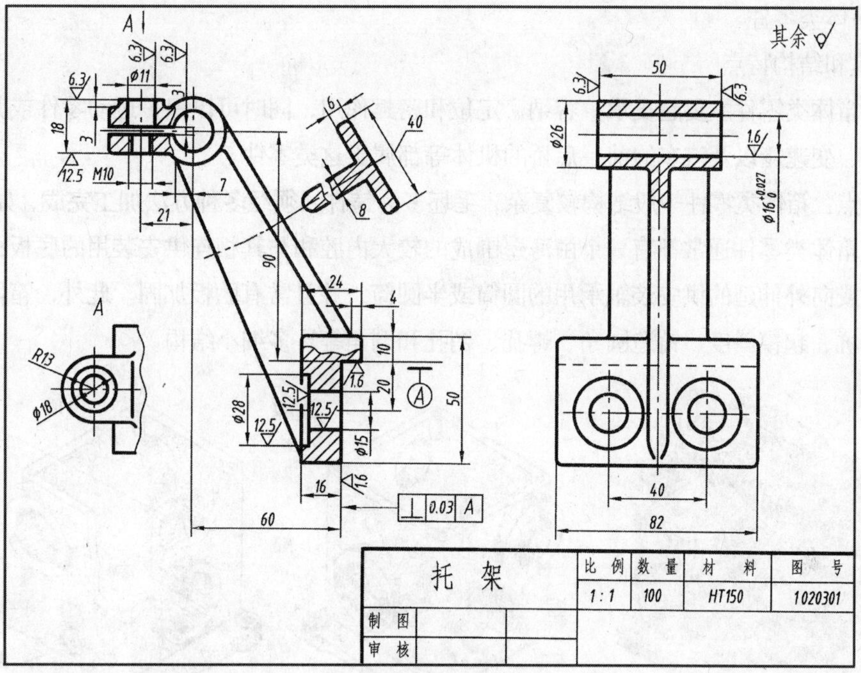

图8-64 托架零件图

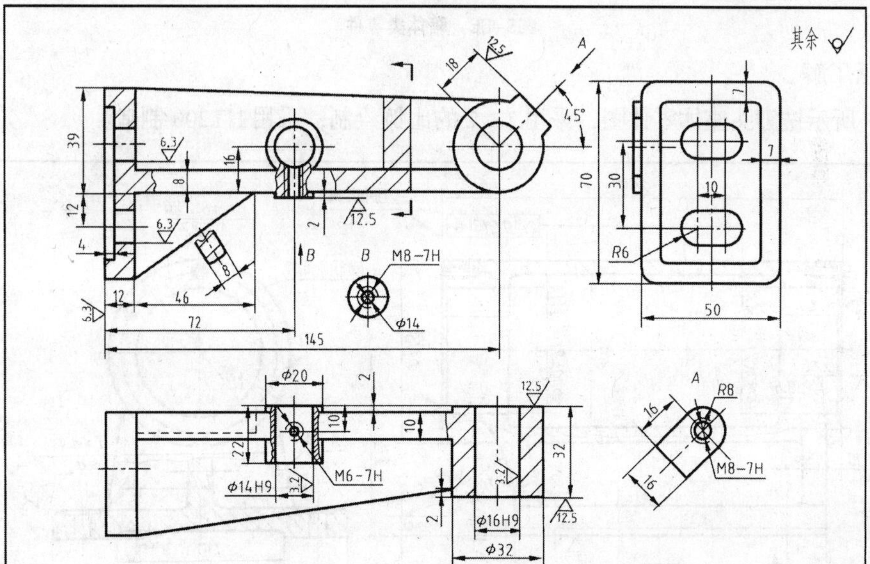

图8-65 刹车支架零件图

图中ϕ16、ϕ14孔有尺寸公差要求，其余尺寸按一般公差要求；表面粗糙度要求有 4 种，Ra 值分别为 3.2、6.3、12.5 和铸造表面。

（四）箱体类零件

1. 用途和结构特点

用途：箱体类零件主要起支承、容纳、定位和密封作用，同时可以保护运动零件或其他零件。泵体、阀体、变速箱以及汽车的前、后桥的机体等都属于这类零件。

结构特点：箱体类零件一般结构较复杂，毛坯多为铸件，须经多种方法加工完成，如图8-66所示减速器。箱体类零件通常都有一个由薄壁围成的较大内腔和与其相连供安装用的底板；在箱壁上有多个向内或向外伸延的供安装轴承用的圆筒或半圆筒，并且常有肋板加固。此外，箱体类零件还有凸台、凹坑、起模斜度、铸造圆角、螺孔、销孔和倒角等许多细小结构。

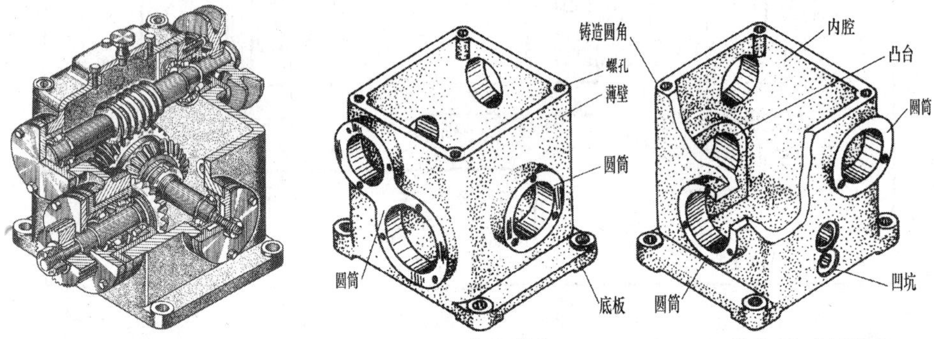

（a）减速器轴测图　　　　（b）减速器箱体　　　　（c）旋转后的减速器箱体

图8-66　箱体类零件

2. 概括了解

图8-67所示铣刀头座体零件图，采用1:2的比例绘制；采用HT200制造。

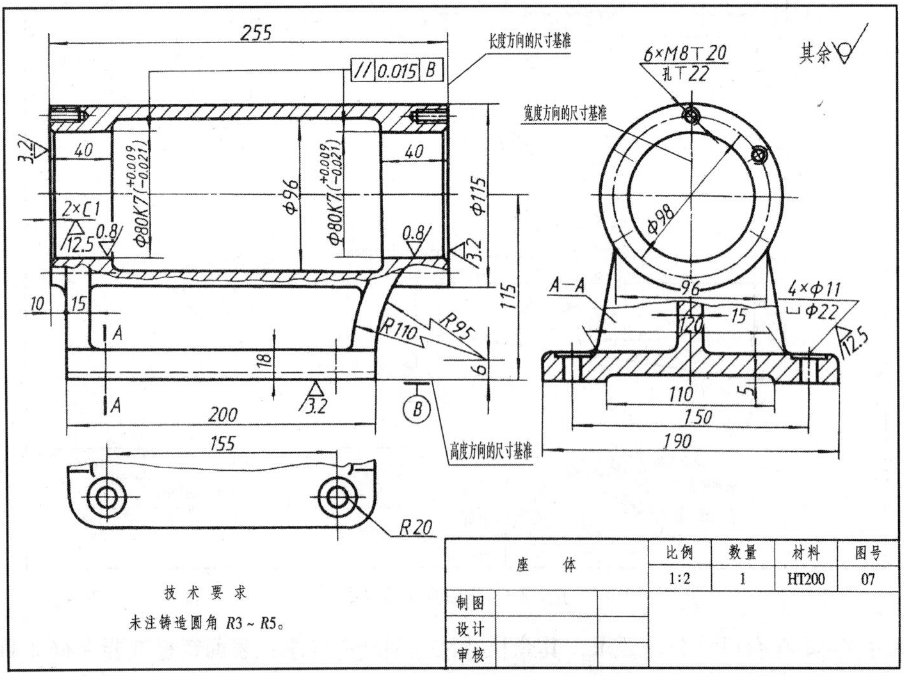

图8-67　铣刀头座体零件图

3. 看视图

（1）箱体类零件由于结构复杂，加工位置变化也较多，所以主视图一般表达工作位置和主要形状特征及各部分的相对位置。

（2）箱体类零件因结构复杂，一般需要多个基本视图和向视图，并常采用剖视的方法表达内部结构；细小结构采用局部视图、局部剖视图和断面图来表达。此外，由于铸件上圆角很多，常有过渡线等。图 8-67 所示铣刀头座体是箱体类零件中较简单的零件，采用 3 个图形表达：主视图、俯视图和左视图。主视图为表达内腔，作局部剖；左视图为表达沉孔、通槽和肋作局部剖；俯视图仅作局部视图表达底板形状。

4. 看尺寸标注

（1）铣刀头座体的底面是安装基面，以此作为高度方向的尺寸基准；长度方向选座体上部圆筒 $\phi115$ 的右端面为基准；宽度方向选座体的前后对称面为基准，如图 8-67 所示。

（2）铣刀头座体的定位尺寸：115、$\phi98$、150、155、10 和 6，其余均为定形尺寸。

5. 看技术要求

（1）零件上共有 4 种表面粗糙度要求，有配合要求的箱体孔和接触表面的粗糙度要求高，如 $\phi80K7$ 轴承孔的 Ra 值仅为 0.8，底面及轴承孔左右端面的 Ra 值为 3.2，其余表面要求都比较低，如图 8-67 所示。

（2）对重要的箱体孔、中心距和表面，为保证产品性能，设计者会提出尺寸和形位公差的要求。如主视图中两个 $\phi80$ 的轴承孔，不仅有 K7 的尺寸公差要求，还对底面的平行度要求。

（3）除主视图中两轴承孔直径尺寸 $\phi80K7$ 有公差要求，其余尺寸均按一般公差要求处理。

6. 归纳总结

该座体毛坯铸造制成，再经过切削加工完成。

该座体采用 3 个图形表达：主视图（局部剖）、左视图（局部剖）和俯视图（局部视图）。

该座体尺寸标注的基准如图 8-67 中文字指示。

座体只有两个轴承孔尺寸 $\phi80K7$ 有公差要求，其余尺寸均按一般公差要求；只有两个 $\phi80K7$ 轴承孔有平行度要求（位置公差）；有 4 种表面粗糙度要求，要求最高的表面 Ra 值为 0.8，最低的表面为铸造表面√。

图 8-68 所示零件图是图 8-66 所示减速机的箱体零件图，因结构复杂，总共采用 7 个视图表达，即主、俯、左 3 个基本视图（均为剖视图），2 个局部视图和 2 个局部剖视图。

由于箱体的主视图方向外形简单，内腔复杂，所以主视图采用了全剖视图。它由两个平行的平面剖切，反映出蜗杆（输入轴）轴孔 $\phi35K7$、圆锥齿轮轴（输出轴）轴孔 $\phi48H7$ 和与蜗杆啮合的蜗轮轴孔（图形中部的孔）三者的相对位置以及与其他结构的关系。

左视图作大范围的局部剖视，目的是表达蜗轮轴的前、后两个轴孔和蜗杆轴孔，以及箱壁右侧上的两个螺孔。未剖的局部，则表达了安装底板上安装孔的凸台和安装接触面的结构形状。由于箱壁外部两个相连的凸台在剖视图中无法表达，所以采用了局部视图 C 补充表达。

俯视图则侧重表示箱体侧壁和底板的形状及安装孔的相对位置。

$B—B$ 剖视是为了表示圆锥齿轮输出轴轴孔所在凸台的形状。$D—D$ 局部剖视图是为了表明两个沉孔的结构，也便于标注尺寸。E向视图表达了底板安装接触面的形状。

箱体以底面为安装基面，以此作为高度方向的尺寸基准。长度方向选蜗轮轴线为基准。宽度方向选用箱体的前后对称面为基准，如图 8-68 所示。

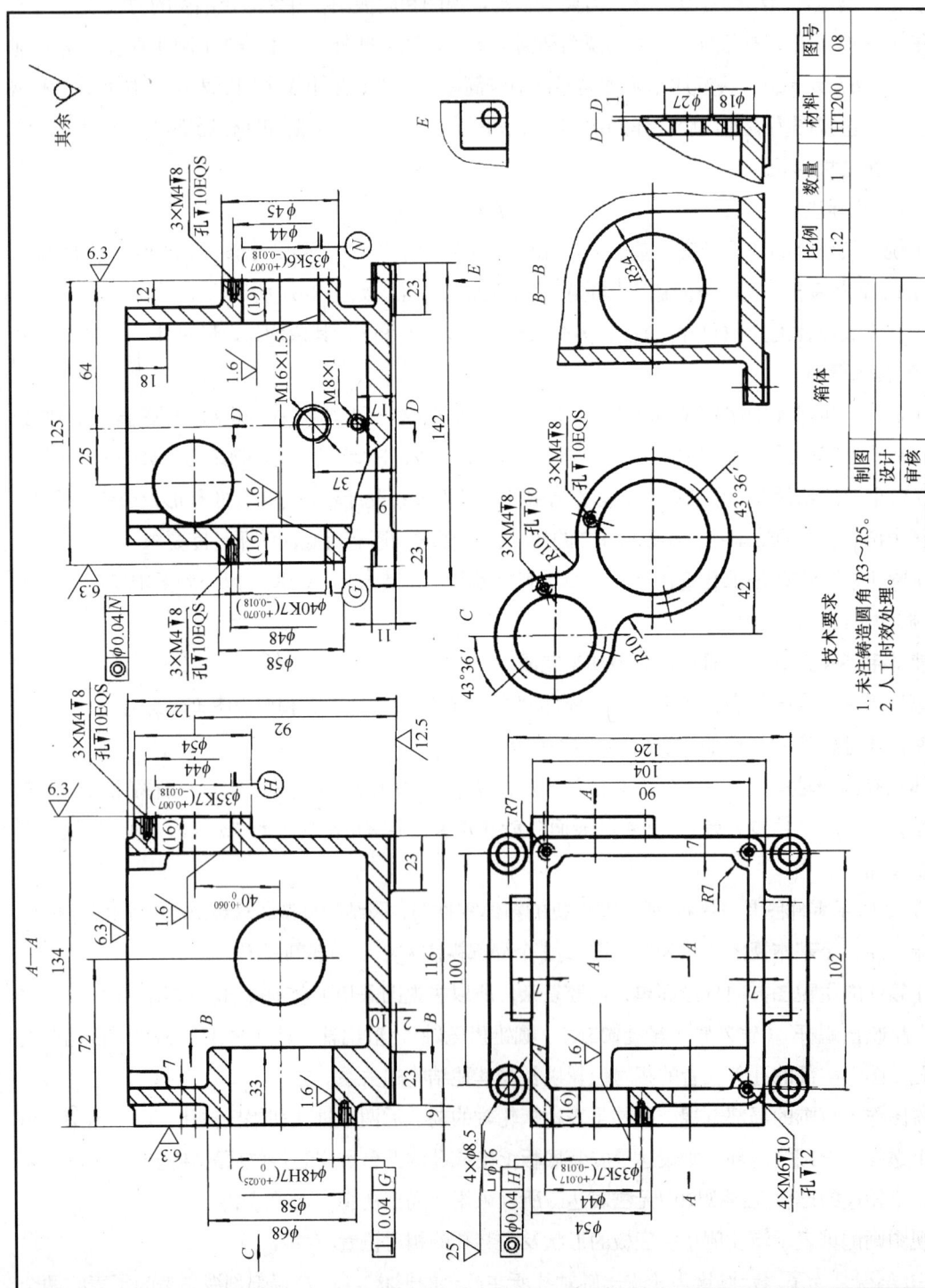

图8-68　减速机箱体零件图

因为箱体结构复杂，所以尺寸较多，定位尺寸也较多。轴孔位置正确与否，直接影响传动件的正确啮合，因此轴孔的定位尺寸极为重要。蜗杆轴孔的位置，是由尺寸 92（高度方向的定位尺寸）和尺寸 25（宽度方向定位尺寸）所决定。蜗轮轴孔的位置由按蜗轮蜗杆传动设计时计算的中心距 $40^{+0.060}_{0}$ 确定。蜗轮轴线和圆锥齿轮轴线（输出轴）垂直相交，因此它们的高度位置相同，其轴线的宽度距离 42 注在 C 向局部视图上。

图 8-68 中共有 5 种表面粗糙度要求，*Ra* 值分别为 1.6、6.3、12.5、25 及铸造表面 ∜，1.6 是 5 个轴承孔表面的 *Ra* 值。

5 个轴承孔的尺寸均有尺寸公差要求，相应的还有 2 个同轴度和 1 个垂直度要求。

任务六　画零件图

任务引出

如何画零件图？画零件图有哪些要求？

任务描述

在生产实际中，画零件图有两种方式，一种是测量零件，再根据测量所得资料画出零件图；另一种是根据装配图拆画零件图。在此我们介绍零件测绘的内容，根据装配图拆画零件图则在装配图模块中介绍。

零件的测绘是采用测量工具对零件进行测量，分析零件结构，拟定表达方案，绘制出零件图的过程。零件的测绘用于机器设备维修时没有备件又必须修复的情况，以及新产品的研发等过程。

相关知识

一、画图前的准备工作

在画零件图前，应该从以下几方面仔细分析零件。

（1）了解零件的名称和用途。

（2）鉴定零件是由什么材料制成的。

（3）分析零件的结构，因为零件上的每一个结构都具有一定的功用。尤其是所测绘的零件磨损严重、破旧，甚至于某些部位缺损时，一定要认真分析零件结构，才能完整、正确地表达零件的结构。

（4）应对零件进行工艺分析，因为一个零件可以采用不同的加工顺序加工，所以零件结构形状的表达、基准的选择和尺寸的标注也不一样。

二、拟定表达方案

用途不同的零件，其结构形状也不相同。一个零件的表达方案应根据其结构形状、加工方法，以及其在机器中所处的位置等因素综合考虑来确定的。主要内容有：主视图的选择、视图数量的选择以及表达方法的选择。

（一）主视图的选择

主视图是表达零件的一组视图的核心。无论画图还是看图，都要从主视图入手。所以主视图选择的恰当与否，直接关系到看图和画图是否方便。选择主视图时，应考虑以下 3 个方面的问题。

1. 主视图的投影方向

主视图的投影方向应该较多、较清楚地表达出零件的结构形状，以及各结构形状之间的相互位置关系。

例如在绘制图 8-69 所示水平放置的轴的主视图时，我们有 6 个投影方向可以选择：2 个轴向，4 个径向。如果选择轴向——A 向作为主视图的投影方向，则主视图如图 8-70 所示，由多个同心圆构成，无法反映轴的结构特征与结构形状之间的相互位置关系。

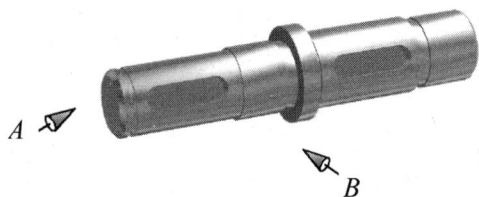

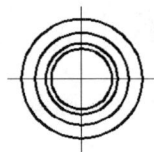

图8-69　轴　　　　　　　　　　　　　图8-70　轴的A向投影

如果选择径向投影作为主视图的投影方向，则较多地反映轴的结构特征，而 B 向是径向投影中反映轴的结构最多、最清楚的，如图 8-71 所示。

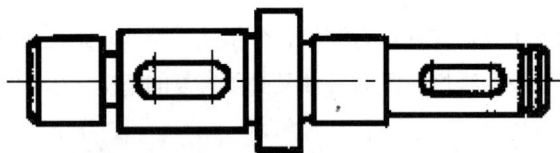

图8-71　轴的B向投影

2. 零件的位置

当主视图的投影方向确定后，还需要确定视图在图样上如何放置。如图 8-71 所示的投影图是竖着放？还是横着放？零件的主视图要考虑零件的工作位置或加工位置。

按工作位置画主视图便于把零件与整台机器联系起来，易于想象零件的工作状况。

按加工位置画主视图（尤其是机械加工），便于加工时看图，可以减少差错，提高生产效率，降低加工成本。

图 8-69 所示的轴，不论工作位置还是加工位置（因为轴类零件主要在车床上加工），都是水平

的。所示必须水平放置，而且小端在右，如图 8-71 所示。

（二）视图数量与表达方法的选择

对于多数零件来说，仅有主视图不能完全表达零件的结构形状，还要选择其他视图。下面以图 8-72 所示壳体为例，说明其他视图数量的选择应从两个方面考虑。

1. 零件的复杂程度

根据零件的结构特点和复杂程度确定视图数量，在完整清晰表达零件形状的前提下，尽量减少视图数量，使每个图的表达都有重点，以免主次不分，繁琐、重复。

如采用图 8-73（b）所示表达方案，左视图采用半剖的方法表达，剖开部分与主视图相同，显然是不必要的重复表达。左视图的表达重点应该是零件左端的接头部分，左视图的半剖使得接头端面形状仅画出一半，不如图 8-73（c）方案表达得更清楚。

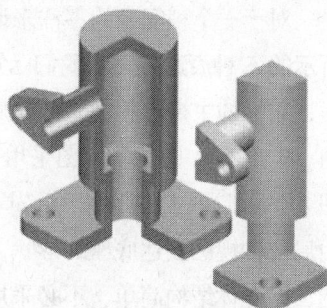

图8-72 壳体

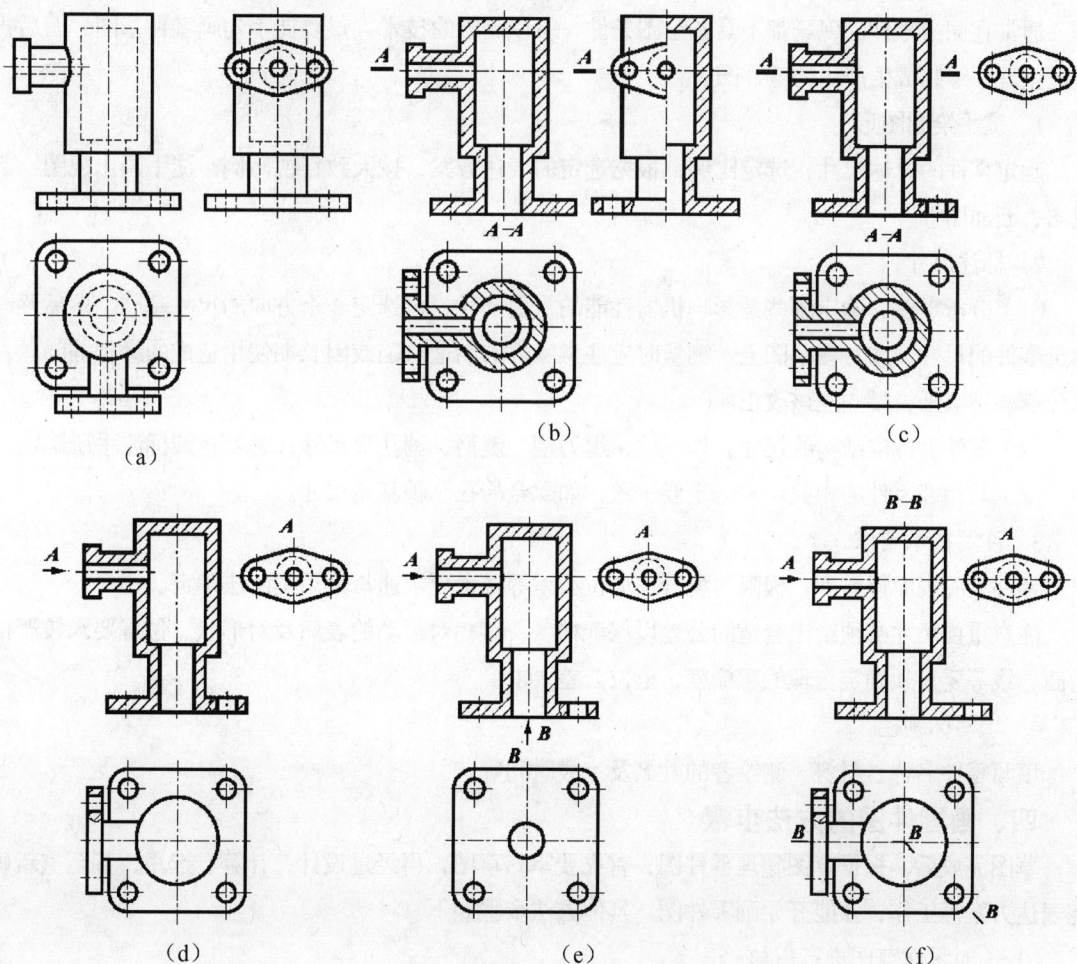

图8-73 壳体表达方案的选择

2．表达方案的选择

应优先采用基本视图，并采用相应的剖视图和断面图。如图 8-72 所示壳体，如果仅采用视图表示，势必因表达内部腔体结构使视图中出现大量虚线，如图 8-73（a）所示。而图 8-73（b）～（f）5 种表达方案均采用剖视的方法，则避免了虚线的出现，同时内部结构都表达得更加清楚。

对于一个稍复杂的零件来说，都可能有多种表达方案，如图 8-72 所示壳体，可以有如图 8-73 所示的 6 种表达方案。我们已知图 8-73（a）、（b）都有缺点，至于图 8-73（c）～（f）4 种表达方案，它们的主视图相同，都采用全剖的方法表达，左视图均采用局部视图表达，差别在于第三个视图。8-72（c）图的俯视图采用全剖表达，将内部结构表达的更清楚。其余 3 个方案主要表达外形，图 8-73（d）、（f）采用俯视图局部剖的方式，表达了机体的外形和接头的通孔。而图 8-73（e）则采用局部仰视图表达底座的形状，未表达接头的通孔。图 8-73（f）的主视图采用两个相交的铅垂面剖切，因壳体结构简单，不必采用此方式。

通过上述比较，图 8-73 中的 6 个表达方案中，（c）、（d）两图的方案较好。

三、画零件草图

通常在测量零件的现场都不具备绘图条件，所以测绘的技术人员要徒手勾画零件草图，而后再经过整理，绘制成生产用的零件图。

1．徒手绘制图形

确定零件的总体尺寸，选定比例，根据选定的表达方案，按大致目视比例，徒手画出视图、剖视图、断面图等。

2．标注尺寸

（1）分析零件，确定哪些是影响机器性能的重要尺寸，再选定 3 个方向的尺寸基准。然后逐一测量零件的尺寸，注写在草图上。测量时应注意零件的制造缺陷或因长期使用造成的磨损等问题，区分哪些不该画，哪些应该改正。

（2）零件上标准结构的尺寸，如螺纹、退刀槽、键槽、销孔等尺寸，必须查阅标注手册确定。

（3）与相邻零件的相关尺寸一定要一致，如配合的孔、轴基本尺寸。

3．注写技术要求

零件上的表面粗糙度、极限与配合、形位公差等技术要求通常采用类比法确定。

注意重要尺寸必须给出合适的公差以保证精度；有相对运动的表面及对形状、位置要求较严格的面、线等要素须确定合理的粗糙度、形位公差要求。

4．填写标题栏

填写零件名称、材料、测绘者的姓名及完成时间等。

四、画零件图的方法步骤

草图完成后，根据草图整理零件图，首先要审核草图，再经过设计、计算、选用，甚至重新确定表达方案等工作，才能开始画零件图。具体方法步骤如下。

（一）对零件草图进行审核

（1）表达方案是否完整、清晰、简洁；

（2）零件上的结构形状是否完整，是否有多、少、破损等情况；

（3）尺寸标注是否完整、清晰、合理；

（4）技术要求是否满足零件的性能要求，而且具有良好的经济性。

（二）画零件图的步骤

1. 选择比例

根据零件的复杂程度选择比例，优先采用 1∶1 的原值比例。

2. 选择图幅

根据表达方案、比例，留出标注尺寸和技术要求的位置，选择标准图幅。

3. 画底稿

（1）画出各个视图的基准线；

（2）画各个视图；

（3）标注尺寸；

（4）注写技术要求；

（5）填写标题栏。

4. 校核

5. 加深

6. 审核

以上是根据零件徒手绘制的草图整理零件图的步骤。

五、测量工具和测量方法

常用测量工具有游标卡尺、千分尺、钢直尺、螺纹规、圆角规等，其使用方法如图 8-74、图 8-75 和图 8-76 所示。

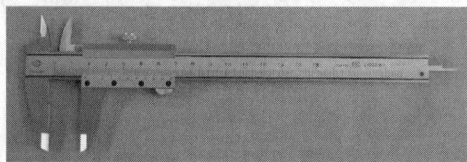

游标卡尺

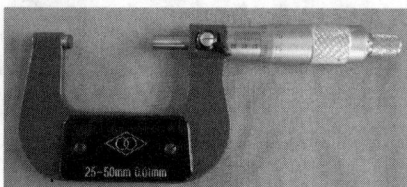

千分尺

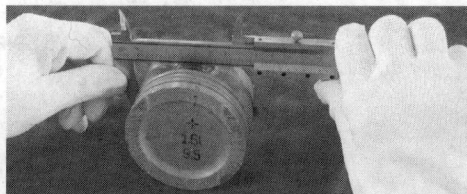

游标卡尺测量外径

千分尺测量外径

图8-74 游标卡尺与千分尺

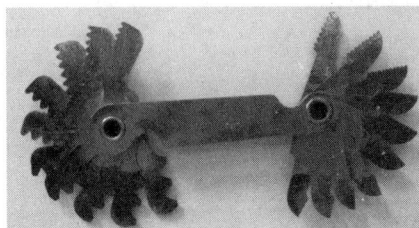

螺纹规

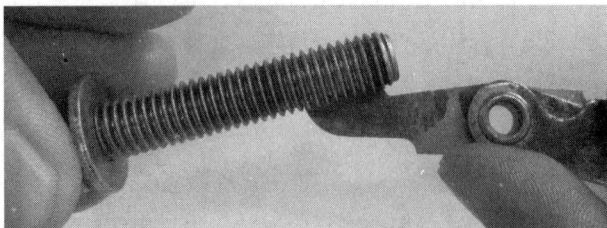

用螺纹规测螺距

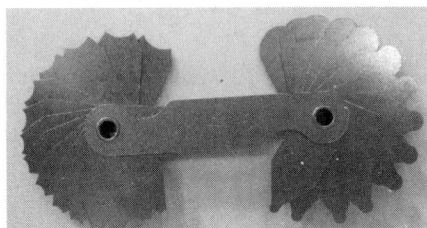

圆角规

用圆角规测量圆角

图8-75　螺纹规与圆角规

内卡钳

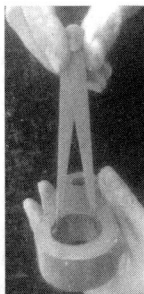

内卡钳测量孔径

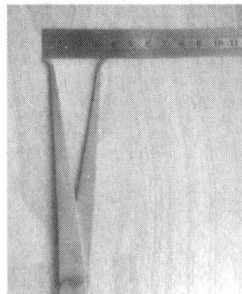

用直尺读取内卡钳测量结果

外卡钳

外卡钳测量外径

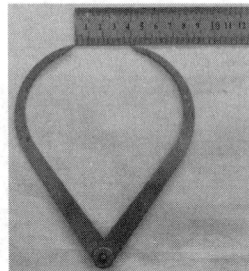

用直尺读取外卡钳测量结果

图8-76　内卡钳与外卡钳

六、零件测量数据处理

测绘时，对实际测得的数据要进行处理，不能将所有测得的尺寸直接标注在零件图上，注意以下几点。

（1）对于计算尺寸应精确到小数点后 3 位。

（2）零件的配合尺寸应取标准值。

（3）零件上非配合面、非接触面、不重要表面在测量所得的尺寸有小数时，应圆整，并尽量与标准尺寸系列中的数值相同。

（4）对标准结构或与标准件相配合的结构，如螺孔、键槽、退刀槽、销孔以及与滚动轴承相配合的轴或壳体孔等尺寸均应取标准值。

任务七 新国家标准简介

任务引出

为什么会有新的国家标准？ISO 又是什么？

任务描述

ISO 是国际标准化组织（International Organization for Standardization）的简称。ISO 是世界上最大的非政府性标准化专门机构，其宗旨是促进全球范围内的标准化及其有关活动，以利于国际间产品与服务的交流，以及在知识、科学、技术和经济活动中发展国际间的相互合作。其主要任务是：制定国际标准，协调世界范围内的标准化工作，与其他国际性组织合作研究有关标准化问题。它显示了强大的生命力，吸引了越来越多的国家参与其活动。

为什么会有新的国家标准出现？因为科学技术的发展进步，新技术的出现，所以在制造业势必产生新的标准需求。我国是国际标准化组织（ISO）的成员国，执行国际标准，有利于我国的科学技术进步和经济的发展。但是因为历史的原因，我国的国家标准与国际标准有很大的差别，自文革结束后，在逐步向着国际标准靠拢，到目前为止，我们的国家标准有 20000 个左右，这些标准是等同、等效和参照采用国际标准三种情况，所以会有新国家标准出现。

鉴于新国家标准在执行时的滞后现象，我们在此前介绍了目前生产企业仍在使用的旧标准，在此我们介绍技术要求的一些新标准，以期方便同学们在日后的工作中能够应对国家标准的变化。

相关知识

一、表面结构

1. 概念

我们在任务四中介绍了 GB/T 131-1993 规定的表面粗糙度符号、代号及其注法，而新国家标准 GB/T 131-2006《产品几何技术规范　技术产品文件中表面结构的表示法》的内容由一种表面结构轮廓变为三种表面结构轮廓，R 轮廓（粗糙度轮廓）、W 轮廓（波纹度轮廓）和 P 轮廓（形状误差或原始轮廓），也就是说增加了 W 轮廓和 P 轮廓。见图 8-77。

表面粗糙度的定义依然是：加工表面上具有的间距很小的微小峰谷所形成的微观几何形状特征。

表面粗糙度、波纹度和形状误差（原始）轮廓度可以按下列两种方式划分：

（1）按波距（间距）划分：

波距小于 1mm 的属于表面粗糙度；

波距在 1～10mm 的属于表面波纹度；

波距大于 10mm 的属于形状误差。

（2）也可按波距和幅度的比值划分：

比值小于 50 的属于表面粗糙度；

比值在 50～1000 的属于表面波纹度；

比值大于 1000 的属于形状误差。

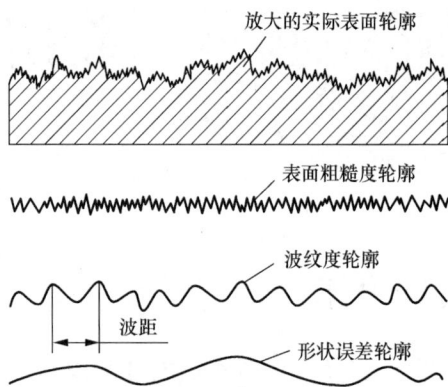

图8-77　三种表面结构轮廓

2. 取样长度 lr、评定长度 ln 与传输带

（1）取样长度 lr

用于判别被评定轮廓不规则特征的一段基准长度。截取的长度不同，测出的数值就不同。选择的取样长度过小，所包含的峰谷数可能越少，这样就不能确切地反映该表面的粗糙度。因此，在通常情况下，所选取的取样长度，一定要包含 5 个以上的峰谷，否则应选择较大的一级数值。取样长度从以下的系列中选取：0.08，0.25，0.8，2.5，8.0（mm）。

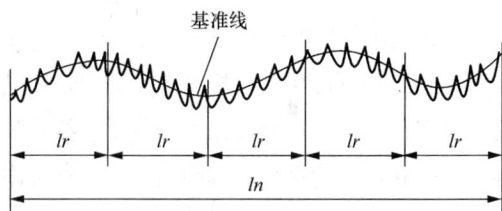

图8-78　取样长度与评定长度

（2）评定长度 ln

为了合理且较全面地反映整个表面的粗糙度特征，在测量和评定表面粗糙度时所必需的一段最小长度，称为评定长度。应用评定长度的目的是限制、减弱表面加工不均匀性对测量结果的影响。评定长度可以包含一个或几个取样长度。国家标准规定，一般默认 5 个取样长度 $ln=5lr$，不作标注，但当 $ln\neq5lr$ 时，则需在参数代号之后给出取样长度的个数，如 $Ra3$、$Rz1$。

（3）传输带

在表面粗糙度实际检测评定中，国家标准规定采用了不同滤波特征的滤波器——数字相位修正高斯滤波器（GB/T 18777—2002《产品几何量技术规范（GPS）表面结构 轮廓法 相位修正滤波器的计量特性》）。

在检测时，先用短波滤波器 λ_s 对表面轮廓进行滤波，所得轮廓称为原始轮廓；再用长波滤波器 λc 对原始轮廓进行滤波，抑制长波成分以后形成粗糙度轮廓。滤波器由截止波长值表示，而长波滤波器的截止波长值即为取样长度 l_r 的数值（单位为 mm）。

传输带是指两个长、短波滤波器之间的波长范围（又称传输频带或传输通带）。

当参数代号中没有标注传输带时，表面结构要求采用默认的传输带。

注写传输带（单位：mm）时，短波滤波器在前，长波滤波器在后，并用连字号"-"隔开。如果只标注一个滤波器，应保留连字号"-"，以区分是短波滤波器还是长波滤波器（例如："0.008-"表示短波滤波器，"-0.25"表示长波滤波器）。此时，另一截止波长应解读为默认值。

3. 表面粗糙度评定参数

表面粗糙度的评定参数有高度参数，也有间距参数，在此仅介绍高度参数：轮廓算术平均偏差 Ra 和轮廓最大高度 R_z。

（1）轮廓算术平均偏差 R_a

在取样长度 l_r 内，被测轮廓上各点到基准线的距离 Z_i 的绝对值的算术平均值。

$$R_a = \frac{1}{l} \int_0^l |Z(x)| \, \mathrm{d}x \qquad \text{或} \qquad R_a = \frac{1}{n} \sum_{i=1}^{n} |Z_i|$$

（2）轮廓最大高度 R_z

在取样长度 l_r 内，最大轮廓峰高 Zp 与最大轮廓谷深 Z_v 之和的高度。

$$R_z = Zp + Zv$$

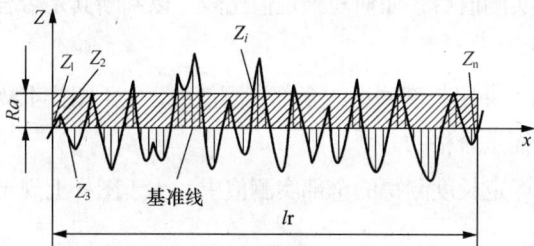

图8-79 轮廓算术平均偏差 R_a

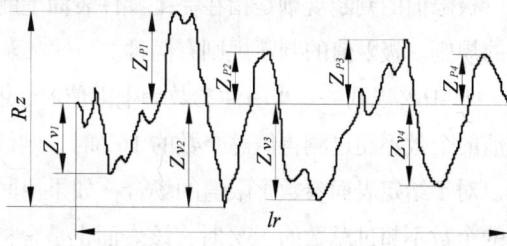

图8-80 轮廓最大高度

原国家标准（GB/T131-1993）中的表面粗糙度参数微观不平度十点高度 R_z 已经取消。新的 R_z 为原 Ry 的定义，原 Ry 的符号不再使用。

表 8-9 　　　　　　　　　　R_a、R_z 系列数值 　　　　　　　　　　（μm）

R_a	R_z	R_a	R_z	R_a	R_z
100	600	3.2	20	0.100	0.7
50	300	1.60	10	0.050	0.35
25	150	0.80	5	0.025	
12.5	75	0.40	2.5	0.012	
6.3	40	0.20	1.5		

4. 表面粗糙度的符号

表 8-10　　　　　　　　　　　　　表面粗糙度的符号

符号	意义及说明
√	基本符号，表示表面是用任何方法获得
√	表示表面是用去除材料的方法获得
√	表示表面是用不去除材料的方法获得
√ √ √	当图样某个视图构成封闭轮廓的各表面（不是工件所有表面）具有相同的表面结构要求时，在相应粗糙度符号上加一圆圈，标注在图样中工件封闭轮廓线上

GB/T 131-2006 表面粗糙度代号中参数注写位置如图 8-81 所示。

（1）a——表面粗糙度高度参数的代号和单一要求的数值（单位为 μm），以及取样长度或传输带（单位为 mm）等；

（2）b——表面粗糙度高度参数第二个单一要求；

（3）c——表面加工方法、镀覆、涂覆、表面处理或其它说明等；

（4）d——加工纹理方向符号，如" = "、"⊥"等；

（5）e——加工余量（单位为 mm）。

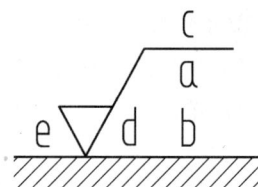

图8-81　表面粗糙度参数注写位置

5. 表面粗糙度极限值及其判断规则

极限值是指图样上给定的粗糙度参数值（单向上限值、下限值、最大值或双向上限值和下限值）。上限值就是给出的参数数值为允许的最大值；下限值就是给出的参数数值为允许的最小值。

极限值的判断规则是指在完工零件表面上测出实测值后，如何与给定值比较，以判断其是否合格的规则。极限值的判断规则有两种。

(1) 16%规则——当所注参数为上限值时，用同一评定长度测得的全部实测值中，大于图样上规定值的个数不超过测得值总个数的 16%时，则该表面是合格的。

对于给定表面参数下限值的场合，如果用同一评定长度测得的全部实测值中，小于图样上规定值的个数不超过总数的 16%时，该表面也是合格的。

对于同时给定上限值和下限值的场合，同一评定长度范围内，幅度参数所有实测值中，大于上限值的个数少于总数的 16%，且小于下限值的个数少于总数的 16%，则认为合格。

(2) 最大规则——是指在被检的整个表面上测得的参数值中，一个也不应超过图样上的规定值。为了指明参数的最大值，应在参数代号后面增加一个"max"的标记，如图 8-82 所示。

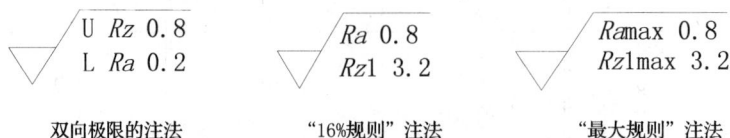

√ U *Rz* 0.8　　　　　　√ *Ra* 0.8　　　　　　√ *Ra*max 0.8
　L *Ra* 0.2　　　　　　　 *Rz*1 3.2　　　　　　　 *Rz*1max 3.2

　　双向极限的注法　　　　"16%规则"注法　　　　"最大规则"注法

图8-82　表面粗糙度参数上限值和下限值的注法

16%规则是所有表面粗糙度要求标注的默认规则。当参数代号后无"max"字样者均为"16%规则"（默认）。

当标注单向极限要求时，一般是指参数的上限值（16%规则或最大规则的极限值），此时不必加注说明；如果是指参数的下限值，则应在参数代号前加"L"，例如：L Ra 6.3（16%规则）、L Ra max1.6（最大规则）。

表示双向极限时应标注极限代号，上限值在参数代号前加注 U 表示，下限值在参数代号前加注 L 表示。如果同一参数具有双向极限要求，在不会引起歧义的情况下，可以不加 U、L，如图 8-83 所示。

6. 表面粗糙度代号的参数注写及含义

在图 8-84（a）所示表面粗糙度代号标注中各参数的意义：

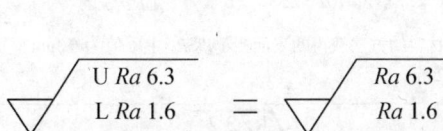

图8-83 同一表面粗糙度参数具有双向极限要求的注法　　　　图8-84 表面粗糙度代号

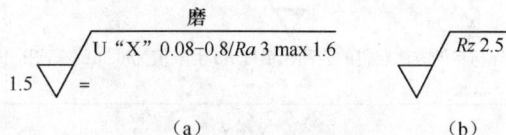

U——上限符号；

X——滤波器类型；

0.08-0.8——传输带；

0.08——短波滤波器；

0.8——长波滤波器；

Ra——轮廓特征：轮廓算术平均偏差；

3——评定长度是 3 个取样长度：ln=3lr；

max——极限判断规则：最大规则；

1.6——轮廓算术平均偏差极限值，单位为 μm；

磨——加工方法；

1.5——加工余量单位为 mm；

=——加工纹理方向。

在图 8-84（b）所示表面粗糙度代号标注中各参数的意义：

Rz——轮廓特征：轮廓最大高度；

2.5——轮廓最大高度单向上限值，单位为 μm；

默认传输带；

评定长度为 5 个取样长度（默认）；

16%规则（默认）。

7. 新、旧国家标准表面粗糙度参数注写与代号标注的对比

表 8-11 新、旧国家标准表面粗糙度代号中参数注写的对比

GB/T 131—1993	GB/T 131—2006
a_1、a_2——粗糙度高度参数代号及数值（单位为微米） b——加工要求，镀覆、涂覆、表面处理或其他说明等 c——取样长度（单位为毫米） d——注写表面加工纹理方向符号 e——加工余量（单位为毫米） f——粗糙度间距参数值（单位为毫米）或轮廓支承长度率	a——表面粗糙度高度参数单一要求（单位为微米） b——表面粗糙度高度参数第二个单一要求 c——表面加工方法、镀覆、涂覆、表面处理或其他说明等 d——表面加工纹理方向符号 e——加工余量（单位为毫米）
用任何方法获得的表面粗糙度 Ra 的上限值为 1.6μm	$\sqrt{Ra\ 1.6}$ $\quad$ $\sqrt{URa\ 1.6}$ 用任何方法获得的表面粗糙度 Ra 的上限值为 1.6μm
用去除材料的方法获得的表面粗糙度 Ra 上限值为 6.3μm，下限值为 3.2μm	$\sqrt{\begin{array}{c}Ra\ 6.3\\Ra\ 3.2\end{array}}$ $\quad$ $\sqrt{\begin{array}{c}URa\ 6.3\\LRa\ 3.2\end{array}}$ 用去除材料的方法获得的表面粗糙度 Ra 上限值为 6.3μm，下限值为 3.2μm
用任何方法获得的表面粗糙度 Ry（轮廓最大高度）的上限值为 3.2μm	$\sqrt{Rz\ 3.2}$ 用任何方法获得的表面粗糙度 Rz（轮廓最大高度）的上限值为 3.2μm
用去除材料的方法获得的表面粗糙度 Ry（轮廓最大高度）的上限值为 3.2μm	$\sqrt{URz\ 3.2}$ 用去除材料的方法获得的表面粗糙度 Rz（轮廓最大高度）的上限值为 3.2μm
用去除材料的方法获得的表面粗糙度 Ra 上限值为 6.3μm，Ry 上限值为 12.5μm	$\sqrt{\begin{array}{c}Ra\ 6.3\\Rz\ 12.5\end{array}}$ $\quad$ $\sqrt{\begin{array}{c}URa\ 6.3\\URz\ 12.5\end{array}}$ 用去除材料的方法获得的表面粗糙度 Ra 上限值为 6.3μm，Rz 上限值为 12.5μm
用任何方法获得的表面粗糙度 Ra 的最大值为 3.2μm	$\sqrt{Ra\ \text{max}3.2}$ 用任何方法获得的表面粗糙度 Ra 的最大值为 3.2μm
用去除材料的方法获得的表面粗糙度 Ra 最大值为 3.2μm，最小值为 1.6μm	$\sqrt{\begin{array}{c}URa\text{max}\ 3.2\\LRa\text{max}\ 1.6\end{array}}$ 用去除材料的方法获得的表面粗糙度 Ra 最大值为 3.2μm，最小值为 1.6μm

表 8-12 新、旧国家标准表面粗糙度代号在图样中标注方法的对比

GB/T 131—1993	GB/T 131—2006
标注表面粗糙度代号时，代号的尖端指向可见轮廓线、尺寸线、尺寸界线或它们的延长线上，必须从材料外指向零件表面	标注表面粗糙度代号时，代号的尖端指向可见轮廓线、尺寸线、尺寸界线或它们的延长线上，必须从材料外指向零件表面。同时表面粗糙度要求的注写与尺寸数字的注写方向一致，且与符号绑定

续表

GB/T 131—1993	GB/T 131—2006
当零件所有表面具有相同的粗糙度时，其代号可在图样的右上角统一标注	当零件所有表面具有相同的粗糙度时，其代号可在图样的标题栏附近统一标注
可以标注简化代号，但要在标题栏附近说明简化代号的意义。当工件的多数表面有相同的粗糙度要求时，可将其统一标注在图样的右上角，在粗糙度代号前，加注"其余"两字	可以标注简化代号，但要在标题栏附近说明简化代号的意义。当工件的多数表面有相同的粗糙度要求时，可将其统一标注在图样的标题栏附近，在粗糙度要求的代号后面加圆括号，括号中给出无任何其他标注的基本符号
中心孔的工作表面，键槽工作面，倒角、圆角的表面粗糙度代号，可以简化标注	中心孔的工作表面，键槽工作面，倒角、圆角的表面粗糙度代号，可以简化标注
当零件所有表面具有相同的特征时，其代号可以在图样的右上角统一标注	当图样某个视图构成封闭轮廓的各表面（1~6面，不包括工件的另外两面）有相同的表面粗糙度要求时，应在完整粗糙度符号上加一圆圈，标注在图样中工件的封闭轮廓线上。如果标注引起歧义时，各表面应分别标注。

二、极限与配合

1. 概述

我们在任务四中介绍了 GB/T 1800.1—1997、GB/T 1800.2—1998、GB/T 1800.3—1998 和 GB/T 1800.4—1999 规定的极限与配合，目前我国推荐执行的极限与配合国家标准是：GB/T 1800.1—2009 和 GB/T 1800.2—2009，它们代替了上述四个标准。

下面仅介绍有变化部分的内容。

2. 新、旧国家标准的对比

表 8-13　　　　　　新、旧国家标准极限与配合术语的对比

GB/T 1800.1—1997	GB/T 1800.1—2009
基本尺寸	公称尺寸
最大极限尺寸	上极限尺寸
最小极限尺寸	下极限尺寸

三、几何公差

1. 概述

几何公差就是我们在任务四中介绍的形状与位置公差。几何公差的研究对象是几何要素，几何要素就是构成零件几何特征的点、线、面。

在任务四中介绍的是 GB/T 1182—1996《形状和位置公差及未注公差值》，目前我国推荐执行的国家标准是 GB/T 1182—2008《产品几何技术规范 几何公差 形状、方向、位置和跳动公差标注》、GB/T 18780.1—2002《产品几何技术规范 几何要素 第 1 部分：基本术语和定义》等，GB/T 1182-1996《形状和位置公差及未注公差值》被替代。

下面介绍有变化部分的内容。

2. 新、旧国家标准的对比

表 8-14　　　　　　新、旧国家标准几何公差术语、符号及标注的对比

GB/T 1182—1996	GB/T 18780.1—2002、 GB/T 1182—2008
术语：轮廓要素	术语：组成要素
术语：中心要素	术语：导出要素
基准代号的形式	两种基准代号的形式
几何公差标注示例	几何公差标注示例
需要限制被测要素在公差带内的形状时：只允许中间向材料内凹下	只允许中间向材料内凹下，NC 表示不凸起
若干个分离要素给出单一公差带时的标注	若干个分离要素给出单一公差带时，可在公差框格内公差值的后面加注公共公差带的符号 CZ

3. 新国家标准增加的几何公差项目

新国家标准增加了一个几何公差项目，位置度公差——同心度，其符号与同轴度相同。

同心度的标注如图 8-85 所示。同心度框格上方所注"ACS"意即同心度，用以区别同轴度。

公差带是直径为公差值 t 的圆周所限定的区域，该圆周的圆心与基准点重合。

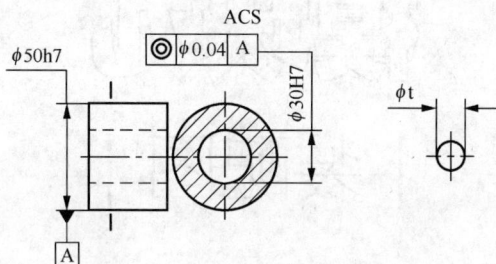

图8-85　同心度的标注与公差带

四、应用新国家标准的图例

图 8-86 是模块一中图 1-1 采用新的国家标准标注表面粗糙度和几何公差的零件图。

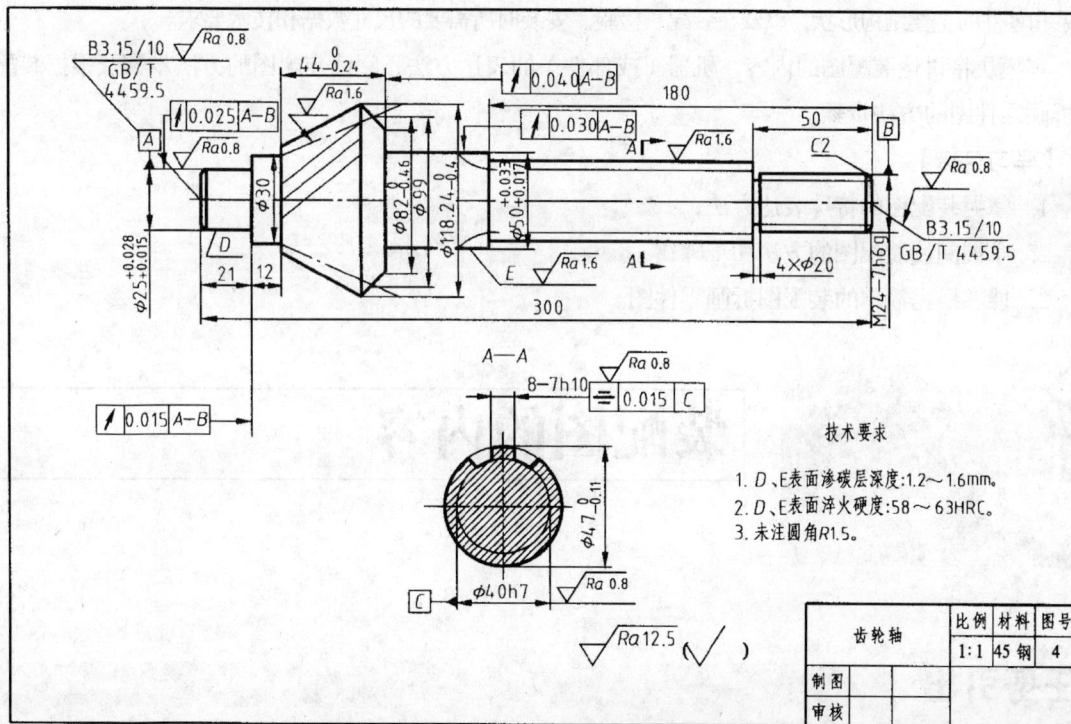

图 8-86　应用新国家标准的零件图

模块九

| 装配图 |

    表达机器（或部件）的图样称为装配图。在机器的设计、装配、调整、检验、使用和维修过程中都要用到装配图。装配图反映出设计者的意图，表达出机器（或部件）的工作原理、性能要求、零件间的装配关系和零件的主要结构形状，以及在装配、检验、安装时所需要的尺寸数据和技术要求。

    本模块将讨论装配图的内容、机器（或部件）的表达方法、阅读装配图的方法步骤及根据装配图拆画零件图的方法步骤。

【学习目标】

1. 掌握装配图的特殊表达方法；
2. 掌握阅读装配图的方法和步骤；
3. 能够根据简单的装配图拆画零件图。

任务一　装配图的内容

任务引出

    在装配图上有哪些内容？与零件图的内容有什么区别吗？

任务描述

    本任务介绍装配图的内容。

相关知识

图 9-1 所示是球阀装配图，其具体内容如下：

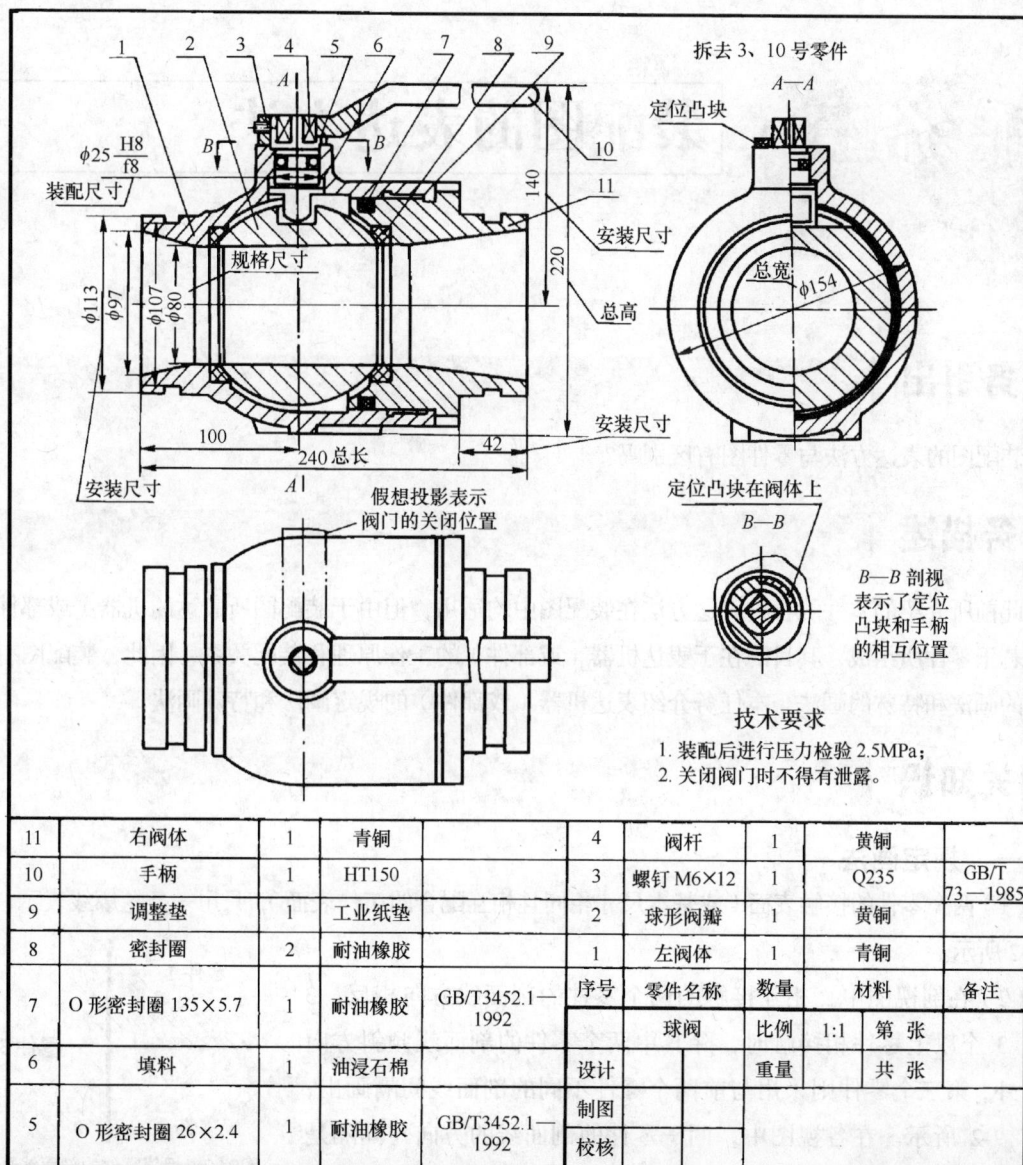

图9-1　球阀

11	右阀体	1	青铜		4	阀杆	1	黄铜	
10	手柄	1	HT150		3	螺钉 M6×12	1	Q235	GB/T 73—1985
9	调整垫	1	工业纸垫		2	球形阀瓣	1	黄铜	
8	密封圈	2	耐油橡胶		1	左阀体	1	青铜	
7	O 形密封圈 135×5.7	1	耐油橡胶	GB/T3452.1—1992	序号	零件名称	数量	材料	备注
						球阀	比例	1:1	第　张
6	填料	1	油浸石棉		设计		重量		共　张
5	O 形密封圈 26×2.4	1	耐油橡胶	GB/T3452.1—1992	制图				
					校核				

（1）一组图形。用一般表达方法和特殊表达方法，表达机器（或部件）的工作原理、零件之间的装配关系和零件的主要结构形状。

（2）必要的尺寸。根据装配、检验、安装和使用机器的需要，装配图中标注出机器（或部件）

的性能（规格）尺寸、外形与安装尺寸、部件或零件间的相对位置和配合要求尺寸，以及机器在设计时所确定的重要尺寸。

（3）技术要求。注写出机器（或 部件）的质量、装配、检验和使用等方面的要求。

（4）零部件序号、明细栏和标题栏。图中零、部件按一定格式进行编号，并与明细栏中零、部件对应。

任务二　装配图的表达方法

任务引出

装配图的表达方法与零件图有区别吗？

任务描述

此前所介绍的零件的各种表达方法在装配图中均适用，但由于装配图所表达的机器（或部件）是由若干零件所组成，其目的在于表达机器（或部件）的工作原理和装配关系，因此，装配图有其规定的画法和特殊的画法。本任务介绍表达机器（或部件）的规定画法和特殊画法。

相关知识

一、规定画法

（1）两个零件的接触表面（或基本尺寸相同且相互配合的工作表面），只用一条轮廓线表示，如图 9-2 所示。

（2）在剖视图中，相互接触的两个零件的剖面线方向相反。3个或 3 个以上零件相接触时，除其中两个零件的剖面线倾斜方向不同外，第三个零件则采用与前两个零件不同的剖面线间隔画出，如图 9-2 所示。在各视图中，同一零件的剖面线的方向与间隔是一致的。

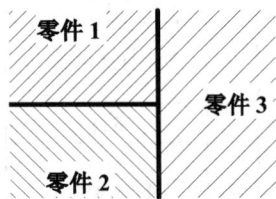

图9-2　相邻零件的剖面线画法

（3）在剖视图中，若剖切平面通过实心杆件（如轴、杆等）和标准件（如螺母、螺栓、键和销等）的轴线时，则这些零件按不剖画，仅画出外形。当剖切平面垂直这些零件的轴线时，这些零件按剖视画，如图 9-3 所示。

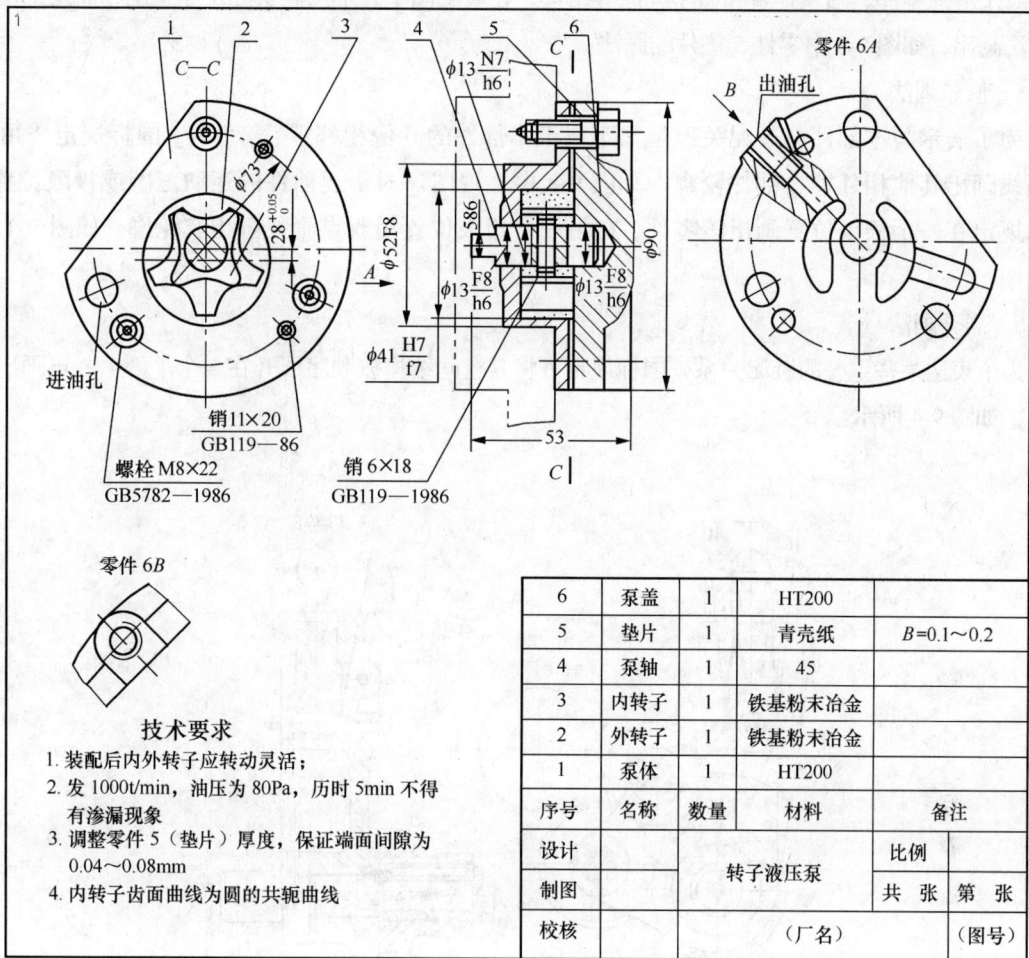

图9-3 转子液压泵

6	泵盖	1	HT200	
5	垫片	1	青壳纸	B=0.1~0.2
4	泵轴	1	45	
3	内转子	1	铁基粉末冶金	
2	外转子	1	铁基粉末冶金	
1	泵体	1	HT200	
序号	名称	数量	材料	备注
设计				比例	
		转子液压泵		共 张 第 张
制图				
校核		（厂名）		（图号）

技术要求

1. 装配后内外转子应转动灵活；
2. 发 1000t/min，油压为 80Pa，历时 5min 不得有渗漏现象
3. 调整零件 5（垫片）厚度，保证端面间隙为 0.04~0.08mm
4. 内转子齿面曲线为圆的共轭曲线

二、特殊画法

1. 拆卸画法

当某一个或几个零件在装配图的某一视图中遮住了大部分装配关系或其他零件时，可假想拆去一个或几个零件，只画出所要表达部分的视图，如图 9-1 所示球阀左视图。

2. 沿结合面剖切画法

为了表达内部结构，可沿结合面剖切机件，如图 9-3 所示，转子液压泵的右视图就是沿泵盖和垫片的结合面剖切后画出的。

3. 单独表示某一零件画法

在装配图中，有时会看到某一零件的一个视图，如图 9-3 中"零件 6A"、"零件 6B"。这是因为零件 6 的形状、结构在装配图中未表达清楚，对理解装配关系及零件设计有影响，所以另外单独画出"零件 6A"、"零件 6B"视图。

4. 夸大画法

对于薄片零件、细丝弹簧和微小间隙等结构，在装配图中并未按其实际尺寸画出，而是采用夸大画法画出，如图 9-3 中零件 5 垫片的画法。

5. 假想画法

为了表示与本部件有装配关系但又不属于本部件的其他相邻零、部件时，国标规定采用双点画线画出其他相邻零、部件轮廓，如图 9-3 中主视图。对于运动件的运动范围或极限位置，国标规定在一个极限位置画出该零件，在另一个极限位置用双点画线画出其轮廓，如图 9-1 中俯视图。

6. 展开画法

为了表达某些重叠的装配关系，国标规定可将其空间结构按顺序展开在一个平面上，再画出剖视图，如图 9-4 所示。

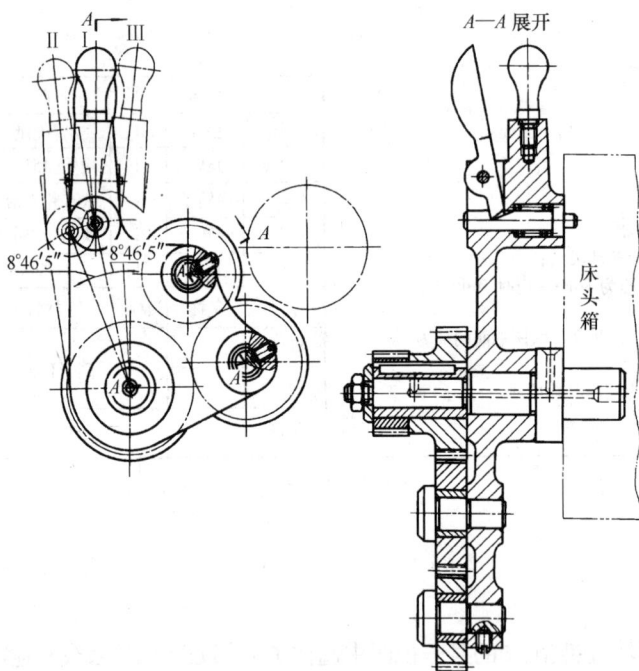

图9-4 挂轮架的展开画法

7. 简化画法

（1）在装配图中，允许不画零件的工艺结构，如倒角、圆角、退刀槽等，如图 9-5 所示。

（2）在装配图中，螺母和螺栓头允许采用简化画法。对于螺纹紧固件等相同的零件组，允许只画出一处，其余可以只用点画线表示其中心位置，如图 9-5、图 9-6 所示。

（3）在剖视图中，滚动轴承国标允许采用规定画法画出一半，另一半采用通用画法画出，如图 9-5 所示。

轴 机座 滚动轴承 螺钉 垫片 端盖 螺钉头部简化 油封 齿轮 键

垫圈

螺母

螺母头部简化

螺纹倒角简化

滚动轴承简化画法

齿轮端部倒角简化画法

剖开后涂黑垫片夸大画出

螺钉省略后用点画线表示中心位置

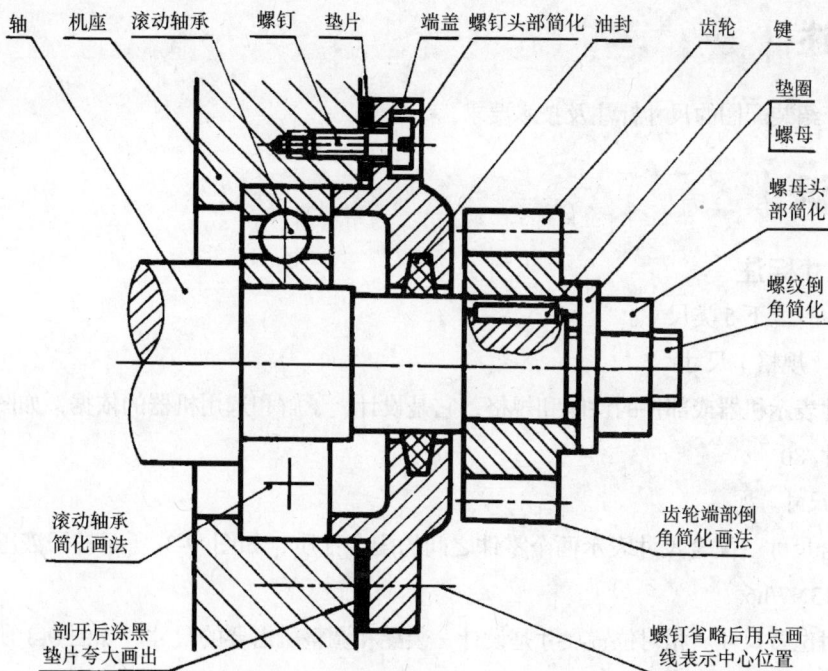

图9-5 装配图的夸大画法与简化画法

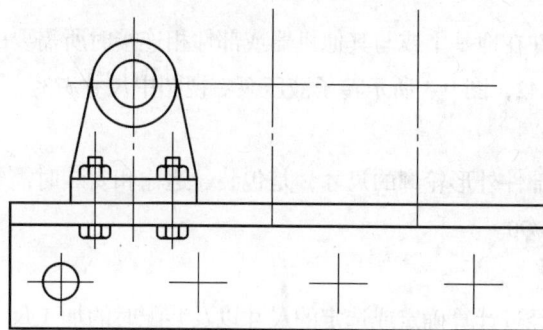

图9-6 装配图中相同组件的简化画法

任务三 装配图的尺寸标注和技术要求

任务引出

装配图中要标注出所有零件的全部尺寸吗？装配图中的技术要求有哪些？

任务描述

本任务介绍装配图的尺寸标注及技术要求。

相关知识

一、尺寸标注

装配图中有以下 5 类尺寸。

1. 性能（规格）尺寸

性能尺寸表示机器或部件的性能和规格，它是设计、了解和选用机器的依据，如图 9-1 球阀主视图中的尺寸 $\phi 80$。

2. 装配尺寸

（1）配合尺寸。配合尺寸表示两个零件之间的配合性质，如图 9-3 所示转子液压泵主视图中 $\phi 41H7/f7$、$\phi 13N7/h6$。

（2）相对位置尺寸。相对位置尺寸是设计、装配和调整所需的尺寸，如图 9-3 所示转子液压泵右视图中 $\phi 73$。

3. 安装尺寸

安装尺寸是机器或部件在地基上或与其他机器或部件相连接时所需要的尺寸，如图 9-1 所示球阀主视图中的尺寸 $\phi 113$ 和 42，图 9-3 所示转子液压泵右视图中尺寸 $\phi 73$。

4. 外形尺寸

外形尺寸表示机器或部件外形轮廓的尺寸，是包装、运输和安装时需要的尺寸，如图 9-3 所示转子液压泵中的尺寸 53、$\phi 90$。

5. 其他重要尺寸

这类尺寸是在设计中经过计算确定或选定的尺寸以及装配时的加工尺寸，但又未包括在上述 4 种尺寸中，如图 9-1 所示球阀主视图中的尺寸 $\phi 107$ 和 $\phi 97$，图 9-3 所示右视图中的尺寸 $2.8^{+0.05}_{0}$，以及图 9-26 中 "2—$\phi 6$ 锥销孔配作" 的装配时的加工尺寸等。

在一张装配图中，以上 5 类尺寸并不一定全部出现，但某一尺寸却有可能不仅仅属于一类尺寸，如图 9-3 中的 $\phi 73$。

二、技术要求

装配图中的技术要求通常用文字注写在明细栏的上方或图纸下方的空白处，其内容包括：

（1）装配要求。机器或部件在装配过程中需注意的事项及装配后应达到的要求，如装配间隙、润滑要求等，如图 9-3 所示。

（2）检验要求。对装配后的机器或部件基本性能的检验、试验的要求，如图 9-1、图 9-3 和图 9-23 所示。

（3）其他要求。对机器或部件的性能、规格参数、包装、运输及维护、保养、使用时的注意事项和要求等，如图 9-23、图 9-27 所示。

任务四 装配图上的零、部件序号和明细栏

任务引出

装配图中的零、部件序号有什么作用？装配图中的明细栏又有什么作用？

任务描述

装配图上对所有零、部件都用阿拉伯数字编写了序号，并与明细栏中的序号一致，如图 9-1 所示。在看装配图时，可以根据零、部件序号查阅明细栏，了解零件的名称、材料和数量等。装配图上每种零、部件的序号或代号及明细栏可以便于统计零、部件的数量，组织生产。

本任务介绍装配图中零、部件序号的编排以及装配图中的明细栏的填写规定。

相关知识

一、零、部件序号

（1）相同的零、部件用同一个序号，其数量在明细栏中注明。

（2）零、部件序号指引线自所指部分的可见轮廓内引出，并在末端画一圆点，如图 9-7 所示。

（3）当所指部分（很薄的零件或涂黑的剖面）内无法画圆点时，在指引线末端画箭头，并指向该部分的轮廓，如图 9-8 所示。

（4）一组紧固件以及装配关系清楚的零件组，经常采用公共指引线，如图 9-9 所示。

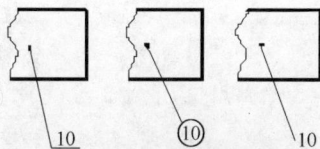

图9-7 零部件序号编写形式　　图9-8 指引线末端采用箭头　　图9-9 采用公共指引线的序号形式

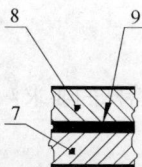

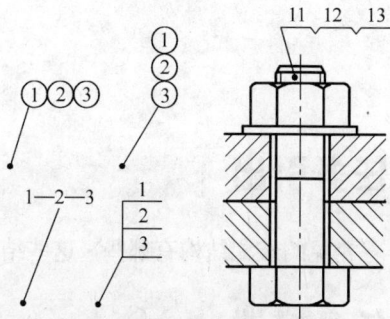

（5）标准化组件如：油杯、滚动轴承、电机等，经常被当作一个整体编写一个编号，如图 9-27

所示柱塞泵装配图中的 5 号件油杯。

（6）零、部件序号沿水平或垂直方向按顺时针或逆时针方向整齐排列。

二、明细栏

明细栏是机器或部件中全部零件的详细目录，国家标准《技术制图》对其作了规定，格式如图 9-10 所示。

明细栏中一般包含零件的序号、代号、名称、数量、材料、重量和备注等内容，见图 9-10 所示。

一般情况下，装配图的明细栏位于标题栏的上方，序号自下向上排列，并与图中序号对应。明细栏有时不在装配图中，而是以 A4 图幅作为装配图的续页。

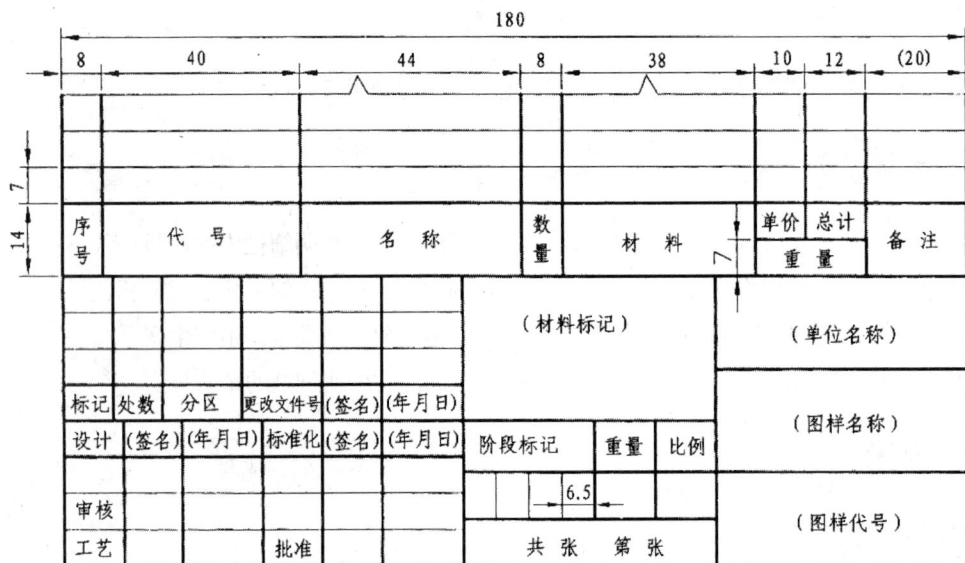

图9-10　标题栏与明细栏

任务五　常见装配结构

任务引出

常见的装配结构有哪些？这些结构有什么特殊的要求？

任务描述

为使零件装配成机器（或部件）后能达到性能要求，并考虑到机器在调试及日后维护修理时的拆、装方便，要求装配结构要合理。

相关知识

一、接触面与配合面

（1）两零件的接触面在同一方向上只能有一对平面接触，如图 9-11 所示。

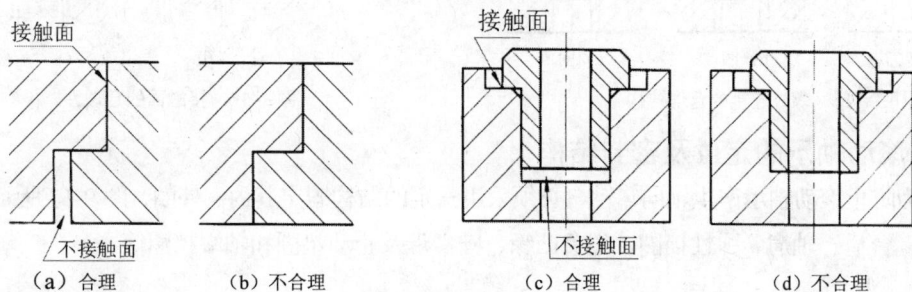

（a）合理　　（b）不合理　　　　（c）合理　　（d）不合理

图9-11　接触面的合理性

（2）同一方向上的孔和轴只允许有一对表面相配合，如图 9-12 所示。

（3）两圆锥面配合时，圆锥体的端面与锥孔底部之间应留有空隙，如图 9-13 所示，即 $L_2 > L_1$，以保证锥面配合，否则将增加零件制造的难度。

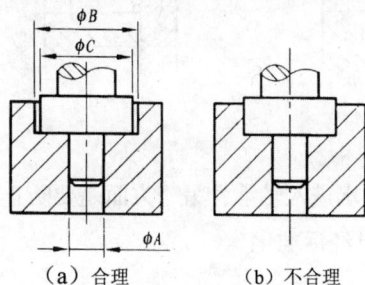

（a）合理　　（b）不合理

图9-12　孔、轴配合的合理性

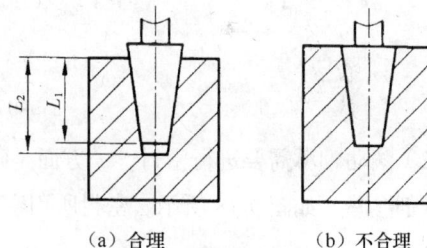

（a）合理　　（b）不合理

图9-13　圆锥面配合的合理性

（4）两零件有一对直角相交的表面接触时，在转角处应制出不同的倒角、圆角或凹槽等结果，以保证接触良好，如图 9-14 所示。

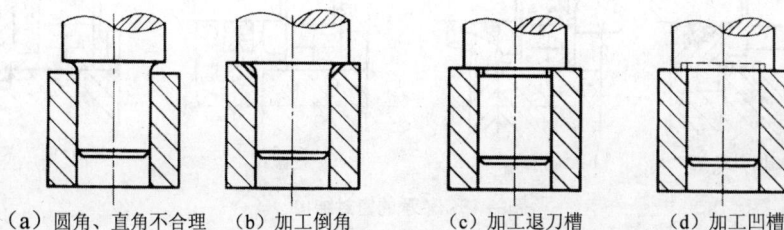

（a）圆角、直角不合理　（b）加工倒角　　（c）加工退刀槽　　（d）加工凹槽

图9-14　接触面转角处的合理性

（5）为保证螺纹能够拧紧，应适当加长螺纹尾部，在螺杆上加工出退刀槽，或者在螺孔上作出凹坑或倒角，如图 9-15 所示。

（6）为使螺栓等螺纹紧固件与被连接表面有良好的接触，在被连接件上做出沉孔或凸台等结构，如图9-16所示。采用这种结构可以减少加工面积。

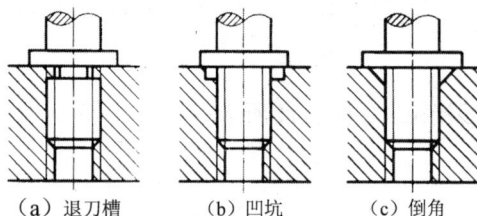

（a）退刀槽　　（b）凹坑　　（c）倒角

图9-15　螺纹连接的合理结构

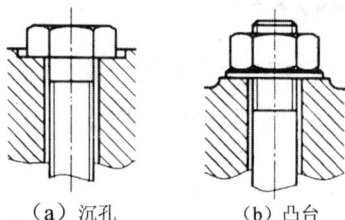

（a）沉孔　　（b）凸台

图9-16　接触面的合理性

二、滚动轴承的定位及密封结构

（1）为防止滚动轴承产生轴向窜动，必须采用一定的结构固定其内、外圈，图9-17所示是常用定位结构：台肩、轴肩、弹性挡圈、端盖凸缘、圆螺母及止动垫圈和轴端挡圈等。

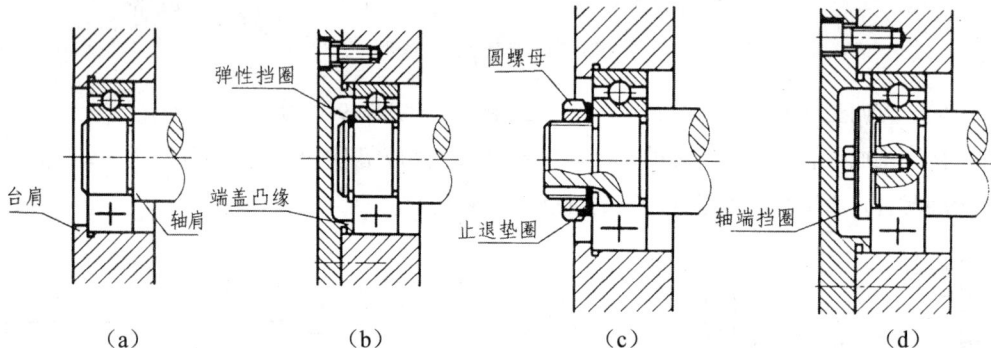

（a）　　　　　（b）　　　　　（c）　　　　　（d）

图9-17　滚动轴承的定位

（2）滚动轴承需要进行密封，一方面是防止外部的灰尘和水进入轴承，另一方面是要防止轴承的润滑剂渗漏，如图9-18所示。密封所用密封件及局部结构已经标准化。

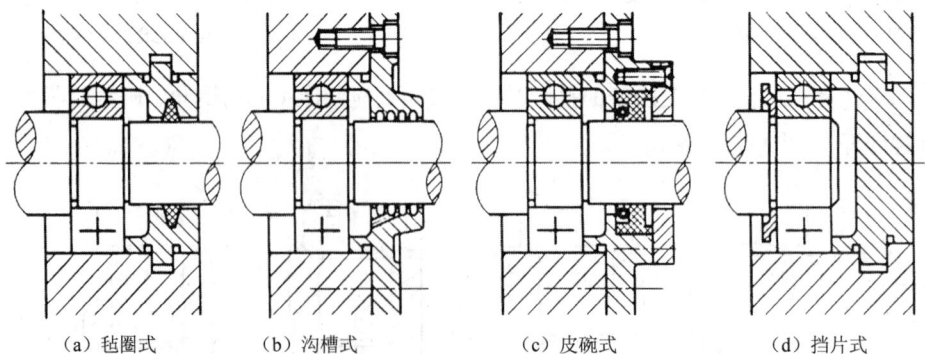

（a）毡圈式　　　（b）沟槽式　　　（c）皮碗式　　　（d）挡片式

图9-18　轴承的密封结构

三、防松结构

机器运转时，由于受到振动或冲击，螺纹紧固件可能发生松动，有时甚至造成严重事故。图9-19所示是螺纹紧固件防松的4种方式。

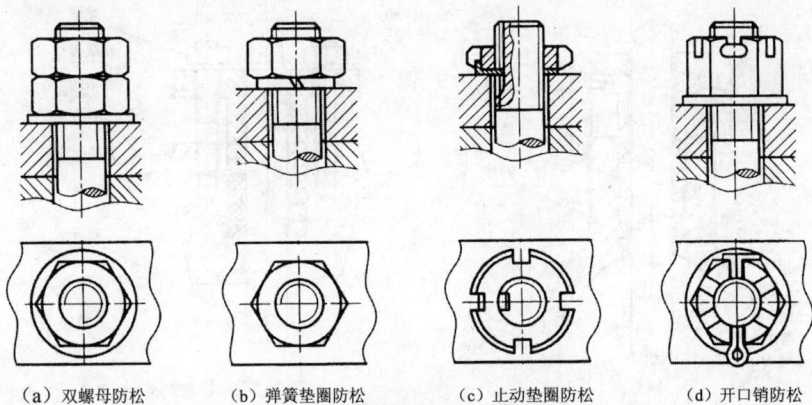

（a）双螺母防松　　（b）弹簧垫圈防松　　（c）止动垫圈防松　　（d）开口销防松

图9-19　螺纹紧固件的防松结构

（1）双螺母锁紧是依靠两螺母拧紧后，螺母之间产生的轴向力，使螺母牙与螺栓牙之间的摩擦力增大而防止螺母自动松脱。

（2）弹簧垫圈锁紧是在螺母拧紧后，垫圈受压变平，依靠这个变形力，使螺母牙与螺栓牙之间的摩擦力增大，同时垫圈开口的刀刃阻止螺母转动而防止螺母松脱。

（3）止动垫圈防松是止动垫圈与圆螺母联合使用，可以直接锁住螺母。这种装置常用来固定安装在轴端部的零件。

（4）开口销防松是用开口销直接锁住六角槽型螺母，使之不能转动松脱。

四、便于拆装的结构

（1）滚动轴承常以轴肩定位，为了维修时便于拆卸，要求轴肩的高度必须小于轴承内圈或外圈的厚度，如图 9-20 所示。

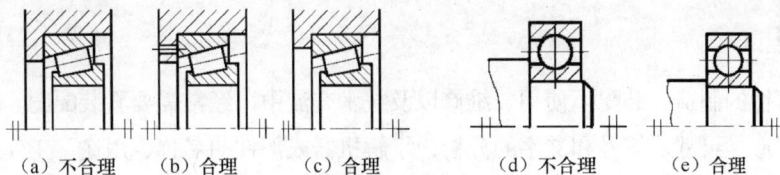

（a）不合理　　（b）合理　　（c）合理　　　　（d）不合理　　（e）合理

图9-20　轴承便于拆卸的合理结构

（2）部件中常采用圆柱销或圆锥销定位，以保证重装后两零件间相对位置的精度。为了加工销孔和拆卸销子方便，应尽量将销孔做成通孔，如图 9-21 所示。

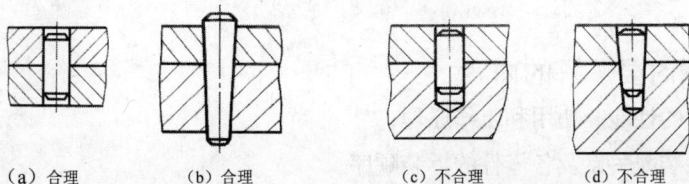

（a）合理　　　　（b）合理　　　　　（c）不合理　　　　（d）不合理

图9-21　定位销便于拆装的合理结构

五、密封结构

在机器或部件中，为防止内部液体外漏，同时防止外部灰尘、杂质进入机器内部，需要密封防漏，图 9-22 给出了两种防漏的典型结构。

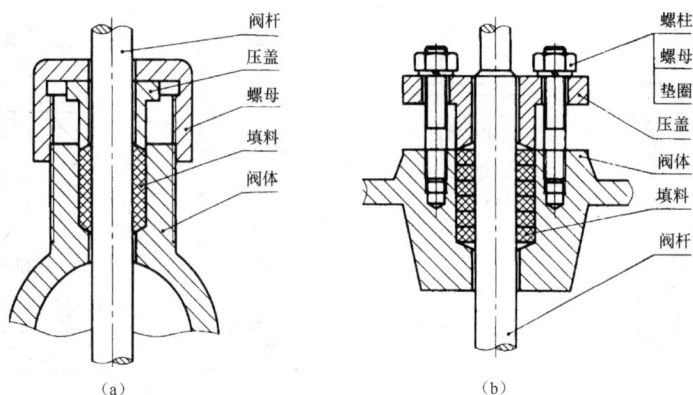

图9-22　密封防漏结构

任务六　看装配图

任务引出

为什么要看装配图？如何看装配图？

任务描述

在机器或部件的制造、装配、使用、维修以及技术交流中，经常需要看装配图。看装配图即通过对装配图的图形、尺寸、符号和文字的分析，了解机器或部件的名称、用途、工作原理、结构特点和零件间的装配连接关系，以及技术要求和操作方法等。

本任务以车用润滑系统中的两种泵为例，具体介绍看装配图的方法及步骤。

相关知识

一、看装配图时要了解的内容

（1）机器或部件的性能、功用和工作原理；

（2）各零件间的装配关系及各零件的拆装顺序；

（3）各零件的主要结构形状和作用；

（4）其他系统：润滑系统、防漏系统等原理和构造。

二、看装配图举例

【例9-1】看图9-23所示齿轮油泵装配图。

序号	名称	数量	材料	备注
15	内六角圆柱头螺钉M6×16	12	35	GB/T 70.1—2000
14	键5×10	1	45	GB/T 1096—2003
13	螺母M12×1.5	1	35	GB/T 6170—2000
12	垫圈12	1	65Mn	GB/T 93—1987
11	传动齿轮	1	45	m=2.5, z=20
10	压紧螺母	1	35	
9	轴套	1	ZCuSn5Pb5Zn5	
8	密封圈	1	橡胶	
7	右端盖	1	HT200	
6	泵体	1	HT200	
5	垫片	2	45	GB/T119.1—2000
4	销A5×18	4	45	
3	传动齿轮轴	1	45	m=3, z=9
2	齿轮轴	1	45	m=3, z=9
1	左端盖	1	HT200	

齿轮油泵

比例	1:2	201-01
数量		
重量		共 张 第 张

制图
校对
审核

技术要求
1. 齿轮安装后，用手转动传动齿轮时，应灵活旋转；
2. 两齿轮齿齿的啮合面占齿长的3/4以上；
3. 产品试验按CBF系列齿轮油泵技术规范进行。

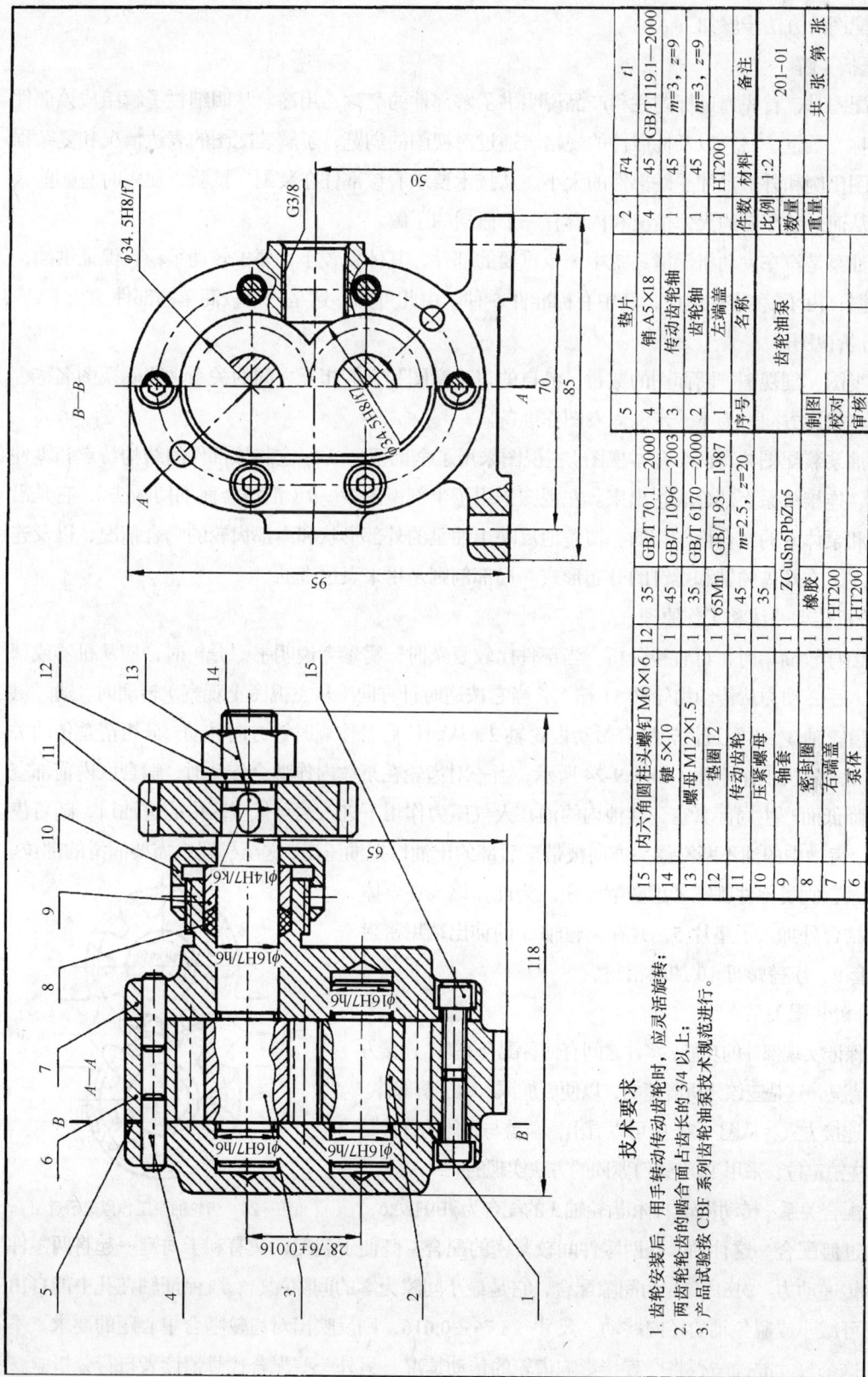

图9-23 齿轮油泵装配图

看装配图的方法步骤如下。

1. 概括了解

看装配图时，首先通过标题栏和产品说明书了解部件的名称、用途。从明细栏了解组成该部件的零件名称、数量、材料以及标准件的规格。通过对视图的浏览，了解装配图的表达情况和复杂程度。从绘图比例和外形尺寸了解部件的大小。从技术要求看该部件在装配、试验、使用时有哪些具体要求，从而对装配图的大体情况和内容有一个概括的了解。

齿轮油泵是汽车发动机润滑系统中一个重要的部件，其体积较小，要求转动平稳，保证供油，不能有渗漏；由 15 种零件组成，其中有标准件 5 种。由此可知，这是一个较简单的部件。

2. 分析视图

了解视图、剖视图、断面图的数量，各自的表达意图和它们相互之间的关系，明确视图名称、剖切位置、投影方向，为下一步深入看图作准备。

齿轮油泵装配图共有两个基本视图。主视图采用了全剖视 A—A，它将该部件的结构特点和零件间的装配、连接关系大部分表达出来。左视图采用了半剖视图 B—B（沿结合面剖切画法），它是沿左端盖 1 和泵体 6 的结合面剖切的，清楚地反映出油泵的外部形状和内部齿轮的啮合情况，以及连接泵体与左、右端盖的销和螺钉的分布形式。局部剖则是用来表达进油口。

3. 分析传动路线和工作原理

如果图样较简单时，可直接分析，当部件比较复杂时，需参考说明书。分析时，应从机器或部件的传动入手：动力从传动齿轮件 11 输入，当它按逆时针方向（从左视图上观察）转动时，通过键 14，带动齿轮轴 3，再经过齿轮啮合带动齿轮轴 2，从而使后者作顺时针方向转动。分析清楚传动关系后，下面来分析工作原理，如图 9-24 所示，当一对齿轮在泵体内作啮合传动时，啮合区内前部空间的压力降低而产生局部真空，油池内的油在大气压力作用下进入油泵低压区内的进油口，随着齿轮的转动，齿槽中的油不断沿箭头方向被带至后部的出油口把油压出，送至机器中需要润滑的部位。

凡属泵、阀类部件都需考虑防漏问题。为此，该泵在泵体与端盖的结合处加入了垫片 5，并在齿轮轴 3 的伸出端用密封圈 8、轴套 9、压盖螺母 10 加以密封。

4. 分析装配关系

为了保证实现部件的功能，零件之间有何种配合关系、连接方式和接触情况，这是应该分析清楚的，以便更加深入地了解部件。

（1）连接方式：从图 9-23 中可以看出，端盖与泵体的连接是以 4 个圆柱销定位、采用 12 个螺钉紧固的方法实现的。

（2）配合关系：传动齿轮 11 和齿轮轴 3 的配合为 $\phi14H7/k6$，

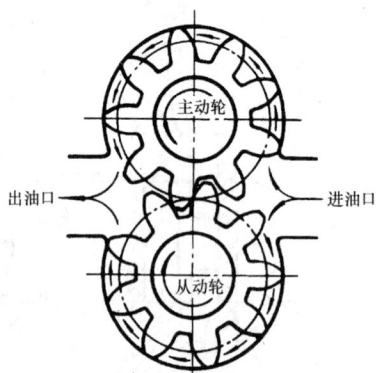

图9-24　齿轮油泵工作原理示意图

属基孔制过渡配合。这种轴、孔两零件间较紧密的配合，既便于装配，又有利于与键一起将两零件连成一体传递动力。$\phi16H7/h6$ 为间隙配合，它是最小间隙为零的间隙配合，既保证轴在孔中能自由转动，又可减小或避免轴的径向跳动。尺寸 28.76 ± 0.016，则反映出对齿轮啮合中心距的要求。不难想象，这个尺寸准确与否将会直接影响齿轮的传动情况。另外一些配合代号请读者自行分析。

5. 分析零件主要结构形状和用途

为深入了解部件，还应进一步分析零件的主要结构形状和用途。

一台机器或部件上有标准件、常用件和一般零件。对于标准件和常用件通常容易看懂，但一般零件有简有繁，其作用和地位又各不相同，应先从主要零件开始分析，按照下面的方法确定零件的范围、结构、形状、功用和装配关系：

（1）从主视图入手，对照零件在各视图中的投影关系；

（2）根据零件剖面线的方向和间隔，分清零件的轮廓范围（同一零件的剖面线在各个视图上方向相同、间隔相等），进而运用形体分析法并辅以线面分析法进行仔细推敲，此外，还应考虑零件为什么要采用这种结构形状，以便进一步分析该零件的作用；

（3）根据装配图上所标注的配合代号，了解零件间的配合关系，确定零件加工精度；

（4）根据常见结构的表达方法和一些规定画法，识别零件，如轴承、齿轮、密封结构等；

（5）根据零件序号对照明细栏，找出零件的数量、材料、规格，帮助了解零件作用和确定零件在装配图中的位置和范围。

（6）利用一般零件结构有对称性和相互连接两零件的接触面应大致相同的特点，帮助想象零件的结构形状（当某些零件的结构形状在装配图上表达不完整时）。有时还需要阅读零件图才能搞清零件的功用和结构特点。

想象右端盖零件 7 的结构形状应如图 9-25 所示。因为齿轮轴 3 从右端伸出，所以右端盖上不仅要有支承齿轮轴的通孔，还要有用于密封的外表面加工螺纹的套筒，以便套筒内装密封圈和压紧用轴套，外部螺纹可以旋紧压紧螺母，实现密封防漏。

6. 归纳总结

在以上分析的基础上，还要对技术要求和全部尺寸进行分析，并把部件的性能、结构、装配、操作、维修等几方面联系起来研究，进行总结归纳，这样对部件才能有一个全面的了解。

齿轮油泵的装配顺序：将齿轮轴 2、3 装入泵体 6 内，分别在泵体左右加垫片 5、盖上左端盖 1、右端盖 7；钻左、右销孔，装入 4 个件号为 4 的圆柱销；拧紧 12 个件号为 15 的内六角螺钉；在齿轮轴 3 右端装上密封圈 8、轴套 9，拧紧压紧螺母 10；将键 14 装入齿轮轴 3 的键槽，再将传动齿轮 11 装上，装上弹簧垫圈 12，拧紧螺母 13。

图 9-26 是齿轮油泵的轴测图，供看图时参考。

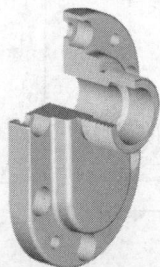

图9-25 齿轮油泵右端盖

图9-26 齿轮油泵轴测图

【例 9-2】看图 9-27 所示柱塞泵装配图。

序号	名　称	数量	材　料
22	凸轮	1	15Cr
21	垫圈	1	Q235
20	衬盖	1	HT200
19	键GB/T1096-2003-5×20	1	45
18	螺钉GB/T65-1985-M16×14	7	Q235
17	垫片	1	塑料纸
16	垫片	1	塑料纸
15	螺塞	2	Q235
14	球托	2	15Cr
13	球GB/T308-1989-Φ5	2	45
12	单向阀体	1	15Cr
11	柱塞	1	40Cr
10	轴	1	HT200
9	轴承 6202 GB/T276-1994	2	
8	泵体	1	HT200
7	泵盖	1	45
6	油塞GB/T1154-1989-B-1.5	1	Q235
5	弹簧1.6×12×60	1	60Si2Mn
4	弹簧1×4×20	2	60Si2Mn
3	调节紧	2	工业用橡胶
2	封油圈	2	
1			

柱塞泵

技术要求

1. 泵工作时,两阀更能一致一样,如不符合要求,可调整簧3。
2. 球13与阀体接触处应冷压一该痕,保证球定位和关启作用。

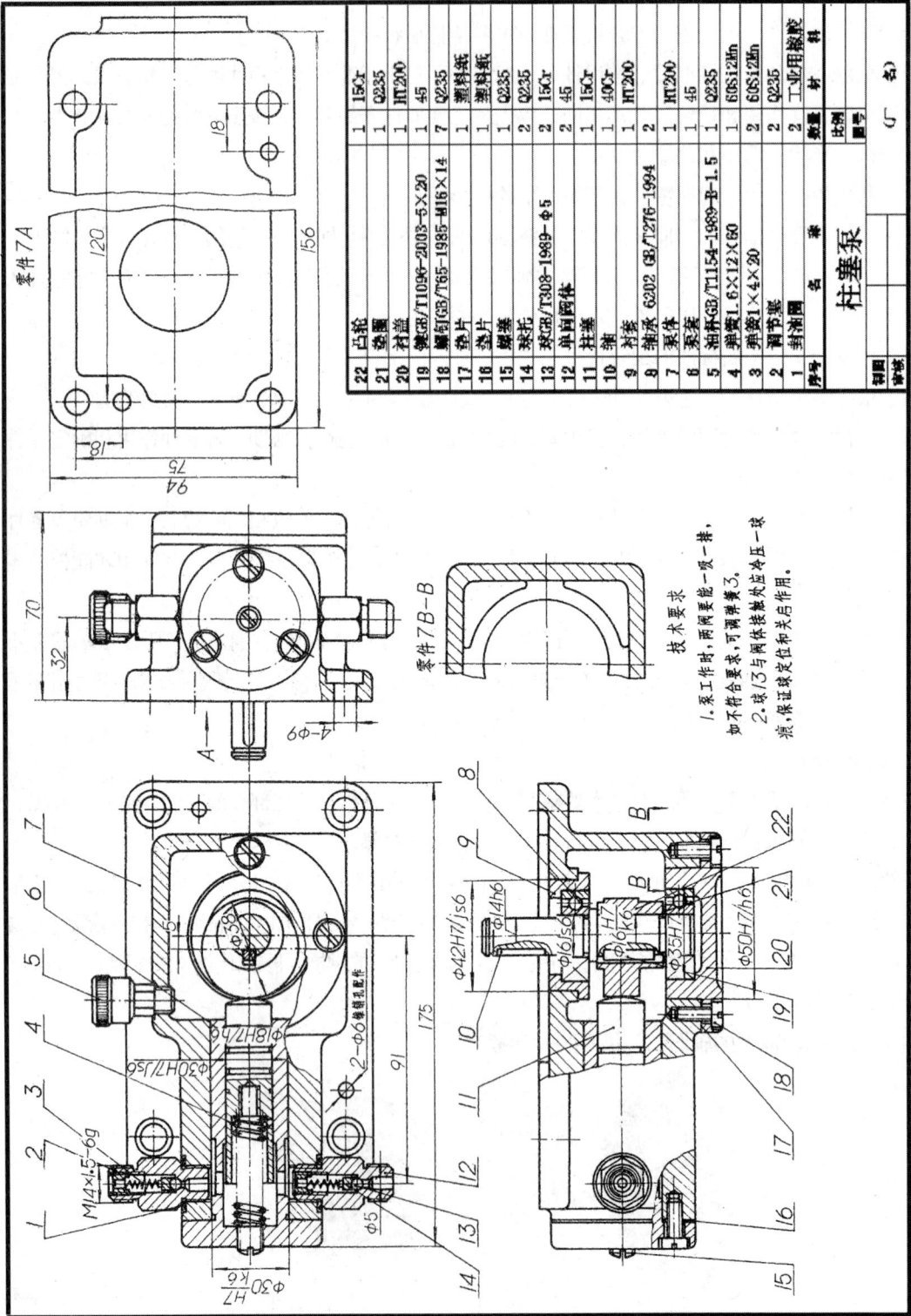

图9-27　柱塞泵装配图

看装配图的方法步骤如下。

1．概括了解

柱塞泵是润滑系统中的一个重要部件；看明细栏可知柱塞泵是由 22 种零件构成，其名称、材料和数量均在明细栏中注明，其中 5 种是标准件，其规格也已注明。

2．分析视图

了解视图数量：柱塞泵采用了 5 个视图。根据投影关系，明确各视图的表达内容：主视图通过柱塞轴线作局部剖，表达柱塞与泵套间的装配关系，柱塞与凸轮接触，进、出油阀的结构以及与泵体的连接关系，油杯与泵体的连接，未剖部分表达外形；俯视图采用两处局部剖：较大的剖切面通过凸轮轴线，可知凸轮与凸轮轴连接方式，亦可知凸轮轴、轴承、衬盖、衬套和泵体间的连接关系，左端较小的局部剖视，表达泵套与泵体的连接；左视图主要表达外形，其上局部剖表达安装孔；零件 7A 是装配图中单独表达某一零件的画法——泵体后视图，表达泵体安装结构和安装尺寸，因零件长度尺寸较大，采用简化画法；零件 7B—B 剖视，也是单独表达泵体的视图，局部剖表达泵体内部的局部结构。

3．分析工作原理

根据主、俯视图可知：运动从凸轮轴 10 输入，通过键 19 将回转运动传递给凸轮 22，凸轮与柱塞 11 接触，当凸轮 22 在图示位置转动时，其径向尺寸逐渐变小，柱塞 11 在弹簧 4 的推动下，在泵套 6 内向右直线运动；柱塞套 6 左端的内腔容积增大，形成负压，下方单向阀的钢球 16 被推开，油液进入。在凸轮轴继续转动另一个 180°的过程中，凸轮的径向尺寸由小变大，推动柱塞向左运动，弹簧被压缩，油腔容积变小，油液被挤压，使下方单向阀处于关闭位置，从而推开上方单向阀的钢球，将油液通过管路送到润滑系统。

螺塞 15 可以调节弹簧 4 的松紧。柱塞与凸轮的接触面是依靠油杯 5 润滑的。

4．分析各零件间的装配连接关系

柱塞与泵套的配合 ϕ18H7/h6 是基孔制最小间隙为 0 的间隙配合，保证柱塞在泵套内的往复运动；为降低加工成本，采用分组装配法装配而成，故柱塞与泵套是精密偶件，不具有互换性。泵套与泵体有两处配合：左端 ϕ30H7/k6 和右端 ϕ30H7/js6，均为基孔制过渡配合。查附表 19、附表 20 可知 ϕ30H7/k6 配合的最大过盈为 0.015，最大间隙为 0.019；ϕ30H7/js6 配合的最大过盈为 0.0065，最大间隙为 0.0275，可见左端配合较紧，右端配合较松，这样既便于装配，又可以保证密封。进、出油阀和油杯与泵体均采用螺纹连接。泵套、衬盖与泵体用螺钉连接。凸轮轴由滚动轴承支承，凸轮轴与凸轮采用键连接。

5．分析零件

根据[例 9-1]所述的方法，"剔出"柱塞泵上的标准件和简单的非标准件后，来看一个主要零件——柱塞泵的泵体 7，因为构成柱塞泵的其余 21 种零件都安装其上。可以根据三视图和"零件 7A"视图以及"零件 7B—B"局部剖视图了解零件 7 泵体的大致结构形状，再利用零件接触面基本相同的特点，根据零件 20 衬盖前端形状，想象出泵体前端盖处的结构；从主、左视图和"零件 7A"视图可知，泵体背板有 4 个安装用的螺栓孔 ϕ9 和两个定位销孔 ϕ6。其余零件可同样分析。

6. 归纳总结

在此基础上，还应对技术要求和图中所有尺寸进行分析，以进一步了解机器或部件的设计意图和装配工艺性。如凸轮轴的装配顺序为：凸轮轴＋键＋凸轮＋两端轴承＋衬套＋衬盖，而后由前向后一并装入泵体，再装上前端的 4 个螺钉。

任务七　由装配图拆画零件图

任务引出

这个任务为什么叫作"拆画零件图"？在设计一台新机器时，是先画零件图？还是先画装配图？

任务描述

在新机器设计过程中，是先画装配图，再根据装配图画出零件图，用于产品生产，拆画零件图是一项重要的工作。在第八模块中，已经对零件图的作用、要求和画法作了讨论，本任务仅对拆画零件图提出几项要求。

相关知识

一、根据装配图拆画零件图的要求

1. 看懂机器或部件的装配图

画图前必须认真阅读装配图，全面了解设计意图，弄清工作原理、装配关系、技术要求以及零件的结构形状。

2. 使零件图既符合设计要求也符合工艺要求

拆画零件图时，不但要从设计角度考虑零件的作用和要求，还要从工艺方面考虑零件的制造和装配。

二、根据装配图拆画零件图要注意的问题

1. 零件分类

按照对零件的要求，零件可分 3 类。

（1）标准件。标准件大多属于外购件，此类零件不需要画出零件图。

（2）特殊零件。特殊零件是设计时确定的重要零件，在设计说明书中附有这类零件的图样或重要数据，如车用自动变速器中液力变矩器的叶片、发动机的喷嘴。这类零件应按给出的图样或数据

绘制零件图。

（3）一般零件。这类零件是拆画零件图的主要对象。绘制时主要按照装配图上体现的形状、大小和有关技术要求画图。

2. 确定表达方案

（1）分离零件。分析要拆画的零件在机器或部件中的作用和结构，把需要拆画的零件从装配图的各个视图中分离出来（在读装配图任务中已详述）。

（2）补全零件结构形状。在装配图中，零件上的某些局部结构往往没有画出；标准的工艺结构，如倒角、圆角、退刀槽、砂轮越程槽等也未表达（装配图特殊画法规定可以不画），这些结构在拆画零件图时应补全。

（3）确定零件的表达方案。零件的表达方案是根据零件的结构形状特点考虑的，不强求与装配图一致。一般机器或部件的壳体、箱座类主要零件的主视图多与装配图一致。对于轴套类零件，一般主视图按加工位置——轴线水平放置选取。

3. 确定零件尺寸

零件图上需要注出零件制造、检验所需的全部尺寸，但装配图中仅有5类尺寸，所以应按下面介绍的方法确定零件的尺寸：

（1）装配图上已注出的尺寸，直接抄注在零件图上。

（2）装配图上注出配合代号的尺寸，某些相对位置尺寸要注出偏差数值。

（3）与标准件相连接或配合的有关尺寸，如螺纹的有关尺寸、销孔直径等，要从相应标准中查取。

（4）某些零件在明细栏中给出了尺寸，如垫片厚度等，要按给出的尺寸注写。

（5）根据装配图所给出的数据进行计算的尺寸，如齿轮的分度圆、齿顶圆直径等，要经过计算再注写。

（6）标准结构的尺寸，如倒角、沉孔、螺纹退刀槽、砂轮越程槽等，要从有关手册中查取。

（7）其他零件结构形状的大小已经过设计人员的考虑，虽未注尺寸，但基本上是合适的。因此，可以直接从图样上按比例量取注出，注意尺寸数字的圆整与取标准化数值。

4. 确定技术要求

零件的技术要求除在装配图上已标出的（如配合要求），可直接应用到零件图上外，其他的技术要求，如表面粗糙度、形位公差等，要根据零件的作用通过查表或参照同类产品确定。

三、拆画零件图举例

【例 9-3】拆画图 9-23 所示齿轮油泵的 7 号零件右端盖。

1. 看懂装配图

2. 分离零件

看懂装配图和分离零件这两个步骤在看装配图任务中已完成。

3. 确定零件的表达方案

按装配图主视图方向、位置画出右端盖的主视图，因其结构简单，只需主、左视图即可表达该零件。为表达主、从动轴孔及销孔，主视图采用两个相交的剖切平面 $A—A$ 全剖，左视图采用视图表达。

4. 标注尺寸

零件图中 3 个精度最高的尺寸：两个齿轮轴孔$\phi 16^{+0.016}_{0}$和轴孔中心距 28.76±0.016 都是装配图中注出的尺寸，直接抄注即可。右端密封用套筒的螺纹尺寸可根据装配图测得的直径，查阅标准确定螺纹尺寸。密封用套筒内孔$\phi 20$由装配图中按比例量得基本尺寸，再查阅相关设计手册，确定极限偏差数值。其余尺寸均由装配图中按比例测得注出。

5. 确定表面粗糙度与形位公差等技术要求

表面粗糙度、形位公差及热处理等技术要求可查阅相应设计手册或采用类比法确定。

图 9-28 所示即根据图 9-23 所示齿轮油泵装配图拆画的右端盖零件图。

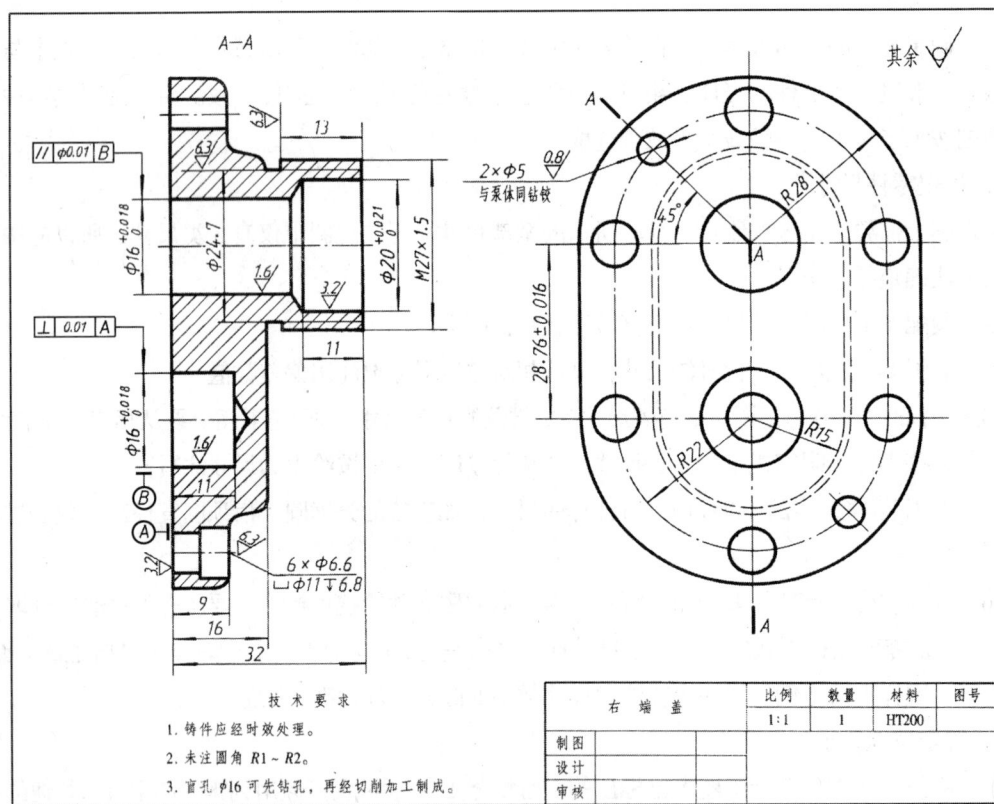

图9-28　齿轮油泵右端盖零件图

附　录

附录一　螺纹

附表1　普通螺纹直径与螺距（GB/T193—2003、GB/T196—2003）　　　　（mm）

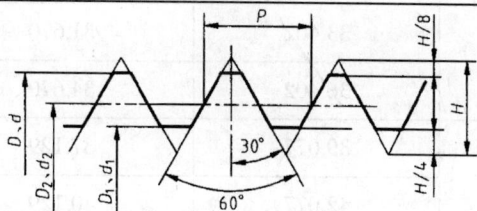

标记示例

公称直径 24mm，螺距 3mm、右旋粗牙普通螺纹，其标记为：M24

公称直径 24mm、螺距 1.5mm、左旋细牙普通螺纹，公差代号 7H，其标记为：M24×1.5LH

公称直径 D, d		螺距 P		粗牙螺纹中径 D_2, d_2	粗牙螺纹小径 D_1, d_1
第一系列	第二系列	粗牙	细牙		
3		0.5	0.35	2.675	2.459
	3.5	0.6		3.110	2.850
4		0.7		3.545	3.242
	4.5	0.75	0.5	4.013	3.688
5		0.8		4.480	4.134
6		1	0.75	5.350	4.917

续表

公称直径 D, d		螺距 P		粗牙螺纹中径 D_2, d_2	粗牙螺纹小径 D_1, d_1
第一系列	第二系列	粗牙	细牙		
8		1.25	1, 0.75	7.188	6.647
10		1.5	1.25, 1, 0.75	9.026	8.376
12		1.75	1.5, 1.25, 1	10.863	10.106
	14	2	1.5, 1	12.701	11.835
16		2	1.5, 1	14.701	13.835
	18	2.5	2, 1.5, 1	16.376	15.294
20		2		18.376	17.294
	22	2.5	2, 1.5, 1	20.376	19.294
24		3	2, 1.5, 1	22.051	20.752
	27	3	2, 1.5, 1	25.051	23.752
30		3.5	(3), 2, 1.5, 1	27.727	26.211
	33	3.5	(3), 2, 1.5	30.727	29.211
36		4	3, 2, 1.5	33.402	31.670
	39	4		36.402	34.670
42		4.5	4, 3, 2, 1.5	39.077	37.129
	45	4.5		42.077	40.129
48		5		44.752	42.587
	52	5		48.752	46.587
56		5.5	4, 3, 2, 1.5	52.428	50.046
	60	5.5		56.428	54.046
64		6		60.103	57.505
	68	6		64.103	61.505

注: 1. 公称直径优先选用第一系列, 第三系列未列出（尽可能不用）, 括号内的尽可能不用。

2. M14 × 1.25 仅用于火花塞。

附表2　　　　梯形螺纹直径与螺距系列（GB/T5796.3—2005）　　　　（mm）

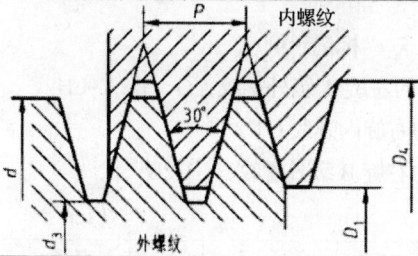

标记示例

公称直径28mm、螺距5mm、中径公差代号为7H的单线右旋梯形内螺纹，其标记为：Tr28×5 7H

公称直径28mm、导程10mm、螺距5mm、中径公差代号为8e的双线左旋梯形外螺纹，其标记为：Tr28×10 (P5) LH 8e

内外螺纹旋合所组成的螺纹副的标记为：Tr24×8 7H/8c

公称直径 d 第一系列	公称直径 d 第二系列	螺距 P	中径 $d_2=D_2$	大径 D_4	小径 d_3	小径 d_1
8		1.5	7.25	8.30	6.20	6.50
	9	1.5	8.25	9.30	7.20	7.50
	9	2	8.00	9.50	6.50	7.00
10		1.5	9.25	10.30	8.20	8.50
10		2	9.00	10.50	7.50	8.00
	11	2	10.00	11.50	8.50	9.00
	11	3	9.50	11.50	7.50	8.00
12		2	11.00	12.50	9.50	10.00
12		3	10.50	12.50	8.50	9.00
	14	2	13.00	14.50	11.50	12.00
	14	3	12.50	14.50	10.50	11.00
16		2	15.00	16.50	13.50	14.00
16		4	14.00	16.50	11.50	12.00
	18	2	17.00	18.50	15.50	16.00
	18	4	16.00	18.50	13.50	14.00
20		2	19.00	20.50	17.50	18.00
20		4	18.00	20.50	15.50	16.00
	22	3	20.50	22.50	18.50	19.00
	22	5	19.50	22.50	16.50	17.00
	22	8	18.00	23.00	13.00	14.00
24		3	22.50	24.50	20.50	21.00
24		5	21.50	24.50	18.50	19.00
24		8	20.00	25.00	15.50	16.00

公称直径 d 第一系列	公称直径 d 第二系列	螺距 P	中径 $d_2=D_2$	大径 D_4	小径 d_3	小径 D_1
	26	3	24.50	26.50	22.50	23.00
	26	5	23.50	26.50	20.50	21.00
	26	8	22.00	27.00	17.00	18.00
28		3	26.50	28.50	24.50	25.00
28		5	25.50	28.50	22.50	23.00
28		8	24.00	29.00	19.00	20.00
	30	3	28.50	30.50	26.50	27.00
	30	6	27.00	31.00	23.00	24.00
	30	10	25.00	31.00	19.00	20.00
32		3	30.50	32.50	28.50	29.00
32		6	29.00	33.00	25.00	26.00
32		10	27.00	33.00	21.00	22.00
	34	3	32.50	34.50	30.50	31.00
	34	6	31.00	35.00	27.00	28.00
	34	10	29.00	35.00	23.00	24.00
36		3	34.50	36.50	32.50	33.00
36		6	33.00	37.00	29.00	30.00
36		10	31.00	37.00	25.00	26.00
	38	3	36.50	38.50	34.50	35.00
	38	7	34.50	39.00	30.00	31.00
	38	10	33.00	39.00	27.00	28.00
40		3	38.50	40.50	36.50	37.00
40		7	36.50	41.00	32.50	33.00
40		10	35.00	41.00	29.00	30.00

注：螺纹公差带代号：外螺纹有9c、8c、8e、7e；内螺纹有9H、8H、7H。

附表3　　　　　　　55°非螺纹密封的管螺纹（GB/T7307—2001）

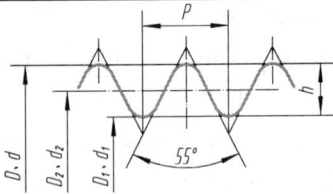

标记示例

尺寸代号 1 1/2 的左旋 A 级外螺纹：G 1 1/2A–LH

尺寸代号 1/2 的右旋内螺纹 G1/2

尺寸代号 1/2 的右旋 B 级外螺纹：G1/2B

（mm）

螺纹尺寸代号	每25.4mm内的牙数	螺距 P	基本直径		螺纹尺寸代号	每25.4mm内的牙数 11	螺距 P	基本直径	
			大径 d, D	小径 d_1, A_1				大径 d, D	小径 d_1, D_1
1/8	28	0.907	9.728	8.566	1		2.309	33.249	30.291
1/4	19	1.337	13.157	11.445	1 1/8		2.309	37.897	34.939
3/8		1.337	16.662	14.950	1 1/4		2.309	41.910	38.952
1/2	14	1.814	20.955	18.631	1 1/2		2.309	47.807	44.845
(5/8)		1.814	22.911	20.587	1 3/4		2.309	53.746	50.788
3/4		1.814	26.441	24.117	2		2.309	59.614	56.656
(7/8)		1.814	30.201	27.877	2 1/4		2.309	65.710	62.752

附表4　　　　　　　55°螺纹密封的管螺纹（GB/T7306—2000）

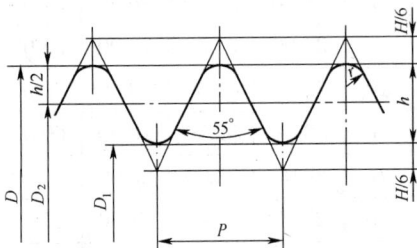

标记示例

尺寸代号 1/2 的左旋圆柱内螺纹：Rp 1/2LH

尺寸代号 1/2 的右旋圆锥外螺纹：R1/2

尺寸代号 1/2 的右旋圆锥内螺纹：Rc1/2

尺寸代号 1/2 的右旋圆锥内螺纹、圆锥外螺纹副：Rc/R1/2

尺寸代号 3/4 的右旋圆柱内螺纹、圆锥外螺纹副：Rp/R3/4

（mm）

尺寸代号	每25.4mm内所含的牙数 n	螺距 P/mm	牙高 h/mm	基准平面内的基本直径			基准距离（基本）/mm	外螺纹的有效螺纹不小于/mm
				大径（基准直径）$d=D$/mm	中径 $d_2=D_2$/mm	小径 $d_1=D_1$/mm		
1/16	28	0.907	0.581	7.723	7.142	6.561	4	6.5
1/8	28	0.907	0.581	9.728	9.147	8.566	4	6.5
1/4	19	1.337	0.856	13.157	12.301	11.445	6	9.7
3/8	19	1.337	0.856	16.662	15.806	14.950	6.4	10.1
1/2	14	1.814	1.162	20.955	19.793	18.631	8.2	13.2
3/4	14	1.814	1.162	26.441	25.279	24.117	9.5	14.5
1	11	2.309	1.479	33.249	31.770	30.291	10.4	16.8

附录二 标准件

附表 5　　六角头螺栓

六角头螺栓—A 和 B 级(摘自 GB/T 5782—2000)
六角头螺栓—细牙—A 和 B 级(摘自 GB/T 5785—2000)

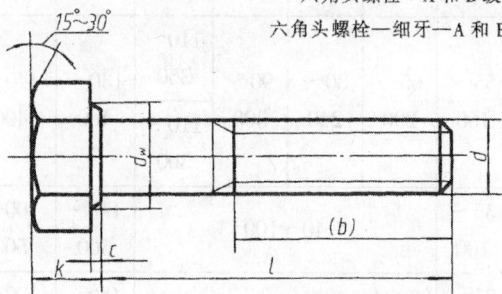

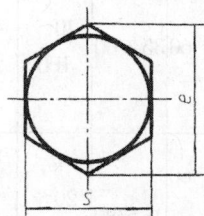

标记示例:

螺栓　GB/T 5782　M12 ×
100
(螺纹规格 d = M12、公称长
度 l = 100、性能等级为 8.8
级、表面氧化、杆身半螺纹、
A 级的六角头螺栓)

六角头螺栓—全螺纹—A 和 B 级(摘自 GB/T 5783—2000)
六角头螺栓—细牙—全螺纹—A 和 B 级(摘自 GB/T 5786—2000)

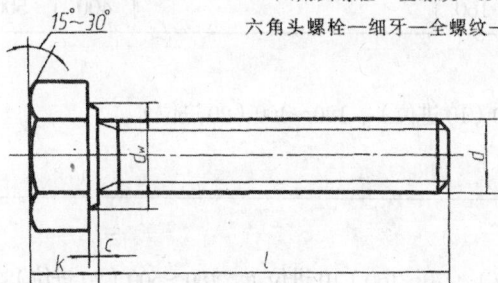

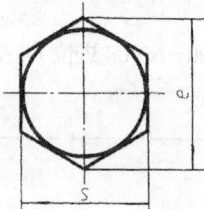

标记示例:

螺栓　GB/T 5786　M30 ×
2 × 80
(螺纹规格 d = M30 × 2、公称
长度 l = 80、性能等级为 8.8
级、表面氧化、全螺纹、B 级
的细牙六角头螺栓)

（mm）

螺纹规格	d	M4	M5	M6	M8	M10	M12	M16	M20	M24	M30	M36	M42	M48
	$D \times P$	—	—	—	M8×1	M10×1	M12×15	M16×15	M20×2	M24×2	M30×2	M36×3	M42×3	M48×3
$b_{参考}$	$l \leqslant 125$	14	16	18	22	26	30	38	46	54	66	78	—	—
	$125 < l \leqslant 200$	—	—	—	28	32	36	44	52	60	72	84	96	108
	$l > 200$	—	—	—	—	—	—	57	65	73	85	97	109	121
C_{max}		0.4	0.5		0.6				0.8				1	
$k_{公称}$		2.8	3.5	4	5.3	6.4	7.5	10	12.5	15	18.7	22.5	26.	30
$d_{s\,max}$		4	5	6	8	10	12	16	20	24	30	36	42	48

续表

螺纹规格		M4	M5	M6	M8	M10	M12	M16	M20	M24	M30	M36	M42	M48
	d	M4	M5	M6	M8	M10	M12	M16	M20	M24	M30	M36	M42	M48
	$D \times P$	—	—	—	M8×1	M10×1	M12×15	M16×15	M20×2	M24×2	M30×2	M36×3	M42×3	M48×3
s_{max}=公称		7	8	10	13	16	18	24	30	36	46	55	65	75
e_{min}	A	7.66	8.79	11.05	14.38	17.77	20.03	26.75	33.53	39.98	—	—	—	—
	B	—	8.63	10.89	14.2	17.59	19.85	26.17	32.95	39.55	50.85	60.79	72.02	82.6
$d_{w\,min}$	A	5.9	6.9	8.9	11.6	14.6	16.6	22.5	28.2	33.6	—	—	—	—
	B	—	6.7	8.7	11.4	14.4	16.4	22	27.7	33.2	42.7	51.1	60.6	69.4
$l_{范围}$	GB 5782	25~40	25~50	30~60	35~80	40~100	45~120	55~160	65~200	80~240	90~300	110~360	130~400	140~400
	GB 5785	25~40	25~50	30~60	35~80	40~100	45~120	55~160	65~200	80~240	90~300	110~300	130~400	140~400
	GB 5783	8~40	10~50	12~60	16~80	20~100	25~100	35~100	40~100	40~100	40~100	80~500	100~500	100~500
	GB 5786	—	—	—	16~80	20~100	25~120	35~160	40~200	40~200	40~200	90~400	100~500	100~500
$l_{系列}$	GB 5782 GB 5785	20~65（5进位）、70~160（10进位）、180~400（20进位）												
	GB 5783 GB 5786	6、8、10、12、16、18、20~65（5进位）、70~160（10进位）、180~500（20进位）												

注：1. P——螺距。末端按 GB/T 2—2000 规定。

　　2. 螺纹公差：6_g；机械性能等级：8.8。

　　3. 产品等级：A 级用于 $d \leqslant 24$ 和 $l \leqslant 10d$ 或 $\leqslant 150mm$（按较小值）；

　　　　　　　　B 级用于 $d > 24$ 和 $l > 10d$ 或 $> 150mm$（按较小值）。

附表6

六角头螺母

六角螺母C级（GB/T41—2000）、1型六角螺母（GB/T6170—2000）、六角薄螺母（GB/T6172.1—2000）

标 记 示 例

螺纹规格 D＝M12，性能等级为5级，不经表面处理，C级的1型六角螺母：

螺母　GB/T41　M12

(mm)

螺纹规格 D		M3	M4	M5	M6	M8	M10	M12	(M14)	M16	(M18)	M20	(M22)	M24	(M27)	M30	M36	M42	M48
e min	GB/T41	—	—	8.63	10.89	14.20	17.59	19.85	22.78	26.17	29.56	32.95	37.29	39.55	45.2	50.85	60.79	71.3	82.6
	GB/T6170	6.01	7.66	8.79	11.05	14.38	17.77	20.03	23.36	26.75	29.56	32.95	37.25	39.55	45.2	50.85	60.75	71.3	82.6
	GB/T6172.1																		
s		5.5	7	8	10	13	16	18	21	24	27	30	34	36	41	46	55	65	75
m max	GB/T6170	2.4	3.2	4.7	5.2	6.8	8.4	10.8	12.8	14.8	15.8	18	19.4	21.5	23.8	25.6	31	34	38
	GB/T6172	1.8	2.2	2.7	3.2	4	5	6	7	8	9	10	11	12	13.5	15	18	21	24
	GB/T41			5.6	6.4	7.9	9.5	12.2	13.9	15.9	16.9	19	20.2	22.3	24.7	26.4	31.5	34.9	38.9

注：1. 不带括号的为优先系列。
　　2. A级用于 D≤16 的螺母；B级用于 D>16 的螺母。

附表7　　　1型六角开槽螺母——A和B级（GB/T6178—1986）

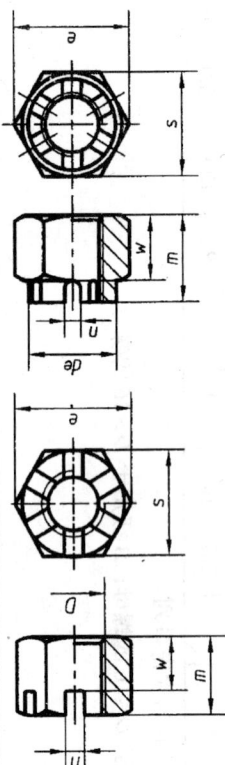

标　记　示　例

螺纹规格 D＝M5、性能等级为8级、不经表面处理、A级的1型六角开槽螺母：

螺母　GB/T6178—M5

(mm)

螺纹规格 D	M4	M5	M6	M8	M10	M12	(M14)	M16	M20	M24	M30
de									28	34	50
e	7.7	8.8	11	14	17.8	20	23	26.8	33	39.6	50.9
m	6.7	7.7	9.8	12.4	15.8	17.8	20.8	24	29.5	34.6	
n	1.2	1.4	2	2.5	2.8	3.5	3.5	4.5	5.5	7	
s	7	8	10	13	16	18	21	24	30	36	46
w	3.2	4.7	5.2	6.8	8.4	10.8	12.8	14.8	18	21.5	25.6
开口销	1×10	1.2×12	1.6×14	2×16	2.5×20	3.2×22	3.2×25	4×28	4×36	5×40	6.3×50

注：1. 尽可能不采用括号内的规格。2. A级用于 D≤16 的螺母；B级用于 D>16 的螺母。

附表 8

双头螺柱

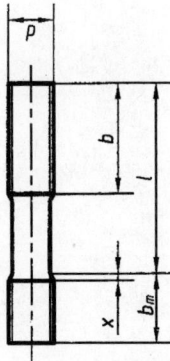

A 型

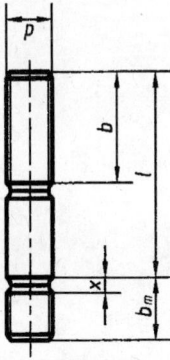

B 型

$b_m = 1d$（GB/T897－1988），$b_m = 1.25d$（GB/T898－1988），
$b_m = 1.5d$（GB/T899－1988），$b_m = 2d$（GB/T900－1988）

标 记 示 例

两端均为粗牙普通螺纹。螺纹规格 $d = M10$，公称长度 $l = 50$mm，性能等级为 4.8 级，不经表面处理，$b_m = 1d$，B 型的双头螺柱：

螺柱 GB/T897　M10×50

旋入机体一端为粗牙普通螺纹，旋入螺母一端的细牙普通螺距 $P = 1$mm 的细牙普通螺纹，$b_m = d$，螺纹规格 $d = M10$，公称长度 $l = 50$mm，性能等级为 4.8 级，不经表面处理，A 型，$b_m = 1d$ 的双头螺柱：

螺柱　GB/T897　AM10－M10×1×50

（mm）

螺纹规格 d	b_m				l/b
	GB/T897－1988	GB/T898－1988	GB/T899－1988	GB/T900－1988	
M5	5	6	8	10	$\dfrac{16\sim20}{10}$、$\dfrac{25\sim50}{16}$
M6	6	8	10	12	$\dfrac{20}{10}$、$\dfrac{25\sim30}{14}$、$\dfrac{35\sim70}{18}$
M8	8	10	12	16	$\dfrac{20}{12}$、$\dfrac{25\sim30}{16}$、$\dfrac{35\sim90}{22}$
M10	10	12	15	20	$\dfrac{25}{14}$、$\dfrac{30\sim35}{16}$、$\dfrac{40\sim120}{26}$、$\dfrac{130}{32}$

续表

螺纹规格 d	b_m				l/b
	GB/T897—1988	GB/T898—1988	GB/T899—1988	GB/T900—1988	
M12	12	15	18	24	$\frac{25\sim30}{16}$, $\frac{35\sim40}{20}$, $\frac{45\sim120}{30}$, $\frac{130\sim180}{36}$
M16	16	20	24	32	$\frac{30\sim35}{20}$, $\frac{40\sim55}{30}$, $\frac{60\sim0}{38}$, $\frac{130\sim200}{44}$
M20	20	25	30	40	$\frac{35\sim40}{25}$, $\frac{45\sim60}{35}$, $\frac{70\sim120}{46}$, $\frac{130\sim200}{52}$
M24	24	30	36	48	$\frac{45\sim50}{30}$, $\frac{60\sim75}{45}$, $\frac{80\sim120}{54}$, $\frac{130\sim200}{60}$
M30	30	38	45	60	$\frac{60\sim65}{40}$, $\frac{70\sim90}{50}$, $\frac{95\sim120}{66}$, $\frac{130\sim200}{72}$, $\frac{210\sim250}{85}$
M36	36	45	54	72	$\frac{65\sim75}{45}$, $\frac{80\sim110}{60}$, $\frac{120}{78}$, $\frac{130\sim200}{84}$, $\frac{210\sim300}{97}$
l 系列	16, 20, 25, 30, 35, 40, 45, 50, 55, 60, 65, 70, 75, 80, 85, 90, 95, 100, 110, 120, 130, 140, 150, 160, 170, 180, 190, 200, 210, 220, 230, 240, 250, 260, 280, 300				

附表 9 螺钉 （mm）

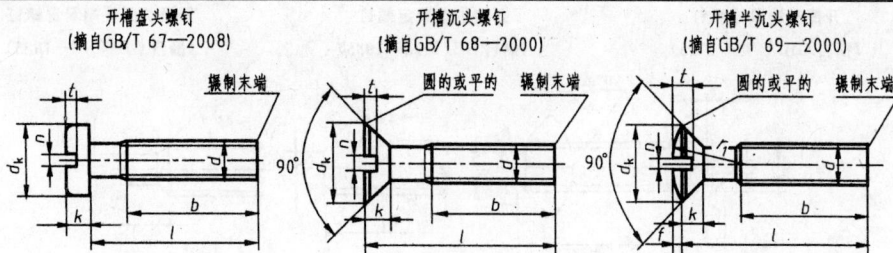

开槽盘头螺钉（摘自GB/T 67—2008）　开槽沉头螺钉（摘自GB/T 68—2000）　开槽半沉头螺钉（摘自GB/T 69—2000）

标记示例

螺纹规格 d = M5，公称长度 l = 20mm、性能等级为 4.8 级、不经过表面处理的 A 级开槽圆柱头螺钉，
其标记为：螺钉 GB/T 65 M5×20

螺纹规格 d		M1.6	M2	M2.5	M3	M4	M5	M6	M8	M10
GB/T 65—2000	d_k					7	8.5	10	13	16
	k					2.6	3.3	3.9	5	6
	t_{min}					1.1	1.3	1.6	2	2.4
	r_{min}					0.2	0.2	0.25	0.4	0.4
	l					5~40	6~50	8~60	10~80	12~80
	全螺纹时最大长度					40	40	40	40	40
GB/T 67—2008	d_k	3.2	4	5	5.6	8	9.5	12	16	20
	k	1	1.3	1.5	1.8	2.4	3	3.6	4.8	6
	t_{min}	0.35	0.5	0.6	0.7	1	1.2	1.4	1.9	2.4
	r_{min}	0.1	0.1	0.1	0.1	0.2	0.2	0.25	0.4	0.4
	l	2~16	2.5~20	3~25	4~30	5~40	6~50	8~60	10~80	12~80
	全螺纹时最大长度	30	30	30	30	40	40	40	40	40
GB/T 68—2000	d_k	3	3.8	4.7	5.5	8.4	9.3	11.3	15.8	18.5
	k	1	1.2	1.5	1.65	2.7	2.7	3.3	4.65	5
	t_{min}	0.32	0.4	0.5	0.6	1	1.1	1.2	1.8	2
	r_{min}	0.4	0.5	0.6	0.8	1	1.3	1.5	2	2.5
	l	2.5~16	3~20	4~25	5~30	6~40	8~50	8~60	10~80	12~80
	全螺纹时最大长度	30	30	30	30	45	45	45	45	45
n		0.4	0.5	0.6	0.8	1.2	1.2	1.6	2	2.5
b_{min}		25					38			
l 系列		2, 2.5, 3, 4, 5, 6, 8, 10, 12, 16, 20, 25, 30, 35, 40, 45, 50, 60, 70, 80								

附表 10　　　　　　　　　　　　　　　　　开槽紧定螺钉　　　　　　　　　　　　　　　　（mm）

开槽锥端紧定螺钉	开槽平端紧定螺钉	开槽长圆柱端紧定螺钉
（摘自 GB/T 71—1985）	（摘自 GB/T 73—1985）	（摘自 GB/T 75—1985）

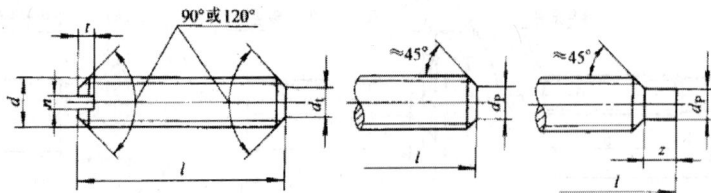

标记示例：

螺纹规格 d＝M5　　　　　　螺纹规格 d＝M5　　　　　　螺纹规格 d＝M5

公称长度 l＝12mm　　　　　公称长度 l＝12mm　　　　　公称长度 l＝12mm

性能等级为 14H 级　　　　　性能等级为 14H 级　　　　　性能等级为 14H 级

螺钉 GB/T 71　M5×12　　　螺钉 GB/T 73　M5×12　　　螺钉 GB/T 75　M5×12

螺纹规格 d		M1.6	M2	M2.5	M3	M4	M5	M6	M8	M10	M12
P（螺距）		0.35	0.4	0.45	0.5	0.7	0.8	1	1.25	1.5	1.75
n		0.25	0.25	0.4	0.4	0.6	0.8	1	1.2	1.6	2
t		0.74	0.84	0.95	1.05	1.42	1.63	2	2.5	3	3.6
d_1		0.16	0.2	0.25	0.3	0.4	0.5	1.5	2.	2.5	3
d_p		0.8	1	1.5	2	2.5	3.5	4	5.5	7	8.5
z		1.05	1.25	1.25	1.75	2.25	2.75	3.25	4.3	5.3	6.3
l	GB/T 71—1985	2～8	3～10	3～12	4～16	6～20	8～25	8～30	10～40	12～50	14～60
	GB/T 73—1985	2～8	2～10	2.5～12	3～16	4～20	5～25	6～30	8～40	10～50	12～60
	GB/T 75—1985	2.5～8	3～10	4～12	5～16	6～20	8～25	8～30	10～40	12～50	14～60
l（系列）		2、2.5、3、4、5、6、8、10、12、（14）、16、20、25、30、35、40、45、50、（55）、60									

注：括号内规格尽可能不采用。

附表 11　　　　　　　　　　　　　　　　　平垫圈

平垫圈—A级（GB/T97.1—2002）、平垫圈倒角型—A级（GB/T97.2—2002）

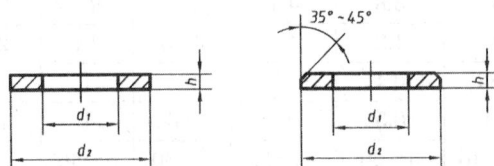

标 记 示 例

标准系列、公称尺寸 d＝8mm、性能等级为 140HV 级、不经表面处理的平垫圈：

垫圈　GB/T97.1　8—140HV

（mm）

规格(螺纹直径)	2	2.5	3	4	5	6	8	10	12	14	16	20	24	30
内径 d_1	2.2	2.7	3.2	4.3	5.3	6.4	8.4	10.5	13	15	17	21	25	31
内径 d_2	5	6	7	9	10	12	16	20	24	28	30	37	44	56
厚度 h	0.3	0.5	0.8	1	1.6	1.6	2	2.5	2.5	3	3	4	4	

弹簧垫圈

附表 12　　标准型弹簧垫圈（GB/T93—1987）、轻型弹簧垫圈（GB/T859—1987）

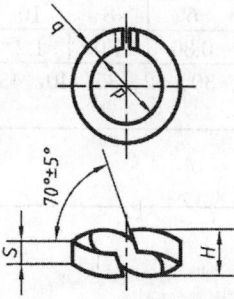

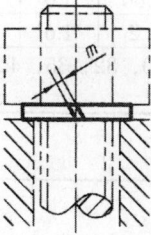

标　记　示　例

公称直径 16mm，材料为 65Mn，表面氧化的标准型弹簧垫圈：
垫圈　GB/T93 16

（mm）

规格(螺纹直径)		2	2.5	3	4	5	6	8	10	12	16	20	24	30	36	42	48
d		2.1	2.6	3.1	4.1	5.1	6.2	8.2	10.2	12.3	16.3	20.5	24.5	30.5	36.6	42.6	49
H	GB/T93—1987	1.2	1.6	2	2.4	3.2	4	5	6	7	8	10	12	13	14	16	18
	GB/T859—1987	1	1.2	1.6	1.6	2	2.4	3.2	4	5	6.4	8	9.6	12			
$S(b)$	GB/T93—1987	0.6	0.8	1	1.2	1.6	2	2.5	3	3.5	4	5	6	6.5	7	8	9
S	GB/T859—1987	0.5	0.6	0.8	0.8	1	1.2	1.6	2	2.5	3.2	4	4.8	6			
$m\leqslant$	GB/T93—1987	0.3	0.4	0.5	0.6	0.8	1	1.2	1.5	1.7	2	2.5	3	3.2	3.5	4	4.5
	GB/T859—1987		0.3	0.4	0.4	0.5	0.6	0.8	1	1.2	1.6	2	2.4	3			
b	GB/T859—1987		0.8	1	1.2	1.2	1.6	2	2.5	3.5	4.5	5.5	6.5	8			

附表 13　　　圆柱销（不淬硬钢和奥氏体不锈钢）（GB/T 119.1—2000）

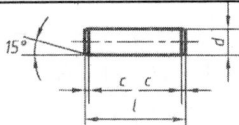

标 记 示 例

公称直径 $d = 8$mm、公差为 6 m、长度 $l = 30$mm、材料 35 钢、不经淬火、不经表面处理的圆柱销：

销　GB/T119.1—2000　　86m×30

（mm）

d	1	1.2	1.5	2	2.5	3	4	5	6	8	10	12
$a\approx$	0.12	0.16	0.20	0.25	0.30	0.40	0.50	0.63	0.80	1.0	1.2	1.6
$c\approx$	0.20	0.25	0.30	0.35	0.40	0.50	0.63	0.80	1.2	1.6	2	2.5
l 系列	2, 3, 4, 5, 6, 8, 10, 12, 14, 16, 18, 20, 22, 24, 26, 28, 30, 32, 35, 40, 45, 50, 55, 60, 65, 70, 75, 80, 85, 90											

附表 14　　　　　　　　圆锥销（GB/T 117—2000）

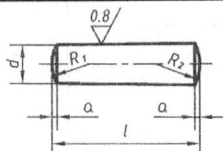　　　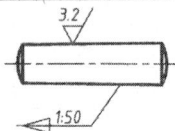

$$R_1 = d$$
$$R_2 = \frac{u}{2} + d + \frac{(0.021)^2}{8a}$$

A 型（磨削）　　　B 型（切削或冷墩）

标 记 示 例

公称直径 $d = 10$mm、长度 $l = 60$mm、材料 35 钢、热处理硬度 28 ～ 38HRC、表面氧化处理的 A 型圆锥销：

销　GB/T117—2000　　10×60

（mm）

d	1	1.2	1.5	2	2.5	3	4	5	6	8	10	12
$a\approx$	0.12	0.16	0.20	0.25	0.30	0.40	0.50	0.63	0.80	1.0	1.2	1.6
l 系列	2, 3, 4, 5, 6, 8, 10, 12, 14, 16, 18, 20, 22, 24, 26, 28, 30, 32, 35, 40, 45, 50, 55, 60, 65, 70, 75, 80, 85, 90											

附表 15　　　　　　　　开口销（GB/T 91—2000）

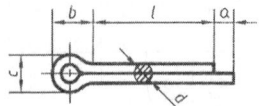

标 记 示 例

公称直径 $d = 5$mm、长度 $l = 50$mm、材料为 Q215 或 Q235、不经表面处理的开口销：

销　GB/T91—2000　　5×50

（mm）

d	公称	1	1.2	1.6	2	2.5	3.2	4	5	6.3	8	10	12
	max	0.7	0.9	1	1.8	2.3	2.9	3.7	4.6	5.9	7.5	9.5	11.4
	min	0.6	0.8	0.9	1.7	2.1	2.7	3.5	4	5.7	7.3	9.3	11.1
c	max	1.8	2	2.8	3.6	4.6	5.8	7.4	9.2	11.8	15	19	24.8
	min	1.6	1.7	2.4	3.2	4	5.1	6.5	8	10.3	13.1	16.6	21.7
$b\approx$		3	3	3.2	4	5	6.4	8	10	12.6	16	20	26
a max		1.6	2.5				3.2		4			6.3	
l 系列		2, 3, 4, 5, 6, 8, 10, 12, 14, 16, 18, 20, 22, 24, 26, 28, 30, 32, 35, 40, 45, 50, 55, 60, 65, 70, 75, 80, 85, 90											

注：销孔的公称直径等于 d 公称，$d_{min}\leqslant$ 销的直径 $\leqslant d_{max}$。

附表16　键和键槽的断面尺寸（GB/T1095—2003）、普通平键的型式尺寸（GB/T 1096—2003）

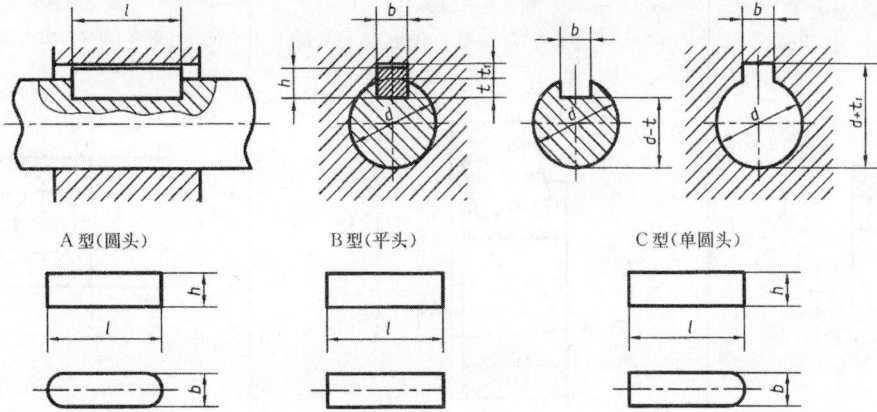

A型(圆头)　　　　B型(平头)　　　　　C型(单圆头)

标 记 示 例

圆头普通平键(A型)　$b=16$mm、$h=10$mm、$L=100$mm：

键 GB/T1096－2003　16×100

(mm)

轴径	键		键槽				
			宽度			深度	
d	b	h	b	一般键连接偏差		轴 t	毂 t_1
				轴 n9	毂 JS9		
自6~8	2	2	2	−0.004 −0.029	±0.0125	1.2	1
>8~10	3	3	3			1.8	1.4
>10~12	4	4	4	0 −0.030	±0.018	2.5	1.8
>12~17	5	5	5			3.0	2.3
>17~22	6	6	6			3.5	2.8
<22~30	8	7	8	0 −0.036	±0.018	4.0	3.3
>30~38	10	8	10			5.0	3.3
>38~44	12	8	12	0 −0.043	±0.0215	5.0	3.3
>44~50	14	9	14			5.5	3.3
>50~58	16	10	16			6.0	4.3
>58~65	18	11	18			7.0	4.4
>65~75	20	12	20	0 −0.052	±0.026	7.5	4.9
>75~85	22	14	22			9.0	5.4
>85~95	25	14	25			9.0	5.4
>95~110	28	16	28			10.0	6.4
>110~130	32	18	32	0 −0.062	±0.031	11.0	7.4
>130~150	36	20	36			12.0	8.4
>150~170	40	22	40			13.0	9.4
>170~200	45	25	45			15.0	10.4
l系列	6, 8, 10, 12, 16, 18, 20, 22, 25, 28, 32, 36, 40, 45, 50, 56, 63, 70, 80, 90, 100, 110, 125, 140, 160, 180, 200, 220, 250, 280, 320, 360, 400, 450						

附表17　　　　　　　　　　　　滚动轴承

深沟球轴承	圆锥滚子轴承	推力球轴承
（摘自 GB/T 276—1994）	（摘自 GB/T 297—1994）	（摘自 GB/T 301—1995）

标记示例：
滚动轴承　6310　GB/T　276—1994

标记示例：
滚动轴承　30212　GB/T　297—1994

标记示例：
滚动轴承　51305　GB/T　301—1995

轴承型号	尺寸/mm		
	d	D	B
尺寸系列〔(0)2〕			
6202	15	35	11
6203	17	40	12
6204	20	47	14
6205	25	52	15
6206	30	62	16
6207	35	72	17
6208	40	80	18
6209	45	85	19
6210	50	90	20
6211	55	100	21
6212	60	110	22
尺寸系列〔(0)3〕			
6302	15	42	13
6303	17	47	14
6304	20	52	15
6305	25	62	17
6306	30	72	19
6307	35	80	21
6308	40	90	23
6309	45	100	25
6310	50	110	27
6311	55	120	29
6312	60	130	31

轴承型号	尺寸/mm				
	d	D	B	C	T
尺寸系列〔02〕					
30203	17	40	12	11	13.25
30204	20	47	14	12	15.25
30205	25	52	15	13	16.25
30206	30	62	16	14	17.25
30207	35	72	17	15	18.25
30208	40	80	18	16	19.75
30209	45	85	19	16	20.75
30210	50	90	20	17	21.75
30211	55	100	21	18	22.75
30212	60	110	22	19	23.75
30213	65	120	23	20	24.75
尺寸系列〔03〕					
30302	15	42	13	11	14.25
30303	17	47	14	12	15.25
30304	20	52	15	13	16.25
30305	25	62	17	15	18.25
30306	30	72	19	16	20.75
30307	35	80	21	18	22.75
30308	40	90	23	20	25.25
30309	45	100	25	22	27.25
30310	50	110	27	23	29.25
30311	55	120	29	25	31.50
30312	60	130	31	26	33.50

轴承型号	尺寸/mm			
	d	D	T	d_1
尺寸系列〔12〕				
51202	15	32	12	17
51203	17	35	12	19
51204	20	40	14	22
51205	25	47	15	27
51206	30	52	16	32
51207	35	62	18	37
51208	40	68	19	42
51209	45	73	20	47
51210	50	78	22	52
51211	55	90	25	57
51212	60	95	26	62
尺寸系列〔13〕				
51304	20	47	18	22
51305	25	52	18	27
51306	30	60	21	32
51307	35	68	24	37
51308	40	78	26	42
51309	45	85	28	47
51310	50	95	31	52
51311	55	105	35	57
51312	60	110	35	62
51313	65	115	36	67
51314	70	125	40	72

注：圆括号中的尺寸系列代号在轴承代号中省略。

附录三 极限与配合

附表 18　　标准公差数值（GB/T1800.4—1999）

基本尺寸/mm		标准公差等级																
大于	至	1T1	1T2	1T3	1T4	1T5	1T6	1T7	1T8	1T9	1T10	1T11	1T12	1T13	1T14	1T15	1T16	1T17	1T18
		μm											mm						
—	3	0.8	1.2	2	3	4	6	10	14	25	40	60	0.1	0.14	0.25	0.4	0.6	1	1.4
3	6	1	1.5	2.5	4	5	8	12	18	30	48	75	0.12	0.18	0.3	0.48	0.75	1.2	1.8
6	10	1	1.5	2.5	4	6	9	15	22	36	58	90	0.15	0.22	0.36	0.58	0.9	1.5	2.2
10	18	1.2	2	3	5	8	11	18	27	43	70	110	0.18	0.27	0.43	0.7	1.1	1.8	2.7
18	30	1.5	2.5	4	6	9	13	21	33	52	84	130	0.21	0.33	0.52	0.84	1.3	2.1	3.3
30	50	1.5	2.5	4	7	11	16	25	39	62	100	160	0.25	0.39	0.62	1	1.6	2.5	3.9
50	80	2	3	5	8	13	19	30	46	74	120	190	0.3	0.46	0.74	1.2	1.9	3	4.6
80	120	2.5	4	6	10	15	22	35	54	87	140	220	0.35	0.54	0.87	1.4	2.2	3.5	5.4
120	180	3.5	5	8	12	18	25	40	63	100	160	250	0.4	0.63	1	1.6	2.5	4	6.3
180	250	4.5	7	10	14	20	29	46	72	115	185	290	0.46	0.72	1.15	1.85	2.9	4.6	7.2
250	315	6	8	12	16	23	32	52	81	130	210	320	0.52	0.81	1.3	2.1	3.2	5.2	8.1
315	400	7	9	13	18	25	36	57	89	140	230	360	0.57	0.89	1.4	2.3	3.6	5.7	8.9
400	500	8	10	15	20	27	40	63	97	155	250	400	0.63	0.97	1.55	0.25	4	6.3	9.7
500	630	9	11	16	22	32	44	70	110	175	280	440	0.7	1.1	1.75	2.8	4.4	7	11
630	800	10	13	18	25	36	50	80	125	200	320	500	0.8	1.25	2	3.2	5	8	12.5
800	1000	11	15	21	28	40	56	90	140	230	360	560	0.9	1.4	2.3	3.6	5.6	9	14
1000	1250	13	18	25	33	47	66	105	165	260	420	660	1.05	1.65	2.6	4.2	6.6	10.5	16.5
1250	1600	15	21	29	39	55	78	125	195	310	500	780	1.25	1.95	3.1	5	7.8	12.5	19.5
1600	2000	18	25	35	46	65	92	150	230	370	600	920	1.5	2.3	3.7	6	9.2	15	23
2000	2500	22	30	41	55	78	110	175	280	440	700	1100	1.75	2.8	4.4	7	11	17.5	28
2500	3150	26	36	50	68	96	135	210	330	540	860	1350	2.1	3.3	5.4	8.6	13.5	21	33

附表19　轴的常用及优先选用公差带极限偏差（GB/T1800.4—1999）　　　　　　（μm）

常用及优先选用公差带（带圈者为优先公差带）

基本尺寸/mm		a	b		c			d				e		
大于	至	11	11	12	9	10	⑪	8	⑨	10	11	7	8	9
—	3	−270 −330	−140 −200	−140 −240	−60 −85	−60 −100	−60 −120	−20 −34	−20 −45	−20 −60	−20 −80	−14 −24	−14 −28	−14 −39
3	6	−270 −345	−140 −215	−140 −260	−70 −100	−70 −118	−70 −145	−30 −48	−30 −60	−30 −78	−30 −105	−20 −32	−20 −38	−20 −50
6	10	−280 −370	−150 −240	−150 −300	−80 −116	−80 −138	−80 −170	−40 −62	−40 −76	−40 −98	−40 −130	−25 −40	−25 −47	−25 −61
10	14	−290 −400	−150 −260	−150 −330	−95 −138	−95 −165	−95 −205	−50 −77	−50 −93	−50 −120	−50 −160	−32 −50	−32 −59	−32 −75
14	18	−290 −400	−150 −260	−150 −330	−95 −138	−95 −165	−95 −205	−50 −77	−50 −93	−50 −120	−50 −160	−32 −50	−32 −59	−32 −75
18	24	−300 −430	−160 −290	−160 −370	−110 −162	−110 −194	−110 −240	−65 −98	−65 −117	−65 −149	−65 −195	−40 −61	−40 −73	−40 −92
24	30	−300 −430	−160 −290	−160 −370	−110 −162	−110 −194	−110 −240	−65 −98	−65 −117	−65 −149	−65 −195	−40 −61	−40 −73	−40 −92
30	40	−310 −470	−170 −330	−170 −420	−120 −182	−120 −220	−120 −280	−80 −119	−80 −142	−80 −180	−80 −240	−50 −75	−50 −89	−50 −112
40	50	−320 −480	−180 −340	−180 −430	−130 −192	−130 −230	−130 −290	−80 −119	−80 −142	−80 −180	−80 −240	−50 −75	−50 −89	−50 −112
50	65	−340 −530	−190 −380	−190 −490	−140 −214	−140 −260	−140 −330	−100 −146	−100 −174	−100 −220	−100 −290	−60 −90	−60 −106	−60 −134
65	80	−360 −550	−200 −390	−200 −500	−150 −224	−150 −270	−150 −340	−100 −146	−100 −174	−100 −220	−100 −290	−60 −90	−60 −106	−60 −134
80	100	−380 −600	−220 −440	−220 −570	−170 −257	−170 −310	−170 −390	−120 −174	−120 −207	−120 −260	−120 −340	−72 −107	−72 −126	−72 −159
100	120	−410 −630	−240 −460	−240 −590	−180 −267	−180 −320	−180 −400	−120 −174	−120 −207	−120 −260	−120 −340	−72 −107	−72 −126	−72 −159
120	140	−460 −710	−260 −510	−260 −660	−200 −300	−200 −360	−200 −450	−145 −208	−145 −245	−145 −305	−145 −395	−85 −125	−85 −148	−85 −185

续附表 19

基本尺寸/mm		常用及优先公差带（带圈者为优先公差带）												
		a	b		c			d				e		
大于	至	11	11	12	9	10	⑪	8	⑨	10	11	7	8	9
140	160	-520 -770	-280 -530	-280 -680	-210 -310	-210 -370	-210 -460							
160	180	-580 -830	-310 -560	-310 -710	-230 -330	-230 -390	-230 -480							
180	200	-660 -950	-340 -630	-340 -800	-240 -355	-240 -425	-240 -530	-170 -242	-170 -285	-170 -355	-170 -460	-100 -146	-100 -172	-100 -215
200	225	-740 -1030	-380 -670	-380 -840	-260 -375	-260 -445	-260 -550							
225	250	-820 -1110	-420 -710	-420 -880	-280 -395	-280 -465	-280 -570							
250	280	-920 -1240	-480 -800	-480 -1000	-300 -430	-300 -510	-300 -620	-190 -271	-190 -320	-190 -400	-190 -510	-110 -162	-110 -191	-110 -240
280	315	-1050 -1370	-540 -860	-540 -1060	-330 -460	-330 -540	-330 -650							
315	355	-1200 -1560	-600 -960	-600 -1170	-360 -500	-360 -590	-360 -720	-210 -299	-210 -350	-210 -440	-210 -570	-125 -182	-125 -214	-125 -265
355	400	1350 -1710	-680 -1040	-680 -1250	-400 -540	-400 -630	-400 -760							
400	450	-1500 -1900	-760 -1160	-760 -1390	-440 -590	-440 -690	-440 -840	-230 -327	-230 -385	-230 -480	-230 -630	-135 -198	-135 -232	-135 -290
450	500	-1650 -2050	-840 -1240	-840 -1470	-480 -635	-480 -730	-480 -880							

注：基本尺寸小于 1mm 时，各级的 a 和 b 均不采用。

续附表19

常用及优先公差带（带圈者为优先公差带）

	f					g			h							
	5	6	⑦	8	9	5	⑥	7	5	⑥	⑦	8	⑨	10	⑪	12
	−6 / −10	−6 / −12	−6 / −16	−6 / −20	−6 / −31	−2 / −6	−2 / −8	−2 / −12	0 / −4	0 / −6	0 / −10	0 / −14	0 / −25	0 / −40	0 / −60	0 / −100
	−10 / −15	−10 / −18	−10 / −22	−10 / −28	−10 / −40	−4 / −9	−4 / −12	−4 / −16	0 / −5	0 / −8	0 / −12	0 / −18	0 / −30	0 / −48	0 / −75	0 / −120
	−13 / −19	−13 / −22	−13 / −28	−13 / −35	−13 / −49	−5 / −11	−5 / −14	−5 / −20	0 / −6	0 / −9	0 / −15	0 / −22	0 / −36	0 / −58	0 / −90	0 / −150
	−16 / −24	−16 / −27	−16 / −34	−16 / −43	−16 / −59	−6 / −14	−6 / −17	−6 / −24	0 / −8	0 / −11	0 / −18	0 / −27	0 / −43	0 / −70	0 / −110	0 / −180
	−20 / −29	−20 / −33	−20 / −41	−20 / −53	−20 / −72	−7 / −16	−7 / −20	−7 / −28	0 / −9	0 / −13	0 / −21	0 / −33	0 / −52	0 / −84	0 / −130	0 / −210
	−25 / −36	−25 / −41	−25 / −50	−25 / −64	−25 / −87	−9 / −20	−9 / −25	−9 / −34	0 / −11	0 / −16	0 / −25	0 / −39	0 / −62	0 / −100	0 / −160	0 / −250
	−30 / −43	−30 / −49	−30 / −60	−30 / −76	−30 / −104	−10 / −23	−10 / −29	−10 / −40	0 / −13	0 / −19	0 / −30	0 / −46	0 / −74	0 / −120	0 / −190	0 / −300
	−36 / −51	−36 / −58	−36 / −71	−36 / −90	−36 / −123	−12 / −27	−12 / −34	−12 / −47	0 / −15	0 / −22	0 / −35	0 / −54	0 / −87	0 / −140	0 / −220	0 / −350
	−43 / −61	−43 / −68	−43 / −83	−43 / −106	−43 / −143	−14 / −32	−14 / −39	−14 / −54	0 / −18	0 / −25	0 / −40	0 / −63	0 / −100	0 / −160	0 / −250	0 / −400
	−50 / −70	−50 / −79	−50 / −96	−50 / −122	−50 / −165	−15 / −35	−15 / −44	−15 / −61	0 / −20	0 / −29	0 / −46	0 / −72	0 / −115	0 / −185	0 / −290	0 / −460
	−56 / −79	−56 / −88	−56 / −108	−56 / −137	−56 / −186	−17 / −40	−17 / −49	−17 / −69	0 / −23	0 / −32	0 / −52	0 / −81	0 / −130	0 / −210	0 / −320	0 / −520
	−62 / −87	−62 / −98	−62 / −119	−62 / −151	−62 / −202	−18 / −43	−18 / −54	−18 / −75	0 / −25	0 / −36	0 / −57	0 / −89	0 / −140	0 / −230	0 / −360	0 / −570
	−68 / −95	−68 / −108	−68 / −131	−68 / −165	−68 / −223	−20 / −47	−20 / −60	−20 / −83	0 / −27	0 / −40	0 / −63	0 / −97	0 / −155	0 / −250	0 / −400	0 / −630

续附表 19

常用及优先公差带（带圈者为优先公差带）

基本尺寸/mm		js 5	js 6	js 7	k 5	k ⑥	k 7	m 5	m 6	m 7	n 5	n ⑥	n 7	p ⑥	p 7	r 5
大于	至															
—	3	±2	±3	±5	+4 / 0	+6 / 0	+10 / 0	+6 / +2	+8 / +2	+12 / +2	+8 / +4	+10 / +4	+14 / +4	+12 / +6	+16 / +6	+14 / +10
3	6	±2.5	±4	±6	+6 / +1	+9 / +1	+13 / +1	+9 / +4	+12 / +4	+16 / +4	+13 / +8	+16 / +8	+20 / +8	+20 / +12	+24 / +12	+20 / +15
6	10	±3	±4.5	±7	+7 / +1	+10 / +1	+16 / +1	+12 / +6	+15 / +6	+21 / +6	+16 / +10	+19 / +10	+25 / +10	+24 / +15	+30 / +15	+25 / +19
10	14	±4	±5.5	±9	+9 / +1	+12 / +1	+19 / +1	+15 / +7	+18 / +7	+25 / +7	+20 / +12	+23 / +12	+30 / +12	+29 / +18	+36 / +18	+31 / +23
14	18	±4	±5.5	±9	+9 / +1	+12 / +1	+19 / +1	+15 / +7	+18 / +7	+25 / +7	+20 / +12	+23 / +12	+30 / +12	+29 / +18	+36 / +18	+31 / +23
18	24	±4.5	±6.5	±10	+11 / +2	+15 / +2	+23 / +2	+17 / +8	+21 / +8	+29 / +8	+24 / +15	+28 / +15	+36 / +15	+35 / +22	+43 / +22	+37 / +28
24	30	±4.5	±6.5	±10	+11 / +2	+15 / +2	+23 / +2	+17 / +8	+21 / +8	+29 / +8	+24 / +15	+28 / +15	+36 / +15	+35 / +22	+43 / +22	+37 / +28
30	40	±5.5	±8	±12	+13 / +2	+18 / +2	+27 / +2	+20 / +9	+25 / +9	+34 / +9	+28 / +17	+33 / +17	+42 / +17	+42 / +26	+51 / +26	+45 / +34
40	50	±5.5	±8	±12	+13 / +2	+18 / +2	+27 / +2	+20 / +9	+25 / +9	+34 / +9	+28 / +17	+33 / +17	+42 / +17	+42 / +26	+51 / +26	+45 / +34
50	65	±6.5	±9.5	±15	+15 / +2	+21 / +2	+32 / +2	+24 / +11	+30 / +11	+41 / +11	+33 / +20	+39 / +20	+50 / +20	+51 / +32	+62 / +32	+54 / +41
65	80	±6.5	±9.5	±15	+15 / +2	+21 / +2	+32 / +2	+24 / +11	+30 / +11	+41 / +11	+33 / +20	+39 / +20	+50 / +20	+51 / +32	+62 / +32	+56 / +43
80	100	±7.5	±11	±17	+18 / +3	+25 / +3	+38 / +3	+28 / +13	+35 / +13	+48 / +13	+38 / +23	+45 / +23	+58 / +23	+59 / +37	+72 / +37	+66 / +51
100	120	±7.5	±11	±17	+18 / +3	+25 / +3	+38 / +3	+28 / +13	+35 / +13	+48 / +13	+38 / +23	+45 / +23	+58 / +23	+59 / +37	+72 / +37	+69 / +54

续附表 19

常用及优先公差带（带圈者为优先公差带）

基本尺寸/mm		js			k			m			n			p			r
大于	至	5	6	7	5	6⃝	7	5	6	7	5	6⃝	7	5	6⃝	7	5
120	140	±9	±12.5	±20	+21 +3	+28 +3	+43 +3	+33 +15	+40 +15	+55 +15	+45 +27	+52 +27	+67 +27	+61 +43	+68 +43	+83 +43	+81 +63
140	160	±9	±12.5	±20	+21 +3	+28 +3	+43 +3	+33 +15	+40 +15	+55 +15	+45 +27	+52 +27	+67 +27	+61 +43	+68 +43	+83 +43	+83 +65
160	180	±9	±12.5	±20	+21 +3	+28 +3	+43 +3	+33 +15	+40 +15	+55 +15	+45 +27	+52 +27	+67 +27	+61 +43	+68 +43	+83 +43	+86 +68
180	200	±10	±14.5	±23	+24 +4	+33 +4	+50 +4	+37 +17	+46 +17	+63 +17	+54 +31	+60 +31	+77 +31	+70 +50	+79 +50	+96 +50	+97 +77
200	225	±10	±14.5	±23	+24 +4	+33 +4	+50 +4	+37 +17	+46 +17	+63 +17	+54 +31	+60 +31	+77 +31	+70 +50	+79 +50	+96 +50	+100 +80
225	250	±10	±14.5	±23	+24 +4	+33 +4	+50 +4	+37 +17	+46 +17	+63 +17	+54 +31	+60 +31	+77 +31	+70 +50	+79 +50	+96 +50	+104 +84
250	280	±11.5	±16	±26	+27 +4	+36 +4	+56 +4	+43 +20	+52 +20	+72 +20	+57 +34	+66 +34	+86 +34	+79 +56	+88 +56	+108 +56	+117 +94
280	315	±11.5	±16	±26	+27 +4	+36 +4	+56 +4	+43 +20	+52 +20	+72 +20	+57 +34	+66 +34	+86 +34	+79 +56	+88 +56	+108 +56	+121 +98
315	355	±12.5	±18	±28	+29 +4	+40 +4	+61 +4	+46 +21	+57 +21	+78 +21	+62 +37	+73 +37	+94 +37	+87 +62	+98 +62	+119 +62	+133 +108
355	400	±12.5	±18	±28	+29 +4	+40 +4	+61 +4	+46 +21	+57 +21	+78 +21	+62 +37	+73 +37	+94 +37	+87 +62	+98 +62	+119 +62	+139 +114
400	450	±13.5	±20	±31	+32 +5	+45 +5	+68 +5	+50 +23	+63 +23	+86 +23	+67 +40	+80 +40	+103 +40	+95 +68	+108 +68	+131 +68	+153 +126
450	500	±13.5	±20	±31	+32 +5	+45 +5	+68 +5	+50 +23	+63 +23	+86 +23	+67 +40	+80 +40	+103 +40	+95 +68	+108 +68	+131 +68	+159 +132

续附表 19

常用及优先公差带（带圈者为优先公差带）

r		s			t			u		v	x	y	z
6	7	5	⑥	7	5	6	7	⑥	7	6	6	6	6
+16/+10	+20/+10	+18/+14	+20/+14	+24/+14	—	—	—	+24/+18	+28/+18	—	+26/+20	—	+32/+26
+23/+15	+27/+15	+24/+19	+27/+19	+31/+19	—	—	—	+31/+23	+35/+23	—	+36/+28	—	+43/+35
+28/+19	+34/+19	+29/+23	+32/+23	+38/+23	—	—	—	+37/+28	+43/+28	—	+43/+34	—	+51/+42
+34/+23	+41/+23	+36/+28	+39/+28	+46/+28	—	—	—	+44/+33	+51/+33	—	+51/+40	—	+61/+50
					—	—	—			+50/+39	+56/+45	—	+71/+60
+41/+28	+49/+28	+44/+35	+48/+35	+56/+35	—	—	—	+54/+41	+62/+41	+60/+47	+67/+54	+76/+63	+86/+73
					+50/+41	+54/+41	+62/+41	+61/+48	+69/+48	+68/+55	+77/+64	+88/+75	+101/+88
+50/+34	+59/+34	+54/+43	+59/+43	+68/+43	+59/+48	+64/+48	+73/+48	+76/+60	+85/+60	+84/+68	+96/+80	+110/+94	+128/+112
					+65/+54	+70/+54	+79/+54	+86/+70	+95/+70	+97/+81	+113/+91	+130/+114	+152/+136
+60/+41	+71/+41	+66/+53	+72/+53	+83/+53	+79/+66	+85/+66	+96/+66	+106/+87	+117/+87	+121/+102	+141/+122	+163/+144	+191/+172
+62/+43	+73/+43	+72/+59	+78/+59	+89/+59	+88/+75	+94/+75	+105/+75	+121/+102	+132/+102	+139/+120	+165/+146	+193/+174	+229/+210
+73/+51	+86/+51	+86/+71	+93/+71	+106/+71	+106/+91	+113/+91	+126/+91	+146/+124	+159/+124	+168/+146	+200/+178	+236/+214	+280/+258

续附表 19

常用及优先公差带（带圈者为优先公差带）

r		s			t			u		v	x	y	z
6	7	5	⑥	7	5	6	7	6	7	6	6	6	6
+76 / +54	+89 / +54	+94 / +79	+101 / +79	+114 / +79	+110 / +104	+126 / +104	+139 / +104	+166 / +144	+179 / +144	+194 / +172	+232 / +210	+276 / +254	+332 / +310
+88 / +63	+103 / +63	+110 / +92	+117 / +92	+132 / +92	+140 / +122	+147 / +122	+162 / +122	+195 / +170	+210 / +170	+227 / +202	+273 / +248	+325 / +300	+390 / +365
+90 / +65	+105 / +65	+118 / +100	+125 / +100	+140 / +100	+152 / +134	+159 / +134	+174 / +134	+215 / +190	+230 / +190	+253 / +228	+305 / +280	+365 / +340	+440 / +415
+93 / +68	+108 / +68	+126 / +108	+133 / +108	+148 / +108	+164 / +146	+171 / +146	+186 / +146	+235 / +210	+250 / +210	+277 / +252	+335 / +310	+405 / +380	+490 / +465
+106 / +77	+123 / +77	+142 / +122	+151 / +122	+168 / +122	+186 / +166	+195 / +166	+212 / +166	+265 / +236	+282 / +236	+313 / +284	+379 / +350	+454 / +425	+549 / +520
+109 / +80	+126 / +80	+150 / +130	+159 / +130	+176 / +130	+200 / +180	+209 / +180	+226 / +180	+287 / +258	+304 / +258	+339 / +310	+414 / +385	+499 / +470	+604 / +575
+113 / +84	+130 / +84	+160 / +140	+169 / +140	+186 / +140	+216 / +196	+225 / +196	+242 / +196	+313 / +284	+330 / +284	+369 / +340	+454 / +425	+549 / +520	+669 / +640
+126 / +94	+146 / +94	+181 / +158	+190 / +158	+210 / +158	+241 / +218	+250 / +218	+270 / +218	+347 / +315	+367 / +315	+417 / +385	+507 / +475	+612 / +580	+742 / +710
+130 / +98	+150 / +98	+193 / +170	+202 / +170	+222 / +170	+263 / +240	+272 / +240	+292 / +240	+382 / +350	+402 / +350	+457 / +425	+557 / +525	+682 / +650	+822 / +790
+144 / +108	+165 / +108	+215 / +190	+226 / +190	+247 / +190	+293 / +268	+304 / +268	+325 / +268	+426 / +390	+447 / +390	+511 / +475	+626 / +590	+766 / +730	+936 / +900
+150 / +114	+171 / +114	+233 / +208	+244 / +208	+265 / +208	+319 / +294	+330 / +294	+351 / +294	+471 / +435	+492 / +435	+566 / +530	+696 / +660	+856 / +820	+1036 / +1000
+166 / +126	+189 / +126	+259 / +232	+272 / +232	+295 / +232	+357 / +330	+370 / +330	+393 / +330	+530 / +490	+553 / +490	+635 / +595	+780 / +740	+960 / +920	+1140 / +1100
+172 / +132	+195 / +132	+279 / +252	+292 / +252	+315 / +252	+387 / +360	+400 / +360	+423 / +360	+580 / +540	+603 / +540	+700 / +660	+860 / +820	+1040 / +1000	+1290 / +1250

附表 20　　　孔的常用及优先选用公差带极限偏差（GB/T1800.4—1999）

（μm）

基本尺寸/mm		常用及优先公差带（带圈者为优先公差带）												
		A	B		C	D				E		F			
大于	至	11	11	12	⑪	8	⑨	10	11	8	9	6	7	⑧	9
—	3	+330 +270	+200 +140	+240 +140	+120 +60	+34 +20	+45 +20	+60 +20	+80 +20	+28 +14	+39 +14	+12 +6	+16 +6	+20 +6	+31 +6
3	6	+345 +270	+215 +140	+260 +140	+145 +70	+48 +30	+60 +30	+78 +30	+105 +30	+38 +20	+50 +20	+18 +10	+28 +10	+28 +10	+40 +10
6	10	+370 +280	+240 +150	+300 +150	+170 +80	+62 +40	+76 +40	+98 +40	+130 +40	+47 +25	+61 +25	+22 +13	+28 +13	+35 +13	+49 +13
10	14	+400 +290	+260 +150	+330 +150	+205 +95	+77 +50	+93 +50	+120 +50	+160 +50	+59 +32	+75 +32	+27 +16	+34 +16	+43 +16	+59 +16
14	18														
18	24	+430 +300	+290 +160	+370 +160	+240 +110	+98 +65	+117 +65	+149 +65	+195 +65	+73 +40	+92 +40	+33 +20	+41 +20	+53 +20	+72 +20
24	30														
30	40	+470 +310	+330 +170	+420 +170	+280 +120	+119 +80	+142 +80	+180 +80	+240 +80	+89 +50	+112 +50	+41 +25	+50 +25	+64 +25	+87 +25
40	50	+480 +320	+340 +180	+430 +180	+290 +130										
50	65	+530 +340	+380 +190	+490 +190	+330 +140	+146 +100	+170 +100	+220 +100	+290 +100	+106 +60	+134 +60	+49 +30	+60 +30	+76 +30	+104 +30
65	80	+550 +360	+390 +200	+500 +200	+340 +150										
80	100	+600 +380	+440 +220	+570 +220	+390 +170	+174 +120	+207 +120	+260 +120	+340 +120	+126 +72	+159 +72	+58 +36	+71 +36	+90 +36	+123 +36
100	120	+630 +410	+460 +240	+590 +240	+400 +180										
120	140	+710 +460	+510 +260	+660 +260	+450 +200	+208 +145	+245 +145	+305 +145	+395 +145	+148 +85	+185 +85	+68 +43	+83 +43	+106 +43	+143 +43
140	160	+770 +520	+530 +280	+680 +280	+460 +210										
160	180	+830 +580	+560 +310	+710 +310	+480 +230										
180	200	+950 +660	+630 +340	+800 +340	+530 +240	+242 +170	+285 +170	+355 +170	+460 +170	+172 +100	+215 +100	+79 +50	+96 +50	+122 +50	+165 +50
200	225	+1030 +740	+670 +380	+840 +380	+550 +260										
225	250	+1110 +820	+710 +420	+880 +420	+570 +280										

续表

基本尺寸/mm		常用及优先公差带（带圈者为优先公差带）													
		A	B	C		D				E		F			
大于	至	11	11	12	⑪	8	⑨	10	11	8	9	6	7	⑧	9
250	280	+1240 +920	+800 +480	+1000 +480	+620 +300	+271 +190	+320 +190	+400 +190	+510 +190	+191 +110	+240 +110	+88 +56	+108 +56	+137 +56	+186 +56
280	315	+1370 +1050	+860 +540	+1060 +540	+650 +330										
315	355	+1560 +1200	+960 +600	+1170 +600	+720 +360	+299 +210	+350 +210	+440 +210	+570 +210	+214 +125	+265 +125	+98 +62	+119 +62	+151 +62	+202 +62
355	400	+1710 +1350	+1040 +680	+1250 +680	+760 +400										
400	450	+1900 +1500	+1160 +760	+1390 +760	+840 +440	+327 +230	+385 +230	+480 +230	+630 +230	+232 +135	+290 +135	+108 +68	+131 +68	+165 +68	+223 +68
450	500	+2050 +1650	+1240 +840	+1470 +840	+880 +480										

注：基本尺寸小于 1mm 时，各级的 A 和 B 均不采用。

常用及优先公差带（带圈者为优先公差带）																	
G		H							Js			K			M		
6	⑦	6	⑦	⑧	⑨	10	⑪	12	6	7	a	6	⑦	8	6	7	8
+8 +2	+12 +2	+6 0	+10 0	+14 0	+25 0	+40 0	+60 0	+100 0	±3	±5	±7	0 -6	0 -10	0 -14	-2 -8	-2 -12	-2 -16
+12 +4	+16 +4	+8 0	+12 0	+18 0	+30 0	+48 0	+75 0	+120 0	±4	±6	±9	+2 -6	+3 -9	+5 -13	-1 -9	0 -12	+2 -16
+14 +5	+20 +5	+9 0	+15 0	+22 0	+36 0	+58 0	+90 0	+150 0	±4.5	±7	±11	+2 -7	+5 -10	+6 -16	-3 -12	0 -15	+1 -21
+17 +6	+24 +6	+11 0	+18 0	+27 0	+43 0	+70 0	+110 0	+180 0	±5.5	±9	±13	+2 -9	+6 -12	+8 -19	-4 -15	0 -18	+2 -25
+20 +7	+28 +7	+13 0	+21 0	+33 0	+52 0	+84 0	+130 0	+210 0	±6.5	±10	±16	+2 -11	+6 -15	+10 -23	-4 -17	0 -21	+4 -29
+25 +9	+34 +9	+16 0	+25 0	+39 0	+62 0	+100 0	+160 0	+250 0	±8	±12	±19	+3 -13	+7 -18	+12 -27	-4 -20	0 -25	+5 -34
+29 +10	+40 +10	+19 0	+30 0	+46 0	+74 0	+120 0	+190 0	+300 0	±9.5	±15	±23	+4 -15	+9 -21	+14 -32	-5 -24	0 -30	+5 -41
+34 +12	+47 +12	+22 0	+35 0	+54 0	+87 0	+140 0	+220 0	+350 0	±11	±17	±27	+4 -18	+10 -25	+16 -38	-6 -28	0 -35	+6 -48
+39 +14	+54 +14	+25 0	+40 0	+63 0	+100 0	+160 0	+250 0	+400 0	±12.5	±20	±31	+4 -21	+12 -28	+20 -43	-8 -33	0 -40	+8 -55

续表

常用及优先公差带（带圈者为优先公差带）

G		H							Js			K			M		
6	⑦	6	⑦	⑧	⑨	10	⑪	12	6	7	a	6	⑦	8	6	7	8
+44 +15	+61 +15	+29 0	+46 0	+72 0	+115 0	+185 0	+290 0	+460 0	±14.5	±23	±36	+5 −24	+13 −33	+22 −50	−8 −37	0 −46	+9 −63
+49 +17	+69 +17	+32 0	+52 0	+81 0	+130 0	+210 0	+320 0	+520 0	±16	±26	±40	+5 −27	+16 −36	+25 −56	−9 −41	0 −52	+9 −72
+54 +18	+75 +18	+36 0	+57 0	+89 0	+140 0	+23C 0	+360 0	+570 0	±18	±28	±44	+7 −29	+17 −40	+28 −61	−10 −46	0 −57	+11 −78
+60 +20	+83 +20	+40 0	+63 0	+97 0	+155 0	+255 0	+400 0	+630 0	±20	±31	±48	+8 −32	+18 −45	+29 −68	−10 −50	0 −62	+11 −86

附录四　标准结构

附表21　　　　　零件倒圆与倒角（GB6403.4—2008）

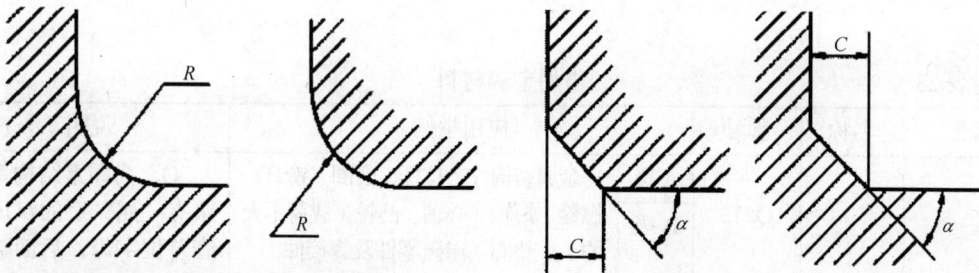

注：α一般采用45°，也可采用30°或60°。

倒圆、倒角尺寸系列值　　　　　　（mm）

R、C	0.1	0.2	0.3	0.4	0.5	0.6	0.8	1.0	1.2	1.6	2.0	2.5	3.0
	4.0	5.0	6.0	8.0	10	12	16	20	25	32	40	50	—

附表 22　　　　　　　砂轮越程槽（GB6403.5—2008）

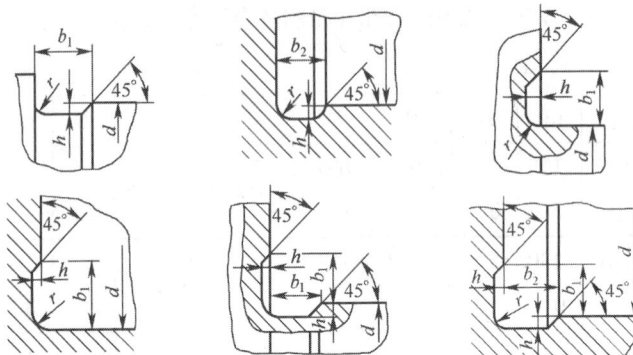

（mm）

b_1	0.6	1.0	1.6	2.0	3.0	4.0	5.0	8.0	10
B_2	2.0	3.0		4.0		5.0		8.0	10
h	0.1	0.2		0.3	0.4		0.6	0.8	1.2
r	0.2	0.5		0.8	1.0		1.6	2.0	3.0
d	5～10			10～50		50～100		100	

附录五　常用金属材料和非金属材料

附表 23　　　　　　　常用金属材料

标准	名称	牌号		应用举例	说明
GB/T 700—1988	碳素结构钢	Q215	A 级	金属结构件、拉杆、套圈、铆钉、螺栓、短轴、心轴、凸轮（载荷不大的）、垫圈、渗碳零件及焊接件	"Q"为碳素结构钢屈服点"屈"字的汉语拼音首位字母，后面数字表示屈服点数值。如 Q235 表示碳素结构钢屈服点为 235MPa
			B 级		
		Q235	A 级	金属结构件，心部强度要求不高的渗碳或氰化零件，吊钩、拉杆、套圈、汽缸、齿轮、螺栓、螺母、连杆、轮轴、楔、盖及焊接件	
			B 级		新旧牌号对照：
			C 级		Q215—A2
			D 级		Q235—A3
		Q275		轴、轴销、刹车杆、螺母、螺栓、垫圈、连杆、齿轮以及其他强度较高的零件	Q275—A5

续表

标准	名称	牌号	应用举例	说明
GB/T 699—1999	优质碳素结构钢	10F 10	用作拉杆、卡头、垫圈、铆钉及用作焊接零件	牌号的两位数字表示平均碳的质量分数，45号钢即表示碳的质量分数为0.45% 碳的质量分数≤0.25%的碳钢属低碳钢（渗碳钢） 碳的质量分数在（0.25～0.6）%之间的碳钢属中碳钢（调质钢） 碳的质量分数大于0.6%的碳钢属高碳钢 沸腾钢在牌号后加符号"F" 锰是质量分数较高的钢，须加注化学元素符号"Mn"
		15F 15	用于受力不大和韧性较高的零件、渗碳零件及紧固件(如螺栓、螺钉）、法兰盘和化工贮器	
		35	用于制造曲轴、转轴、轴销、杠杆连杆、螺栓、螺母、垫圈、飞轮（多在正火、调质下使用）	
		45	用作要求综合机械性能高的各种零件，通常经正火或调质处理后使用。用于制造轴、齿轮、齿条、链轮、螺栓、螺母、销钉、键、拉杆等	
		65	用于制造弹簧、弹簧垫圈、凸轮、轧辊等	
		15Mn	制作心部机械性能要求较高且须渗碳的零件	
		65Mn	用作要求耐磨性高的圆盘、衬板、齿轮、花键轴、弹簧等	
GB/T 3077—1999	合金结构钢	30Mn2	起重机行车轴、变速箱齿轮、冷镦螺栓及较大截面的调质零件	钢中加入一定量的合金元素，提高了钢的力学性能和耐磨性，也提高了钢的淬透性，保证金属在较大截面上获得高的力学性能
		20Cr	用于要求心部强度较高、承受磨损、尺寸较大的渗碳零件，如齿轮、齿轮轴、蜗杆、凸轮、活塞销等，也用于速度较大、受中等冲击的调质零件	
		40Cr	用于受变载、中速、中载、强烈磨损而无很大冲击的重要零件，如重要的齿轮、轴、曲轴、连杆、螺栓、螺母等	
		35SiMn	可代替40Cr用于中小型轴类、齿轮等零件及430℃以下的重要紧固件等	
		20CrMnTi	强度韧性均高，可代替镍铬钢用于承受高速、中等或重负荷以及冲击、磨损等重要零件，如渗碳齿轮、凸轮等	
GB/T 5613—1995	铸钢	ZG230—450	轧机机架、铁道车辆摇枕、侧梁、铁锌台、机座、箱体、锤轮、450°以下的管路附件等	"ZG"为铸钢汉语拼音的首位字母，后面数字表示屈服点和抗拉强度。如ZG230—450表示屈服点230MPa、抗拉强度450MPa
		ZG310—570	联轴器、齿轮、汽缸、轴、机架、齿圈等	

续表

标准	名称	牌号	应用举例	说明
GB/T 9439—1988	灰铸铁	HT150	用于小负荷和对耐磨性无特殊要求的零件，如端盖、外罩、手轮、一般机床底座、床身及其复杂零件，滑台、工作台和低压管件等	"HT"为灰铁的汉语拼音的首位字母，后面的数字表示抗拉强度。如HT200表示抗拉强度为200MPa的灰铸铁
		HT200	用于中等负荷和对耐磨性有一定要求的零件，如机床床身、立柱、飞轮、汽缸、泵体、轴承座、活塞、齿轮箱、阀体等	
		HT250	用于中等负荷和对耐磨性有一定要求的零件，如阀壳、油缸、汽缸、联轴器、机体、齿轮、齿轮箱外壳、飞轮、衬套、凸轮、轴承座、活塞等	
		HT300	用于受力大的齿轮、床身导轨、车床卡盘、剪床床身、压力机的床身、凸轮、高压油缸、液压泵和滑阀壳体、冲模模体等	
GB/T 1176—1987	5-5-5 锡青铜	ZCuSn5 Pb5Zn5	耐磨性和耐蚀性均好，易加工，铸造性和气密性较好。用于较高负荷、中等滑动速度下工作的耐磨、耐腐蚀零件，如轴瓦、衬套、缸套、油塞、离合器、蜗轮等	"Z"为铸造汉语拼音的首位字母，各化学元素后面的数字表示该元素含最的百分数，如ZCuA110Fe3表示含Al（8.5～11）%，Fe（2～4）%，其余为Cu的铸造铝青铜
	10-3 铝青铜	ZcuA 110 Fe3	力学性能高，耐磨性、耐腐性、抗氧化性好，可焊接性好，不易钎焊，大型铸件自700℃空冷可防止变脆。可用于制造强度高、耐磨、耐腐蚀的零件，如蜗轮、轴承、衬套、管嘴、耐热管配件等	
	25-6 -3-3 铝黄铜	ZCuZn 25A16 Fe3Mn3	有很高的力学性能，铸造性良好，耐蚀性较好，有应力腐蚀开裂倾向，可以焊接。适用于高强耐磨零件，如桥梁支承板、螺母、螺杆、耐磨板、滑块和蜗轮等	
	58-2-2 锰黄铜	Zcu38 Mn2Pb2	有较高的力学性能和耐腐蚀性，耐磨性较好，切削性良好。可用于一般用途的构件、船舶仪表等使用的外型简单的铸件，如套筒、衬套、轴瓦、滑块等	
GB/T 1173—1993	铸造铝合金	ZL102 ZL202	耐磨性中上等，用于制造负荷不大的薄壁零件	ZL102表示含硅（10～13）%、余量为铝的铝硅合金；ZL202表示含铜（9～11）%、余量为铝的铝铜合金
GB/T 3190—1996	硬铝	LY12	焊接性能好，适于制作中等强度的零件	LY12表示含铜（3.8～4.9）%、镁（1.2～1.8）%、锰（0.3～0.9）%、余量为铝的硬铝
	工业纯铝	L2	适于制作贮槽、塔、热交换器、防止污染及深冷设备等	L2表示含杂质≤0.4%的工业纯铝

附表24　　　　　　　　　常用非金属材料

标准	名称	牌号	说　明	应用举例
GB/T 539—1995	耐油石棉橡胶板		有厚度（0.4~3.0）mm 的10种规格	供航空发动机用的煤油、润滑油及冷气系统结合处的密封衬垫材料
GB/T 5574—1994	耐酸碱橡胶板	2707 2807 2709	较高硬度 中等硬度	具有耐酸碱性能,在温度（−30~+60）℃的20%浓度的酸碱液体中工作,用作冲制密封性能较好的垫圈
	耐油橡胶板	3707 3807 3709 3809	较高硬度	可在一定温度的机油、变压器油、汽油等介质中工作,适用冲制各种形状的垫圈
	耐热橡胶板	4708 4808 4710	较高硬度 中等硬度	可在（−30~+100）℃且压力不大的条件下于热空气、蒸汽介质中工作,用作冲制各种垫圈和隔热垫板

参考文献

1. 叶玉驹、焦永和、张彤. 机械制图手册（第 4 版）. 北京：机械工业出版社，2008

2. 邹宜侯、窦墨林、潘海东. 机械制图（第 5 版）. 北京：清华大学出版社，2006

3. 刘小年、陈婷. 机械制图（第 3 版）. 北京：机械工业出版社，2010

4. 曹静、陈金炆. 汽车机械识图（第 1 版）. 北京：机械工业出版社，2010

5. 大连理工大学工程图学教研室. 机械制图（第 6 版）. 北京：高等教育出版社，2007

6. 金大鹰. 机械制图. 北京：机械工业出版社，2004

7. 国家技术监督局. 技术制图与机械制图. 北京：中国标准出版社，2005

8. 张潮. 机械制图. 北京：机械工业出版社，2006